D[illegible] INSÓLITO

LUIS MELNIK

DICCIONARIO INSÓLITO

FANTASÍAS, LEYENDAS, SANTOS Y PROFETAS, FENÓMENOS REALES O IMAGINARIOS, MILAGROS, LUGARES Y SERES PRODIGIOSOS

Emecé Editores

159.98 MEL
Melnik, Luis
Diccionario insólito - 2a ed. - Buenos Aires : Emecé, 2000.
400 p. ; 23x15,5 cm. - (Divulgación)

ISBN 950-04-2172-0

I. Título - 1. Divulgación

Emecé Editores S.A.
Alsina 2062 - Buenos Aires, Argentina
E-mail: editorial@emece.com.ar
http: //www.emece.com.ar

Diseño de tapa: *Eduardo Ruiz*
Diseño de interior: *Lucía I. Cornejo*
Fotocromía de tapa: *Moon Patrol S.R.L.*
2ª impresión: 2.000 ejemplares
Impreso en Talleres Gráficos Leograf S.R.L.,
Rucci 408, Valentín Alsina, noviembre de 2000

IMPRESO EN LA ARGENTINA / PRINTED IN ARGENTINA
Queda hecho el depósito que previene la ley 11.723
I.S.B.N.: 950-04-2172-0
23.581

Dedicado a mis nietos

Catalina
Pablo
Juani
Sofía
Olivia
Nicolás
Guadalupe
Felipe

Porque este libro es una recopilación de historias, acontecimientos, fenómenos, ocurrencias, leyendas, argumentos, libros, personajes de la mitología y de la Biblia que fueron pasando frente a nuestras vidas hasta ser unión de nuestras propias historias.

Porque esas historias fueron parte de mi relación intelectual con ellos, a quienes les contaba todo lo que me había impresionado, me servían como respuesta a muchos de sus interrogantes, ayudaban con las tareas escolares que a veces hacíamos juntos.

Porque las comencé a coleccionar para que nos sirvieran de registro común de nuestras andanzas por la fantasía, las audacias, las aventuras, los misterios, la fe, la ternura, lo inesperado y lo impensado.

Mi sueño es que ustedes y ellos lean este libro como una sucesión de cuentos. Unos históricos, reales, precisos. Otros, recogidos a lo largo de los años y los caminos. Otros creados vaya a saberse por quiénes.

Quizá en muchos casos estos mínimos relatos despierten apetitos mayores, búsquedas más intensas.

LUIS MELNIK
Buenos Aires, Argentina

PRÓLOGO

Esta obra nació como fruto de una pasión personal por los archivos y registros y algunas investigaciones profesionales realizadas sobre personas de nivel universitario y secundario.

Incluye un millar de artículos sobre los tópicos más diversos, pero siempre apoyados en lo curioso y atractivo de su contenido. No es una enciclopedia. Es una antología de lo *supuestamente conocido o naturalmente desconocido.* Algún toque de etimologías.

Toda la colección es arbitraria. Obras del ingenio, la picaresca, productos de leyendas, milagros o mitologías que las tradiciones han conservado, alterado o cambiado totalmente. Que suelen perder sus orígenes en raíces históricas o ficciones anónimas y a su vez, reelaboradas cientos de veces.

Lugares y seres prodigiosos; héroes reales o creados y reformados por la gestión popular; santos y profetas. Insignificantes historias lugareñas. Las muchas pautas que da la Biblia a interrogantes actuales.

Cada artículo está planteado como un minicuento con intentos de buen humor, intentando satisfacer un apetito intelectual o despertar ansias de investigación novedosas. Están enlazados entre sí a través de referencias cruzadas indicadas en el texto. Las palabras en VERSALITA remiten a un artículo. En otras ocasiones, se dirigen a la referencia indicando entre paréntesis el tema a buscar.

LUIS MELNIK
Buenos Aires, Argentina

A

A: La primera letra del abecedario tiene su origen en un jeroglífico egipcio que representaba un águila (*ahom*). Los fenicios la llamaron luego *aleph* (buey), por su parecido con la cabeza y cuernos del buey.

ABEJA: De las muchas clases de abejas existentes, las más conocidas son las de miel, que viven en colonias de 50.000 trabajadoras. Éstas son siempre abejas hembras que no procrean. Cada colmena tiene una abeja reina que sí procrea y unos cientos de zánganos machos. Una abeja debe visitar alrededor de 4.000 flores para producir una cucharada de miel.
Las abejas en el mundo clásico estaban protegidas por los dioses mitológicos a los cuales se ofrendaba la miel, un manjar considerado exquisito, de maravillosas propiedades y producto de una tarea prodigiosa realizada por la naturaleza a través de uno de sus animalitos más trabajadores. La leyenda sostiene que las abejas nunca duermen.
Napoleón adornó con abejas su manto imperial para no usar el símbolo de los Borbones: la flor de lis.
Maurice Maeterlinck (1862-1949), autor belga que escribía en francés, Premio Nobel de Literatura en 1911, escribió un encantador tratado: *La Vida de las Abejas.*
El más grande poeta latino VIRGILIO (70-19 a. de C.), escribió un verso laudatorio que dice: "Vosotras, abejas, hacéis la miel... y no para vosotras".

ABEJA ATENIENSE: La leyenda relata que Platón (429-347 a. de C.) nació en Atenas y cuando estaba en su cuna, un enjambre de abejas se posó sobre sus labios. Por ello, cuando comenzó a hablar, sus palabras fueron dulces como la miel. La misma expresión se usó para San Ambrosio (340-397), obispo de Milán, y para Xenofonte (430-355 a. de C.), historiador griego, discípulo de Sócrates al igual que Platón.

Abelardo y Eloísa: Pedro Abelardo (1079-1142) se dedicó al estudio y profundización de sus conocimientos, abandonando las armas y su vida agitada. Su vocación por la enseñanza atrajo a muchos jóvenes que a su lado se educaron y es por ello considerado el fundador de la Universidad de París.
Eloísa (1101-1164) recibió su primera educación en el Monasterio de Argenteuil. Era sobrina del canónigo Fulberto de Notre Dame, quien asignó la tarea de su educación a Abelardo, quien se vio forzado a hacerse religioso. Nace entre ellos un profundo amor obligado a luchar contra muchos inconvenientes. Abelardo abandona todo y Eloísa familia, honor y religión. Se entregan totalmente a su pasión amorosa. Ella dice amarlo como los santos aman a Dios.
La familia de Eloísa intenta matarlo y él termina refugiándose en un monasterio. Sus cartas quedaron registradas en latín en "Epistolario de Abelardo y Eloísa". Más tarde, el poeta inglés Alexander Pope (1688-1744), que sufría de severas discapacidades físicas y era considerado un prodigio, a los 17 años escribió el poema de amor "Eloísa y Abelardo". Los amantes que todo lo sacrificaron yacen juntos en el cementerio parisino de Père Lachaise. Ellos integran una larga lista de amores desdichados, infortunados y trágicos.

Aborígenes: En las leyendas romanas, los más antiguos habitantes de Italia, considerados los hijos de los árboles, nómades que vivían sin leyes y sólo comían frutos silvestres. La expresión indica "el pueblo anterior a los orígenes". Su rey era Latino, que debió enfrentar a Eneas cuando éste encabezaba a los troyanos. En su honor fue así llamado el pueblo de los latinos (véase Cerbero, Latinus, Rómulo y Guerra de Troya).

Abraham: Patriarca peregrino que vive sólo para cumplir su promesa a Dios. Personaje clave de varias religiones, padre de los hebreos, es considerado el fundador del judaísmo, pues recibió la promesa de la tierra de Canaán para su gente, los descendientes de Isaac.
A través de Ismael, es considerado por los musulmanes el Padre de los árabes. Obedece la palabra divina sin otra garantía que su confianza en la fidelidad de Dios. Abraham cortó sus vínculos terrenos, nacionales y familiares y partió hacia un país desconocido. Fue sometido a duras pruebas, la más dura cuando Dios le ordenó sacrificar a su hijo, orden que luego quedaría sin efecto. Es considerado símbolo de la obediencia. Es el padre y modelo de los creyentes.

Acacia: Viene del griego, vía latín. Árbol varias veces mencionado en la Biblia y con cuya madera se construyó el Arca de Noé.

Academia: Del griego *akademia*, el lugar de Atenas donde Platón (428-347 a. de C.) enseñaba a sus discípulos. El nombre viene de Academo, un héroe griego

que reveló el lugar donde Teseo (véase DÉDALO y MINOTAURO) tenía prisionera a Elena cuando, después del rapto de ésta, CÁSTOR Y PÓLUX recorrían Grecia en búsqueda de su hermana. Academo fue sepultado en las afueras de Atenas. La tumba estaba rodeada de un bosque sagrado, que Platón hizo célebre al instalar allí su escuela: la Academia.
Platón (427-347 a. de C.) fue discípulo de Sócrates. Cerca de Atenas, fundó la Academia, la más importante escuela del mundo antiguo, donde enseñó hasta su muerte. Su discípulo más famoso fue Aristóteles.

ACCIÓN DE GRACIAS: Uno de los más antiguos himnos conocidos data de los tiempos de Babilonia, 1.200 a. de C. Estaba dedicado al dios Marduk, creador del cielo y de la Tierra por la victoria frente al enemigo. En el antiguo Egipto, eran comunes los himnos dedicados a agradecer a los dioses.
Los griegos honraban a Deméter, diosa de la agricultura, con un día de gratitud y los romanos lo hacían con su equivalente, Ceres. Los hebreos agradecían a Dios por la abundancia de las cosechas el octavo día de la Fiesta de los Tabernáculos, una de las tres grandes solemnidades de los hebreos celebrada después de las cosechas.
En la religión católica la acción de gracias antes de las comidas es una de las plegarias más antiguas.
En 1621, los peregrinos que habían zarpado en el *MAYFLOWER* desde Southampton, Inglaterra, el 16 de septiembre, avistaron Cape Cod en Nueva Inglaterra, América del Norte, el 19 de noviembre y desembarcaron en Plymouth el 16 de diciembre. Luego de haber acordado un Tratado que representa la más antigua forma de democracia practicada en territorio americano, ofrecieron un Día de Acción de Gracias al año de su llegada, por la abundancia de las cosechas. Esta acción se ha convertido en uno de los días festivos más importantes del calendario de los Estados Unidos.

ACTON, JOHN EMERICH, LORD (1834-1902): Historiador y político liberal inglés. Autor, en 1887, en una carta a Mandell Creighton, de la famosa expresión: "El poder tiende a corromper y el poder absoluto corrompe absolutamente".

ADÁN: El primer hombre, cuya costilla usó Dios para hacer a Eva. Adán vivió en el Jardín del EDÉN hasta que probó el fruto del árbol del conocimiento. Para los seguidores del Talmud, Adán apenas vivió doce horas en el Paraíso.
De su nombre surgieron las siguientes expresiones:
- **La MANZANA de Adán**: supuestamente una parte del fruto prohibido se atascó en su garganta.
- **Aguja de Adán**: nombre que se le da a ciertas plantas con espinas. La alusión proviene del Génesis (3:7) donde se cuenta que Adán y Eva cosieron hojas de higuera para cubrir su reciente descubierta desnudez.
- **Pico de Adán**: Montaña en Sri Lanka (antes Ceilán) donde, de acuerdo con

la leyenda musulmana, Adán expió su pecado luego de que fuera expulsado del Paraíso. Allí Adán se mantuvo parado en un solo pie por mil años hasta que el Arcángel Gabriel lo llevó al Monte Ararat junto a Eva. En la montaña hay una huella aparente de un pie impreso en la roca. Para los hindúes, se trata del pie de Buda cuando ascendió a los cielos.

• **La profesión de Adán**: Jardinería o agricultura.

AEROBISMO: Louis Pasteur (1822-1895) acuñó la palabra *aerobie,* aire y vida. En 1968, el estadounidense Kenneth Cooper utilizó la expresión agregándole el sufijo *ics* para definir determinados ejercicios físicos.

ÁFRICA: En tiempos de los romanos, era la tierra al sur del Mediterráneo. La entonces provincia romana cubría lo que hoy se conoce como Argelia, Túnez, Libia y Egipto. Más al sur se extendía una región indeterminada que los griegos llamaban *Aethiopia*, Tierra de las caras quemadas y, ocasionalmente, *Kaffraria*, Tierra de los Kaffir, infieles. La ignorancia de la geografía y la aparición de seres con piel oscura hizo que los conquistadores le llamaran el Continente Negro. Los países más poderosos que buscaban extender sus dominios comenzaron a explorar intensamente el territorio africano. Buscadores de oro y diamantes, oficiales coloniales, cazadores, misioneros, exploradores, esclavistas, aventureros de toda laya, trasmitieron a sus metrópolis un escenario de junglas, desiertos, animales extraordinarios y tribus salvajes. El interés público fue provocado por autores como Henry Ridder Haggard con *Las Minas del Rey Salomón* y Edgar Rice Burroughs con *TARZÁN de los Monos.* En 1902, el escritor inglés nacido en Polonia, Joseph Conrad (1857-1924) cuyo verdadero nombre era Jósef Teodor Konrad Walecz Korseniowski, escribió *África: Corazón de la Oscuridad.*

África es el segundo continente en superficie. Tiene un total de 30 millones de km cuadrados y una población estimada en 650 millones. Es un continente totalmente rodeado de agua con una sola y pequeña excepción: el Istmo de Suez, que une África y Asia.

AGNÓSTICO: Palabra acuñada por el biólogo y educador inglés Thomas Huxley (1825-1895), quien la tomó del griego *agnostos*, desconocido. Dio lugar a la doctrina que declara inaccesible al conocimiento humano toda noción de lo absoluto. Huxley hacía alusión al texto atribuido a San Pablo en "Hechos de los Apóstoles", Pablo en el Aerópago (17:23): "Mientras me paseaba recorriendo los monumentos sagrados, me encontré con un altar con la inscripción: Al Dios desconocido". Huxley quiso indicar que el conocimiento del Ser Supremo es imposible. El ateo, en cambio, niega la existencia de Dios. El agnóstico declara que es imposible conocer si Dios existe o no.

AGONÍA: Los antiguos griegos celebraban juegos y competencias atléticas. De su verbo *agein*, celebrar, los griegos derivaron *agon*, para indicar la congregación

Adán y Eva, Alberto Durero, 1504.

pública de aquellos acontecimientos. La lucha por el triunfo pasó a llamarse *agonia* y también sugería la angustia o dolor, mental o físico, que tal contienda provocaba. En tiempos modernos, se definió como "la lucha postrera de las fuerzas vitales que precede a la muerte". También significa final, aflicción extrema. Una curiosa derivación en español, agonioso, refiere a la forma familiar de definir a una persona extremadamente ansiosa o exigente.
La agonística es el arte de los atletas, la ciencia del combate. De la misma raíz derivan antagonista y protagonista.

AGORAFOBIA: Palabra creada por el científico alemán Carl Westphal en 1871, uniendo las expresiones griegas *agoras*, plaza, mercado, lugar abierto, y *phobia*, miedo, terror. Terror a los espacios abiertos.

AGUA: El agua ocupa dos tercios de la superficie del planeta Tierra. Alrededor del 97% es agua de mar y 2% es el agua congelada de los glaciares y el hielo de los polos. Sólo el 1% es agua potable fresca y una pequeña parte de ella está cerca de la superficie para uso humano. El agua es una sustancia extraordinaria que desde muy antiguo ha preocupado al género humano y guiado la conducta de los animales. Muchas religiones tenían dioses relacionados con el agua.
Tales de Mileto (636-546 a. de C.), filósofo griego presocrático, sostuvo que el mundo no había sido una creación mitológica, sino el derivado de una sustancia fundamental: el agua. Junto al agua puso al fuego, la tierra y el aire. Se lo considera el introductor de la geometría en Grecia y habría pronosticado un eclipse en el 585 a. de C.
El agua es transparente, inodora, incolora e insípida. Aunque escaso, es el líquido más abundante de la Tierra y se compone de hidrógeno y oxígeno (H_2O). A 100º hierve y a 0º se congela.

AGUAS DANZANTES: ELIXIR mágico común a muchos cuentos de hadas que convertía a las damas en hermosas, jóvenes y ricas.

AGUA DE COLONIA: En francés, *eau de Cologne.* Perfume inventado por el químico italiano Johan Maria Farina (1685-1766), establecido en Colonia, Alemania, desde 1709. La receta usual prescribe 12 gotas de aceites esenciales, bergamota, limón, naranja, romero, un toque de cardamomo y otros debidamente destilados juntos.

ÁGUILA: En las remotas mitologías, representaba al Sol. En Escandinavia se la asociaba con las tormentas y la oscuridad. Luego se convirtió en símbolo de coraje, inmortalidad y otros atributos positivos. Aunque es un ave de rapiña, se la suele llamar la reina de las aves, por la majestad de su vuelo y la altura en que se desenvuelve. En la leyenda india, es el corcel de Visnú (véase RAHU) y entre los griegos era el pájaro de ZEUS.

Para los romanos era un ave emblemática y aparecía en los estandartes de sus ejércitos. Los romanos, a la muerte de un emperador, soltaban un águila como representación de la llegada de su alma junto a los dioses. En el arte cristiano aparece junto a San Juan, San Agustín y San Gregorio y de allí proviene su imagen en algunos púlpitos.

Para muchas leyendas, es símbolo de resurrección porque se creía que el águila cambiaba su plumaje y renovaba su juventud, volando primero cerca del Sol y luego zambulléndose en el mar.

En los Estados Unidos, la cabeza de un águila aparece en numerosos logotipos empresarios y en 1705 llegó a ocupar un lugar en la pieza de oro de diez dólares, retirada de circulación en 1935.

Para algunos emperadores europeos el águila representaba el poder e incluso se usó el águila de dos cabezas.

En el Antiguo Testamento, Ezequiel (17:1), así habla el señor Yavé: "El águila grande, de las grandes alas, de enormes plumas, vino al Líbano y cortó la copa de un cedro, arrancó la punta de sus ramas y la llevó al país de los mercaderes (se refiere a FENICIA), la puso en una ciudad de comerciantes, en un campo preparado, junto a aguas generosas. Germinó y se hizo una vid desbordante de pequeña altura".

Águila Blanca, La Tierra del: Polonia. El águila blanca con su cabeza coronada formaba parte del escudo de armas polaco. Una vieja leyenda cuenta que el príncipe Lech, estando de cacería, llegó hasta un gran roble, donde vio dos enormes águilas blancas sobre su nido. El príncipe imaginó la escena como un signo profético y decidió establecer allí su capital. La llamó *Gniazdo,* nido.

Águila Dorada: Símbolo de las Cruzadas y posteriormente del Imperio Romano de Oriente. Francia, Alemania, Austria, Prusia y Rusia también adoptaron al águila como símbolo imperial.

Ahmed: Del árabe, *ahmad*, muy glorioso. Príncipe Ahmed, de *Las mil y una noches,* quien había recibido del hada Paribanou una carpa que él podía llevar en su mano, pero extendida cubría todo un ejército. Ahmed había comprado en Samarkanda una manzana que era una fruta milagrosa que curaba todos los males (véase Panacea).

Aída: Heroína de la ópera trágica en cuatro actos de Giuseppe Verdi (1813-1901), basada en un argumento de la egiptóloga Mariette Bey, escrita con motivo de la inauguración del Canal de Suez, pero que no pudo ser terminada a tiempo (el Canal se abrió en 1869).

La obra, estrenada con gran éxito en el Teatro Italiano de El Cairo, se desarrolla en el antiguo Egipto. Aída es hija de Amonasro, rey de Etiopía. Apresada por los egipcios, fue convertida en esclava de la corte del faraón. Aída y Radamés, que era capitán de la guardia egipcia, se enamoran, pero mantienen sus sentimientos ocultos a los demás. Cuando él parte a la guerra, Amneris, la hija del faraón, también enamorada de Radamés, descubre el romance secreto. Radamés regresa victorioso y trae consigo a Amonasro, padre de Aída, como prisionero. El faraón anuncia la boda de Amneris con Radamés. Aída, presionada por su padre, intenta obtener secretos militares de Radamés, conversación que Amneris escucha. Radamés es entonces condenado a muerte y Aída elige ser enterrada viva junto a su amado.

La ópera finaliza con una doble escena de gran dramatismo en la que se ve, en la parte inferior, a los amantes enterrados y en la superior, a Amneris junto a las sacerdotisas en el templo de Vulcano. El nombre Aída sugiere en árabe beneficio; en francés, ayuda, y en griego, modestia.

Ajedrez: Juego para dos personas que utilizan 32 piezas movibles, llamadas trebejos, sobre un tablero de 64 escaques blancos y oscuros alternados. Cada jugador dispone 16 piezas (rey, dama, dos alfiles, dos caballos, dos torres y ocho peones). Desde sus orígenes, siempre pareció un campo de batalla y antiguamente ese ejército de tablero se componía de elefantes, caballos, carruajes e infantería. La expresión jaque mate que da por terminado el juego es una curiosa deformación del persa *sháh mát*, el rey está indefenso.

Su origen es confuso y hay quienes lo atribuyen a los chinos, hindúes o persas, de donde lo tomaron los árabes. Otros suponen que fue creado durante el Sitio de Troya para entretener a los soldados.
De las múltiples historias que se cuentan sobre el origen del ajedrez, ésta es una de las más coloridas: tiene origen hindú. Representa al mundo y corresponde a un *mandala,* la representación simplificada de los ciclos cósmicos que se repite en el tablero de ajedrez. Las cuatro casillas del propio centro o núcleo del tablero representan las estaciones. Las doce casillas que rodean esas cuatro centrales son los doce signos del ZODÍACO. Las 28 casillas exteriores son las casas de la Luna. Las casillas blancas y negras son el día y la noche, el nacer y el morir.
El ajedrez pasó a los persas y de ellos a los árabes, quienes lo introdujeron en España y de allí en Europa. Pero San Luis, rey de Francia, prohibió el juego en 1254. Alfonso el Sabio, décimo rey con ese nombre en Castilla, escribió en 1283 *Libros de Acedrex* en los cuales, usando fuentes árabes, describió las reglas y cambió los nombres de las piezas adaptándolas a su lengua.
La pieza persa *fersan* fue en castellano fersa, en provenzal *fierce* y finalmente, *vierge,* virgen, y de allí, reina.
Una leyenda cuenta que un soberano quiso premiar al inventor del juego por su inteligencia y le ofreció el premio que él eligiera. El inventor pidió un grano de trigo en el primer escaque, dos en el segundo, cuatro en el tercero y así sucesivamente, en progresión geométrica. El rey accedió a lo que entendió como un pedido modesto. Luego comprendió que no alcanzaban los graneros del reino para pagar la deuda, pues significaba un cubo de un kilómetro por lado.

ALASKA: Una de las últimas partes del mundo en ser explorada. Bajo el emperador Pedro el Grande, Rusia extendió su imperio por toda Siberia y el OCÉANO PACÍFICO. En 1741, Vitus Bering (1681-1741), un danés al servicio de la Marina rusa, dirigió una expedición que llegó a ALASKA. El estrecho y el mar circundante hoy llevan su nombre.
Durante el siglo XVIII y parte del XIX, Rusia exploró Alaska, conocida como la Rusia americana. Pero en 1854 comenzó la guerra de Crimea entre Rusia y una alianza de Turquía, Inglaterra y Francia. Se debilitó la posición rusa en América y se decidió ofrecerla en venta a los Estados Unidos que, en 1867, la obtuvo por 7 millones de dólares sumando un nuevo Estado que tenía dos veces el tamaño de Texas. Con la fiebre del oro, a fines del siglo XIX, Alaska comenzó a poblarse. Hoy, sin embargo, es el más grande pero el menos poblado de los estados: 1.500.000 km cuadrados y 530.000 habitantes.
Su nombre proviene de la expresión de los aborígenes de las Islas Aleutianas, también descubiertas por Bering, que significa tierra grande, continente. Hoy Alaska también es llamada "La Última Frontera" y "La Tierra del Sol de Medianoche".

ALADINO: En árabe *Ala ad-Di.* Héroe del capítulo "Aladino y la lámpara maravillosa" de *Las mil y una noches.* La historia relata que a la muerte del sastre

Mustafá, padre de Aladino, un mago que se hace pasar por su tío le pide que entre en una cueva para sacar una lámpara milagrosa. Como Aladino tarda mucho, el mago, enfurecido, cierra la cueva abandonando a Aladino. El mago le había regalado un anillo para ganar su confianza y cuando Aladino queda solo, sufre, llora y friega sus manos por el frío. Al hacerlo, de su anillo surge un genio que lo libera del encierro. Aladino además descubre que la lámpara que había sido enviado a buscar, al ser frotada, también provoca la aparición de otro genio mucho más fabuloso. Gracias a estos poderes, Aladino obtiene fortuna, se casa con la hija del sultán y luego él mismo ocupará el trono.

ÁLAMO: Una vieja leyenda relata que la Cruz de Cristo habría sido hecha de la madera del álamo y que cuando el árbol supo el destino que se le daría, sus hojas comenzaron a temblar sin cesar. Otra historia sostiene que cuando Cristo murió, todos los árboles mostraron su angustia inclinándose reverentes, menos el álamo que permaneció erguido. Desde entonces, por su arrogancia, sus hojas no han dejado de temblar continuamente.

ALBIÓN: Del griego *alouion* y del latín, *albio, albus.* Nombre dado a Inglaterra por los blancos acantilados de Dover. Albión ha sido usado como nombre poético y se le han asignado muchas historias. Para unos era un derivado del nombre de un gigante, hijo del dios del mar, Neptuno. Para otros, de la princesa de Albia, la mayor de 50 hijas del rey de Siria que, forzada a emigrar, se asentó en estas tierras. Otra tremenda historia cuenta que esas 50 hijas del rey de Siria fueron obligadas a casarse el mismo día. La noche de bodas, todas se confabularon para matar a sus 50 maridos. Semejante criminalidad conjunta y asociada les aparejó el destierro y eventualmente alcanzaron las costas de Inglaterra donde se casaron con nativos.
Según parece, con suerte distinta, Sir Francis Drake (1540-1596), el primer navegante inglés que circunnavegó la tierra usando la vía del Estrecho de MAGALLANES, llamó a California "La Nueva Albión" cuando trató de anexarla a la Corona inglesa para quien él cumplía tareas de corsario. Napoleón, en cambio, llamaba a Inglaterra "la pérfida Albion".

ALBATROS: Probablemente una deformación de la palabra portuguesa *alcatraz,* pelícano y del árabe *al-ghattás,* águila marina de cola blanca. Es un ave palmípeda oceánica cuya particularidad es su enorme capacidad de vuelo, al punto que muchos marineros de la Antigüedad sostenían que eran capaces de dormir mientras volaban. Los hombres de mar siempre han asegurado que matar a uno de estos animales es presagio de la peor fortuna.

ALCATRAZ: Isla de los alcatraces. Famosa isla frente a San Francisco, Estados Unidos, usada primero como prisión militar y luego, desde 1934, como cárcel de máxima seguridad para civiles. Tuvo entre sus más famosos prisioneros a Al

Capone. Los descendientes de los indios sioux reclamaron durante largo tiempo la propiedad de la isla, que terminó siendo parte del Parque Nacional Recreativo del Golden Gate y hoy se usa para visitas turísticas.

ALBERTO MAGNO, SAN (1206-1280): Maestro alemán de teología, filosofía, ciencias naturales, que fuera conocido como Doctor Universalis. Estudió en Bologna y Padua. Santo TOMÁS DE AQUINO fue su discípulo. Fue obispo de Ratisbona. Consagrado Santo, su día se celebra el 15 de noviembre.

ÁLBUM: Deriva de *albo,* blanco. La palabra álbum, como se la conoce hoy, se originó en unas tabletas de color blanco donde se hacían inscripciones públicas.

ALCOHOL: Del árabe *al-kuhul.* Era un polvo y no un líquido y se usaba para dar sombra a los párpados. Posteriormente se generalizó como la sustancia que se obtenía de la destilación.

ALEJANDRÍA: Ciudad al norte de Egipto, sobre el Mar Mediterráneo, al oeste del delta del río Nilo. Hoy es el principal puerto de Egipto con 3.000.000 de habitantes. Fue fundada en el 332 a. de C. por ALEJANDRO MAGNO y se convirtió en el gran centro de la cultura helenística y judía. Tenía una gran universidad y dos famosas bibliotecas. También se construyó en sus costas un famoso faro, precisamente en la isla de *Pharos*, lo que dio origen al nombre actual del indicador luminoso. El Faro de Alejandría tenía 137 m de altura y su luz podía divisarse hasta 68 km de distancia. Un terremoto lo destruyó en 1375. Era una de las siete maravillas del mundo.
Alejandría fue parte del Imperio Romano y del Imperio Bizantino. Luego pasó a manos de los árabes y cuando El Cairo se convirtió en la capital de Egipto en el 969, Alejandría declinó. Napoleón la ocupó en 1798 y luego los británicos en 1801. Actualmente en su Museo grecorromano se conserva una gran colección de arte romano y griego.

ALEJANDRO MAGNO (356-323 a. de C.): Rey de Macedonia, hijo de Filipo. Educado por Aristóteles. Fue el más grande conquistador de su tiempo iniciando el concepto del panhelenismo. Como cabeza de un ejército griego, derrotó a los persas, conquistó Egipto donde fundó ALEJANDRÍA e invadió India. Cuando apenas tenía 33 años, Alejandro murió, dejando una historia de conquistas y la imagen de una personalidad cautivante y avasalladora. Además de los aspectos históricos, se cuentan sobre él decenas de leyendas, muchas de las cuales no parecen reflejar la verdad, sino la imagen que Alejandro irradió y que se acrecentó después de su muerte. Una de ellas cuenta que, antes de iniciar su expedición a Persia, fue a visitar el ORÁCULO de Delfos, precisamente el día en que el oráculo no atendía. Alejandro, que no sabía aceptar excusas, buscó a la encargada del día y tomándola de un brazo, prácticamente la arrastró hasta el interior del templo. La sacerdotiza, entre asombrada y asustada, le dijo: "Hijo... eres irresistible". Alejandro contestó: "¡Basta! Acepto esas palabras como tu respuesta". Y marchó confiado a probar el punto (véase DIÓGENES).

ALFAJOR: Como muchísimas otras palabras españolas comenzadas en "al", alfajor es de origen árabe como alfombra, alfalfa, aljibe, alcalí, alcázar. Se define como una pasta de harina y dos pedazos redondos de masa uniforme y se origina en "alajú", una pasta de almendras, nueces y especias finas bien cocidas.

ALFOMBRA MÁGICA, LA: Una de las más antiguas historias dedicada a la fabulosa alfombra mágica que podía transportar a quien, parado sobre ella, le indicara el destino a seguir. Pertenece al folklore árabe y más directamente a *La historia del príncipe* AHMED de *Las mil y una noches.* Sin embargo, la principal alfombra mágica de la historia —aunque menos conocida— fue la del rey Salomón, hecha de seda verde. Cuando viajaba, instalaba sobre ella su trono.
Era tan grande que además cargaba todas sus fuerzas; hombres y mujeres sobre la derecha; los espíritus sobre la izquierda. Cuando estaba listo, Salomón indicaba al viento hacia dónde quería ir y entonces la alfombra se elevaba, desplazaba y aterrizaba en el lugar requerido. Los pájaros con sus alas extendidas en el aire protegían a todos del Sol. De manera que era toldo y alfombra.

ALFONSÍN: Antiguo instrumento de cirugía que servía para extraer balas de las heridas, cuyo nombre deriva de su inventor, el cirujano de Nápoles, Alfonso Ferri, quien lo comenzó a usar en 1552.

ÁLGEBRA: Del árabe *al-jebr.* Sus fundamentos básicos eran conocidos en Babilonia, 2000 a. de C. y la practicaron los árabes. En el siglo IX, el matemático árabe Mohammed ibn-Musa al-Khwarizmi usó por primera vez las palabras *hisab al-jebr,* cálculos de reducción, como parte de un tratado.

ALHAMBRA: Del árabe *al-hamrá,* casa roja. Palacio construido por los príncipes moros en el siglo XIII en Granada, Andalucía, España. Alhambra es el ejemplo más bello del genio creativo de los árabes, los moros que invadieron España desde el norte de África a principios del siglo VIII.
El palacio es un laberinto de patios, salones, arcadas, columnas de mármol, fuentes y surtidores. Las paredes están decoradas con intrincados motivos y azulejos multicolores. Durante casi 250 años sirvió de palacio y HARÉN o harem a los reyes de Granada. Como el islam prohibía el arte figurativo, se crearon notables diseños abstractos y geométricos de bellas formas exactas. Los arquitectos responsables de la Alhambra fueron consumados maestros de la proporción, la decoración y la luz.
Cuenta una vieja leyenda que tras entregar las llaves de la Alhambra, Moabdil, el último rey moro en España, quiso mirar el palacio por última vez. La emo-

ción lo turbó y lloró de tristeza. Su madre, Aixa, se volvió hacia él y le dijo: "No llores como mujer lo que no has sabido defender como hombre".
Ese lugar se conoce hoy como el "Suspiro del Moro".
Un viejo poema, supuestamente creado por un mendigo ciego, les recuerda a los visitantes la belleza de Granada:
"Da una limosna, mujer.
Que no hay en la vida nada...
como la pena de ser
ciego en Granada".

Alí Baba: Otro personaje de *Las mil y una noches.* Al descubrir una banda de cuarenta ladrones, que ocultaba sus tesoros en una cueva, Alí Babá aprende que la gran piedra que sellaba la entrada de la caverna se movía ante la expresión: "Sésamo, ábrete". De esta forma obtiene y exhibe nuevos bienes. Su hermano Qasim lo sigue y aprende la fórmula. Al día siguiente, los ladrones regresan y matan a Qasim. Luego llegan hasta Alí Babá. Cuando están por asesinarlo, la esclava Murganah lo salva y ambos huyen.
Esta antiquísima historia probablemente sea de origen sirio y enfrenta una vez más en el folklore y la leyenda a dos hermanos de características opuestas con resultado trágico. Una constante en la historia de los pueblos, como símbolo de que las luchas fraternas siempre serán funestas.

Alma mater: Referido antiguamente a las diosas de la abundancia como Ceres o Cibeles. En el siglo XVII se comenzó a usar en los países de habla inglesa como lugar donde se aprende o se obtiene sabiduría: la Universidad y consecuentemente, segundo hogar.

Altamira: La cueva de Altamira, al norte de España, es una prehistórica galería de arte de la Edad de Piedra, descubierta casualmente en 1868 por un cazador. En 1879, Marcelino Sanz de Sautuola, arqueólogo aficionado, acompañado de su hija, María, no pudo creer lo que veía. Bisontes pintados en tonos rojos, marrones, amarillos y negros. (El bisonte es un rumiante bóvido salvaje, parecido al toro.) El descubrimiento fue durante 20 años revisado ante la incredulidad de los investigadores. Sólo a principios del siglo XX, cuando se descubrieron otras pinturas rupestres al sudoeste de Francia y en los Pirineos, los académicos comenzaron a mirar a estas pinturas como auténticas expresiones de un arte casero de 13.000 años de antigüedad. La cueva de Altamira tiene 100 metros de extensión y sus muros están decorados con grabados y dibujos de animales, principalmente bisontes y, además, ciervos, jabalíes, dos caballos y un lobo. La pintura fue fabricada con pigmentos naturales, ocre, hematita y manganeso, machacados hasta convertirlos en polvo y probablemente mezclados con grasa animal. Aparentemente se aplicaba a las paredes con los dedos, plumas, pelos y vegetales.

Álvarez, Hipótesis de: Teoría por la cual la extinción masiva de los dinosaurios, otros seres y cosas vivientes, fue causada por el impacto de un enorme asteroide sobre la Tierra, hace 65 millones de años. La hipótesis lleva el nombre del equipo formado por padre e hijo, Luis y Walter Álvarez, e indica como el lugar probable del impacto la Península del Yucatán. Luis Walter Álvarez (1911-1988) era un físico nacido en San Francisco, Estados Unidos. En 1968 le fue otorgado el Premio Nobel en Física por su contribución al desarrollo de la cámara burbuja que actúa como detector y analizador de partículas radioactivas. También contribuyó a desarrollar el sistema de control de aproximación terrestre de los aviones.

Amadís de Gaula: Héroe del famoso romance que lleva su nombre. La edición más antigua que se conoce data de 1508 atribuida a Garci-Ordóñez de Montalvo, pero que otros suponen una adaptación de una historia portuguesa o española del siglo XIV. Al nacer, su madre lo encierra en una caja y lo arroja al mar, emparentando el relato con el bíblico Moisés.
Amadís es un caballero ideal: noble, valiente, abnegado, ostentando todos los ideales de la caballería: ama a su patria, ama a sus prójimos, ayuda a pobres y amigos. Muchos detalles, además, parecen derivar de las leyendas arturianas (véase Arturo). Escritores posteriores fueron agregándole capítulos hasta alcanzar 14 volúmenes.
Amadís era llamado el Caballero León y también Beltenebros (hermosamente oscuro, el bello tenebroso) y era hijo de Perion, rey de Gaula (Gales) y de Elizena, princesa de Bretaña. Fue abandonado de niño pero logró sobrevivir y se lo conoció como el Niño del Sol. Tras muchas aventuras, se casó con Oriana. Amadís es representado como poeta, músico, lingüista, galán, caballero errante, rey y héroe arquetípico. También fue conocido como el Caballero de la Espada Verde o el Caballero de los Enanos.
En *Don Quijote de La Mancha,* Amadís es el héroe caballeresco de mayor importancia. Influye en el momento en que Quijote asume su nombre, y es su modelo durante toda la obra.
Cervantes se ocupa de demostrar la admiración que su personaje siente por Amadís y quienes le rodean, en particular, su escudero Galaor.

Amantes de Teruel: Teruel es la capital de la provincia del mismo nombre en España. Allí suceden los episodios del apasionado amor de Diego de Marsilla e Isabel de Segura, símbolos de la pasión amorosa y desgraciada como tantas otras parejas de la historia y la ficción. Algunos estudios suponen la historia derivada de Girolamo y Salvestra del *Decamerón* de Bocaccio, mientras que otros aseguran que se trata de una leyenda propia de Teruel que luego fuera inmortalizada por los autores Juan Pérez de Montalbán, Tirso de Molina (véase Don Juan) y Hartzenbusch.
Diego es un joven arrebatado, valiente, que ha jurado su amor a Isabel y no clau-

dica instante alguno de su promesa. Isabel, enamorada y apasionada, no termina de entregarse por sus frenos morales nacidos de su formación cristiana. Hay una vieja frase llena de sarcasmo y crueldad que con sorna popular definió el amor imposible de la pareja: “Los amantes de Teruel... tonta ella y tonto él”.

Amantes Trágicos: En la historia, las leyendas, la ficción, existe una larga y triste historia de amores fatales, parejas cuyas pasiones no logran superar el destino más trágico: la muerte, castigo, penurias o maldiciones mutuas. Todas estas historias se cuentan en este libro. Hay muchas más.

Amantes a caballo, Alberto Durero, 1471-1520.

- Abelardo y Eloísa
- Adán y Eva
- Aída y Radamés
- Alfredo y Violeta (*La Traviata*)
- Carmen y José
- Dante y Beatriz
- Deirdre y Naoise
- Diego de Marsilla e Isabel de Segura (Los amantes de Teruel)
- Edgard y Lucía de Lammermoor
- Elena y Paris (Guerra de Troya)
- Hipómenes y Atalanta
- Isabel y Diego (Amantes de Teruel)
- Liu y Calaf (Turandot)
- Marco Antonio y Cleopatra
- Orfeo y Eurídice
- Otelo y Desdémona
- Madame Butterfly y Pinkerton
- Romeo y Julieta
- Sigfrido y Brunilda
- Tosca y Caravadossi
- Tristán e Isolda

Amarillo: Un color que ha indicado simbólicamente celos, inconstancia, adulterio, perfidia y cobardía. En muchos países durante el medioevo se marcaba la puerta de los traidores con manchas amarillas y así se llamó también a la fiebre caracterizada por la mala eliminación de la bilis y la coloración amarillenta de la piel. Durante mucho tiempo se usó una bandera amarilla para identificar a los lazaretos. Se la llamaba bandera de cuarentena, quizá porque eran de ese color las banderas que usaban los barcos, precisamente durante las cuarentenas. Por Acta de 1825, la bandera amarilla fue adoptada oficialmente como bandera de cuarentena, pero indicando buena salud a bordo, mientras que cuando la bandera amarilla llevaba un círculo negro en el medio señalaba plaga o grave enfermedad a bordo.
Según el Código Internacional de Señales de 1931, la bandera amarilla (Q) advierte que se requiere un práctico para comprobar que el buque está libre de males. Cuando la Q es izada sobre L, trasmite que el barco está infectado.

Amaterasu: Diosa celestial Sol, principal figura del sintoísmo, deidad central de la Casa Imperial Japonesa, de quien los japoneses dicen descender. Su nombre completo es *Amaterasu Omikami*, la Gran Divinidad que Ilumina los Cielos. Cuenta la tradición que ella nació del ojo de su padre Izanagi y fue obligada a unirse a su hermano Susano-Wo para sobrevivir. El centro de su culto es el santuario Ise Naiku, al sur de Honshu, que es visitado por cerca de 5 millones de personas por año.

AMAZONAS: En la mitología griega, una nación de mujeres guerreras con quienes los griegos combatieron a menudo. La historia de las Amazonas probablemente se originó en una variante reiterada en muchas culturas, respecto de una tierra tan remota que superaba los conocimientos geográficos griegos. Los cuentos comenzaron a acumularse. Popularmente, vivían al sur de Rusia. La palabra estaría formada por el prefijo negativo "am", falta de y "seno". La historia cuenta que o bien les amputaban un seno o se las ataba con cueros muy tensos para impedir el desarrollo de uno de los senos, facilitando así el uso del arco y la flecha. Muchos estudiosos niegan esta idea.

En 1540, los españoles, comandados por Francisco de Orellana (1490-1546), encontraron en las selvas tribus de mujeres guerreras que combatían con fiereza al lado de los hombres al norte del Brasil y dieron su nombre al río Amazonas. El infortunado Orellana habría de morir, precisamente, más tarde cuando su barco zozobró y él se ahogó en el río Amazonas.

La leyenda de las Amazonas mezcla mitología, tradición e historias muy antiguas. Según los investigadores, estas tribus capturaban hombres para forzarlos a convivir con ellas hasta que quedaban embarazadas. Luego los mataban o expulsaban de sus tierras. Los hijos varones eran muertos o devueltos a sus padres y las mujeres conservadas para mantener la cohesión del conjunto.

La novena tarea de HÉRCULES fue quitarle el cinturón a Hipólita, reina de las Amazonas. Tuvo éxito, pero Hipólita murió. En otro relato, es Teseo quien las ataca y en algún momento se casa con Antíope, la hermana de Hipólita. Como aliadas de los troyanos, tomaron parte en la defensa de TROYA, donde su reina de entonces, Pentesilea, fue muerta por AQUILES luego de que la aguerrida muchacha matara a varios guerreros griegos.

En un mapamundi del siglo XIII, las amazonas aparecen como guerreras famosas en cuya provincia hay dos castillos y tierras pobladas de extraños animales. En sus bosques abundan los pájaros fosforescentes cuyas alas alumbran en la noche.

El cronista de MAGALLANES, Antonio Pigafetta, que acompañó a su jefe en la extraordinaria hazaña de circunnavegar el globo terráqueo, sostiene que las Amazonas están en la isla de Ocoloro, al sur de Java, y sólo son fecundadas por el viento.

El maestro colombiano Germán Arciniegas (1900-1999) transcribe un texto del navegante español Alvar Núñez Cabeza de Vaca (1490-1557): "Hacia el noroeste habitan y tienen muy grandes pueblos, unas mujeres que tienen mucho metal blanco y amarillo. Los asientos y servicios de sus casas son todos de esos metales. Su reina es una mujer. Cercana, está una nación de pigmeos". El relato parece ubicarlas en alguna parte del Paraguay. Lo cierto es que las Amazonas formaron parte de los tiempos de las magias y las fantasías.

En el idioma castellano, la palabra amazona define a una mujer alta y fuerte. También a la que monta a caballo y a un papagayo de América.
Curiosamente, en la actualidad al definirse los distintos estratos sociales, se llaman amazonas a las mujeres con hijos que deliberadamente viven sin los padres de sus niños, sin marido ni pareja.
El río Amazonas es el segundo más largo del mundo (6.300 km), cruza el norte de América del Sur y desemboca en el Océano Atlántico. Es considerado el río más caudaloso de la TIERRA.
En su curso no aparecen cascadas ni obstrucciones, lo que facilita su navegabilidad. Entre sus puertos más importantes están Iquitos, Perú; Belem y Manaos, Brasil.

AMBICIÓN: Curiosa historia tiene esta palabra, cuyo origen se remonta al latín *ambitus, ambire,* ir de un lado a otro. Ya en aquellos tiempos, los candidatos a puestos públicos ambulaban entre la gente pidiendo que votaran por ellos. Luego se asoció esta acción a la consecuente de que todo político, además, exhibe su deseo de poder y honores. Y ambición pasó a ser esa búsqueda de éxito, honor y poder.

AMBROSÍA: Del griego, *ambrosíos,* inmortal, divino. Era considerado el líquido alimento de los dioses, porque ellos no comían: sólo bebían. Según los antiguos, era nueve veces más dulce que la miel y otorgaba euforia e inmortalidad. Comparada con el néctar, la bebida de los dioses.

AMBULANCIA: Originariamente la palabra francesa *ambulance* definía un hospital de campaña, cerca del campo de batalla. Normalmente, eran hospitales móviles que iban de un lugar a otro (*hospital ambulatoire*). En el siglo XX su uso se concretó al vehículo.

AMÉRICA: Éste es el continente que más problemas ha creado con su nombre, que es el único que se identifica con una persona real.
Deriva de Americus Vespucius, forma latina del nombre *Amerigo Vespucci,* Américo VESPUCIO (1441-1512). Navegante italiano, nacido en Florencia, recorrió las costas de América del Sur buscando una ruta a Oriente, concluyendo que estos territorios no eran parte de Asia como originariamente había creído Cristóbal Colón. El nombre fue usado por primera vez por el geógrafo Martín Waldseemüller en 1507 en un relato de los viajes de Vespucio y luego en 1538 en un planisferio. Al principio, sólo denominaba la parte sur del continente, pero luego su uso se extendió.
Cuando Estados Unidos declaró su independencia en 1776, los primeros congresales demoraron en otorgar un nombre a su territorio. Pensaron en Columbia por Colón, pero Colombia se había adelantado. Luego en Freedonia, pero lo desecharon "por muy femenino". Finalmente, por falta de tiempo ante la in-

minente finalización de las sesiones, determinaron que sería *United States of America,* que sólo indicaba una situación jurídica o política y no un nombre específico para un país, como tenían casi todos los países del mundo, incluso aquellos que también usaron la fórmula de Estados Unidos de Venezuela o Estados Unidos de Brasil, que finalmente señalaban un nombre propio. Sus habitantes se llamarían venezolanos o brasileños, mientras que al norte no les quedó alternativa: *americans.* Hoy incluso la sola palabra America, en inglés, significa Estados Unidos y no el continente, al que llaman *"the Americas"*.

AMÉRICA DEL NORTE: Parte norte del continente americano, conectada con AMÉRICA DEL SUR por el istmo de Panamá, limitando al este con el OCÉANO ATLÁNTICO y al oeste con el Pacífico.
24.346.000 km cuadrados de superficie. La integran Canadá, Estados Unidos, México y las islas de las Indias Occidentales en el mar Caribe. Geográficamente, Groenlandia es también parte del Continente. Su punto más alto es el Monte McKinlay en Alaska: 6.194 m. Su región más baja, el Valle de la Muerte, al sur de California y Nevada, 86 m bajo el nivel del mar. Aquí apenas llueve en el año y se han registrado temperaturas de hasta 57º en el aire y hasta 74º a nivel del suelo.
La parte sur de este continente fue colonizada por los españoles en el siglo XVI, mientras que la costa este fue tomada por los británicos y franceses en el siglo XVII, generándose una rivalidad que terminó con la victoria británica. Las colonias de América del Norte ganaron su independencia en la guerra disputada contra los ingleses entre 1775 y 1783, mientras que a Canadá se le autorizó su propia Constitución en 1867.
Cuando muchos países sudamericanos ya habían alcanzado su independencia, los Estados Unidos terminaban de descubrir su costa oeste, adonde llegaron colonizadores atraídos por la fiebre del oro sólo en 1847.
El siglo XIX fue testigo del gradual desarrollo del oeste del continente, la aparición de México como Estado independiente y el crecimiento de los Estados Unidos como potencia mundial. Progresivamente, Estados Unidos dominó el continente, tanto económica como políticamente, pues Canadá tenía muy poca población en relación con su extensión y México perdió mucho de su territorio en manos del ejército de los Estados Unidos. La población total es de 367 millones.

AMÉRICA DEL SUR: Parte sur del continente americano, conectada con América del Norte por el istmo de Panamá, limitando con el OCÉANO ATLÁNTICO al este y el Pacífico al oeste. Se divide en seis regiones geográficas: los Andes, una cadena montañosa que se extiende a lo largo de casi todo el continente (su pico más alto el Aconcagua, Argentina, 6.980 m), tierras altas del Brasil, cuenca del Orinoco, cuenca del Amazonas, llanura chaco-pampeana y planicie de la Patagonia. Colonizada por los españoles en el siglo XVI, aunque británicos, holandeses y portugueses fueron muy activos en la región, la mayor parte del continente permaneció en poder del imperio español de ultramar hasta los movimientos independentistas a partir de 1810. Población: 300 millones. Tiene 17.819.000 km cuadrados y se extiende por 7.640 km de norte a sur y 5.300 km de este a oeste. La integran la Argentina, Bolivia, Brasil, Chile, Colombia, Ecuador, Guyana, Paraguay, Perú, Surinam, Uruguay y Venezuela. La Guayana Francesa también está en el Continente.

Amiel, Henri Frédéric (1821-1881): Después de su muerte, se publicó el diario íntimo de este profesor de Ginebra, que causó sensación en su tiempo. Amiel cuenta que era un conquistador intelectual de las mujeres, que las conmovía y seducía sin llegar a poseerlas. La antítesis del donjuán. Amiel pudo haber sido un hombre tímido, encerrado en sus propias dudas o un generoso y altruista amante que había creado límites propios en sus relaciones.

El médico y tratadista español Gregorio Marañón y Posadillo (1887-1960), además de numerosos libros profesionales sobre endocrinología, abordó temas históricos y biográficos. Publicó obras sobre El Greco, Tiberio, Enrique IV de Castilla. Además escribió sobre asuntos de España: *Raíz y decoro de España, Ensayos Liberales, Vocación y Ética.* Marañón también dedicó una de sus obras a *Amiel o la timidez* (1944) de quien dice: "La historia de Amiel, vista a la luz de la entraña dolorida, debe servir de consuelo a tantos otros hombres oscuros que arrastran la cruz de su timidez sin sospechar que puede estar tallada en madera de la más alta jerarquía humana".

Amón: En la mitología egipcia, rey de los dioses, equivalente a Zeus/Júpiter. El nombre también suele escribirse como Amen o Amun, como en el nombre del faraón Tutankamon o Tutankamen.

Anastasia: Anna Anderson Manahan (1901-1984) era una aristócrata rusa que reclamó haber sido la única hija que sobrevivió al zar Nicolás II, cuya familia fue fusilada en Ekaterimburg en 1917. Según ella contó, fue salvada de la masacre por el soldado Alexander Tchaikorski quien la llevó a Rumania, donde se convirtieron en amantes. Tuvieron un hijo que fue asesinado en Bucarest y ella huyó a Berlín.

Esta historia comienza a ser conocida cuando ella es rescatada de un intento de suicidio en Berlín tras haberse arrojado a un canal. Internada en un sanatorio comenzó a reclamar ser Anastasia y así continuó por el resto de su vida, incluyendo en sus supuestos derechos la fortuna imperial en manos de los Bancos alemanes. Su caso fue tratado en los tribunales contra los derechos expuestos por la duquesa Von Mecklenburg entre 1933 y 1970, cuando se determinó que ninguna de ellas tenía títulos suficientes.

Sus oponentes la reconocieron como una campesina polaca, Franziska Schanzlavski, y usaban el argumento de que Anastasia no sabía hablar ruso y tenía un fuerte acento eslavo.

Finalmente, vivió en Alemania como Anna Anderson y en 1969, en una visita a los Estados Unidos, se casó con el profesor de historia John Manahan y a partir de entonces permaneció en el país norteamericano.
En 1994 un informe del gobierno ruso dictaminó que Anastasia había sido ejecutada con sus padres y familia. Anastasia ya había muerto y con ella una extraña historia que fue llevada al cine y a la literatura y dejó muchas dudas y ensueños frustrados.

ANDERSEN, HANS CHRISTIAN (1805-1875): Autor de cuentos de hadas, nacido en Dinamarca. Sus historias se han traducido a más de 80 idiomas y han inspirado películas, ballets, obras de teatro, esculturas y pinturas. Fue muy pobre en su niñez. Sólo a los 14 años consiguió un pequeño trabajo en el Royal Theater de Copenhague. Su obra prima data de 1835. La crítica recibió con aplausos la primera de las que luego serían 150 historias para niños. Entre sus títulos más conocidos: *El patito feo, Las ropas del emperador, La sirenita, Las zapatillas rojas.*

ANDROCLES: Cuenta la leyenda que Androcles era un esclavo en tiempos de Calígula (véase INCITATO) que logró escapar de las crueldades de su amo. Se refugió en una caverna y mientras descansaba, entró un león que en lugar de atacarlo como Androcles temía, le extendió una de sus patas, hinchada y con evidentes signos de dolor. Androcles comprendió que el león buscaba ayuda y revisó la garra hasta encontrar y sacar una enorme espina clavada en ella. El león entonces se marchó.
Años más tarde, habiendo sido Androcles recapturado y arrojado a las arenas del circo romano, esperaba allí exahusto y exánime ser devorado por los leones. Una de las fieras lanzadas al ruedo donde esperaban cientos de pobres víctimas corrió hacia Androcles, pero no para atacarlo, sino para acariciarlo y protegerlo. Era el mismo león, ahora agradecido, que Androcles había curado. El gesto provocó la admiración y fascinación del público y el esclavo fue definitivamente liberado.
George Bernard Shaw (1856-1950) escribió una obra basada en la leyenda y la tituló *Androcles y el león.*
En la tradición cristiana, se cuenta que San Jerónimo estaba dando clase, cuando un león entró en el aula, provocando la disparada del alumnado. Jerónimo se quedó, pues notó que el león mostraba dolor en una de sus garras. Le quitó una espina y desde entonces, el león quedó a su lado convirtiéndose en su permanente ladero.
Estas leyendas se compadecen con una historia real ocurrida en un coto de caza en Kenya a George Adamson (1906-1989) y su mujer cuando criaron a una leona desde cachorra. La llamaron Elsa. Cuando Elsa tuvo edad suficiente, la retornaron a su hábitat natural. La leona creció, tuvo sus propios cachorros y periódicamente llegaba hasta la vivienda de los Adamson, los visitaba por un

corto tiempo y regresaba a la jungla. Este caso extraordinario concluyó con la muerte de la leona Elsa en 1961. Tiempo después, los Adamson fueron misteriosamente asesinados.

ÁNGEL: Del griego, *angelos,* mensajero. Un ser celestial destinado a ser intermediario entre Dios y los seres humanos. Tanto en el cristianismo como en el islamismo y judaísmo, es notable la presencia de ángeles destinados a instruir, informar, anunciar y comandar a los fieles. No pueden ser percibidos por los sentidos porque carecen de cuerpo físico y aunque naturalmente no tienen sexo, sus nombres han sido siempre masculinos.

• El Ángel de la Guarda es el que Dios asigna a cada ser humano para que, a modo de compañero, lo proteja en la vida terrena.

• La Iglesia agrupa a los ángeles en nueve coros o jerarquías, conjuntos de espíritus angélicos: serafines, querubines, tronos, dominaciones, principados, poderes, virtudes, arcángeles y ángeles.

• Un ángel libera a ABRAHAM del sacrificio de su hijo.

• El Arcángel Miguel es quien entrega a MOISÉS las tablas con los Diez Mandamientos.

• El Arcángel GABRIEL es quien anuncia a la VIRGEN MARÍA que será la madre de Cristo. También en la Biblia es quien anuncia a Zacarías (Lucas 1:11-20) el nacimiento de su hijo, que luego sería Juan el Bautista.

• Para los Musulmanes, el Arcángel Gabriel es quien revela el KORÁN a MAHOMA, lo proclama el Profeta de Dios y lo convierte en el Ángel de la Verdad. También hubo ángeles guerreros como los que derrotaron a los asirios en Reyes (19:35) o condujeron los ejércitos de los Macabeos (11:6).

• Santo TOMÁS DE AQUINO escribió que lo que distingue a los ángeles entre sí es su proximidad con Dios. A diferencia de los humanos, los ángeles no tienen sexo, aunque todos tienen nombres de varones, naturalmente, porque sus apelativos les fueron adjudicados por hombres.

ANILLO: Antiguas historias del folklore europeo sostenían que usar anillo en el dedo índice era manifestación de arrogancia y orgullo excesivo. Usarlo en el dedo mayor denotaba prudencia, dignidad y discreción. En el dedo anular, amor y afecto. En el meñique, un espíritu predispuesto.

La costumbre del anillo de bodas es una costumbre universal en los países cristianos. Aparentemente se habría originado en una tradición romana relacionada con ofrecer seguridades o garantías.

El dedo índice es considerado en algunos países símbolo del Espíritu Santo, por lo que los sacerdotes solían usar un anillo en ese dedo como muestra de su tarea espiritual. Los anillos episcopales usados por los cardenales y obispos son de oro con una piedra (zafiro los cardenales y amatista los obispos) y se llevan en el tercer dedo de la mano derecha. El papa usa un anillo similar, usualmente con una esmeralda o rubí. Un anillo simple de oro es usado por las monjas.

En la antigua Roma, los romanos libres debían usar un anillo de hierro y sólo los senadores y magistrados tenían el *jus annuli aurei*, derecho a usar anillo de oro. Los emperadores lo conferían a su gusto y Justiniano extendió luego la costumbre a todos los ciudadanos romanos.
Una leyenda vasca cuenta que uno de los cíclopes regaló a una joven un anillo que hablaba. Al entregarle tan prodigiosa pieza, le pidió que se casara con él. La joven se puso el anillo e inmediatamente éste empezó a hablar, diciendo incesantemente: "Tú allí y yo aquí". La niña intentó quitarlo y no pudo por más que lo intentó. Agobiada por la letanía, se cortó el dedo y lo tiró a un estanque. La historia fue recogida por los hermanos GRIMM en un cuento titulado "El ladrón y sus hijos" del año 1812.

ANILLO DE LOS INOCENTES, EL: El 29 de mayo de 1205, el papa Inocencio III envió a John, rey de Inglaterra, cuatro anillos de oro con piedras preciosas y dio ciertas explicaciones: la redondez del anillo significaba eternidad. Cuatro porque ese número representaba las cuatro virtudes que sostienen la mente: justicia, fortaleza, prudencia y templanza. El oro simbolizaba la sabiduría porque se purifica con el fuego. El verde esmeralda, fe. El zafiro azul, la esperanza. El rojo rubí, la caridad. Y el topacio, las buenas acciones.

ANIMALES: La palabra proviene del latín *anima,* alma. *Animalis*, que respira o tiene alma. El concepto encerraba el hecho de que los animales respiran perceptiblemente a los ojos de los humanos (las plantas también respiran, pero no se advierte). Otra característica peculiar de los animales es su movimiento espontáneo y de allí deriva dibujos *animados.*
Las más antiguas religiones han otorgado a algunos animales lugares de privilegio, sagrado o simbólico. Para Apolo, eran el lobo y el gavilán. Para Baco, el dragón. Minerva, el búho. Neptuno, el toro. Marte, el caballo. ESCULAPIO, la serpiente.
Algunos animales parecieron apropiados para acompañar a santos, como el cordero o el buey a San Lucas o el gallo a San Pedro, el águila a San Juan el Divino, el león a San Marcos, el cuervo a San Benedicto. Un perro está recostado a los pies de San Bernardo y de San Benigno. Otro perro lame las heridas de San Roque y otro carga la antorcha en representación de Santo Domingo.
San Blas, médico y obispo de Armenia, se retiró a vivir a una caverna entre las fieras que no lo atacaban, sino que lo amaban y acudían a él para curarse de sus heridas (véase ANDROCLES).
Según una antigua leyenda musulmana, a los siguientes diez animales se les ha permitido entrar en el Cielo:
- La BALLENA de JONÁS.
- La hormiga de SALOMÓN.
- El carnero que ABRAHAM sacrificó en lugar de Isaac.
- El avefría (ave zancuda negra y blanca) de Balkis (la reina bíblica de Saba).

- El camello del profeta Saleh.
- El ASNO DE BALAM (personaje bíblico que aparece en el libro "Números" del Antiguo Testamento).
- El buey de MOISÉS.
- El perro KRATIM de los siete durmientes.
- Al Borak, el corcel de MAHOMA.
- La paloma de Noé.

ANIMALES PUROS E IMPUROS: Según el Antiguo Testamento, Levítico (11:1), Dios habló a Moisés diciendo: "Hablad a los hijos de Israel y decidles: éstos son los animales que podéis comer entre todos aquellos que hay sobre la Tierra. Todo animal rumiante y de pezuña partida (ungulados) podéis comer. Pero no a los que sólo rumian o sólo tienen hendida la pezuña. Son impuros el camello, el conejo y la liebre porque rumian, pero no tienen partida la pezuña; el cerdo que sí tiene partida la pezuña, pero no rumia. Entre los animales que viven en el agua podréis comer todos aquellos que tienen aletas y escamas, sean de mar o de río. Si no tuvieren aletas o escamas serán impuros. Entre las aves tendréis por impuras al ÁGUILA, el buitre, el CUERVO, el AVESTRUZ, la LECHUZA, la gaviota, el gavilán, el búho, el PELÍCANO, la garza y la CIGÜEÑA. Todo insecto alado que anda sobre cuatro patas lo tendréis por impuro. Pero sí podréis comer a los que pueden saltar sobre la tierra: langostas, saltamontes y grillos. Los animales que se arrastran sobre la tierra serán impuros".

ANTÁRTIDA: El quinto continente con 14.245.000 km cuadrados de superficie, ubicado casi totalmente en el Círculo Polar Antártico (66° 30'S), rodea al Polo Sur asimétricamente. Consiste en dos regiones principales: Antártida occidental que incluye la montañosa Península Antártida, estructuralmente relacionada con Los Andes. Y la Antártida Oriental, un área continental rocosa a nivel del mar. Estas dos regiones están unidas en una masa continental por una enorme capa de hielo de 4.000 m que cubre más del 95% de la Antártida.
Las temperaturas del verano suelen rondar los 18° bajo cero y en invierno los 57° bajo cero. El primer explorador que alcanzó el Polo Sur fue el noruego Roald Amundsen (1872-1928), el 14 de diciembre de 1911, seguido por Robert Falcon Scott (1868-1912), oficial naval inglés, el 29 de noviembre de 1929.
Posteriormente, en 1926, Amundsen y el aviador italiano Umberto Nobile concretaron el primer vuelo, ahora, sobre el Polo Norte. En 1928, Nobile se estrelló en el Ártico y Amundsen murió en el intento de rescate.
Durante el año geofísico internacional (1957-58) se firmó el Tratado Antártico que prohíbe operaciones militares, explosiones nucleares y depósito de desperdicios radioactivos al sur de la latitud 60°.
La palabra Antártida proviene del griego: anti-norte, la región opuesta al ÁRTICO.

ANTEO: GIGANTE fabuloso, hijo de Neptuno y Gea, la TIERRA. Su fuerza aumentaba cada vez que tocaba a su madre, la Tierra. Cuando pasaba por sus lares al-

gún viajero, lo forzaba a luchar contra él y bastaba con que apoyase sus pies sobre la tierra para tornarse invencible. Hércules tomó nota de esta peculiaridad y al enfrentarlo, lo levantó en sus brazos, impidiéndole contacto con el suelo, y Anteo fue derrotado.
Su mito se ha repetido a lo largo de siglos como símbolo de la fortaleza y espíritu que emana de la Tierra, junto a sentimientos, hábitos y costumbres que no siempre son tenidos en cuenta por quienes agreden sin piedad el suelo en el que moran y del que viven.

ANTÍPODAS: Del griego, que tienen los pies opuestos. Por extensión, el otro lado del Planeta. Originariamente, se aplicó a Etiopía, a la que se consideraba el otro lado del mundo. Desde el siglo XVI, al lugar precisamente opuesto del mundo. En el año 1800, se le dio ese nombre a un grupo de islas al sudeste de Nueva Zelanda, situadas en el lado opuesto de Greenwich, Inglaterra. Los navegantes se sentían atraídos por las estaciones contradictorias, la flora y fauna totalmente distintas "en este mundo patas arriba, donde todo es al contrario".

APARIENCIA DE DIOS: Aunque el Antiguo Testamento refiere relatos en donde la presencia Divina es casi constante, nunca queda clara ninguna descripción de la apariencia de Dios, aunque los autores de los libros sagrados dan sentido antropomorfo a Dios, desde que en los distintos relatos Dios tiene oídos, ojos, manos, camina en el Jardín del EDÉN y usa el sentido del olfato cuando Noé le hace ofrendas encendidas. Judíos y musulmanes consideran toda imagen de Dios como una forma de idolatría y en Éxodo (20:4) la advertencia es: "No te harás ninguna escultura y ninguna imagen de lo que hay arriba en el cielo..."
Sin embargo, en el libro de DANIEL (7:9) hay una descripción que sin duda influyó decisivamente en las futuras generaciones respecto de la imagen familiar y de abuelo de Dios:
"Yo estuve mirando hasta que fueron colocados unos tronos
y un Anciano se sentó. Su vestidura era blanca como la nieve y los cabellos de su cabeza como la lana pura..."
Otros personajes de la BIBLIA asumen algunas descripciones pero todas ellas parciales e incompletas. Moisés vio la espalda de Dios en Éxodo (33:23):
"Después retiraré mi mano y tú verás mis espaldas.
Pero nadie puede ver mi rostro".
En Génesis (28:12) lo ve pero no lo describe:
"Jacobo tuvo un sueño. Vio una escalinata que estaba
apoyada en la Tierra y cuyo extremo superior tocaba el cielo. Por ella, subían y bajaban los ángeles de Dios.
Y el Señor, de pie, junto a él, le decía: Yo soy el Señor..."
Miqueas también dice haber visto al Señor sentado en su trono, pero tampoco lo describe (2 Crónicas 18:18). Isaías dice haber visto el trono. Ezequiel también, pero agrega en su libro, refiriéndose a su encuentro con Dios (1: 16):

"Encima de la plataforma que estaba sobre sus cabezas, había como una piedra de zafiro, con figura de trono y en lo más alto, una figura con aspecto de hombre".

En todas las palabras de Jesús, nunca aparece ninguna descripción de Su Padre. Aunque en diversas partes de la Biblia hay metáforas relacionadas con Dios, ninguna es descriptiva: Pastor, Escudo, Luz, Sol, Padre, Sombra Protectora, Redentor, Guerrero y Héroe (Isaías 42:13), y hasta se lo describe alado, como en Salmos (91:4):

"Dios te librará de la red del cazador y de la peste perniciosa; te cubrirá con Sus plumas y hallarás refugio bajo Sus alas".

APÓSTOL: Del griego, *apostolos*, mensajero, embajador, enviado. Cada uno de los doce Apóstoles de Jesús, aunque luego se extendió a otros como Pablo, convertido al cristianismo algunos años después de la muerte de Jesús. En la Biblia, "Instrucción a los Misioneros, Institución de los Doce" Mateo (10), la lista la forman:

- SAN PEDRO: Pescador de Galilea, el pastor principal elegido por Jesús para ser el Príncipe de los Apóstoles y la roca (Pedro, *Petrus*, piedra, roca) sobre la que se construiría Su Iglesia. Mártir en Roma durante el reinado de Nerón. Sobre su sepulcro se levantó la Basílica de San Pedro en el Vaticano. Su símbolo: las llaves cruzadas. Su día: 29 de junio.
- **San Andrés**: Hermano de Pedro. Seguidor de San Juan el Bautista. Predicó los EVANGELIOS en el Asia Menor y en Grecia, donde murió. Su símbolo es la cruz transversal donde fue crucificado a su pedido con la cabeza hacia abajo, porque no se consideraba digno de morir en la misma cruz de Jesús. Su día: 30 de noviembre. Es el Patrono de Rusia y Escocia.
- **San Juan**: El Apóstol predilecto y más querido por Jesús por su gran inocencia y pureza. Autor del Cuarto Evangelio y del Apocalipsis. Fue llamado el Evangelista. Su día: 27 de diciembre.
- **San Felipe**: Fue quien comentó que había encontrado a Jesús. Evangelizó y fue martirizado. Su día: 6 de junio.
- **San Bartolomé**: Se supone que fue la persona a quien Felipe llevó ante Jesús ante Quien ganó consideración por su inocencia y simpleza. Su día: 24 de agosto.
- **Santo** TOMÁS: El que rehusó creer que Cristo había resucitado a menos que él mismo tocara Sus heridas. Luego evangelizó en Persia y la India. Su día: 21 de diciembre.
- **San Mateo**: Era cobrador de impuestos. Fue llamado ante Jesús y el primer Evangelio fue escrito por él. Predicó en Etiopía, donde murió martirizado. Su día: 21 de septiembre.
- **Santiago, el menor**: Primo de Jesús. Fue el primer Obispo de Jerusalén, donde fue arrestado y muerto. Su día: 3 de mayo.
- **San Judas Tadeo**: Hermano de Santiago el menor y primo de Jesús. Escribió

una de las Epístolas del Nuevo Testamento. Es habitualmente invocado en situaciones desesperadas. Su día: 28 de octubre.
• **San Simón**: Hermano de Santiago el menor y Judas Tadeo. Predicó en Egipto y Persia y fue martirizado en la Mesopotamia, donde fue descuartizado. Su día: 28 de octubre.
• **San Matías**: Fue el que reemplazó a Judas Iscariote después de su traición. Siguió a Jesús desde Su bautismo hasta Su Ascensión. Su día: 24 de febrero.
• **Santiago, el mayor**: Hijo de Zebedeo, hermano de San Juan el Bautista. Patrono de España y de Chile. Su tumba está en la ciudad de Galicia, Santiago de COMPOSTELA, uno de los centros de peregrinación más importantes del mundo. Su día: 25 de julio.
La expresión "apóstol" también se aplica a los fundadores de la Iglesia Cristiana en determinados países, como San Gregorio, Apóstol de Armenia; San Patricio, Apóstol de Irlanda; San Denis, Apóstol de Francia.

AQUILES: Cuenta la mitología griega que su madre Tetis lo tomó de los talones cuando era un bebé y lo introdujo en las aguas del río Éstige para convertir a Aquiles en invulnerable. Lo logró. Pero Tetis olvidó que tenía a su niño tomado del talón, punto que permaneció humanamente frágil. Adulto ya y héroe de TROYA (véase HOMERO y LA ILÍADA) allí fue precisamente donde Aquiles recibiría su herida fatal. Así nació la expresión "el talón de Aquiles" para definir lugar, situación o momento de debilidad insuperable.

ARACNE: Hermosa historia mitológica. Aracne era una bella doncella de Idmón, cuyo padre era tintorero. La joven había adquirido gran fama por su destreza para bordar y tejer, al punto que las ninfas viajaban de todas partes para admirar su obra. Así, se convirtió en discípula de Atenea, la diosa de las hilanderas y bordadoras. Pero Aracne desafió a la diosa. Atenea disfrazada de anciana le aconsejó más prudencia y modestia. Aracne se mantuvo en su actitud y entonces Atenea dejó su disfraz y presentó a los dioses un maravilloso tapiz que en sus cuatro vértices exhibía el castigo que los dioses aplicaban a los humanos que los desafiaban. Aracne no se arredró y bordó en su tapiz los amores de los dioses que no respetan el honor engañándose entre sí.
Palas Atenea, furiosa por la perfección y audacia de la obra, rompió la lanzadera de Aracne, quien sintiéndose ultrajada se ahorcó. La diosa no la deja morir y la convierte en araña. Desde entonces Aracne teje y teje el hilado más fuerte de la naturaleza atada a un destino irremediable.
"Arácnidos" refiere a las arañas.
Diego Rodríguez de Silva y Velázquez (1599-1660), el extraordinario pintor español nacido en Sevilla, inmortalizó la fábula en la pintura denominada "La fábula de Aracne" (*Las hilanderas*) de 1657 que se exhibe en el Museo del Prado, Madrid.

Araña: Se cuentan cientos de historias relacionadas con las arañas y sus supuestos venenos mortales. Son pocas sin embargo las arañas venenosas para los seres humanos, siendo una notable excepción la Viuda Negra.
Sobre los poderes curativos de este invertebrado que tiene al menos cuatro pares de patas, también hay numerosas viejas leyendas. Por ejemplo, si se coloca una araña en una cáscara de nuez y se la cuelga del cuello, baja la fiebre. Tragar siete arañas vivas envueltas en manteca, cura la ictericia (nada se dice de la digestión). Para los irlandeses era el remedio para la malaria. Una araña que aparezca en la ropa es señal de buena fortuna o dinero por llegar. Finalmente, se dice que las arañas sólo tejen los días nublados.

Araña de Mahoma: Cuando Mahoma (570-632), profeta del Islam, huyó de la Meca, se refugió en una caverna para eludir la persecución de sus enemigos. Tan pronto entró en la cueva, Dios ordenó que un árbol creciera abruptamente en la entrada. El árbol recién nacido se llenó de hojas, en sus ramas apareció un nido de gorrión y una araña tejió su tela uniendo rápidamente árbol y caverna. Cuando los perseguidores de Mahoma llegaron hasta el lugar, ninguno pudo tan siquiera suponer que por allí había pasado alguien en los últimos días. Se marcharon y perdieron el rastro del Profeta.

Ararat, Monte: En Génesis 8:4: "Y en el mes séptimo, el día diecisiete del mes, varó el Arca sobre los montes de Ararat". El monte está situado al este de Turquía, en las fronteras de Rusia e Irán. Tiene dos picos: el Pequeño Ararat de 3.925 m y el Gran Ararat de 5.165 m.
Agri Dagi, conocido por la tradición como el monte Ararat, fue considerado inexpugnable por los pobladores armenios y persas. Se suponía que el monte estaba habitado por personajes míticos como los gusanos fríos, serpientes y arañas venenosas, leopardos, osos y jabalíes. Cuando se realizaron los primeros estudios, casi todos los científicos llegaron a la conclusión de que era imposible vincular esa montaña con el Arca de Noé. En septiembre de 1829, el profesor alemán Friedrich Parrot junto con un equipo alcanzó la cumbre. En 1876, el inglés James Bryce también coronó el ascenso y encontró un trozo de madera tallado mucho más arriba de la línea de los árboles. El monte Ararat sería el emplazamiento del segundo comienzo de la humanidad.

Árboles: Antiguas y diversas mitologías han otorgado a determinados árboles lugares privilegiados o emblemáticos. Para los hindúes, la higuera era sagrada. Para los celtas, la encina. Para los alemanes, el tilo. Los escandinavos, el fresno. Los griegos consagraban árboles a dioses: el pino era de Cibeles; el olivo de Minerva; el laurel de Apolo; la viña de Baco.
Para los países nórdicos el árbol más próximo a la casa es el lugar de residencia del espíritu protector de la familia. Quizá de esos antiguos preceptos haya nacido la costumbre de plantar un árbol cuando nace un hijo.

Una remota historia cuenta que cuando Adán y Eva debieron marcharse del Paraíso, Eva llevó consigo una rama. Cuando sintieron cansancio se recostaron y ella plantó la rama en el suelo. Cuando despertaron, había crecido un árbol. Una voz celestial los envolvió sugiriéndoles su unión, de la cual habría de nacer Abel.

Arcadia: Región montañosa de la Grecia Antigua, en el Peloponeso, cuya ciudad más importante se llamaba Megalópolis. La leyenda y los poetas la convirtieron en la mansión de la inocencia y la felicidad. Un paraíso bucólico idealizado en todos los idiomas.

El árbol de olivo para portada de una biblia, Robert Estienne, 1540.

Argentina, La (1888-1936): Bailarina española nacida en Buenos Aires. Estudió danza con sus padres y a los 9 años debutó en la Real Ópera de Madrid. A los 11 era primera bailarina. Adquirió fama mundial como niña prodigio. En 1928 formó su propia compañía y una de sus actuaciones más notables era la composición del ballet de *El amor brujo* de Manuel de Falla (1876-1946). Este notable músico español murió en Alta Gracia, Córdoba, Argentina, y produjo pocas pero maravillosa obras clásicas impresionistas basadas en el folklore español.

Argentinita, La (1895-1945): Su verdadero nombre era Encarnación López. Bailarina española nacida en Buenos Aires. Vivió desde niña en España y se especializó en danzas regionales. En 1927 fundó el Ballet de Madrid con García Lorca e hicieron giras por los Estados Unidos y Europa. En 1933 reunió a un grupo de famosos cantantes y bailarines veteranos y presentó un espectáculo de FLAMENCO bajo el título *Las Calles de Cádiz.* Adquirió fama internacional y fue muy respetada, llegando a integrar el American Ballet de Nueva York. Su hermana menor, nacida en 1912, Pilar, fue la fundadora del Ballet Español.

Argos: Nombre de varias figuras de la mitología griega. Una de las más conocidas fue el gigante Argos de 100 ojos, la mitad de los cuales siempre permanecían abiertos aunque Argos durmiera. Fue enviado por Juno a espiar a otros dioses. Mercurio logró controlar al gigante durmiéndolo con los sonidos de su lira. Cuenta la leyenda que Argos sólo cerró cincuenta ojos y permaneció atento y vigilante aun dormido.

Juno, sin embargo, se enojó y mandó que aquellos ojos abiertos se posaren sobre la cola del pavo real, donde hoy se los ve abiertos, coloridos y desplegados. Por esa capacidad de vigilia a la hora en que el resto de la sociedad duerme, el periodismo moderno recibió el nombre de Argos: siempre despierto, siempre alerta, el ojo vigilante de las sociedades dormidas.

Otro Argos fue el constructor del barco para Jasón, uno de los grandes héroes griegos que comandó precisamente a los Argonautas que fueron en busca del VELLOCINO DE ORO.

Armagedón: Lugar o momento de la batalla final entre las fuerzas del bien y el mal. La expresión hoy se usa para definir caos, catástrofes o amenazas nucleares. Su origen está en el libro de las Revelaciones, Apocalipsis, conjunto de profecías con proyección escatológica (vida de ultratumba). El libro está impregnado de pasajes llenos de simbolismos donde se habla de catástrofes finales. Uno de los pasajes más atractivos es "El trono de Dios y la corte celeste", con una de las descripciones más hermosas de la Biblia:

"Una puerta estaba abierta en el Cielo. Una voz con sonido de trompeta me invitó a subir. Caí en éxtasis. Y he aquí que había en el Cielo un trono y sobre el trono Uno sentado. El trono estaba rodeado de un arco iris. Alrededor había otros veinticuatro tronos sobre los que estaban sentados otros tantos Ancianos vestidos de blanco con coronas de oro. Del trono salían rayos, voces y truenos. En medio de los tronos y alrededor, cuatro animales llenos de ojos, por delante y por detrás. Un león, un toro, uno con cara de hombre y el cuarto como águila que vuela. Los cuatro animales tienen seis alas". Todos los reunidos veneran a Dios y se supone que los veinticuatro ancianos eran los doce apóstoles y los doce patriarcas.

En el Capítulo 13, se describe a la bestia del mar, semejante a una pantera, con pies de oso y boca de león.

En el 16, se anuncia que de la boca del dragón salían tres espíritus inmundos, los espíritus de demonios que van a reunir a los reyes de la Tierra para la guerra del gran día del Dios Omnipotente. Todo dirigido a anunciar los eventos que llevarán a la destrucción y reconstrucción del Mundo. Sobre el final, que es también el final de la Biblia, se anuncia que ya no habrá maldición alguna. "El ángel me mostró un río de agua de la vida, límpida como un cristal, que manaba del trono de Dios y a un lado y al otro, árboles de la vida".

ARROZ: La costumbre de arrojar arroz a los novios viene de la India, porque para los hindúes el arroz es el símbolo de la fertilidad. Entre ellos, originariamente la costumbre se limitaba a tres puñados de arroz que el novio y la novia se arrojaban entre ellos alternativamente. En las primeras décadas de este siglo, los niños reclamaban en las puertas de las iglesias a la salida de los novios recién casados: "¡Padrino pelado!" a lo que se respondía con una lluvia de monedas. Como las monedas perdieron todo su valor y los bolsillos todo entusiasmo, se recurrió al arroz a manos llenas.

ARTEMISA DE HALICARNASO: En el siglo V a. de C. la primera mujer capitana marina, según lo cuenta Herodoto (484-425 a. de C.), historiador griego, llamado el Padre de la Historia. A la muerte de su padre, Artemisa asumió el comando de una pequeña flota de cinco navíos e incluso luchó contra los griegos como aliada de XERXES, rey de Persia. Demostró gran valor, pericia y coraje, llegando a salvar de la muerte al hermano de Xerxes. Los atenienses ofrecieron grandes sumas de dinero a quien la capturara viva. Artemisa, sin embargo, se suicidó arrojándose desde un acantilado por no haber logrado conquistar el amor de un joven. No confundir con la Artemisa que mandó construir el MAUSOLEO.

ÁRTICO: Región cercana al Polo Norte, cuyo nombre proviene del griego *arktikos, arktos*, oso. También sirvió para definir la constelación Osa Mayor que implica Norte. Es la región situada en el extremo norte del globo terráqueo. Rodea al Polo Norte y a todas las tierras pertenecientes al Círculo Polar Ártico a 66° 30' latitud norte, tales como Rusia, Canadá, Alaska, Noruega, Groenlandia, Islandia. La cubre una capa de hielo permanente y su temperatura media es siempre bajo 0°. Tradicionalmente se adjudica a Robert Edwin Peary (1856-1920) el haber sido el primer explorador en alcanzar el Polo Norte. Hi-

zo varias expediciones al Ártico, Groenlandia y lo que hoy se llama la Tierra de Peary. Reclamó haber llegado al Polo Norte el 6 de abril de 1909. Aunque Frederick Albert Cook desafió su afirmación, indicando una llegada anterior, la hazaña de Peary fue reconocida por el Congreso de los Estados Unidos en 1911. Aunque, para otros eruditos, el tema sigue abierto a la discusión.
La misma palabra se aplica a *Arcturus*, el que cuida al oso, para indicar la estrella de ese nombre. En la BIBLIA, en Job: "Sabiduría de Dios en los fenómenos naturales", Dios responde al protagonista de este versículo haciéndole preguntas tales como: "¿Dónde estabas tú cuando Yo fundaba la Tierra? ¿Sabes quién fijó sus dimensiones? ¿Quién encerró con doble puerta el mar? ¿Tiene padre la lluvia?" En (38:32), el interrogante versa sobre: "¿Guías tú acaso a la Osa con su cría?" refiriéndose a la constelación.
La palabra ANTÁRTIDA proviene del griego: anti-norte, la región opuesta al Ártico: el polo sur.

ARRODILLARSE: La acción de ponerse de rodillas durante la ceremonia religiosa obedece al hecho de que Jesús se ha hecho presente. En los antiguos templos de Jerusalén, arrodillarse era parte de la ceremonia. Cuando los cristianos adoptaron la postura como parte de la plegaria, los rabinos la prohibieron. Sin embargo, la práctica no era demasiado común en los primeros tiempos y sólo comenzó a desarrollarse más tarde, cuando los sacerdotes ordenaban *flectamus genua*, doblemos las rodillas, de donde se origina la palabra genuflexión.

ARTURO, REY: La leyenda del rey Arturo es una colección de relatos nacidos en el medioevo, concernientes a la figura semimítica, mezcla de mito celta y probables hechos reales, relacionados con el rey británico Arturo y sus caballeros. Las primeras referencias a Arturo son del poema *Gododdin* del año 600, escrito en latín. También en la colección *The Mabinogion* del 1100 en Gales. En estos relatos aparecen el rey Arturo, su esposa Guinevere y sus caballeros más íntimos: Kay, Bedivere y Gawain. Más tarde, en la obra del inglés Geoffrey de Monmouth (1100-1154), *Historia Regum Britanniae,* de 1139, Arturo se identifica como hijo del rey británico Uther Pendragon y aparece el mago MERLÍN como su consejero. Aquí también se introduce a AVALON, la isla donde Arturo va a curar sus heridas, la supuesta infidelidad de su esposa y la rebelión instigada por su sobrino Mordred. En versiones posteriores, Arturo se convierte en héroe legendario, imbatible y fabuloso, cuya espada, EXCALIBUR, que le había regalado la misteriosa Vivien, la Dama del Lago, sólo podía ser extraída por él de la roca que la aprisionaba. Entre sus enemigos figuran Morgan Le Fay, su hermana bruja y su sobrino Sir Mordred.
Para algunos historiadores, el nombre Arturo tiene raíz céltica y se vincula con *Art,* oso (véase ÁRTICO).
Otros países tomaron la historia y la convirtieron a su propio folklore, cargando nuevos personajes o historias de amor originadas en otros lares. Así apare-

cen Lancelot, el principal caballero de Arturo y rival por el amor de Guinevere, y Sir TRISTÁN envuelto en intrigas y trágicas uniones con Isolda. Otros personajes memorables son Pelléas, Gawain, Galahad, hijo de Lancelot, Percivale o Parsifal.

Muchos poetas y escritores, entre ellos el personaje de CERVANTES, don QUIJOTE, se inspiraron en la épica figura de Arturo y su corte de Camelot, donde el amor, la guerra y la magia crearon personajes y sucesos que han sido la delicia de generaciones. Por la creencia de que Arturo algún día regresará, es llamado "el antiguo y futuro rey".

ASIA: El más grande de todos los continentes. Enteramente en el hemisferio oriental. Representa un tercio de toda la masa terrestre con 44 millones de km cuadrados y una población estimada en 3.300 millones, tres quintos de todos los habitantes del planeta. Hacia el este, el OCÉANO PACÍFICO es su confín natural y el arco de islas formado por Japón, Taiwan, Filipinas e Indonesia, le dan su perfil final. Hacia el oeste, el límite son las montañas Urales. En Asia se encuentra el pico más alto de la Tierra, el Monte Everest, con 8.848 m sobre el nivel del mar y también el punto más bajo, el Mar Muerto, con 394 m bajo el nivel del mar.

ASNO: Según antiguas tradiciones, la tira blanca de pelo en la espalda del asno, cruzada por otra sobre sus hombros, fue la cruz que se marcó en el animal, cuando Jesús cabalgó sobre su grupa en Su entrada triunfal en Jerusalén.

Aunque generalmente se ha pintado al asno como animal torpe, tozudo y tonto, era en realidad un sufrido que aguantaba golpes y trabajaba sin parar. El arte cristiano reparó la imagen del asno al ubicarlo, junto con el buey, en la escena de la Natividad: los animales más humildes estuvieron allí presentes. El profeta Isaías había anticipado: "El buey reconoce a su dueño y el asno, el pesebre de su amo". Juan Ramón Jiménez (1881-1958), poeta español, Premio Nobel en Literatura en 1956, hizo del animal un símbolo inolvidable en su *Platero y yo.*

En la mitología se cuenta la historia de Apolo y Pan que iban a competir por ser el mejor músico. Midas era el juez y decidió en favor de Pan. Apolo, disgustado, cambió las orejas de Midas por las de un asno. Ludovico Ariosto (1474-1533), poeta lírico italiano, escribió en su famosa obra *Orlando furioso*: "La avaricia es tan sorda a la voz de la virtud, como es sordo el asno a la voz de Apolo".

ASNO DE BALAM: Historia de la Biblia, Números (22:21-35). Balam viaja hacia los llanos de Moab con la idea de maldecir a los israelitas, contra la voluntad de Dios. En su trayecto se aparece un ángel que Balam no ve, pero su asno sí. El animal se detiene. Balam lo castiga. El animal se echa. Balam vuelve a castigarlo duramente. Dios confiere al asno el poder del habla. El asno interroga a Balam: "¿Por qué me pegas? ¿No he sido siempre tu fiel asno? ¿No te he llevado siempre a todas partes?" Balam asiente y Dios entonces le permite ver al ángel, quien le dice: "¿Por qué has pegado a tu asno? Era yo quien cerraba el paso y si el asno no se hubiese empacado mi espada habría caído sobre ti, Balam. Tu asno ha salvado tu vida". Balam se arrepiente, llega a Moab y bendice a los israelitas. La moral de la historia es que cuando no se escucha a Dios, se provoca Su enojo.

Asno de Buridán: Juan de Buridán era un modesto filósofo francés del siglo XIV que vivió atormentado por sus dudas y murió sin haberlas resuelto. Sus discípulos continuaron con enormes dudas y angustias existenciales. Finalmente, quedaron todos ellos encerrados en una historia conocida como "La fábula del asno de Buridán". Este animal tenía a su frente un recipiente con agua. Atrás, comida. Ambas cosas estaban a similar distancia. El asno comenzó a dudar qué debía ingerir primero: agua o comida. Iba hasta mitad de camino y retornaba al centro de la duda. Y así siguió largo tiempo. Hasta que murió. De hambre y de sed. Agua y comida quedaron intactas.

Aspasia de Mileto: Cortesana griega de extraordinaria belleza que vivió en el siglo V a. de C. Por ser esclava no estaba regida por las leyes locales que confinaban a las mujeres a sus hogares. Ella, en cambio, convirtió su casa en refugio de filósofos, artistas y políticos, lo que le permitió adquirir una sólida cultura. Supuestamente Sócrates (470-399 a. de C.) disfrutaba de conversar con ella y Platón (428-347 a. de C.) la menciona como su maestra en materias amorosas y no precisamente del "amor platónico" o puramente ideal.
Pericles (495-429 a. de C.), que tuvo importante influencia en la vida griega de su tiempo como orador y político, se enamoró de Aspasia y se casaron. Formaron una sociedad dedicada él a gobernar y ella a dotar a Atenas de admirables obras de arte. En una ocasión, ella fue acusada de ateísmo y promiscuidad, pero Pericles la defendió hasta con las lágrimas y finalmente, Aspasia fue absuelta.
Hay quienes la veneran por su aporte a la educación de las mujeres de todo rango en Atenas y por haber sido una de las primeras líderes del movimiento por la independencia de las mujeres.

Atlántida: En los *Diálogos de Timeo y Critias,* Platón (427-347 a. de C) describe una civilización legendaria, la Atlántida, una nación marítima, indescriptiblemente rica, situada más allá de las Columnas de Hércules (el Estrecho de Gibraltar) en el Mediterráneo entre Egipto y Toscana. El lugar era una isla protegida de los vientos por sus montañas, pletórica de metales y piedras preciosas, hermosas flores, árboles frutales y hortalizas, animales domésticos y salvajes, incluso ELEFANTES que recorrían plácidamente sus praderas, arroyos y lagos. Reinaban armoniosamente diez reyes, todos descendientes de Poseidón, dios griego de los mares.
Sus habitantes, los atlantes, nobles e inocentes, fueron cambiando sus personalidades hasta convertirse en corruptos, agresivos y ávidos de poder. Pero sus ansias de dominio fueron exterminadas por los atenienses, que los derrotaron. La isla terminó destruida totalmente por causas naturales. Algunos eruditos

ubican la Atlántida en la isla volcánica de Tera o Santorini, Grecia, que fue destruida por una erupción alrededor del 1500 a. de C.

Platón confesaba que la historia se la habían contado al estadista ateniense Solón (639-559 a. de C.) los sacerdotes de Sais, la capital del Bajo Egipto, y que éste y sus seguidores la habían recontado y trasmitido oralmente hasta que llegó a sus oídos. Es curioso, pero una historia con esa única fuente ha ilusionado a centenares de autores y ha ubicado a la Atlántida en lugares tan distintos como Australia, Brasil, Inglaterra o Groenlandia. Algunos la imaginaron en las Bahamas. Y el astrólogo de la reina Isabel de Inglaterra en el siglo XVI, John Dee, afirmó que la Atlántida eran las Américas recién descubiertas. Ignatius Donnelly (1831-1901) publicó en 1882 un libro sobre la misteriosa Atlántida emplazándola en el Océano Atlántico al oeste de la Península Ibérica y pronto se convirtió en el clásico del tema.

ATLAS: Término que describe un libro de mapas o cartas usado por primera vez por Gerhard Kremer (1512-1594), latinizado Gerardus Mercator. Su colección de mapas fue publicada entre 1585 y 1595 bajo el título *Atlas o meditaciones cosmográficas sobre la creación del universo y el universo como fue creado.* El texto introductorio describía la genealogía de Atlas, el personaje de la mitología que lideró a los gigantes titanes en su guerra contra el dios Júpiter y a quien, como castigo, se le condenó a cargar los cielos sobre sus hombros. La leyenda cuenta que Atlas le pidió a PERSEO que lo convirtiera en roca y así fue transformado con la ayuda de la cabeza de Medusa en las Montañas Atlas, sistema montañoso al sudoeste de África, de 2.410 km de longitud. Su punto más alto es *Jebel Toubkal,* en Marruecos, con 4.167 m de altura.

ATLETA: Del griego *athlon*, premio. Se extendió a quien competía por un galardón.

AUSPICIOS: Del latín *avis,* pájaro; *specere,* mirar. En la antigua Roma, la interpretación de los signos a través de los pájaros. A sus practicantes se los llamaba augures. Entre los romanos, un augur era quien tenía la capacidad de predecir el futuro a través del vuelo de los pájaros o mirando las entrañas de las aves. De allí nacen los buenos augurios.

En las guerras, sólo el comandante en jefe tenía derecho a leer los auspicios de la batalla, de manera que si sus subordinados triunfaban en el combate, lo hacían "bajo los auspicios de su superior".

AUSTRALIA: Su nombre oficial es *Commonwealth of Australia.* El nombre proviene del latín *Terra Australis*, Tierra Austral. También se la llamó *Terra Australia Incognita.* A mediados del siglo XVII, los holandeses navegaron en su torno y llamaron al continente *New Holland,* Nueva Holanda. En 1770, James Cook (1728-1779) tomó posesión de las tierras del este en nombre de la corona británica y las llamó *New South Wales,* Nueva Gales del Sur. Más tarde se

prefirió Australia por razones de propiedad geográfica. En 1788 comenzaron los primeros asentamientos. Para entonces vivían en Australia 300.000 aborígenes que hablaban alrededor de 200 dialectos y ocupaban esas tierras desde hacía 40.000 años. Comenzó en esos tiempos el proceso de enviar convictos desde Inglaterra a Australia para alejarlos de la metrópolis. Ellos y sus guardianes formaron las primeras avanzadas. La confrontación entre los recién llegados y los aborígenes provocó, entre enfermedades nuevas y matanzas crueles, la reducción de los nativos a 50.000 en un siglo.
Australia es el más pequeño de los continentes con 3.860 km de este a oeste y 3.220 km de norte a sur. Es el único continente ocupado por una sola nación. Tiene una superficie de 7.686.810 km cuadrados y una población de 16.500.000 habitantes. El distrito federal es Canberra.

AVALON: Un paraíso de paz eterna, donde nadie envejecía, no existía el cansancio y se disfrutaba paz permanente. Es el nombre celta para una isla que también se conoció como Isla de las MANZANAS o Isla de las Almas Bendecidas. En la leyenda arturiana es el lugar adonde es llevado el rey ARTURO por Morgan Le Fay (véase FATA MORGANA) a curar sus heridas y descansar.
Pertenecía a la tradición de las islas paradisíacas en algún lugar de Occidente, como la ATLÁNTIDA de Platón. O como la isla de San Brandán, cerca de las Azores. Brandán era un monje irlandés que realizó una serie de viajes por mar entre los años 506 y 573, aunque se supone que la mayoría de sus aventuras fue imaginada. Sin embargo, estas historias se convirtieron en un género literario irlandés llamado *immram*, especializado en las visitas a las mágicas islas del más allá (véase MACUTES).

AVERNO: Del griego *a*, sin, *ornis*, pájaro, sin pájaros. Existía un lago en Campania, Italia, llamado Averno, por la creencia de que sus emanaciones sulfurosas provocaban en las aves que volaban sobre esas aguas su irremediable caída al caudal. La mitología latina convirtió al Averno en la entrada al infierno. VIRGILIO lo decía en la *Eneida*: "*Facilis descensus Averno*". El poeta inglés John Dryden (1631-1700), en su obra titulada "Virgilio", escribió siguiendo al poeta romano: "Suave el descenso y fácil el camino. Los portales del Infierno están abiertos noche y día".

AVESTRUZ: La leyenda cuenta que los avestruces, cuando son perseguidos, corren un trecho y luego esconden la cabeza bajo tierra suponiendo que si ellos no ven, no pueden ser vistos. En realidad, suele ocurrir que escondan su cabeza bajo un ala. También se cuenta que rompen sus huevos con sólo mirarlos, pero si quitasen los ojos por un minuto, los huevos se perderían. Si uno de los huevos está en mal estado, el avestruz lo destruye.

B: De un jeroglífico egipcio *crane*, AVESTRUZ. Al pasar al fenicio fue usado como *beth,* casa. Los griegos la convirtieron en *betha*, segunda letra de su abecedario.

BABEL: La palabra que le dio origen no tiene relación con lenguaje o confusión. La palabra asiria *bab-ilu* significaba puerta de Dios y fue trasladada al hebreo como *babel.* También de allí deriva Babilonia.
Según la Biblia, Génesis (11: 4-9), los habitantes de la Tierra tenían una misma lengua y usaban las mismas palabras. Un día decidieron construir una torre que alcanzara el cielo: "Edifiquemos una ciudad y también una torre cuya cúspide llegue al Cielo, para perpetuar nuestro nombre y no dispersarnos por toda la Tierra". Parecía una empresa de enorme vanidad.
Pero el Señor bajó a ver la ciudad y la torre y dijo: "Si ésta es la primera obra que realizan, nada de lo que se propongan hacer les resultará imposible mientras formen un solo pueblo y todos hablen la misma lengua. Bajemos allí y confundamos su lengua para que ya no se entiendan unos a otros". El orgullo colectivo era contrario a los planes de Dios.
Dios entonces confundió sus lenguas dándoles idiomas distintos y los dispersó por toda la Tierra.
La torre con la cúspide hacia el cielo hace pensar en los famosos ZIGURAT de esa región y en la torre de Babilonia de 90 metros de altura, soberbio monumento, que era templo y observatorio, a cuyos pisos se accedía por una escalera.
La palabra siempre ha significado escena de confusión, desorden, ruido.

BABIECA: El caballo del CID Campeador. Se decía que era el brazo del caballero, su otra mitad. Como si estuviesen pegados. El uno para el otro.

El corcel sobrevivió a su amo por dos años y medio y durante ese tiempo a nadie le fue permitido montarlo. Cuando murió, lo enterraron a las puertas del monasterio de Valencia y se plantaron dos olmos en su tumba para que siempre se lo recordase.

BADOURA: Del árabe, *al-budur*, luna llena, frase que implica belleza. La heroína de un cuento de *Las mil y una noches*, considerada "la mujer más bella que los ojos hayan visto sobre esta Tierra". Ella y Camaralzaman protagonizan una historia que simboliza el amor a primera vista, pues cuando él hubo posado sus ojos en ella y dicho aquella frase, ya no tuvo corazón para otra mujer. Y Badoura cayó tiernamente en sus brazos.

BALANZA: Desde tiempos inmemoriales, la balanza ha sido uno de los infaltables atributos de la Justicia. Según el CORÁN, el Día del Juicio Final, cada uno será pesado en la balanza del Arcángel Gabriel. Todas las buenas acciones serán puestas en un platillo y las malas en el otro, después de lo cual los seres humanos tendrán que cruzar un puente tan fino como la hoja de una cimitarra. Los buenos y fieles pasarán y el resto caerá sin remedio.

BALLENAS: Se conocen desde la era neolítica. Su captura fue parte de la vida de los pueblos esquimales que de ellas obtenían comida, grasa para combustible y consecuentemente luz, herramientas de sus esqueletos, correajes de sus tendones. Los esquimales conservaban la carne en depósitos subterráneos de hielo. Pero en el siglo XX este conocimiento pragmático fue aprovechado por los grandes barcos-factoría. Hasta entonces, pocos pueblos, entre ellos los japoneses, que siempre sintieron atracción por la carne de ballena, procuraban la captura de estos mamíferos. Pero luego todo pasó a ser una despiadada cacería que ha puesto a algunas de las especies en peligro de extinción. Ahora han surgido varios tratados internacionales que procuran evitar la captura indiscriminada.
El más remoto antecedente registrado es del año 875 en las costas de Francia, en que el rey Alfredo el Grande menciona la captura de ballenas, pero en un emprendimiento a mínima escala. En 1850 se amplió la caza con la creación de los arpones explosivos. En 1986, la Comisión Ballenera Internacional acordó una moratoria del comercio ballenero. Pero Japón, Islandia y Noruega continuaron "por razones científicas".
La ballena es un mamífero acuático de la orden de los cetáceos. Es de gran tamaño, tiene la forma de un pez, piel sin escamas y su cola horizontal es usada para propulsión. Sube a la superficie para respirar y exhala aire a a través de un orificio dorsal. Tiene excelente visión y oído. Algunas especies usan sonidos para comunicarse en la navegación bajo agua. Todo indica que se trataría de una comunicación inteligente, lo que es objeto de investigación científica. Existen dos grupos principales: las ballenas dentadas, que tienen dientes simples y se alimentan de peces y calamares y las ballenas desdentadas que, en lugar de dien-

Viaje de San Brandán. Detalle de un mapa del siglo XVII.

tes, tienen unas placas óseas similares a peines en la mandíbula superior. Con ellas forman un colador por el cual filtran el krill del que se alimentan.

La mayoría de las ballenas viaja en grupos. La ballena azul es considerada el animal más grande que existe: puede medir 30 metros y pesar 150 toneladas. Sólo su lengua puede ser más grande que muchos de los grandes animales terrestres.

BALLET: Forma teatral en la que la danza estilizada acompañada de música refleja una historia o tema. El primer ballet formal fue "El Ballet Cómico de la Reina", que actuaba en la corte francesa de Catalina de Médicis en 1851. Thoinot Arbeau escribió el primer tratado de ballet. Luis XV, quien personalmente bailaba, fundó la Real Academia Francesa de Ballet en 1661. La primera actuación pública no se concretó hasta principios del siglo XVIII. Jean Georges Noverre fue el más influyente coreógrafo y teórico. La presentación de *La sílfide,* en París en 1832, estableció el modelo de ballet romántico del siglo XIX. Hacia fines del siglo XIX el ballet ruso comenzó a enfatizar la técnica y el virtuosismo. En 1909, Sergei Diaghilev y su ballet ruso revolucionaron el ballet con coreografías y danzas dramáticas. Martha Graham, la notable bailarina y coreógrafa estadounidense nacida en 1894, dijo sobre el ballet:

"...aprender practicando. Tanto que signifique aprender a bailar practicando la danza o aprender a vivir practicando vivir: los principios son los mismos. En cada caso, el resultado de la ejecución sistemática de un conjunto preciso de actos, físicos o intelectuales, que dan forma a un logro, una sensación de ser, una satisfacción del espíritu. Una se convierte en un atleta de Dios".

Bambi: Este cervatillo, que alcanzó fama mundial con la película de largo metraje y dibujos animados de Walt Disney en 1942, tiene su origen en una novela del húngaro Felix Salten (1869-1945) (verdadero nombre Sigmund Salzmann), titulada *Bambi: una vida en el bosque* (Original: *Eine Lebensgeschichte aus dem Walde*). El nombre del héroe proviene del italiano *bambino*. Walt Disney se inspiró en el Bosque de Arrayanes en Bariloche para la ambientación de la historia. Es el relato antropomorfizado de un cervatillo desde su nacimiento hasta su rol final como un sabio y fuerte ciervo de los bosques y su lucha para sobrevivir frente a su peor enemigo: el cazador. La alegoría entre el cervatillo convirtiéndose en ciervo adulto y la del infante humano tornándose mayor le dan a la obra un tono moral y admonitorio.

Baño María: La hermana de Moisés, Mary o Miriam, era según la leyenda una destacada alquimista. Uno de sus instrumentos llevaba su nombre: el hornillo de María, que en griego se convirtió en *kaminos Marias*. La palabra árabe para agua caliente es *ma harí*.
Por diferencias de traducción, el latín lo convirtió en *balneum Mariae* y de allí pasó al francés como *Bain-Marie,* baño María: cocinar al horno o sobre fuego, dentro de un recipiente con agua hirviente, usado para alimentos que no soportan el fuego directo.

Barba: Para los antiguos, particularmente judíos, turcos, persas y otros, las barbas eran un signo de la dignidad varonil. Cortar las barbas de alguien era un terrible insulto. Los musulmanes juraban por las barbas del Profeta y jurar por las propias barbas daba seguridad de buena fe.

Barbero de Sevilla, El: Ópera cómica en tres actos de Joaquín Antonio Rossini (1792-1868), basada en una obra de Pierre de Beaumarchais, que satiriza las flaquezas de la aristocracia. Fígaro es un peluquero inteligente pero fanfarrón que en el siglo XVII, en España, ayuda al conde Almaviva a conquistar a Rosina para obtener la dote de la joven, a pesar de los esfuerzos de Bartolo, tutor y guardián de Rosina. El conde Almaviva corteja a la distinguida dama Rosina haciéndose pasar por un estudiante pobre llamado Lindoro. Pero Bartolo, ya entrado en años, también quiere casarse con ella. Almaviva solicita la ayuda de Fígaro, barbero de la ciudad y factótum de la casa de Bartolo. El conde consigue entrar en la casa disfrazado de soldado, luego de cura. Trama un plan para fugarse con ella y después de algunos contratiempos, le revela su verdadera identidad, tras lo cual se casan y acaban con todas las esperanzas de Bartolo.

Basilisco: Animal fabuloso que mataba con la vista. En griego, la palabra deriva de *basilískos,* diminutivo de *basileus*, literalmente, rey. Alguna vez fue proclamado el rey de los lagartos.
La tradición sostenía que este animal tenía sobre su cabeza una mancha blan-

ca similar a una corona. Se emparenta con la leyenda de la cocatriz, *cockatrice,* del antiguo francés, cocodrilo. Entre los griegos y los romanos, una pequeña SERPIENTE de mirada fatal que había sido raptada del huevo de una gallina antes de su ruptura. La cocatriz tenía cabeza, alas y patas de gallina y cola de serpiente. Para completar su horripilante combinación, se le asignaba mirada mortal y aliento pestilente.

Sólo la comadreja estaba a salvo de sus poderes, porque segregaba un veneno mortal para la fabulosa serpiente. La leyenda hizo suponer que su otro enemigo mortal era el gallo y durante largo tiempo en el siglo XVII, los viajeros que atravesaban lugares donde supuestamente pululaban las serpientes, llevaban consigo gallos prestos a salvarlos.

En épocas de los Tudor, —la familia real de Inglaterra entre 1485 y 1603—, se dio el nombre de basilisco, a un tremendo cañón que podría disparar balas de 100 kilos.

BAUTISMO: Algunos investigadores han encontrado los orígenes del rito del bautismo en la antigua Sumeria, donde en el Templo de ERIDU, se adoraba al dios del agua, Ea, cuya representación era el décimo signo del ZODÍACO, Capricornio, tiempo en el que en el Hemisferio Norte el Sol entra en el solsticio de invierno para luego renacer en días más largos, primavera y vegetación renovada. Lo realmente curioso es que en el período helénico, a ese dios Ea se lo llamó *Oannes,* que en griego pasó a ser *Ioannes;* en hebreo, *Yohanan,* luego en latín, *Johannes;* en inglés *John* y en español *Juan.* Lo que establecería la extraña coincidencia de que el hombre que instaló el rito del bautismo con agua en el primer siglo de la Era Cristiana llevaría el mismo nombre del dios pagano sumerio. Para Juan el Bautista los seres de entonces debían ser sometidos a la pureza del agua para enfrentar el fin de los tiempos con la confesión de los pecados y la consiguiente redención.

BAYARDO: Caballo de extraordinaria capacidad y velocidad. Pertenecía al emperador de los francos, hijo de Pepino el Breve, CARLOMAGNO (742-814), quien lo regaló a cuatro hermanos. Si sólo uno de ellos montaba a Bayardo, era un caballo normal, pero si los cuatros juntos decidían cabalgarlo, el noble animal se extendía hasta el largo adecuado. El caballo extensible aparece como Boiardo en *Orlando enamorado* de Ludovico Ariosto (1474-1533), poeta lírico italiano también autor del *Orlando furioso.* El nombre es también utilizado por Sir Walter Scott en 1810 en su libro *La dama del lago* (véase ARTURO y EXCALIBUR) y con ese nombre se conoce al caballo de Rinaldo que había pertenecido a AMADÍS DE GAULA.

BEFANA: Palabra que resulta de la corrupción de Epifanía (manifestacion de Cristo ante los Reyes Magos). Befana es un hada buena para los niños italianos que entra en los cuartos de los pequeños para llevarles regalos que los niños reciben al grito de: "*Ecco la Befana!*". Según la leyenda, Befana estaba muy ocupada con los quehaceres de la casa para esperar a los Reyes Magos. Decidió entonces que los vería cuando ellos emprendieran el regreso. Pero no los pudo ver porque los reyes tomaron un camino distinto al esperado y debió tomar a su cargo la tarea.

BEHEMOT: Del hebreo, animal por excelencia y a su vez, del egipcio *pa-eh-mu,* el buey del agua. Animal que se menciona en la Biblia, Job (40:15) y que poéticamente describe al hipopótamo, símbolo de la fuerza bruta que no puede ser domado por el hombre, pero está sometido a Dios. El párrafo dice: "Mira ante ti a Behemot: se alimenta de pasto como un buey. Cuánta fuerza hay en sus riñones, qué vigor en los músculos de su vientre. Se recuesta bajo los lotos, en lo oculto de los cañaverales y pantanos. Los lotos lo cubren con su sombra, los sauces del torrente lo rodean. Si el río se enfurece, no se perturba, está sereno, aunque un Jordán le llegue a la garganta".

BEOWULF: Antiguo poema épico inglés de alrededor del siglo VIII, basado en una leyenda. Cuenta cómo el monstruo asesino, Grendel, siembra el terror en los dominios daneses del rey Hrothgar hasta que Beowulf, un príncipe sueco, lo mata arrancándole el brazo. La madre del monstruo, que era igualmente monstruosa, busca revancha, pero Beowulf también la mata en dura lucha bajo el agua. Cincuenta años más tarde, el anciano Beowulf, ahora rey de Suecia, pelea y mata a un dragón que echaba fuego, pero muere por sus heridas.
El desconocido autor del poema usó material por entonces ya antiguo: el folklore lúgubre, la historia violenta y la cruel moralidad del paganismo de los pueblos germánicos antes de su migración hacia Inglaterra, para entonces construir una tragedia lírica influida por los nuevos y más apacibles sentimientos del cristianismo.
Beowulf es el héroe más conocido de las fantasías nórdicas, cuyas leyendas y mitologías forman uno de los cuerpos de historias fantásticas más importantes en las tradiciones occidentales. GIGANTES, ENANOS y más pequeños personajes traviesos y curiosos adornan las historias de sus sagas.

BELCEBÚ: Uno de los dioses de los filisteos mencionado en la Biblia como el "príncipe de los demonios". Su nombre original en fenicio era *ba'al'zebul* que fue luego modificado *aba'al zevuv* (señor de las moscas), porque su estatua, que siempre estaba cubierta de sangre, atraía a los insectos. William Golding, novelista inglés nacido en 1911, Premio Nobel de Literatura en 1983, publicó una novela utilizando el nombre alegórico de *Señor de las Moscas* (véase DIABLO, LUCIFER y PARAÍSO PERDIDO).

BERCHTA: En la mitología del sur de Alemania, diosa que fue degradada hasta convertirse en un personaje que asusta a los niños. Se la representaba con una larga nariz de metal y una sola pierna.

Bestiario: Libro del medioevo con historias que procuraban una moraleja e ilustraciones de animales reales o míticos. Los relatos se originaron en 48 cuentos escritos en Alejandría en el siglo II de la era cristiana. Luego se fueron traduciendo a los idiomas europeos y pasaron a constituir la base de muchas historias conocidas hasta nuestros días, como la clásica del ave Fénix.

Betty Boop: Curioso personaje de dibujos animados, supuestamente sexy, producido por Max Fleisher entre los años 1920 y 1930. Tenía ojos grandes y brillantes, pequeña nariz, una voz aflautada y solía aparecer no del todo vestida, mostrando siempre un poquitín. Lo terrible de la historia es que Betty Boop fue el primer dibujo animado censurado y desde mediados de los 30 redujo sus exhibiciones, alargó su pollerita y se tornó menos provocativa. Una historia que podría ser risueña, si no fuera tan triste.

Biblia: Sagradas escrituras del judaísmo y el cristianismo. Es considerada fuente de revelación Divina y de prescripciones y prohibiciones relacionadas con la vida moral. El Antiguo Testamento o Biblia Hebrea es aceptado como sagrado tanto por los judíos como por los cristianos. En cambio, el Nuevo Testamento sólo lo es para la Iglesia Católica Romana.
Esta tradición indica que la Biblia fue escrita con la guía de Dios y por lo tanto sólo encierra la verdad, aunque envuelta en alegorías. La interpretación de la Biblia es tema de fundamental división entre católicos y protestantes. Estos últimos enseñan que todos los individuos tienen derecho a interpretar la Biblia a su manera y el catolicismo, que la Biblia debe leerse como la interpreta la Iglesia.
Entre los manuscritos más importantes que se conocen, se incluye el *Codex Vaticanus*, en idioma griego, del siglo IV, que se encuentra en el Vaticano. El *Alexandrinus* del siglo V, también en griego, en el Museo Británico, y el *Codex Bezae*, en griego y latín, del siglo VI, en Cambridge, Inglaterra. Los rollos del Mar Muerto son los más antiguos fragmentos del texto hebreo que se conocen. El Nuevo Testamento fue conocido en griego. La primera traducción de la Biblia completa, la Vulgata, pertenece a San Jerónimo y fue escrita en latín.
La secuencia de la Biblia es:
• **Antiguo Testamento**: Génesis: al principio. La Historia de la Creación; el Jardín del Edén, Adán y Eva, Caín y Abel, Noé construye al Arca, El Diluvio y el Arco Iris, la Torre de Babel.
• **Abraham y el pueblo elegido**: El llamado de Dios. La alianza con Dios. La destrucción de Sodoma. La prueba de Abraham.
• **De la esclavitud a la libertad**: Moisés y los israelitas. Moisés regresa a Egipto. Las Plagas. El éxodo. Maná del Cielo. Los Diez Mandamientos. El Becerro de oro.
• **De Sinaí a Canaán**: El cruce del Jordán. La caída de Jericó.
• **La Tierra Prometida**: Sansón y el león. Sansón y los filisteos. Sansón y Dalila.

• **Los reyes de Israel**: David elegido rey. David y Goliat. La sabiduría de Salomón. El templo de Salomón. La reina de Saba. JONÁS y Nínive.
• **El reino dividido**: Los profetas de Baal. La caída de Israel. La caída de JERUSALÉN. DANIEL en la guarida de los leones. Las murallas de Israel se reconstruyen.
• **Plegaria, sabiduría y profecía**: Palabras de Plegaria. Palabras de Sabiduría. Palabras de profecía.
• **Nuevo Testamento**: María y el Ángel. Su nombre es Juan. Nace JESÚS. La visita de los Reyes Magos. De Egipto a Nazaret.
• **El primer ministerio de Jesús**: Jesús en Nazaret. Jesús elige a sus APÓSTOLES. Las Bodas de Canaán. Jesús cura y perdona. Jesús limpia el templo. El sermón de la montaña. Más fuerte que la muerte. Muerte de Juan el Bautista. Jesús camina sobre las aguas.
• **Viaje de Jesús a Jerusalén**: Con los Samaritanos. El BUEN SAMARITANO. Los fariseos. El gran banquete. El hijo perdido. LÁZARO.
• **Los últimos días de Jesús**: Jerusalén. La Última Cena. Arrestado. Juzgado. Crucificado. Jesús se levanta. La duda de Tomás. El Último Desayuno. Llevado al Cielo.
• **El nacimiento de la Iglesia**: Los primeros creyentes. Pedro y Juan. Los APÓSTOLES perseguidos. El primer Mártir.
• **Los EVANGELIOS**: Según San Mateo, San Marcos, San Lucas y San Juan.
Los primeros misioneros. El primer Concilio de la Iglesia. Pablo en Corinto.

El arca de Noé, ilustración de la biblia de Nuremberg, 1483.

Pablo arrestado y juzgado. Pablo y el naufragio. Pablo en Roma. Juan y la gran visión. Las siete estrellas. La mujer y el dragón. La nueva Jerusalén.
• **Apocalipsis**: Visiones proféticas. El castigo de Babilonia. El triunfo definitivo de Cristo. La Nueva Jerusalén.
La última palabra de la Biblia es Amén.

Bikini: En junio de 1946, Estados Unidos hizo explotar una bomba atómica en el atolón de Bikini, en las islas Marshall, Océano Pacífico. Para los franceses, el efecto que produjeron los primeros trajes de baño femeninos de dos piezas fue tan explosivo que comenzaron a llamarlos *bikini*. La palabra apareció escrita por primera vez en 1947 en *Le Monde Illustré*. Posteriormente, apareció monokini, referida al traje de baño sin la parte superior como una confusión de suponer a *bi* como prefijo *dos*. Monokini (mono, uno) indicaba una sola pieza.

Blanca Nieves y los Siete Enanitos: Famosísimo cuento de los hermanos Jacob y Wilhelm Grimm. Es la historia de una hermosa joven cuya madrastra no la tolera por su belleza juvenil. Permanentemente interroga a su espejo sobre quién es la mujer más bella del reino y el espejo insiste en contestar: "Blanca Nieves". Entonces, trata de matarla. La niña escapa y se oculta en el bosque, lugar ocupado y controlado por los enanos. La mala madrastra averigua el paradero de Blanca Nieves, se disfraza y consigue hacerle comer una manzana envenenada. Blanca Nieves cae bajo un pesado sueño del que no despertará hasta que un príncipe la despabila con un beso. Mientras tanto, los enanitos del bosque la han cuidado y protegido de toda maldad.
Algunos estudiosos creyeron ver en la historia de los enanos mineros una escondida crítica alegórica contra el trabajo de los niños en las minas.

Blanco: El color que denota pureza, virginidad, simplicidad, inocencia, verdad y esperanza. Los sacerdotes de la Antigüedad siempre usaban vestimentas blancas. Osiris, el dios de los egipcios (véase Isis), llevaba una corona blanca. El funeral de César fue rodeado de tonos blancos y los persas afirmaban que los dioses siempre vestían de blanco. Hay diversas expresiones donde el blanco tiene principal importancia:
• Bandera blanca: bandera de paz o tregua.
• Línea blanca: artefactos del hogar, heladeras, lavarropas, lavavajillas, porque originariamente sólo se pintaban de blanco.
• Magia blanca: donde no se invoca al diablo; lo contrario de magia negra.
• Hígado blanco: cobarde, de la antigua creencia que el hígado de los cobardes no tenía irrigación sanguínea.
• Tintura blanca: nombre que los alquimistas daban a una preparación que podía convertir cualquier metal en plata. También llamada "piedra de segundo orden" o "pequeño elixir".

Boatswain: El perro favorito de Lord Byron (George Gordon Noel Byron, 1788-1824) uno de los más grandes poetas románticos ingleses. Cuando murió Boastwain, su amo lo enterró en la Abadía de Newstead y escribió en su epitafio: "Inscripción en el Monumento de un Perro de Newfoundland —30 de noviembre 1808: Para marcar los restos de un amigo, se levantan estas piedras. Nunca tuve más que uno— y aquí yace".

Bodas de Fígaro, Las: Ópera de W. A. Mozart, con libro de Pierre de Beaumarchais. Esta obra fue socialmente muy innovadora por tener a un criado como protagonista. El conde desea ejercer el derecho de pernada sobre Susana, doncella de su mujer, que va a casarse con su criado, Fígaro, quien, a su vez, había acordado casarse con Marcellina si no lograba devolver un dinero que ella le había prestado. El paje Cherubino es obligado a alistarse en el ejército por sus aventuras amorosas. Susana y Fígaro deciden desenmascarar al conde haciendo que la desdichada condesa sustituya a Susana en la cita. Cherubino vuelve para crear problemas en una graciosa escena de escondites, enredos y fugas. El descubrimiento de que Marcellina y Bartolo son los padres de Fígaro culmina en un magnífico sexteto cómico. Fígaro y Susana se casan. En el jardín, una serie de malentendidos complica el encuentro secreto del conde con Susana, a quien éste trata de seducir y acaba descubriendo que es su propia mujer disfrazada. Él suplica, la condesa lo perdona y la jornada acaba felizmente.

Bond, James: Famoso superespía creado por Ian Fleming (1908-1964), personaje de muchas películas de las que el principal intérprete fue Sean Connery, cuya última aparición como tal fue en 1983 en *Never Say Never Again*. El propio autor contó que él había conocido a alguien muy parecido a su personaje en el servicio de inteligencia naval inglés durante la Segunda Guerra Mundial. El nombre James Bond lo tomó textualmente de un ornitólogo que escribió algunos libros sobre pájaros y era su vecino en Jamaica.

Borak o Al Borak: En árabe, el rayo. El animal que el Arcángel Gabriel usó para llevar a Mahoma al Séptimo Cielo. Tenía cara de hombre, pero las mejillas de un caballo. Sus ojos eran jacintos, brillantes como estrellas. Tenía alas de águila, hablaba con voz humana y emitía una luz radiante hacia todos los confines.

Para los musulmanes, los siete cielos son:

- De pura plata, donde moran Adán y Eva.
- De puro oro, los dominios de Juan el Bautista y Jesús.
- De perla, asignado a José. También allí Azrael escribe en un interminable libro el nombre de los recién nacidos y los recientes muertos.
- De oro blanco, residencia del Ángel de las Lágrimas que no cesa de llorar por los pecados del hombre.
- De plata, residencia del Ángel de los Castigos.

• De rubí, presidido por MOISÉS y vivienda del Ángel de la Guarda del cielo y de la Tierra.

El Séptimo Cielo es de una luz tan divina que ninguna lengua puede describirlo. Allí gobierna ABRAHAM. Cada habitante es más grande que toda la Tierra y tiene 70.000 cabezas; cada cabeza 70.000 caras; cada cara 70.000 bocas; cada boca, 70.000 lenguas; cada lengua habla 70.000 idiomas, todo lo cual se emplea para siempre en la exaltación del Ser Supremo, el Más Alto.

BOTULISMO: Del latín *botulus,* usado metafóricamente para intestinos, siendo su principal significado, salchicha. La aparición circunstancial de gérmenes venenosos en salchichas dio origen a la palabra botulismo. La bacteria responsable fue descubierta en Alemania y se la llamó *botulismus.* Actualmente se la conoce como *clostridium botulinum.*

BOICOT: Apareció por primera vez en 1880 para describir acciones de la *Irish Land League*, una organización destinada a ejercer presión por reformas agrarias, reducción de impuestos y otros reclamos. Aquellos que no concordaban con sus propuestas eran sometidos al ostracismo y separados. Uno de los primeros en sufrir esas acciones fue el capitán Charles Cunningham Boycott. La palabra se extendió a otros idiomas y en español, boicotear es la cesación voluntaria de toda relación con un individuo, empresa o nación.

BRAHE, TYCHO (1546-1601): Astrónomo danés cuyas observaciones planetarias fueron fundamentales para los posteriores estudios sobre los movimientos de los planetas. También hizo notables observaciones sobre el movimiento lunar y desarrolló innovaciones en los instrumentos de precisión de su época. En su sistema, la Tierra era un cuerpo fijo inmóvil alrededor del cual giraba el Sol. Los otros cinco planetas conocidos hasta entonces giraban alrededor del Sol.

Una historia curiosa cuenta que Brahe perdió su nariz en un duelo y se colocó en su lugar una nariz de oro que aplicó con un cemento. Su ejemplo fue luego imitado por el emperador Justiniano quien también perdió su apéndice nasal contra la espada del general Loncio antes de llegar al trono. Se decía en la corte que cuando Justiniano se limpiaba su dorada nariz, alguien habría de morir ese día.

BRAILLE, LOUIS (1809-1852): Maestro francés que quedó ciego cuando tenía tres años. Al cumplir 16, había desarrollado con ingenio, esfuerzo y notable perseverancia un sistema, hoy universalmente aceptado, para imprimir y leer textos para no videntes. El método Braille está basado en puntos emergentes del papel, detectables con la yema de los dedos, en grupos de seis, siendo los números 1-2-3 los que van a la izquierda y 4-5-6 los de la derecha. Cada letra está representada por uno o más puntos. Por ejemplo, "A" es el punto 1, arriba a la izquierda. La "B" son los puntos 1-2.

Un antecedente fue el experimento de imprimir en relieve y otro conocido como "escritura nocturna", inventado para leer mensajes en el campo de batalla durante la noche. El primero de éstos, inventado por William Moon en 1845 en Brighton, Inglaterra, sólo pudo ser usado por quienes habían perdido la vista ya mayores y conservaban la memoria y cultura necesarias para reconocer letras sobreimpresas.

El sistema que se impuso fue el de Braille, que incluso desarrolló su propia máquina de escribir.

Briareo: Del griego *briaros*, fuerte, poderoso. Era un gigante de 50 cabezas y 100 brazos. Homero en la *Ilíada* lo llamó *Briareus*, pero los hombres lo llamaban *Aegeon*. Era descendiente del Cielo y la Tierra y pertenecía a la raza de los Titanes a quienes acompañó en su lucha contra Zeus.

En el *Don Quijote de la Mancha,* cuando el héroe se enfrenta a los molinos de viento, al moverse las aspas, Don Quijote los desafía: "Aunque mováis más brazos que el gigante Briareo, me la habéis de pagar". Duro habría de costarle la arremetida al Caballero de la Triste Figura.

El cardenal Mezzoffanti (1774-1849) era un príncipe de la Iglesia que hablaba 58 idiomas. Lord Byron lo bautizó el Briareo de la lengua, el monstruo de los lenguajes.

Brioche: Masa suave y dulce que arrastra una increíble historia. Se atribuye a María Antonieta (y a otras personas) haber dicho en 1789, en plena revuelta popular, durante la Revolución Francesa, cuando la gente hambrienta reclamaba pan: "*Qu'ils mangent de la brioche*", que coman torta. De allí probablemente se origine la expresión "a falta de pan, buenas son tortas". El disparate apoyado en la ignorancia de la realidad y desprecio por la gente se emparenta con otra definición de la princesa Carlota: "Mejor comer carne que sufrir hambre" y su propio asombro preguntándose cómo la gente reclamaba pan, cuando era tan escaso.

Britania: Del latín, *britanni.* El antiguo inglés reconocía la expresión germana *Breten*, *Brituna*, la tierra de los *Britons.* El nombre estaba referido a las gentes que habitaban las islas antes de la invasión anglosajona. Del griego *Pretanoi,* fue transformado por el latín en *britanni.* Parecería hacer referencia a la práctica de pintarse o tatuarse con una hierba que otorgaba a la piel un acentuado tono azul.

Britomarte: En el libro *La Reina de las Hadas* del poeta inglés Edmund Spenser (1552-1599), Britomarte era la hija del rey Ryence, de Gales. Era considerada la personificación de la castidad y la pureza. Sin embargo, en un encuentro fortuito con bandidos salvajes y feroces, se convirtió en una luchadora imbatible, logrando derrotar a los facinerosos sin recibir herida alguna. El autor tomó el nombre de la heroína de *Britomartis,* mujer dulce, de una ninfa de la mitología griega que disfrutaba la cacería. El rey Minos procuró su amor sin éxito durante nueve meses, hasta que ella, cansada y abrumada por los avances de Minos, se arrojó al mar donde quedó apresada por la red de unos pescadores. Por eso, también se la conoce como Dictima, hija de la red.

Broker: No tiene nada que ver con el inglés *break* y su pasado *broke.* Proviene del anglonormando *brocour*, pequeño comerciante. Algunos le encuentran relación con la palabra española alboroque, agasajo a los que intervienen en una venta.

Brunilda: Personaje de la mitología nórdica, una valkiria o servidora de Odín, que ama al héroe Sigfrido. Cuando ella descubre que él la ha engañado, lo manda matar y luego se suicida. La eterna historia trágica de amor y muerte. Es contada por Richard Wagner en *El anillo de los nibelungos.*
La historia que los envuelve es otra tragedia de amantes. Brunilda había jurado que sólo se casaría con el hombre que pudiera atravesar las llamas que rodeaban su castillo. El rey Gunther, que procuraba su mano, fracasa en el intento. Sigfrido logra la hazaña pero disfrazado de Gunther. Éste aprovecha y se casa entonces con la dama. Kriemhild, la mujer de Sigfrido, celosa porque todo indica que Sigfrido había aprovechado la confusión para pasar tres noches con Brunilda antes de la boda con Gunther, le cuenta a ésta la verdad. Furiosa, Brunilda ordena la muerte de Sigfrido, pero angustiada luego se mata, pidiendo que su cadáver fuera depositado junto al de Sigfrido.

Bruto: Del latín, pesado, estúpido. En la leyenda histórica de Gran Bretaña, Bruto (véase Gog y Magog) fue el primer rey, hijo de Silvio. Habiendo matado inadvertidamente a su padre, huyó a Grecia y luego a las Islas Británicas. En memoria de Troya, llamó a la capital de su reino *Troy Novant*, hoy conocida como Londres.

Bucéfalo: Del griego *boukephalos,* cabeza de buey. Famoso caballo negro de Alejandro Magno (356-323 a. de C.) rey de Macedonia, el más grande general conquistador de la Antigüedad que sólo vivió 33 años para completar la toma de Persia, la Mesopotamia, Egipto e India. Su caballo lo acompañó en muchas batallas que él libraba personalmente a la cabeza de sus tropas. Siempre que su amo iba a montarlo, Bucéfalo doblaba sus patas delanteras. Tenía 30 años cuando murió y Alejandro mandó construir un mausoleo en su memoria en la ciudad que llevó el nombre de Bucéfala.

Buen Samaritano: Parábola del Evangelio según San Lucas (10:30): "Jesús tomó la palabra y dijo: un hombre bajaba de Jerusalén a Jericó y cayó en manos de unos ladrones que lo despojaron de todo, lo hirieron y se fueron, dejándolo medio muerto. Casualmente venía por el mismo camino un sacerdote; lo vio y siguió de largo. También pasó por allí un levita (de la tribu de Leví, sacerdote dedicado al templo); lo vio y siguió de largo. Pero un samaritano (de Samaria) que viajaba, al pasar junto a él, lo vio y se conmovió. Entonces se acercó y vendó sus heridas, cubriéndolas con aceite y vino; después lo puso sobre su propia montura, lo condujo a un albergue y se encargó de cuidarlo. Al día siguiente, sacó dos denarios y se los dio al dueño del albergue, pidiéndole que lo cuidase y que lo que gastase de más lo pagaría al volver. ¿Cuál de los tres te parece que se portó como prójimo del hombre asaltado por los ladrones? El que tuvo compasión de él, respondió el interrogado. Y Jesús le dijo: Ve y procede tú de la misma manera".

BUNGALOW: Del hindú, *bengalí. Bangla* es la palabra que indica procedencia como en Bangladesh. El inglés tomó la expresión que luego se difundió, como una construcción estilo bengalí, liviana, simple, normalmente de un solo piso.

BUNYAN, PAUL: Gigante leñador, héroe mítico de los campamentos de leñadores de los Estados Unidos y Canadá, símbolo de grandeza, fuerza y vitalidad. Siempre iba acompañado por un buey azul, Babe. Las primeras historias de Bunyan fueron publicadas en 1910 y muchas las siguieron, sumando cientos. Una de ellas cuenta que los diez mil lagos de Minnesota se originaron cuando las huellas dejadas por Paul y Babe se llenaron de agua. A través de la popularización hecha por escritores profesionales, Bunyan se transformó de figura del folklore laboral en leyenda nacional. Fue sujeto de poemas de Robert Frost, Carl Sandburg y Richard Wilbur y de una opereta del poeta angloamericano W. H. Auden (Wystan Hugh Auden, 1907-1973) y el compositor inglés Benjamin Britten (1913-1976).

C: Del latín y del griego *gamma* y del símbolo fenicio *gimel*, camello.

CABALLO: Según la mitología clásica, Poseidón creó el caballo. Desde hace millones de años los caballos se han adaptado a vivir prácticamente en todos los climas y latitudes. Y desde que fue domesticado por los primitivos seres humanos, se convirtió en asistente indispensable del transporte, el trabajo y la vida de hombres y mujeres de todos los tiempos.
En el arte cristiano el caballo representa el coraje y la generosidad. Los santos Martín, Mauricio, Jorge y Víctor son representados montando caballos.
El caballo es un mamífero ungulado (con pezuñas) que evolucionó en América del Norte, pero se extinguió. Los primeros equinos cruzaron el Estrecho de Bering y se dispersaron por Asia, Europa y África y consolidaron la actual familia equina, que luego regresaría a América con los conquistadores españoles y como si se reencontraran con sus antiguos instintos y viejo hábitat, se reprodujeron de manera extraordinaria. Fueron fundamentales en la conquista española porque su sola presencia aterrorizó a los habitantes de estas tierras, en particular cuando veían que los extraños visitantes desmontaban. Esta escena, para ellos demoníaca, significaba que aquel cuerpo de por sí monstruoso podía dividirse en dos y ambas partes seguían viviendo con igual furia (véase QUETZALCOATL).
Los caballos se caracterizan por sus patas funcionales; molares que les facilitan pastar, cráneo alargado y estómago simple. Son muy rápidos y algunos alcanzan, montados, velocidades superiores a los 60 kilómetros por hora.
A fines del siglo XV, alguien dejó registrado que un buen caballo debe tener quince cualidades. A saber, tres cualidades de un hombre, tres de mujer, tres de zorro, tres de liebre y tres de asno.

• De hombre: coraje, orgullo y fortaleza.
• De mujer: buen pecho, buen pelo y facilidad de movimientos.
• De zorro: cola larga, orejas cortas y buen trote.
• De liebre: ojos brillantes, cabeza seca y velocidad.
• De asno: mandíbula fuerte, patas planas y vasos fuertes.

Algunos equinos pasaron a la historia por ser los caballos de personajes históricos o legendarios, además del fundamental papel que tendría el caballo de TROYA en la solución de la grandiosa batalla:

• **Arion**: HÉRCULES.
• **BABIECA**: El CID.
• **BUCÉFALO**: ALEJANDRO MAGNO.
• **Copenhagen**: Duque de Wellington en la batalla de Waterloo.
• **Fadda**: La mula blanca de MAHOMA.
• **Haizum**: Arcángel San GABRIEL.
• **Hipocampo**: Neptuno.
• **INCITATO**: Calígula.
• **Kantaka**: El caballo blanco de Buda.
• **Lamri**: Rey ARTURO.
• **Marengo**: Napoleón.
• **PEGASO**: El caballo alado.
• **ROCINANTE**: QUIJOTE.
• **Tornado**: El Zorro.
• **Xantos**: AQUILES.

En el Nuevo Testamento, se habla del cáballo pálido, que es la muerte, y los cuatro caballos que montaban los jinetes del Apocalipsis (véase CUATRO JINETES DEL APOCALIPSIS) que eran blanco, rojo, blanco y pálido.

CABALLOS CARNÍVOROS: Los caballos de Diomedes, tirano de Tracia, que alimentaba a sus caballos con los cuerpos de los forasteros que visitaban su reino. Como tantas otras pesadas encomiendas, la tarea de terminar con esto le fue encomendada a HÉRCULES, que mató al cruel Diomedes, dio su cuerpo a los tragacarnes y antes de que digirieran, terminó con los cuadrúpedos. Según una tradición sus nombres eran Podargo, Lampón, Janto y Deino.

CABALLO DE BRONCE: Caballo mágico que el Rey de Arabia y la India regaló a Cambuscan, un personaje de Geoffrey Chaucer (1340-1400), el autor de *Los Cuentos de Canterbury* (*The Canterbury Tales*), uno de los mayores poemas de la literatura inglesa que su autor no pudo terminar.
Cambuscan era el prototipo de las virtudes. El caballo que recibió era extraordinario y fabuloso y recibía instrucciones si se le hablaba al oído. Podía llevar a su jinete a cualquier parte del mundo.

CABRA: Desde tiempos muy remotos, la cabra ha estado asociada al pecado y asignada al diablo. La leyenda de que el diablo creó la cabra se supone ligada a la actitud destructiva del animal y por ello el diablo ha sido muchas veces representado por una cabra. La cabra ha sido símbolo de lujuria y lascivia.

CADMO: Hijo de Agenor, rey de FENICIA. Fue quien introdujo el alfabeto en Grecia. La leyenda que lo rodea cuenta que mató al dragón que cuidaba la fuente de Dirce, en Beocia, y por consejo de Atenea sembró la dentadura de la bestia mezclada con pociones mágicas, pero el cultivo rápidamente se transformó en soldados que parecían dispuestos a matarlo. La misma Atenea le sugirió entonces arrojar unas piedras preciosas frente a los furiosos guerreros, quienes inmediatamente cambiaron el objetivo de su lucha y se mataron entre ellos. La mitológica vida de Cadmo encierra decenas de otras historias.

CALENDARIO: Sistema definido por reglas para designar las divisiones del tiempo en años, meses, semanas, días, determinando fechas y feriados. Se supone que los primeros rudimentos en la materia se remontan al 2000 a. de C., cuando se construían alineamientos de piedras para determinar el paso de cada día, el tiempo de repetición de la Luna o reiteración de las estaciones. Los más antiguos calendarios conocidos se basaban en la Luna y sus fases, porque ofrecían a los observadores ciertas constantes repetibles y luego previsibles.
La India, China, Mesopotamia, Grecia, Roma, tuvieron diferentes tipos de calendarios y los mayas dividieron el año en meses de 18 a 20 días con un período de cinco días al final del año para ceremonias o rituales.
La piedra calendario azteca es un disco labrado con exquisita firmeza y precisión, presidido al centro por la imagen del Sol con la lengua afuera, indicando que está brillando. Su rostro está rodeado por los cuatro puntos cardinales o las cuatro creaciones del mundo y sus consiguientes catástrofes. La primera destrucción producida por el tigre; la segunda, por los vientos; la tercera, por las lluvias y la cuarta, por el DILUVIO. Ellos vivían el quinto tiempo o el quinto Sol (véase QUETZALCOATL).
Como el año solar estricto tiene una duración real de 365 días, 5 horas, 48 minutos y 46 segundos, se acumulaban esas horas de más y se producían serias discrepancias con el paso del tiempo.
En tiempos de Julio César, los romanos manejaron un calendario con suficientes errores como para que llamaran al astrónomo Sosígenes para encuadrarlo. Así fue como al año 46 a. de C. se le otorgaron 445 días de duración.
En 1582, el papa Gregorio XIII ordenó que se saltearan 10 días y que los años bisiestos sólo lo fueran cuando resultaran divisibles por 400. Se determinan, además, cuando las dos últimas cifras son divisibles por 4 (1912, 1916, 1944, 1996). Los años seculares no son bisiestos a menos que sean divisibles por 4 sus primeras dos cifras: 1900 no fue bisiesto y el 2000 sí.
Desde el calendario gregoriano, todos los años tendrían 365 días y cada cuatro años habría un bisiesto de 366. Bisiesto proviene del latín porque según el cómputo romano el 28 de febrero que en los años ordinarios era el *sexto*

kalendas martii, con el agregado de un día más a febrero pasó a ser *bisexto kalendas martii.*
El año 2000 del calendario gregoriano corresponde al 6236 del antiguo calendario egipcio; al 5760 del calendario judío; al 5119 del antiguo calendario maya y al 1420 del calendario musulmán.
El año platónico, año perfecto o gran año, *Annus magnus,* es un ciclo que los astrónomos griegos estimaron en 26.000 años, al fin de los cuales todos los cuerpos celestiales retornarían al mismo lugar que ocupaban en el momento de la Creación.

CALIDOSCOPIO: La palabra griega *kalos* significaba belleza y ha dado origen a caligrafía. El físico escocés David Brewster, usó esa expresión junto a *eidos*, forma, y le agregó *scope*, instrumento de observación, para denominar un artefacto que él creó en 1817, con el que se observan formas de pequeños cristales de colores repetidas por espejos.

CALVARIO: En griego, *kraneon.* Y *Calvari*, en latín; ambas significan literalmente cráneo. Era un derivado de calvo. En tiempos de Jesús se usó para traducir Gólgota, el cerro donde Jesús fue crucificado, que en arameo significaba cráneo, nombre que le fue asignado precisamente por su forma. En el Evangelio según San Juan: "Tomaron, pues, a Jesús y cargándole la cruz, salió hacia el lugar llamado Cráneo, en hebreo *Golgothá,* donde lo crucificaron".

CAMELLO: Mamífero rumiante ungulado (que tiene pezuña). Pertenecen a la familia de los camélidos el camello del Asia y África, el guanaco, la alpaca, la vicuña y la llama de América del Sur. Los camellos de una sola joroba son los dromedarios o camello árabe (*Camelus dromedarius*) y el de dos jorobas es el típico camello (*Camelus bactrianus*) Las jorobas son reservorios donde los animales conservan grasas y calorías.
"Es más fácil que un camello pase por el ojo de una aguja que un rico entre al Reino de los Cielos / Reino de Dios" son palabras de Jesús que aparecen dos veces en el NUEVO TESTAMENTO: Mateo (19:24) y Marcos (10:25). Sin embargo, hay quienes sostienen que se trata de un error de traducción ya que *kamelos* realmente indicaba la gruesa soga que servía de amarra a las embarcaciones. Este significado tendría más lógica pues se trataría de un trenzado muy grueso el que debería pasar por el ojo de la aguja y no un camello, que no parece tener mucho sentido.
Sin embargo, en el CORÁN hay una locución similar: "Los infieles encontrarán los portales del cielo cerrados y no podrán entrar hasta que un camello pase por el ojo de una aguja". En los Escritos Rabínicos la oración convierte al camello en un ELEFANTE, pero el concepto es el mismo.
El camello favorito de MAHOMA era llamado *Kaswa* o Al Kaswa. En la mezquita de Koba (actualmente Aqba) se encuentra cubierto el lugar donde el camello

se arrodilló cuando dejaron la Meca. Mahoma consideraba ese movimiento de los camellos como un signo de Dios y por ello, permaneció varios días en Koba por seguridad. Su camello más veloz era Al Adha del que la leyenda dice que unió Jerusalén con la Meca en cuatro saltos, ganándose así un lugar en el cielo.

CAMELOT: La capital del reino del rey ARTURO, donde vivía con los Caballeros de la Mesa Redonda, Guinevere, Percival, LANCELOT, Galahad y otros. La Camelot de los poetas de antaño es una tierra encantada, pletórica de bellezas y castillos majestuosos. Los Caballeros del Rey Arturo viajan por el mundo buscando el Santo GRIAL, rescatan bellas damas de manos indeseables, matan

Edyrn con su dama y el enano viajan a la corte de Arturo, Gustave Doré.

a los crueles y malvados hechiceros, caen en las redes del amor y retornan a Camelot que para algunos estuvo situada en la ciudad de Winchester, al sur de Inglaterra y para otros en Carlisle, al norte. O sea, está en todas partes y en ninguna parte. Pero los soñadores insisten en que el castillo de Cadbury, en Somerset, construido por los celtas unos siglos antes de Cristo, era de tal magnitud y esplendor que sólo pudo haber sido ordenado por un grande y poderoso rey, como Arturo.

CANADÁ: Palabra que los indios iroqueses usaban para designar lugar de residencia, pueblo, *kanatá*. El primero en usarla fue el explorador francés Jacques Cartier en 1535 para designar esa región de América del Norte. Aparentemente al preguntar a un nativo el nombre del lugar donde estaban en esos momentos, la respuesta fue *kanatá*, refiriéndose a la población más cercana. Hoy sus 9.976.139 km cuadrados convierten a Canadá en el segundo país de mayor extensión, aunque dos tercios de su territorio son inhabitables. Canadá tiene 27 millones de habitantes y mayor superficie que China.

CÁNCER: Del latín *cancer*, literalmente cangrejo. Proviene de una traducción del griego *karkinos* que, con su derivación *karkinoma*, carcinoma, se originaron en el médico griego Galeno (130-200), que usó esa expresión para designar a los tumores que tenían forma de cangrejo.

CANDIDATO: Del latín, *candidatus*, vestido de blanco. Las personas que buscaban nominaciones para una posición o que se presentaban para obtener aceptación oficial en una entrevista o examen, vestían siempre de blanco. Los que procuraban un alto cargo entre los romanos —por ejemplo, cónsul— vestían túnicas sueltas blancas. Eran abiertas para que se pudieran ver sus cicatrices, huellas de combates, y blancas como muestra de fidelidad y humildad. Ya no se usan más. Ni la túnica ni el color ni la humildad.

CANGURO: El capitán James Cook y el botánico Joseph Banks usaron esta expresión por primera vez en 1770 en sus registros de visita a Australia, para denominar a un cuadrúpedo muy grande que los nativos llamaban *kangooroo*.
El canguro se encuentra en Australia e islas adyacentes. Hay tres clases de canguros: el gris, el rojo y el *wallaroo* o euro. Sus brazos son cortos y sus patas muy largas y las usan para saltar. Pueden medir hasta 2 m y pesar unos 70 kilos.
Es un mamífero marsupial o didelfo (*dis*, dos; *delphus*, matriz). Las hembras tienen una bolsa donde están las mamas y allí mantienen a sus crías hasta seis meses después de su nacimiento.

CANÍCULA: Los romanos llamaban a los días más calurosos, *caniculares dies*, días de perros, porque según creían, la estrella Sirio de la Constelación Can Mayor, que aparecía y se ocultaba con el Sol, agregaba calor a esos días que corrían en el Hemisferio Norte entre el 3 de julio y el 11 de agosto. La expresión ha quedado incorporada a muchos idiomas de ambos hemisferios como días de gran calor.

Canto del Cisne: Aunque es sabido que los cisnes no cantan, uno de los símbolos clásicos era simbolizar el viaje al más allá con un cisne y un arpa. El último canto que entonaban los poetas y los músicos moribundos se llamó canto del cisne. Según Aristóteles, las almas de esos cantores se convertían en cisnes. El canto del cisne era, pues, una melodía exánime, tenue y delicada. La poesía se encargó de adornar el momento de la muerte con un romanticismo único: cantar el último adiós.

Capilla Italiana: En la minúscula isla de Lambholm, al norte de Escocia, hay una pequeña capilla dedicada a la Virgen María, Reina de la Paz. La bella construcción parece totalmente fuera de lugar hasta que se conoce su historia. Durante la Segunda Guerra Mundial, prisioneros italianos fueron enviados a las islas Orkney para ayudar a construir "las barreras Churchill", construcciones de cemento destinadas a impedir que los submarinos alemanes atacaran a barcos ingleses mientras estaban atracados. Los italianos habían sido traídos desde el caluroso y sofocante norte de África, a esta seca, inhóspita y fría región.
Los presos, además de cumplir con las tareas impuestas, encontraron tiempo para ir juntando materiales sueltos y ponerse a construir la capilla contando además con el insólito aporte de uno de esos soldados italianos que además de preso, era artista: Domenico Chiocchetti y con la ayuda, comprensión y espíritu amplio de sus captores.
Con paciencia, esfuerzo, delicado sentido artístico e inspiración religiosa, finalmente terminaron lo que se iba a conocer como la Capilla Italiana. Al concluir la guerra, los italianos fueron repatriados y las barracas de detención desaparecieron, pero nadie tocó la capilla. Incluso, años más tarde, los habitantes de la isla formaron un comité de conservación de la capilla. En 1960, algunos de aquellos italianos fueron invitados a volver y durante tres semanas se dedicaron a restaurar, pintar y retocar su capilla. Sobre el final, una tocante ceremonia congregó a todos y el 10 de abril se celebró la Misa del Domingo de Ramos que fue trasmitida por Radio Nacional Italiana y ocupó páginas de los diarios ingleses.
La Capilla Italiana sigue en pie en un apartado rincón del mundo como símbolo no sólo de la fe religiosa en situaciones extremas, sino de la maravilla del ser humano cuando está dispuesto a unirse, crear, dar y recibir para levantar estandartes de cooperación, comprensión, caridad y belleza del género humano inspirado.

Capilla Sixtina: Capilla de los papas construida en 1473. Lleva ese nombre en homenaje a Sixtus IV (1414-1484), papa entre 1471 y el año de su muerte. Era un italiano llamado Francesco della Rovere. La capilla guarda en su interior, además del contenido espiritual de la propia obra y sus residentes, una maravillosa colección de frescos de Perugino, Botticelli y la mundialmente conocida pintura de Miguel Ángel (1475-1564) con escenas de la Biblia. El trabajo de Miguel Ángel llevó cuatro años, de 1508 a 1512 y gran parte de ese tiempo, el artista debió trabajar acostado para poder pintar la cúpula. La pintura se divide en tres zonas, siendo la más alta el Génesis. Más abajo los profetas y las sibilas, mujeres que en la Antigüedad se consideraban profetisas. A los costados aparecen figuras identificadas como los ancestros de Cristo y de la VIRGEN MARÍA. Las pinturas sobre el Juicio Final son de aterradora belleza.

CARAN D'ACHE: Caricaturista e ilustrador francés nacido en Rusia, cuya especialidad eran los temas militares. Su verdadero nombre fue Emmanuel Poiré (1858-1909) y tomó su pseudónimo de la palabra rusa *karandash*, lápiz.

CARAVANA: Proviene del persa *karwan*, grupo de viajeros en el desierto. Pasó al inglés y al español vía francés *caravane*. Desde el siglo XVII, los ingleses la usaron para denominar un vehículo para pasajeros y carga y luego acortaron a *van*, como se designa hoy a algunos vehículos 4x4 para pasajero que representan el 50% de las ventas en los Estados Unidos y otros porcentajes menores pero importantes en muchos países. Son en parte responsables del considerable aumento del consumo de combustible en Occidente y el consiguiente incremento del precio del petróleo.

CARDENAL: En muchos idiomas, la palabra indica importante, especial, jefe. En Roma, un cardenal, aunque originariamente señalaba a un sacerdote de parroquia, luego se convirtió en figura principal de la Iglesia. En 1567 el papa Pío IV formalmente reservó el título a los miembros del Consejo Papal, el Colegio de Cardenales.
Los varios pájaros que tienen ese nombre lo deben a un penacho rojo.
Los puntos cardinales indican los dos polos (norte y sur) y el saliente y poniente (este y oeste).
Las virtudes cardinales son justicia, prudencia, templanza y fortaleza. Fe, esperanza y caridad son las restantes que forman las siete virtudes cristianas.

CARICATURA: Del italiano *caricatura*, exageración. Un derivado de *caricare*, apilar, cargar, del hecho de que en los dibujos se recargan las facciones, se las exagera.

CARLOMAGNO: Del latín *Carolus Magnus.* Carlomagno (742-814) fue el rey de los francos y el emperador del Sacro Imperio Romano. Gobernó sobre todo el occidente de Europa y ganó fama por su dotes de estadista, legislador, administrador, protector de la Iglesia y promotor de la educación. Por otra parte, se casó nueve veces.
Carlomagno y sus paladines (paladín: valeroso, notable por sus hazañas) fue-

ron el centro de una gran serie de romances de caballería (véase ROLAND y ROLDÁN). Estas historias legendarias cuentan que el soberano medía 2,40 m, tenía fuerza inusitada y podía doblegar tres caballos al mismo tiempos sólo con sus manos. Las tradiciones cuentan que aunque enterrado en Aix-la-Chapelle, está coronado y armado y espera en Oldemburg, Baja Sajonia, para el día en que se presente el anticristo, momento en que saldrá de su tumba para rescatar a la cristiandad. Otras leyendas cuentan que en tiempos de abundancia, Carlomagno cruza el Rhin sobre un puente de oro para bendecir los campos y los viñedos.

CARMEN: Heroína gitana de la ópera de Georges Bizet (1838-1875), basada en la novela de Prosper Mérimée (1803-1870). Quizá por haber sido escrita por extranjeros, la obra, aunque notablemente española, subraya los elementos más populares: la pandereta, la navaja, toreros y castañuelas. El creador literario hace nacer a Carmen en Navarra aunque luego ella represente la sangre, el color y el ardor de Andalucía.
Carmen, la cigarrera, la mujer fatal, induce a Don José, un cabo de la guardia, a unirse a los gitanos traficantes. Es arrestada tras una pelea y entregada a la custodia de Don José, a quien ella embriaga y abandona para escapar. Carmen va tras el famoso torero Escamillo. Un día, en pleno triunfo del torero, José, que había rogado infructuosamente a Carmen por su amor, termina apuñalándola ciego de celos. José termina en la cárcel mientras se oye a la multitud aclamar el triunfo de Escamillo.
El nombre de la heroína deriva del latín *carmen,* canción, predicción, encanto. Al igual que otras famosas composiciones musicales españolas, fue escrita por no españoles, impregnados de la magia y seducción de la tierra, la historia y leyenda de España. *Carmen* por franceses al igual que *Sinfonía española* de Lalo, *Capricho español* por Rimsky Korsakov (ruso), *Granada* de Agustín Lara (mexicano).

CARNÍVOROS: Orden que agrupa alrededor de 175 especies vivientes de mamíferos que se encuentran en todo el mundo, excepto en la Antártida y algunas islas oceánicas. La mayoría de los carnívoros tiene dientes adaptados para comer carne, un estómago simple e intestino corto, garras y cerebro bien desarrollados. Las clavículas han desaparecido o sólo quedan vestigios. Algunos de los más conocidos son: gatos, perros, osos, hienas, comadrejas, leones.

CARROLL, LEWIS (1832-1898): Su verdadero nombre fue Charles Lutwidge Dodgson. Nació en Daresbury, Cheshire, Inglaterra. Hijo de un clérigo, fue educado en la Iglesia Cristiana de Oxford. Fue escritor y profesor de matemáticas en Oxford. Su libro más famoso, *Alicia en el país de las maravillas,* de 1865, se originó en un cuento que él mismo narró para las tres hijas del decano de su colegio, una de las cuales se llamaba Alice Liddell, la hija del deán de la Iglesia de Cristo en Oxford. Luego escribió *A través del espejo.* Era fotógrafo amateur y se especializó en la fotografía de niños. Carroll nunca se casó y gustaba pasar largos ratos con niños, lo que le trajo aparejado algunos problemas en la sociedad. Con ellos perdía su timidez y pudo desarrollar otras actividades como crear rompecabezas, acertijos, juegos y practicar la fotografía. En su obra jugó con el lenguaje, creó expresiones y dio forma a animales de su imaginación.

CARSON, RACHEL (1907-1964): Es generalmente reconocido que el moderno movimiento ecoambientalista comenzó con la publicación de *Primavera silenciosa* de Rachel Carson, un provocativo estudio de los efectos dañinos de los pesticidas químicos sobre el aire, el agua y la tierra. Era bióloga marina y había ganado reconocimiento como autora de *El mar que nos rodea.*

CASANOVA (1725-1798): Su nombre completo era Giovanni Giacomo Casanova de Seingalt, autor y aventurero veneciano que viajó por toda Europa escribiendo, jugando a los naipes y seduciendo mujeres, actividad por la cual ha pasado a la Historia. En 1756, escapó de la prisión de Venecia y marchó a París donde llegó a ser director de la lotería. Entonces amasó una fortuna no por la suerte sino por la forma en que dirigió la lotería hacia sus arcas. En 1785, se retiró a un castillo de Bohemia. La leyenda lo pinta como un disoluto, cínico, libertino, cambiando mujeres todo el tiempo y desinteresándose de la suerte que ellas corrían luego de haberlas tratado. No se conoce el nombre de ninguna de sus seducidas: a la hora de su muerte, sólo lo acompañó la soledad.

CÁSTOR Y PÓLUX: Hijos mellizos de ZEUS y Leda en la mitología grecorromana, llamados los Dioscuros. Eran gemelos y permanecían siempre juntos, inseparables. Eran guerreros y luchadores. Cuando Cástor murió, Pólux rehusó la inmortalidad y ambos fueron convertidos en la constelación Géminis, gemelos.

CAZADOR SALVAJE: Espectro de un cazador de las leyendas medievales que iba acompañado por una jauría de perros espectrales en sus recorridas por los bosques y eventuales apariciones ante los mortales. La leyenda ha tomado las más diversas formas en Alemania, Francia e Inglaterra y el personaje suele ser identificado con héroes populares. En España, los vascos relatan la historia del cazador negro, un sacerdote y sus perros cuyos aullidos aún resuenan en los bosques cuando los vientos se cuelan y silban entre árboles y ramas produciendo el sonido del invierno. La historia es que cuando el padre iba a dar misa, lo seguían sus perros, que lo esperaban a la entrada de la parroquia. Tan pronto terminaba su misión, se quitaba su ropa ceremonial para comenzar la caza con sus mastines. Así ocurrió durante años, de día y de noche, hasta que una vez procurando una liebre que, supuestamente, era el diablo, se internó junto a sus perros y nunca más se lo vio. (véase HÉCATE).
En un proceso realizado en Logroño en 1610, se juzgaba a un grupo de personas acusadas de ser brujas. Una de las acusadas, María de Zozaya, confesó que

Ilustración de Sir John Tenniel
para *A través del espejo,* de Lewis Carroll.

a las noches, el diablo tenía a bien convertirla en liebre para así tener a mal traer al cura y a sus perros.

CAVIAR: Palabra de origen turco, *khavyar*. Se extendió por toda Europa. En italiano, *caviale*. En francés, *caviar*. Paradójicamente, en Rusia no existe la expresión. Se usa *ikrá*.

CELER: Del latín, rápido. Nombre del CABALLO del emperador Lucius Versus, quien lo alimentaba con almendras y pasas de uva, lo cubría con mantas púrpuras y lo instaló en el palacio real.

CELSIUS, ANDERS: Nació en Upsala, Suecia, en 1701. Su padre era profesor de astronomía en la Universidad. El propio Anders fue profesor de matemáticas y astronomía. En 1736 tomó parte en la expedición que verificó la teoría de Isaac Newton de que el globo terráqueo se aplastaba en los polos.
Celsius es más conocido por su escala termométrica de 1742, donde estableció los 100° como punto de "congelación" y 0° grado para el de "ebullición". Tres años después de su muerte, ocurrida en 1744, la tabla fue invertida: 0° congelación, 100° ebullición. Precisamente, por esos 100 grados que separan los puntos extremos se la conoce como centígrado (véase FAHRENHEIT).

CELTAS: En el siglo VIII a. de C. estos pueblos crearon probablemente la primera civilización al norte de los Alpes. Para muchos, fueron los fundadores de Europa. Sus dominios se extendían desde el Mar del Norte al MEDITERRÁNEO y desde el Mar Negro al OCÉANO ATLÁNTICO. La historia de los celtas está cubierta de incertidumbres. Algunos historiadores suponen tribus de origen indoeuropeo que en el tercer milenio a. de C. ocuparon los montañas de los Cárpatos, cadena de montañas de Europa central que se extiende como un arco por Eslovaquia, Polonia y Rumania, siendo su pico más alto el Tatra, de 2.600 m.
Los celtas tenían una riquísima tradición oral y rara vez usaban lenguaje escrito. Por lo tanto, los detalles de su antigua vida cotidiana debieron ser armados con referencias arqueológicas y leyendas que los monjes irlandeses fueron coleccionando. Los celtas nunca formaron una federación de tribus o un imperio político, aunque compartían una lengua común e ideas religiosas similares. En los años 800 a. de C. el hierro se introduce en sus vidas, mejorando notablemente armas y herramientas. En Hallstatt, Austria, a mediados del siglo XIX, se encontró un enorme yacimiento arqueológico de artefactos antiguos que demostraron el alto grado de desarrollo que habían alcanzado. Los celtas finalmente cayeron tribu por tribu a manos de las legiones romanas y sólo Irlanda y parte de Escocia lograron evitar esas invasiones.
Algunas viejas tradiciones, como el HALLOWEEN, aún permanecen y la lengua todavía la hablan unas dos millones de personas en Gales, Escocia e Irlanda y muchos gallegos se sienten orgullosamente celtas, celtíberos, unión de la raza celta e íbera.

Cenicienta, La: La historia de esta heroína del folklore europeo registra no menos de 500 versiones distintas. En general, en todas ellas se relata la triste historia de la jovencita humilde maltratada por su cruel padre, una malvada madrastra y sus celosas hermanas, hasta que con la ayuda de poderes sobrenaturales, se modifica su suerte, hasta incluso provocar el enamoramiento de un príncipe y su posterior casamiento real. Una de las versiones más antiguas, sin embargo, no es europea, sino china y data del siglo IX.

La versión más familiar para los niños de Occidente es la traducción de *Cendrillon* de Charles Perrault que apareció en su famosa y muy influyente colección de cuentos de hadas de 1697, *"Contes de Ma Mère l'oye", Cuentos de la Madre Ganso.*

El momento esencial de la prueba del zapato en el pie de Cenicienta es único de la versión de Perrault, un toque distintivo y excepcional de una historia contada millones de veces, no sólo de boca en boca, sino a través de la plástica, el ballet, la música y el cine.

Centauro: En la mitología griega, criaturas con cabeza, brazos y torso de hombre; el resto del cuerpo y las patas, de caballo. Los centauros, por lo tanto, tenían seis miembros: dos brazos y cuatro patas. Eran salvajes, se alimentaban de carne cruda y practicaban costumbres brutales. Sólo dos de ellos, Quirón y Folo, fueron distintos, benévolos y maestros de los seres humanos como en los casos de Jasón (véase Vellocino de Oro) y Esculapio. Todo indica que la leyenda se origina en Tesalia, donde los jinetes eran de tan extraordinaria destreza que parecían pegados a su cabalgadura.

Además de los centauros, la mitología registra a los ictiocentauros, mitad hombre, mitad pez, dotados de patas de león. En la plástica helenística y romana aparecen en el cortejo de las divinidades marinas, al lado de los hipocampos, caballos marinos.

Cerbero: Perro mitológico de tres cabezas que guardaba la entrada a los infiernos. Hércules, en una de sus tareas mitológicas, lo atrajo a la Tierra y luego le dejó retornar a su guarida. Orfeo lo durmió con la armonía de su lira y Sibila, que condujo a Eneas a través de los infiernos, también logró dormir al perro convidándole un pastel con amapolas y miel. El origen de esta historia podría estar en el Antiguo Egipto, donde era costumbre proteger las tumbas con perros. En el idioma español se unieron las palabras can y cerbero para formar cancerbero: portero brutal y severo. Guardián vigilante y por extensión figurativa, arquero en el fútbol.

Cerdo: Por extraño que parezca, el cerdo era sagrado para los antiguos habitantes de Creta porque, según creían, Júpiter había sido amamantado por una cerda. Cerdos eran inmolados en honor de Hércules y Venus y por aquellos que buscaban aliviar sus males. Para otros, las cinco manchas oscuras en las patas

delanteras de los cerdos fueron dejadas por el diablo al introducirse en su cuerpo. En Marcos (5:11) hay un relato sobre un milagro de Jesús expulsando al diablo del cuerpo de un poseso, luego relacionado con la huida de una piara de dos mil cerdos que se arrojaron al precipicio.
Es un animal despreciable para judíos y musulmanes.
La alcancía con forma de chanchito tiene, para algunos, origen en que los chanchos sólo se alimentan con las sobras y el ahorro comienza cuando sobran algunos dinerillos. Hay quienes sostienen que este tipo de alcancías se regalaba a los aprendices en tiempos de los Tudor (familia inglesa oriunda del país de Gales que, de 1485 a 1603, dio cinco soberanos a Inglaterra).

CERDO DE ANTONIO: Es el más pequeño de los cerditos recién nacidos. Se dice que este chanchito seguirá a su dueño dondequiera que vaya. Se lo llama así por San Antonio, patrono de los porqueros, frecuentemente representado con un cerdito a su lado.

CERO: Del árabe, *sifr*, vacío.

CERVANTES SAAVEDRA, MIGUEL DE: El insigne autor de *DON QUIJOTE DE LA MANCHA*, la obra cumbre del idioma español, nació el 29 de septiembre de 1547 en Alcalá de Henares, hijo de una familia pobre y numerosa. En 1568, cuando aún era estudiante, aparecieron algunos de sus tempranos poemas. Luego se incorporó al ejército y en 1571 combatió contra los turcos en la batalla de Lepanto en la que por una herida perdió su mano izquierda. Más tarde sería llamado "El Manco de Lepanto". Cuando regresaba a España fue capturado por piratas que lo llevaron a Argelia, donde fue retenido como esclavo. Durante cinco años hizo esfuerzos por escapar, pero sin éxito, hasta que fue liberado por el rescate que pagaron sus amigos. En 1580 regresó a su tierra con 33 años. Para entonces y luego de sus raptos de ensueño e imaginación fervientes, mientras permanecía en el encierro, decidió ser escritor y puso en ello todas sus fuerzas. Escribió con pasión hasta que con *La Galatea* (romance pastoral en verso y prosa) ganó reputación.
En la prisión, según él mismo contó, había imaginado las andanzas de un caballero loco que se alucina errante para convertirse en actor de numerosas hazañas de caballería, amando a la hermosa DULCINEA del Toboso, escoltado por su fiel escudero SANCHO PANZA. Sancho habría de obtener el gobierno de la isla imaginaria llamada Barataria.
Quijote montaba su escuálido corcel ROCINANTE (un juego de palabras de Cervantes: "rocín-antes", antes era un rocín, un jamelgo de poca alzada, un caballo de trabajo. Ahora es un hermoso purasangre).
En 1605, apareció *El ingenioso hidalgo Don Quijote de la Mancha.* Cervantes alcanzó la fama rápidamente.
Otras de sus obras fueron *Novelas Ejemplares, El coloquio de los perros, Persiles y Segismunda, Ocho comedias y ocho entremeses.*

Don Quijote ha sido argumento de numerosas óperas y conciertos tales como los de Giovanni Paisiello (italiano), Jules Massenet (francés), Manuel de Falla (español), un poema sinfónico del alemán Richard Strauss; una película soviética dirigida por Grigori Kozintzev en 1957; un ballet por George Balanchine, ruso nacionalizado estadounidense y hasta un éxito musical de Broadway, *Man of La Mancha* (*Hombre de la Mancha*) de Mitch Leigh.
Muchos artistas plásticos se inspiraron en el "caballero de la triste figura".
Cervantes tuvo una sola hija y descendiente, Isabel de Saavedra, fruto de su relación de pareja con Ana Franca de Rojas. Finalmente, en 1584, se casó con Catalina Salazar Palacios, 19 años menor que él. Nunca tuvieron hijos.
El 16 de abril de 1616 (el mismo día, mes y año en que murió SHAKESPEARE), cuatro días antes de morir, Cervantes escribió la dedicatoria de su última obra (*Persiles*) en la que asienta: "...puesto ya el pie en el estribo". Y se despidió con un sueño de vida futura:
"Tiempo vendrá quizás,
donde anudando este roto hilo,
diga lo que aquí me falta.
Adiós, gracias. Adiós, donaires.
Adiós, regocijados amigos:
que me voy muriendo y
deseando veros presto contentos en la otra vida".

CHARLATÁN: Del italiano, *ciarlare*, charlar. Se aplicó originariamente a las peroratas de los vendedores callejeros y por eso se llamó *ciarlatano* a esas personas y a quienes ofrecen imposturas. Se presume que la expresión proviene de *cerretano*, literalmente habitante de Cerreto, un pueblo italiano supuestamente conocido por sus exageraciones.

CHAUVINISMO: Un soldado de Napoleón, Nicolás Chauvin, era ridiculizado por sus compañeros por su exagerado patriotismo y de allí nació *chauvinisme*. Se convirtió luego en definición de patriotismo exagerado y beligerante que incluye prejuicios contra los que no piensan igual.

CHIVO EXPIATORIO: En un antiguo ritual de los hebreos que se practicaba el Día del Perdón, según lo establecido por las leyes de MOISÉS, se traían dos chivos hasta el altar del Tabernáculo. Uno de ellos se ofrendaba al Señor. Otro era el expiatorio, porque los sumos sacerdotes confesaban sus pecados y se los transferían al animal, junto con los pecados del pueblo. Luego se lo regresaba al campo cargando las confesiones pecaminosas que le habían endilgado. Desde entonces los idiomas registran esta expresión para definir a quien se cargan o atribuyen culpas ajenas.

CHOCOLATE: Del idioma nahuatl de los aztecas, *xocolat*, una palabra compuesta por *xococ* (amarga) y *atl* (agua).

Cibernética: La palabra se usó por primera vez en francés, *cybernétique,* en 1830. Pero su significado entonces era una derivación literal del griego *kubernetes,* gobernante. Indicaba la persona que conducía, maniobraba o empuñaba el timón. La palabra moderna fue introducida por Norbert Wiener (1894-1964), matemático estadounidense, considerado el fundador de la cibernética, a la que él definió como "la teoría del control y procesos de comunicación en máquinas, animales y organizaciones". A los 25 años, Wiener era profesor del famoso Massachusetts Institute of Technology (MIT). Después de la Segunda Guerra Mundial se especializó en computación y en el estudio del cerebro humano y el sistema nervioso.

Cid, El: De nombre Rodrigo o Ruy Díaz de Vivar (1040-1099), fue llamado el Cid (del árabe, *as-sid*, señor). La historia y la leyenda lo convirtieron en El Cid Campeador (que distingue o sobresale entre los demás, campeón). Definido como personaje semihistórico, semilegendario, nació en Vivar, cerca de Burgos. Pasó la primera parte de su vida en los dominios de Sancho de Castilla, que luego sería rey. Cuando Sancho fue asesinado en 1072, Rodrigo sirvió al nuevo rey, Alfonso VI, pero le exigió juramento de que no había participado en el asesinato. Alfonso, molesto por la insolencia de Rodrigo, envió a su demandante vasallo al exilio. Partió Rodrígo Díaz por los caminos de España buscando, como correspondía a todo caballero, aventuras, honor, gloria y botín. Su vida fue de guerra constante, ora contra los moros, ora contra los cristianos y en los últimos años de su existencia reconquistó Valencia y la mantuvo aislada pese a los contraataques moros, hasta que murió el 10 de julio de 1099.
Uno de los documentos más confiables sería "Historia Roderici", un detallado relato de un testigo, el historiador árabe Ibn'Alqamah. Su biografía presenta sin embargo enormes dificultades porque la leyenda se apoderó de su memoria y lo elevó rápidamente a la condición de héroe nacional de Castilla. En el siglo XII se reunieron los romances que sobre él se habían escrito en algunas de las más famosas épicas hispanas: *El cantar de Mío Cid, Crónicas rimadas* y *Crónicas del Cid.* Allí se exaltan los valores de honor, gloria y prudencia que adornaron a este bravo y generoso personaje que, envuelto en los misterios de la leyenda, inspiró luego a famosos escritores para extender sus aventuras en relatos inmortales.
Pierre Corneille, inspirado en *Las mocedades del Cid* de Guillén de Castro, escribió en 1636 una de las obras maestras de la literatura francesa: *El Cid.*

Cigüeña: La cigüeña es una ave zancuda de largas y poderosas alas.
Aunque es un ave muda, según una antigua leyenda sueca, la cigüeña recibió su nombre en ese idioma, cuando voló en tornó a Jesús Crucificado, gritando: *"Styrka! Styrka!"* (¡Fortaleza! ¡Fortaleza!).
Similares historias aparecen en otros idiomas nórdicos.
Por ser un ave migratoria, desde muy antiguo se la conoce como símbolo de

los viajeros y por la leyenda de que alimentaba a sus padres cuando ancianos, los romanos la consagraron a la diosa Juno, como símbolo del amor filial. Se la asoció a la Anunciación porque la cigüeña anuncia la llegada de la primavera. Quizá de allí derive el viejo cuento de que los niños al nacer eran traídos por cigüeñas volantes que cargaban los bebés hasta la falda de la madre. Aunque inocente y abandonada como historia infantil, sigue presidiendo tarjetas, almanaques, ilustraciones y pinturas.
La cigüeña es el gran enemigo de las serpientes, porque se dice que las mata con sólo mirarlas.

CÍRCULO DE LAS HADAS: Suele ocurrir que en los campos sembrados con césped, jardines, canchas de golf, prados, canchas de fútbol o rugby, se producen círculos de césped de un verde más oscuro que el resto. La leyenda ha establecido que allí han danzado las hadas.
La verdad en realidad es que ese cambio de tonalidad la produce un hongo que se desarrolla bajo la superficie de la tierra. Estos hongos producen una mayor cantidad de nitrógeno, lo que da otro color al césped. Pero entre hadas y hongos, la elección parece obvia.

CIRCUNCISIÓN: Pocos recuerdan que el 1º de enero se celebra para la Iglesia el día de la Circuncisión del Señor. La circuncisión es el corte del prepucio o membrana que cubre el borde del miembro viril. Fue impuesta por Dios a ABRAHAM (Génesis 17:10) como parte de la Alianza con el pueblo de Abraham y como ritual religioso que tenía raíces higiénicas: "Vosotros circuncidaréis la carne de vuestro prepucio y ésta será la señal de la Alianza entre Mí y vosotros. En el transcurso de vuestras generaciones, haréis circundar a todo varón a la edad de ocho días".
En otras partes del Antiguo Testamento, como en Deuteronomio (10:16) y Jeremías (4:4) se usa la expresión "circunciden vuestros corazones", por controlar y dominar las bajas pasiones.

CISNE: Ave acuática palmípeda de cuello largo, que desde antaño ha estado consagrada al dios de la música y a Leda, a quien ZEUS, enamorado de su extraordinaria belleza, no encontró mejor camino para seducirla que convertirse él en un CISNE. También se la consagra a Venus por ser símbolo de la belleza femenina. En la literatura el cisne ha sido protagonista de historias muy bellas, como la de LONHENGRIN, el caballero del cisne y la alegoría de ANDERSEN *El patito feo* (véase CANTO DEL CISNE).
Los cisnes son protegidos en Irlanda como consecuencia de la bella historia de Fionnuala, la hija del rey Lir. La joven fue convertida en cisne y obligada a discurrir por las aguas de los lagos hasta que el cristianismo llegase a Irlanda. El poeta irlandés Thomas Moore (1779-1852) en su obra *Melodías irlandesas* dedicó su "Canción de Fionnuala" a contar la leyenda del cisne-princesa.

CIUDAD PROHIBIDA: En el corazón de Beijing (antes Pekín) se encuentra la Ciudad Prohibida, quizá el mayor conjunto de palacios del mundo y un símbolo impresionante del pasado imperial chino. Fue la residencia de los emperadores desde principios del siglo XV hasta 1911, cuando llegó la revolución china, fin de la era imperial.

En la tradición antigua, cada emperador gobernaba por mandato del cielo. En China, la tríada cósmica estaba formada por el Cielo, la Tierra y el Hombre. El hombre-emperador era hijo del cielo y el enlace para traer orden y armonía. El estado ideal necesario era lograr total equilibrio y armonía: la ciudad prohibida con su simetría, orden, jerarquía y esplendor era el símbolo y reflejo de aquel estado.

Para emplazar las ciudades jerárquicas, los chinos usaban la geomancia, un arte tradicional que indicaba cómo situar casas, tumbas, arboledas, plazas, en armonía con la energía vital de la tierra. A esa capacidad especial se la denominaba *Feng-Shui,* viento y agua.

Los últimos vestigios del Imperio fueron representados por la emperatriz viuda, *Ts'e-hi,* que reinó desde 1834 a 1908 y entonces nombró emperador a *P'u-yi,* cuando el niño tenía 3 años.

CLAQUE: Del francés, *claquer,* aplaudir. Cuerpo de personas contratadas para aplaudir en un teatro. El artilugio fue creado en 1820 por un tal Sauton, que puso una oficina en París en 1820 para asegurar con sus empleados el éxito de las obras teatrales. El productor de la obra encargaba el número requerido de *claqueurs* y los dividía en grupos: los *commissaires*, que aprendían la obra de memoria y marcaban sus cualidades en alta voz; los *rieurs*, que reían aparatosamente en el momento que la acción lo reclamaba; los *pleureurs*, principalmente mujeres, que sujetaban sus pañuelos contra los ojos durante las escenas emocionantes; los *chatouilleurs,* que mantenían a las audiencias de buen humor con sus gestos y movimientos, y los *bisseurs*, que reclamaban en alta voz los bises que naturalmente los artistas complacían.

CLEOPATRA: Reina de Egipto. En el año 40 a. de C., con la ayuda de Julio César, destituyó a su hermano-esposo, con quien compartía el trono. Los matrimonios entre hermanos en el Antiguo Egipto eran costumbre en las castas reales pues procuraban mantener el poder encerrado en los clanes familiares. Cleopatra, luego de quedar como exclusiva soberana, se convirtió en la amante de Julio César. Lo siguió a Roma y tuvo un hijo con él: Cesáreo. Después de que Julio César fuera asesinado en el 44 a. de C., Cleopatra huyó de Roma. Ganó entonces los afectos de Marco Antonio y con él regresó triunfante a Egipto en el 42 a. de C. En el 36 se casaron. Esto enfureció a Octavio, que entonces regía los destinos de Roma y decidió destruirlos. En el año 31 una flota conjunta de Antonio y Cleopatra fue totalmente aplastada por las fuerzas de Octavio. La pareja huyó a Alejandría, donde Antonio se mató y Cleopatra se hizo morder por un áspid, una serpiente venenosa de Egipto de cuello extensible. Una vez más el destino trágico de los amantes famosos.

Se cuentan cientos de historias sobre Cleopatra como aquella en la que durante una fastuosa cena que ofrecía a Marco Antonio, éste se expresó asombrado de la maravillosa presentación. Cleopatra, decidida a impresionarlo aún más, tomó una perla y la disolvió en una copa de vino, lo que incrementó el desconcierto del conquistador ahora conquistado.

Blaise Pascal (1623-1662), el científico y filósofo francés, escribió en su obra *Pensées,* que si la nariz de Cleopatra hubiese sido más corta, la historia del mundo habría cambiado, con alusión a que su belleza y encanto no hubiesen sido los mismos frente a Julio César y Marco Antonio.

CLIMATÉRICO: Cada séptimo o noveno año de vida, que los antiguos consideraban peligrosos.

Alguna vez los astrólogos creyeron que los años séptimo, noveno y los mútiples impares (21, 27, 35, 43, 49, 63 y 81) eran puntos críticos de la vida. Eran llamados años climatéricos, presididos por Saturno, el planeta malevolente. El 63, producto de la multiplicación de 7 por 9, era el gran climatérico porque pocas personas podían sobrevivirlo.

CNN: Del inglés *Cable News Network,* cadena noticiosa para cable. A través de un sistema satelital trasmite simultáneamente para todo el mundo. En 1980, fue fundada por Ted Turner, nacido en 1938. Alguna vez fue ridiculizado por la pequeñez inicial del proyecto, el amateurismo y los bajos salarios que entonces pagaba. El nombre de su empresa fue deformado despreciativamente a *Chicken Noodle Network*, que podría traducirse como sopa de pollo y fideos, aunque *noodle* tiene una segunda acepción: tonto. El sentido peyorativo era porque se lo consideraba un proyecto vulgar y ordinario. Lo cierto es que tanto la Guerra del Golfo como la crisis de la Unión Soviética y tantos otros acontecimientos mundiales fueron emitidos sin edición, directos al aire, convirtiendo a la CNN en un testigo indiscutible de nuestros tiempos, anticipados por Marshall McLuhan (1911-1980), el teórico canadiense de las comunicaciones, cuando anunció un mundo sin fronteras, la aldea global. En 1992, la revista *Time* lo eligió Hombre del Año, llamándole "El Príncipe de la Aldea Global".

COBALTO: La palabra alemana *KOBOLD* significa pequeño espíritu maligno. En el pasado se creía que las impurezas del ambiente en que trabajaban los mineros eran arrojadas por esos personajes diminutos, criaturas del folklore que supuestamente vivían en las grutas.

La denominación *kobalt* fue una deliberada deformación para denominar la enfermedad de los mineros que probablemente era causada por el arsénico. La moderna denominación cobalto se refiere al metal rojizo y la bomba de cobalto a un generador de rayos terapéuticos.

Coco: Antigua expresión usada en España para asustar a los niños. Algo similar al vetusto hombre de la bolsa. Lo interesante es que al cocotero y a su fruto, el coco, se le dio ese nombre cuando Vasco da Gama (1469-1524), navegante portugués, el primero en llegar a la India por mar, advirtió que la fruta era como una cabeza con dos ojos y una boca, similar a la que se usaba para crear la idea de un fantasma. El coco es una planta que puede crecer hasta 25 metros de altura y produce frutos tres veces por año. El coco tiene el tamaño de un melón pequeño, de pulpa jugosa de la que se extrae el aceite de coco y un líquido muy refrescante parecido a la leche.

Cocodrilo: Los egipcios tenían animales para todo tipo de consagraciones y desvelos. El cocodrilo era un símbolo distinguido por ser el único animal que tiene los ojos cubiertos con una fina membrana transparente, por lo que —afirmaban— ve pero no es visto: como Dios, que ve a todos pero no puede ser visto por nadie. Además, insistían los egipcios, el cocodrilo no tiene lengua porque, como el Logo Divino, no necesita expresarse. El número de sus dientes es igual a los días del año y durante los siete días consagrados a Apis, el cocodrilo no lastimaba a nadie... confiaban.
En la ciudad de Fayum construyeron Cocodrilópolis donde se le rendían culto. Lo que no crearon los egipcios fue la expresión "lágrimas de cocodrilo". Una leyenda posterior a sus tiempos decía que los animales se quejan y sollozan como una persona que está sufriendo, con el propósito de atraer sus presas junto a sí y devorarlas. En la obra *Henry IV,* de Shakespeare, aparece este texto: "Como el acongojado cocodrilo con sus angustias tiende trampas a los confiados paseantes".

Código de Barras: Secuencia de líneas blancas y negras que aparece en productos; es un código binario. La secuencia de líneas alternadas permite a los productores y comerciantes codificar y revisar gran cantidad de información como identidad, precio, lugar de origen, inventarios y otros. Cada código de barras tiene 13 líneas. Cada línea negra corresponde al número binario 1 y cada línea blanca a 0. Cada grupo de 7 líneas representa un número que aparece bajo el código. El primer número es el país de origen; los seis siguientes, el código del fabricante, los cinco siguientes el nombre del producto y el último es un dígito para verificar el código. Al ser registrado por la computadora el código indica el precio, reduce el stock y ordena la boleta.

Colosal: Del griego, *kolossos,* palabra de origen desconocido y usada por primera vez por el historiador Herodoto (484-425 a. de C.) para denominar ciertas gigantescas estatuas de Egipto. Cuando se aplicó al *Coloso de Rodas,* la estatua de Apolo de 36 metros de altura a la entrada del puerto de Rodas (280 a. de C.), su uso se extendió. La lengua latina la adoptó como genérico de gigantesco, enorme. El anfiteatro de Roma, cuya construcción ordenó Vespasiano en el año

80 a. de C., se denominó Coliseo por sus dimensiones. Otras obras colosales son el *Gran Buda* de Kamakura, Japón; el *Cristo* de Río de Janeiro; el *Cristo* de Los Andes; la *Estatua de la Libertad,* Nueva York; la *Torre Eiffel,* París.

COMETA HALLEY: Cometa periódico brillante. Necesita 76 años para completar una órbita que lo traslada desde la órbita interior de Venus a la exterior de Neptuno. Edmond Halley (1656-1742), astrónomo y matemático inglés, que financió a Isaac Newton cuando éste escribió su *Principia,* fue el primero en observar el cometa en 1682. Posteriormente dedujo que el mismo cometa había sido visto en 1531 y 1607 y predijo su retorno en 1758. Y así fue. Halley ya no estaba para verlo.
Hay memorias de que el cometa fue visto desde el 240 a. de C. En 1986 se probó que el núcleo del cometa era una masa de hielo de 15 x 8 km.

COMUNICACIONES: Desde los más remotos tiempos, los seres humanos buscaron comunicarse a distancia: micas que brillaban contra el Sol, señales de humo, golpes sobre un tronco hueco. Los inventos notables, sin embargo, comienzan en 1837 cuando William Cooke y Charles Wheastone patentaron el telégrafo. Samuel Morse (1701-1872) perfeccionó una versión de André Marie Ampère (1775-1863) y patentó el telégrafo en los Estados Unidos y posteriormente experimentó con el cable submarino.
El teléfono fue inventado en 1876 por Alexander Graham Bell (1847-1922).
El italiano Guglielmo Marconi (1874-1939) logró la primera trasmisión inalámbrica. En 1895 envió las primeras señales de honda larga a distancia y en 1901 recibió las primeras señales inalámbricas transatlánticas. En 1909 obtuvo el Premio Nobel de Física.
William Henry Talbot (1800-1877) produjo el primer negativo fotográfico y patentó el método de imprimir fotografías en 1841. Su libro *El lápiz de la Naturaleza,* impreso en 1844, estaba ilustrado con fotografías.
George Eastman (1854-1932) inventó la cámara fotográfica en 1892 y al fundar la Eastman Kodak Company lanzó las cámaras fotográficas populares convirtiendo a la fotografía en uno de los hobbies particulares más importantes del mundo. La máquina fotográfica fue uno de los primeros productos estándar del mundo en alcanzar niveles de compra masivos.
La primera película de éxito fue *El cantor de jazz* en 1927, con Al Jolson (1886-1950), nacido en Rusia como Asa Yoelson y uno de los más famosos de su tiempo.
Los primeros proyectos de televisión fueron realizados por el ruso Vladimir Sworykin (1889-1982), quien luego se estableció en Estados Unidos hasta alcanzar la posición de vicepresidente de la Radio Corporation en 1947.
Los ingleses reclaman la primera trasmisión de televisión en 1926 a cargo de John Logie Bird y la primera emisión pública por la BBC (British Broadcasting Corporation) en el Alexandra Palace en Londres en 1936.
La primera trasmisión vía satélite se concretó en julio de 1962.

El primer diario del mundo fue el *Daily Courant*, en Inglaterra en 1702, aunque los romanos tenían en el 59 a. de C. el *Acta Diurna*, especie de diario mural público.
La televisión por cable se inició en 1949 para atender regiones a las que no llegaba la señal pública y se expandió en 1970 cuando se liberó el sistema.

COMPOSTELA: Santiago de Compostela, en La Coruña, es la ciudad gallega donde reposan los restos de Santiago el Grande. La palabra Compostela tiene origen incierto. Para algunos deriva del latín *campus stellae*, campo de la estrella, referida a la leyenda de que la tumba del santo fue marcada por el brillo de una estrella. Otros la asocian con *compos stellae,* teniendo la estrella, con referencia al santuario. Algunos la creen una deformación del italiamo *Giacomo apostolo,* Santiago el APÓSTOL. Hoy es un lugar de peregrinación donde los visitantes acuden por millones a ver la hermosa catedral del siglo XII con el Pórtico de la Gloria, la Universidad y el Sepulcro del Apóstol.
Santiago, APÓSTOL de Cristo conocido por *Baanerges*, hijo del trueno, predicó en España. La Virgen se le apareció en Pilar. Al regresar a Palestina fue decapitado por Herodes Agripa, pero sus discípulos embarcaron el cuerpo y navegaron hasta Galicia enterrándolo en un mausoleo al pie de Libredón. El lugar fue olvidado. A comienzos del siglo IX, el obispo de Iria, Teodomiro, aseguró que los restos hallados eran los de Santiago y los de sus discípulos Atanasio y Teodoro. El rey Alfonso II visitó el lugar mandando erigir una primera y modesta basílica luego sustituida por otra mayor en tiempos de Alfonso III.
En 977, el patronazgo de Santiago contra el islam empieza a surtir sus efectos, se refuerza el papel del reino de León y un camino de estrellas comienza a guiar a los peregrinos hacia el Occidente, donde los milagros se suceden. En 1075 se comienza a construir la catedral románica.
Las peregrinaciones usan las Rutas Jacobeas, el Camino Francés, el Camino del Norte, el Camino Portugués, la Ruta Marítima.
En la noche del 24 de julio se realizan las festividades mayores y se quema la "fachada mudéjar" (estilo arquitectónico que mezcla arte cristiano y ornamentación árabe) y hay una completa sesión de fuegos artificiales hasta la llegada del 25 de julio, el Día del Apóstol. Cuando el 25 cae en domingo, se produce un jubileo extraordinario y el año se llama Jacobeo (relativo a Santiago. *Jacobus* latín equivale a James) o año Compostelano. Ocurre cada 6-5-6 años como en 1993 y en 1999. Millones de personas visitan todos los años la hermosa catedral, flanqueada por el Parador de los Reyes Católicos, construido en 1495. Los peregrinos provienen de todo el mundo y llegan a Santiago de Compostela por todos los medios, inclusive a pie y en bicicleta.
Esta ciudad de Galicia, dedicada al culto y a la fe, lleva pues el nombre de Santiago el Mayor (Santiago), patrono de España.

CÓNCLAVE: Del latín *con-clavis*, lugar cerrado con llave. Literalmente, que sólo puede ser abierto con una llave. La palabra se aplica al lugar destinado a los cardenales para reunirse y elegir al nuevo papa, cuando muere el anterior. El cónclave de cardenales fue instituido en 1274, porque después de tres años en los que no habían logrado ponerse de acuerdo para nombrar a un sucesor, se dispuso el encierro bajo llave y la certeza de que esa puerta no se abriría hasta que se anunciara al nuevo papa.

CONEJILLO DE INDIAS: Pequeño mamífero roedor sudamericano que se cría principalmente como ejemplar de laboratorio. También llamado cuí, cuy, curí, cobayo. No hay indicios del origen del nombre, aunque remite a lugares distantes o a la forma en que los españoles se referían a América. En inglés, quizá por deformación de traducción se los asocia al África.

CONN: Gran héroe irlandés, Conn de las Cien Batallas, rey de Irlanda, quien, de acuerdo con la historia, reinó desde 177 a 212. En una ocasión, la leyenda relata que Conn y sus seguidores se vieron envueltos en una espesa niebla. Apareció entonces un hombre que les arrojó cohetes. Cuando le advirtieron al aparecido que estaba frente a un gran rey, les invitó a todos a su casa. Allí Conn conoció a Sovranty, una bellísima joven sentada en una silla de cristal portando una corona de oro. También estaba en la casa el dios Lugh, quien profetizó que los descendientes de Conn serían soberanos de Irlanda.

CONSONANTE: Del latín *consonans,* palabra compuesta que significa "suenan juntos". Indicaba su relación con las vocales, pues las consonantes sólo adquieren sentido cuando están al lado de una vocal.

CONTROL: Curiosamente, la palabra en sus orígenes significaba contrarrotación, proveniente del método medieval de llevar las cuentas mediante un sistema de registro duplicado: *contrarotulus.* El control de las cuentas indicaba cierto mayor nivel, por lo que su uso se extendió a ejercer autoridad.

COPÉRNICO, NICOLÁS (1473-1543) (Mikotay Kopernik): Astrónomo polaco que desarrolló la teoría de los movimientos planetarios y el universo heliocéntrico en oposición al geocéntrico aceptado hasta entonces y que venía de los tiempos de Ptolomeo (Claudius Ptolomaeus), quien en el siglo II desarrolló la teoría de los movimientos planetarios en torno a la Tierra. Recién en el siglo XVI, en 1543, aparece la llamada Revolución Copernicana, en su libro *De Revolutionibus Orbium Coelestium* (véase VESPUCIO) que alteró todos los conocimientos y provocó reacciones negativas en casi todas las religiones que consideraron a Copérnico un hereje. Sólo en 1820 se pudo enseñar en las universidades europeas que el Sol estaba fijo y los planetas giraban en su torno y que, además, la Tierra giraba sobre su propio eje.
Copérnico murió casi ciego, aunque en realidad había visto mucho más lejos y antes lo que los ciegos que no querían ver negaron en sus tiempos.

Corales: Son formaciones de pólipos dejados por pequeñísimos animales que construyen esas conchas para su protección. Los corales viven en colonias y habitualmente se encuentran en aguas cálidas y sus formaciones pueden alcanzar tal magnitud que forman islas que su vez se denominan atolones. Los corales son animales marinos sedentarios con esqueletos calcáreos.
Los romanos les adjudicaban propiedades especiales para la protección de los niños y solían colgar corales de la parte superior de las cunas o alrededor de sus cuellos. Incluso, en la Antigüedad, la Iglesia Cristiana aconsejaba la utilización de campanillas de coral para ahuyentar los malos espíritus.

Corán: En árabe, *Quran,* lectura, el libro sagrado del Islam y uno de los libros más influyentes junto con la Biblia. De acuedo con la fe musulmana, el Corán o Alcorán contiene la palabra de *Allah,* Dios, tal como le fue revelada por el ángel Gabriel al profeta Mahoma.
Mahoma recibió estas revelaciones durante dos décadas, comenzando en el 610 y terminando en el 632, año de su muerte.
Las 114 *suras*, capítulos del Corán, son la fuente de la fe islámica y una guía para toda la vida de la comunidad. Las enseñanzas centrales del Corán son: no hay otro Dios más que Alá y todos deben sometérsele; Mahoma es el último de sus mensajeros (entre los que se incluyen Abraham, Moisés y Jesús) y que habrá un día del juicio. Además de estas enseñanzas, el Corán contiene reglas que un musulmán debe seguir en su vida cotidiana.

Coriolis, Efecto: Por Gaspar Coriolis (1792-1843) matemático francés. Tendencia que manifiestan todos los cuerpos en movimiento sobre la superficie de la Tierra para deslizarse lateralmente de su curso a causa de la dirección de la rotación de la Tierra: de oeste a este. El fenómeno se manifiesta en los vientos, las corrientes oceánicas y aun los aviones, que se desvían a la derecha de su dirección en el Hemisferio Norte y hacia la izquierda en el Hemisferio Sur. Incluso se considera esta fuerza en el lanzamiento de misiles. Se nota la influencia también en las corrientes oceánicas.
Los menos preparados pueden advertir el fenómeno en los drenajes de agua que van en sentido de las agujas del reloj en el Hemisferio Sur y contrario al sentido de las agujas del reloj en el Hemisferio Norte, así como el sentido en que levantan vuelo los pájaros.

Cornudo: Chocante palabra que se usa en muchos idiomas para calificar al marido cuya mujer lo ha engañado. Ya en la mitología griega se describe a Acteón, un cazador de Tebas que habiendo sorprendido a Diana/Artemisa, diosa virgen de la Luna, los bosques, los animales y las mujeres embarazadas, junto a sus ninfas en pleno baño al aire libre, se mofó de ellas y anduvo haciendo alardes de su masculinidad y superioridad. La diosa lo convirtió en el acto en un ciervo que, sorprendido por el cambio, se lastimó con su propia cornamenta.

Parece que ya entonces se marcó de esta manera a los que debían soportar desilusiones de sus mujeres.
Otra explicación unida a la anterior relata que, en tiempos de apareamiento, los venados disputan fieramente la posesión de una hembra. La lucha se torna brutal hasta que uno de los machos termina llevándose a la hembra. El derrotado queda no sólo lastimado por la contienda, sino abandonado por la hembra. Ha sido corneado y ha perdido a la que ansiaba por compañera.

CORRIENTES OCEÁNICAS: Anchas y lentas corrientes de agua que se mueven en determinadas constantes direcciones. Las corrientes de la superficie se mueven en el sentido de las agujas del reloj en el Hemisferio Norte y contra las agujas del reloj en el Hemisferio Sur. Las aguas se calientan al llegar al Ecuador llevadas por los vientos predominantes y luego rotan, en parte por el efecto de las costas y en parte por el efecto CORIOLIS.

COSMÉTICOS: Desde tiempos de las cavernas, los seres humanos usaron formas de cosméticos. La naturaleza proveía calizas de diversos colores y con ellas se pintaban uñas, labios y ojos. En el Antiguo Egipto la actividad alcanzó gran relieve. Producían lápiz de labios y sombras de ojos con malaquita o huevos de hormiga. El rojo en los labios era usado por hombres y mujeres.
Los griegos y los romanos agregaron al aseo personal los perfumes y aceites con esencias.

COSMONAUTA: Del ruso, *kosmonavt, kosmos,* espacio, y del griego, *nautes,* navegante. En otros idiomas se usó astronauta. La palabra se popularizó a fines de 1950.

COSMOS: Provendría del griego *kosmos* y fue usada por Pitágoras (582-507 a. de C.) para indicar el orden de la creación. Con el tiempo, vino a significar mundo, universo, y la cosmología es la ciencia de las leyes que rigen el universo. De ella se derivaron cosmonauta y cosmonave. Cosmopolita se dice de los ciudadanos del mundo.

CREDO: Del latín, yo creo. La expresión derivada "*Credo quia impossibile*", creo porque es imposible, es una sentencia atribuida a San Agustín (354-430), doctor de la Iglesia, obispo de Hippona, hoy Annaba, Argelia, hijo de Santa Mónica, aunque se encuentra en un pasaje de Tertuliano (160-230), teólogo cristiano de origen romano, convertido al cristianismo en 197, quien luego en el 213 dejó la Iglesia y formó su propia secta: "*Credo quia absurdum est*", creo porque es absurdo o irrazonable. Es precisamente la justificación de la fe, basada en que no hay necesidad de entender para tenerla. La fe en lo superior o sobrenatural no requiere explicación alguna.

CRISPÍN Y CRISPINO: Zapateros que se convirtieron en santos patronos de su actividad. Se cuenta que eran hermanos, nacidos en Roma, que marcharon a Soissons, Francia, para propagar la fe cristiana, manteniéndose sólo de su artesanía, haciendo y arreglando zapatos. Shakespeare hace de ambos una sola persona en *Enrique V.* El feriado de San Crispín es una frase que se atribuye al hecho de que los trabajadores de ciertas especialidades no abrían los lunes: carniceros, pescadores, zapateros.

CRUSTÁCEOS: Animales invertebrados de los que se calcula existen 26.000 especies, entre las que se incluyen cangrejos, langostas, langostinos, camarones, percebes, cigalas, más una multitud de otras formas. Casi todos los crustáceos son acuáticos, tanto marinos como de agua dulce, aunque unos pocos son semiterrestres. Tienen dos pares de apéndices similares a antenas frente a la boca y por lo menos otros tres pares de apéndices detrás de ella, que actúan como mandíbulas. Todos tienen el típico esqueleto externo de los artrópodos. Ponen huevos que se convierten en larvas formadoras del plancton marino.

CRUZ: Desde la Crucifixión de Jesús, el símbolo del cristianismo. La cruz era, sin embargo, ya para los cartagineses un elemento ornamental. Los escandinavos antiguos la usaban como marca de los límites y para las tumbas de reyes y héroes. Los egipcios también la usaban como símbolo sagrado. Fue incluso importante para los aztecas. En Cozumel y Tabasco simbolizaba al dios de la lluvia y era uno de los emblemas que usaba QUETZALCOATL como señor de los cuatro puntos cardinales y de los cuatro vientos.
La cruz de Jesús se dice fue hecha de palma, cedro, olivo y ciprés, significando los cuatro puntos cardinales.
Se conocen distintos tipos de cruces: de Lorena, papal, griegra, rusa, céltica, de Malta, San Andrés, San Jorge, entre otras.

CRUZADAS: Congregaciones militares de cristianos europeos creadas entre los siglos XI y XIII con el propósito de recuperar la Tierra Sagrada de manos de los musulmanes. En el Concilio de Clermont en el 1095, el papa Urbano II exhortó a la cristiandad a emprender la guerra y tomaron su nombre de las cruces que se distribuyeron en esos momentos. Aunque originariamente los motivos eran religiosos, los nobles que integraban los ejércitos no dejaron de matar y tomar botines, al tiempo que las ciudades italianas imaginaban que la conquista les abriría los mercados del Oriente. Las naciones que participaban se distinguían por colores: rojo para Francia, blanco para Inglaterra, verde para los belgas, azul para los italianos y bermellón para España.
Con la Primera Cruzada se estableció el Reino Latino de Jerusalén. La Segunda Cruzada fue un total fracaso. Y luego de que Saladin recuperara Jerusalén para los musulmanes, la Tercera Cruzada volvió a fracasar en la recuperación de la ciudad. Pero un bloqueo de tres años permitió a los cristianos tener ac-

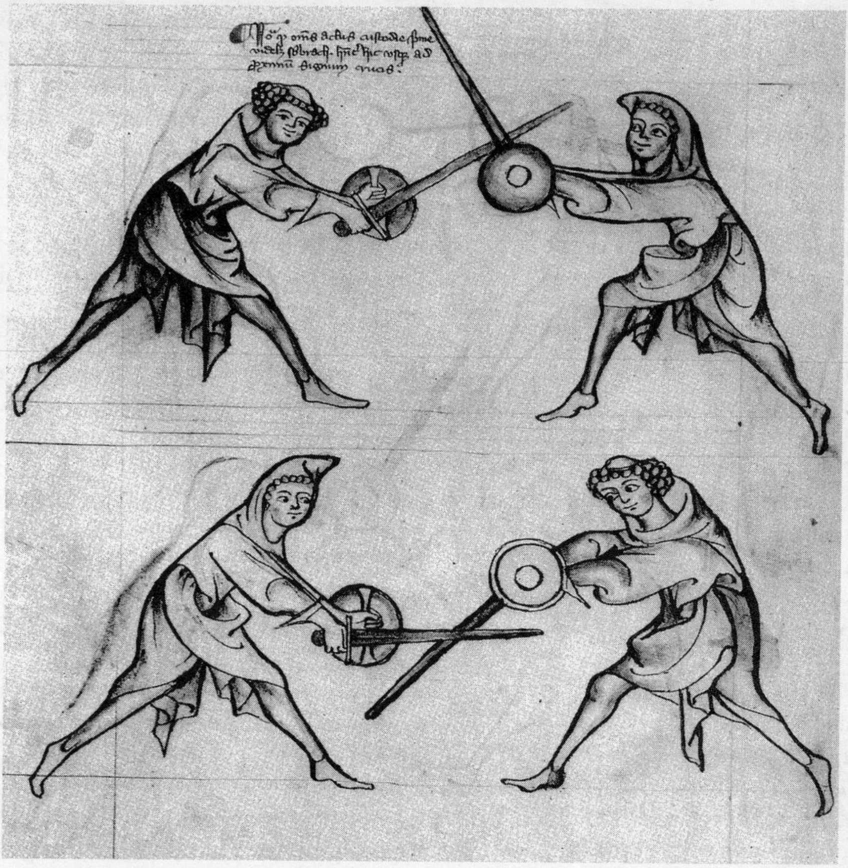

Ilustración de un manual de lucha del siglo XIII, del sur de Alemania.

ceso a la ciudad. La última Cruzada la llevaron adelante San Luis, Carlos de Anjou y el príncipe Eduardo de Inglaterra.

Cruzadas de los Niños: Patéticas incursiones realizadas en 1212. Cerca de 40.000 niños alemanes fueron llevados por los Alpes hacia Italia. Sólo unos pocos llegaron a Génova y Roma, donde el papa Inocencio III les ordenó retornar a sus pueblos. Unos cientos de esas pobres criaturas se embarcaron en Brindisi para desaparecer. Nunca más se supo de ellas.

Más tarde, unos 30.000 niños franceses partieron hacia Marsella donde 5.000 terminaron sus vidas en naufragios o vendidos como esclavos. La terrible historia de las cruzadas infantiles pareciera haber sido la inspiradora de *El Flautista de Hamelin*.

CUARENTA: El número 40 hace su aparición en las Escrituras en repetidas ocasiones. MOISÉS estuvo en la montaña 40 días y 40 noches. Elías fue alimentado por los cuervos durante 40 jornadas. Las lluvias que produjeron el diluvio cayeron durante 40 días y pasaron otros 40 días hasta que Noé abrió la escotilla del Arca. Jesús ayunó 40 días y fue visto 40 días después de su Resurrección. En el antiguo derecho inglés, si alguien cometía un crimen, tenía 40 días para compensarlo y una viuda tenía derecho a permanecer en la casa de su difunto marido hasta 40 días después de la muerte. Durante el FEUDALISMO, el servidor tenía que pagar 40 monedas a menos que construyera una casa en 40 días.

CUARESMA: En el año cristiano, período de 40 días que comienza con el Miércoles de Ceniza y termina con la Pascua. Es un período durante el cual el ayuno y la penitencia han sido observados por largo tiempo para conmemorar la Crucifixión y Resurrección de Jesús.

CUATRO JINETES DEL APOCALIPSIS, LOS: En Revelaciones-Apocalipsis (6:1), los cuatro agentes de la destrucción, dos de ellos de la guerra y los otros dos de la peste y las hambrunas. El primero cabalgaba un caballo blanco, el segundo uno rojo, el tercero un corcel negro y el cuarto uno gris. El escritor español Vicente Blasco Ibáñez (1867-1928) escribió una novela con ese título en 1916.

CUATRO RINCONES DE LA TIERRA: La expresión ha significado los lugares más apartados, los más remotos de la Tierra. Curiosamente, esta expresión pareciera sostener que la Tierra es plana y por lo tanto tiene ángulos o rincones. En 1965, los miembros del Laboratorio de Física Aplicada Johns Hopkins en Baltimore, Maryland, dictaminaron que esos cuatro rincones eran Irlanda, el Cabo de Buena Esperanza, el oeste de la costa peruana y un punto entre Nueva Guinea y Japón.

CUCLILLO O CUCÚ: Aunque cucú es la onomatopeya del canto del cuclillo, la palabra se ha convertido en genérica. Hay muchas leyendas en torno a este pajarito. En el Hemisferio Norte una poesía lo pinta de cuerpo entero: "En abril el cucú muestra su pico; en mayo canta todo el día; en junio cambia su melodía; en julio ha de marcharse volando; en agosto debe irse".
El cuclillo es un ave trepadora insectívora que suele poner sus huevos en otros nidos.

CUENTOS DE HADAS: Del latín, *fata*, diosa del destino. Pasó al antiguo francés como *faerie.*
Las hadas son criaturas supernaturales de forma humana que participan en historias con sus poderes mágicos. Pueden ser benevolentes, etéreas, aladas, diáfanas o estar envueltas en tinieblas y ser malignas. Dentro de los muchos personajes que podrían estar involucrados aparecen los GNOMOS (pequeños seres

que guardan tesoros); *brownies* (ENANOS que hacen bien sólo de noche); *gobblins* (malos y deformes); *trolls* gigantes o ENANOS del folklore germano y nórdico; *pixies* (fantasmas o espíritus), también llamados *sprite* o *fay.*
En las leyendas galesas, aparecen las *banshee* (espíritu-mujer cuyos lamentos anunciaban la muerte); las sílfides (espíritus del aire); los GRIFOS (cuerpo de león, cabeza y alas de águila); los trasgos (espíritus traviesos, duendecillos); tritones (deidades marinas descendientes de Tritón, uno de los dioses del mar); ninfas, náyades, dríades, ondinas, nereidas, todas deidades de los ríos, fuentes, mares y bosques.
Ya los griegos imaginaron a las sirenas y las ninfas. En la poesía sánscrita, la lengua de los brahmanes, aparecen los *gandharvas*, músicos y bailarines celestiales y en el Antiguo Egipto, los *hathors, genii* o *genies*, que en los nacimientos predecían el destino del recién nacido.
La creencia en hadas o personajes inmateriales, mágicos, benignos o malignos, se remonta a la historia de la humanidad.
Algunos de los grandes de la literatura también se ocuparon del tema como William Shakespeare en *Sueño de una noche de verano,* Edmund Spenser, John Milton, Charles Perrault, los hermanos Grimm, Oscar Wilde en *El príncipe feliz.* Thomas Crofton Croker escribió una deliciosa colección de cuentos y tradiciones, al igual que William Butler Yeats.
Crocker describió así a una de sus hadas:
"Apenas unos centímetros de altura,
airosa y transparente
delicada en su forma,
como una gota de rocío,
y cuando danza tiembla,
pero jamás se quiebra".
Las buenas hadas son delicadas, inclinadas al bien y nunca debe molestarse su exquisita sensibilidad ni hablárseles en voz alta. Las malas son brujas y causan desgracias, penas y desventuras.
Robert Louis Stevenson (1850-1894), novelista, poeta y ensayista escocés, autor, entre otras, de obras tan famosas como *La isla del tesoro* o *Dr. Jekyll y Mr. Hyde,* escribió:
"Son las personas mayores quienes
escriben cuentos infantiles.
Lo único que hacen los niños
es preservar celosamente sus textos".

CUERNO: Era un símbolo del poder y dominio desde los tiempos del Antiguo Testamento. La original trompeta de los hebreos, *Shofar,* que aún se usa en las sinagogas, estaba hecha del cuerno de un carnero. Produce una serie de sonidos naturales como la armónica y se toca diariamente en el mes de *Rosh Hashanah,* Año Nuevo.

Cuerno de la Fidelidad: Morgan le Fay, bruja y hermana del rey Arturo, principal figura de la leyenda celta y arturiana, es también conocida como Morgane, Morganetta, Morgaine, Morgue la Faye y Morgana. Ella le envió al Rey un cuerno que tenía la siguiente virtud: ninguna dama podría beber del cuerno si no fuese servida por su real esposo. Si otras intentasen beber, derramarían el contenido. Se hizo una prueba en la corte con cien damas. Noventa y seis derramaron su contenido. Sólo cuatro pudieron beberlo. Lo que trajo cierta confusión y alboroto nunca del todo aclarados.

Cuerno de la Abundancia o Cornucopia: Cuerno de Amaltea, símbolo de plenitud. Amaltea era una ninfa, nodriza de Zeus o la cabra que amamantó al poderoso dios de la mitología griega. A uno de los cuernos de la cabra, Zeus le otorgó el poder de contener indefinidamente comida y bebidas abundantes. Ceres/Deméter, diosa de los frutos de la tierra y la fertilización, es representada sosteniendo con su brazo izquierdo un cuerno de carnero repleto de frutos y flores que algunas veces ella dejaba caer sobre la tierra.

Cuernos de Moisés: Muchas veces se representa a Moisés, legislador hebreo y prototipo de los profetas, probablemente nacido en el siglo XIII a. de C. en Egipto, con cuernos sobre su frente. Esta antigua imagen quizá provenga de la torpeza de alguna vieja traducción. Al referir el Antiguo Testamento en Éxodo 34:29 que Moisés bajó del Monte Sinaí con su rostro resplandeciente, algunos escribieron que de su frente salían rayos de luz, lo que posteriormente se convirtió, en alguna versión vulgar, en cuernos que asomaban de su frente. Incluso, Miguel Ángel, siguiendo a los primeros pintores, representó a Moisés con cuernos.

Cuervo: Pájaro de mal agüero que, según viejas historias, anuncia desgracias y enfermedades. Cicerón (106-43 a. de C), el más grande orador romano, tuvo noticias anticipadas de su propia muerte por el aleteo de los cuervos.
Cuando estos pájaros abandonan su hábitat natural, prenuncian hambre y mortandad porque los cuervos tienen el mismo carácter que Saturno, que es quien provoca las calamidades.
Según los romanos, los cuervos eran originariamente blancos y esbeltos como los cisnes. Hasta que un día un cuervo le contó a Apolo que su amada Coronis le era infiel. El dios mató a la doncella con uno de sus dardos y trasladó su odio al pájaro cuentero que desde entonces se tornó negro y poco elegante.

Cupido: Antiguo dios del amor equivalente al Eros griego y Amor, en latín. Cupido era hijo de Venus, la diosa del amor. Usualmente aparece como un infante alado que carga arco y un cesto con flechas y cuyas heridas inspiraban amor o pasión en sus víctimas. Otras veces era presentado usando una armadura, quizá para sugerir un paralelo entre la guerra y el romance o para simbolizar el amor invencible.

Miniatura para Éxodo, del libro *Cronología universal,* Países Bajos (Brujas), c.1480. En la parte superior Moisés desciende del monte Sinaí con las tablas de la ley; en la parte inferior las deposita en el Arca de la Alianza.

Cyrano de Bergerac, Savinien (1619-1655): Novelista y ensayista satírico, nacido en Francia. Escribió dos obras muy famosas que fueron traducidas juntas como *Viajes a la Luna y el Sol.* También escribió obras eróticas y una tragedia clásica. Conocido por ser un gran espadachín y por su muy larga nariz, que le marcó de por vida.
El escritor y poeta Edmond Rostand (1868-1918) se inspiró en él para escribir una comedia heroica en versos no rimados en la que pinta al idealista, encantador, valiente y maestro en duelos, Cyrano. El personaje tiene, obviamente, su nariz más larga que el inspirador y, pese a todos sus otros atributos, no se atreve a declarar su amor por Roxane. Sin embargo, ayuda a su amigo Christian a escribir poemas, cartas de amor, precisamente a Roxane. Entonces Cyrano puede volcar su pasión, al menos en papel, que el otro firma. Christian comprende que Roxane sólo lo ama por las cartas de Cyrano y le pide a éste que confiese su identidad. Christian va a la guerra donde muere. Cyrano, a su vez, enferma gravemente y en su lecho, al ser visitado por Roxane, le recita uno de los poemas que ella había recibido. Roxane entonces comprende la verdad. Cyrano muere feliz. La obra es un ejemplo del barroco, en este caso marcado por metáforas originales y exageradas. Siempre fue un símbolo del amor oculto y la vergüenza por la propia fealdad. Una lamentable constante histórica de asociar belleza con bondad y fealdad con mala fortuna o perversidad.

D: Se origina en un jeroglífico egipcio que significaba mano. Al ser adoptado por los fenicios se convirtió en *daleth,* puerta, por su parecido con la entrada de las carpas. Los griegos mantuvieron para *delta* una figura similar a las tiendas. Los romanos le dieron su forma definitiva.

Daikoku: Del japonés, *dai,* poco, *koku*, negro. Uno de los siete dioses japoneses de la suerte. Dios del bienestar y la buena fortuna. Se lo representa sentado sobre bolsas de arroz.

Dama de Blanco: Espectro de la leyenda antigua que anuncia la llegada de la muerte. Es una reliquia de la mitología teutónica y representa a Hulda o Brechta, la diosa encargada de recibir las almas de las mujeres y los niños. Siempre está vestida de largo y carga un manojo de llaves. Su primera aparición parece haber tenido lugar en el siglo XV y se le asignó el nombre de Bertha von Rosenberg. La útima vez que se la vio fue en 1879.
La leyenda germana sostiene que cuando el castillo de Neuhaus, en Bohemia, se estaba construyendo, la Dama de Blanco se apareció a los albañiles y constructores y les prometió un plato de sopa y halagos al concluir la obra. Rememorando esa aparición, los jueves santos se dan platos de sopa a los pobres.
En Normandía, la dama de blanco aparece en puentes, vados y donde los ríos se estrechan: cuando van a a pasar los viajeros, ella les pide que la acompañen en un baile. Si rehusaren, la dama los hace caer en un pozo.

Dama de la Lámpara, La: Nombre que se dio a Florence Nightingale (1820-1910) por sus rondas nocturnas por las salas del Hospital de Scutari durante la

Guerra de Crimea, llevando en sus manos una lámpara. Florence fue una enfermera inglesa, aunque nacida en Italia, fundadora de la moderna enfermería. Ella organizó una unidad de 38 mujeres enfermeras para la Guerra de Crimea, disputada entre 1853 y 1856 entre Rusia y los ejércitos aliados de Turquía, Inglaterra, Francia y Cerdeña. Para el final del conflicto ella ya era una leyenda. En 1860 organizó la escuela de enfermeras en el Hospital Santo Tomás de Londres. En 1907 fue la primera mujer que recibió la Orden del Mérito Británico.

DAMOCLES: Según una leyenda que relataron los escritores romanos, Damocles era servidor del rey de Siracusa. Damocles, a quien todo le sonreía, era uno de los hombres fuertes del reino y gozaba de todos los favores de la fortuna, asistía a un banquete dando muestras de sus desplantes y arrogancia. El monarca, advertido de la soberbia de Damocles, le sugirió mirar sobre su cabeza. Damocles pudo ver entonces que una enorme espada pendía sobre él y apenas estaba sujeta al techo por una crin de caballo.

La escena se convirtió en un clásico para definir que la inseguridad también puede sobrecoger a quienes se sienten más protegidos o afortunados y que la suerte a veces puede estar pendiente de indescriptibles fragilidades.

DÁNAE: Hija de Acrisio, rey de Argos. Un ORÁCULO le hizo saber al Rey que su esposa tendría un hijo que le daría muerte. Para evitarlo, Acrisio encerró a Dánae en una cámara subterránea de bronce para evitar que algún varón se le acercara y así mantenerla virgen e infértil. ZEUS sin embargo se enamora de la joven y para satisfacer su amor se transforma en lluvia de oro, que dulcemente desciende sobre el cuerpo de Dánae, posibilitando el placer del dios y la concepción de un hijo que se llamará PERSEO (véase PEGASO), quien protagonizará una larga serie de aventuras. Muchos años después del episodio, Perseo compite en una prueba de lanzamiento del disco. Cuando lo hubo arrojado, un fuerte viento cambió la dirección del disco, que fue a dar a la cabeza de su abuelo, Acrisio, matándolo. Se había cumplido la profecía aunque de manera involuntaria para el ejecutante.

Tiziano Vecellio (1488-1576), pintor italiano, inmortalizó la historia de Dánae en un lienzo de 1553. Tiziano representa el momento de la unión del dios convertido en lluvia de estrellas y la mujer que contempla el fenómeno confiadamente. La carcelera o nodriza, una mujer vieja con las llaves del subterráneo, extiende su delantal para conseguir algunas gotas de la dorada lluvia. La incorporación de este personaje hace referencia a una interpretación más materialista y adaptada a los tiempos: la carcelera habría recibido el oro del dios como pago para facilitarle la entrada al encierro y a los brazos de la prisionera. La lluvia habría sido pues contante y sonante.

DANIEL: Joven judío que fue deportado a Babilonia y se hizo célebre interpretando sueños. El libro del Antiguo Testamento (véase BIBLIA) que lleva su nombre

fue escrito alrededor del 165 a. de C. Uno de los capítulos cautivantes del relato es cuando Daniel (4:9) interpreta el sueño de Nabucodonosor, rey de Babilonia entre el 605 y el 562 a. de C. Bajo su reino Babilonia floreció y se construyeron hermosos palacios. Un buen día el Rey mandó llamar a Daniel (a quien llamaban Baltazar) y le pidió que interpretara un sueño que había tenido. Daniel respondió: "El Rey interroga sobre un misterio que no puede aclarar ningún sabio, adivino, mago o astrólogo. Sin embargo, hay en el cielo un Dios que revela los misterios. Tú, Rey, has visto una gran estatua. Enorme y de un brillo extraordinario. Cabeza de oro fino, pecho y brazos de plata, vientre y caderas de bronce, piernas de hierro, pies de hierro y arcilla. De pronto se desprendió una piedra sin que interviniera mano alguna. Golpeó la estatua y la pulverizó. Y la piedra se convirtió en una gran montaña y llenó toda la Tierra".
Según los intérpretes, la estatua representaba a los imperios. El oro, a Babilonia. La plata a los medos. El bronce a los persas y el hierro al imperio creado por Alejandro Magno. La alegoría termina con el juicio de Dios, que derriba todos los imperios humanos y establece Su reino.
Nabucodonosor siguió reinando y aunque aquella vez se había arrojado agradecido a los pies de Daniel, pronto olvidó su reconocimiento y fue acrecentando su poder y despotismo. Tanto que en otro momento mandó llamar a Daniel y lo arrojó a un foso donde había varios leones. Tapó el foso con una piedra y le gritó con cruel ironía: "Tu Dios te salvará". Cuando a la mañana siguiente, el Rey regresó al foso, comprobó que Daniel estaba intacto porque "Dios había mandado ángeles a cerrar las fauces de los leones y él había sido salvado por su fe".

Dante y Beatriz: Beatriz Portinari tenía sólo ocho años cuando Dante Alighieri (1265-1321), poeta italiano de Florencia, que era entonces un adolescente, la vio por vez primera. Se despertó en él un amor tan intenso como puro y tierno. Pero Beatriz se casó con un noble y murió cuando apenas tenía 24 años. Tiempo después, Dante se casó con Gemma Donati.
Dante idealizó a su antiguo amor en *Vita Nuova* y en la *Divina Comedia.*
El poeta relata cómo de la mano de Virgilio (70-19 a. de C.), uno de los más grandes poetas romanos de la Antigüedad, recorre el infierno y el purgatorio. Virgilio representa la razón humana. Luego prosigue el camino de la mano de Beatriz, que representa la sabiduría y la fe y finalmente, por San Bernardo, símbolo del infinito.
La *Divina Comedia* es un poema en cien cantos y más de 14.000 líneas y fue escrito mientras su autor estaba en el exilio. A través de esta obra, Dante estableció el toscano como lenguaje literario italiano.

D'Artagnan: Héroe de la novela *Los tres mosqueteros,* del autor francés Alejandro Dumas padre (1802-1870). Aparentemente, este personaje audaz y valiente tuvo como inspirador a un capitán que sirvió en el ejército de Luis XIV y murió en combate. Sus compañeros de aventuras fueron Athos, Porthos y Aramís y su lema: "Uno para todos y todos para uno". Aunque los críticos contemporáneos fueron muy duros respecto de la obra, ésta ha sido leída por varias generaciones en múltiples idiomas y llevada al cine repetidas veces. El autor también escribió *El conde de Monte Cristo.*

Su hijo ilegítimo llevó su mismo nombre y fue conocido como Dumas, hijo (1824-1895). Fue el autor de la muy célebre *La dama de las camelias,* utilizada luego como base de la ópera *La Traviata* de Giuseppe Verdi.

Una historia cuenta que Dumas padre se unió a los manifestantes de la Revolución de 1830 que tomó por asalto las Tullerías en París. Al llegar a las habitaciones reales, Dumas se sintió conmovido y halagado: un ejemplar de su obra *Cristina* ocupaba un lugar en la mesa de lecturas.

DÉDALO: En la mitología griega, escultor, arquitecto e inventor (véase VOLAR). Constructor del laberinto de Creta, donde el rey MINOS encerraría al MINOTAURO, un monstruo con cabeza de toro y cuerpo de hombre. Dédalo sirvió al Rey, pero al perder sus favores, fue encerrado con su hijo Ícaro en su propio laberinto del que él mismo no podía salir por la perfección de la obra. Dédalo advirtió que del laberinto sólo podía salirse por arriba y fabricó alas de cera cubiertas de plumas. Aplicadas sobre sus espaldas lograron levantar vuelo y alcanzar Sicilia. Pero Ícaro creyó que podía ascender mucho más y, desafiándolo todo, siguió batiendo sus alas y cobrando altura... hasta que el sol las derritió. Ícaro cayó al mar y la isla donde se encontró su cuerpo exánime desde entonces se llama Icaria.

El Minotauro fue muerto por Teseo, quien para rescatar a su amada Ariadna siguió un rastro dejado por ella mientras era llevada al corazón del encierro: el hilo de un ovillo que ella fue desenvolviendo mientras sujetaba el otro extremo hasta enfrentarse con el monstruo. Siguiendo el hilo llegó Teseo hasta el monstruo y lo mató, regresando entonces los amantes retrocediendo la huella. Después de tanto esfuerzo y hazaña, Teseo abandonó a Ariadna. Ella se recuperó rápidamente casándose con Dionisos, también llamado Baco, dios del vino, quien con sus brebajes la hizo olvidar sus penas.

DEDO ANULAR: También llamado dedo matrimonial. Una antigua leyenda cuenta que el cuarto dedo de la mano izquierda ha sido elegido para llevar el ANILLO ceremonial, porque el índice y el meñique no tienen la debida protección y el mayor es el "dedo médico" y sería vergonzoso otorgarle lugar de honor. Según los egipcios, había razones más románticas, aunque científicas: un nervio muy delicado corre desde el dedo anular hasta el corazón, por lo que éste es el dedo que debe usarse para el matrimonio como portador del símbolo de la unión. Los últimos tiempos demostrarían que ese peculiar nervio no vive sus mejores días. Según los antiguos procedimientos de la Iglesia Católica, el pulgar y los dos dedos siguientes representan la Trinidad. El novio decía "en nombre del Padre" y tocaba el pulgar; "del hijo" y tocaba el índice y "del Espíritu Santo" y tocaba el dedo mayor. La palabra "Amén" la pronunciaba tocando el cuarto dedo que es, precisamente, donde se insertaba el anillo de bodas.

Defoe, Daniel (1660-1731): Periodista y novelista inglés. Autor prolífico, escribió más de 500 artículos y libros. Enfrentado a quienes denostaban al rey William III de Inglaterra porque era holandés, escribió un ataque contra quienes creían en las superioridades raciales o nacionales. Años después fue puesto en prisión por algunos de sus escritos. Cuando fue liberado había perdido todo lo que tenía y se dedicó al periodismo para subsistir. Llevó una vida complicada y llegó a ser agente secreto del gobierno. Sólo en 1719, cuando tenía 60 años, Defoe publicó la obra que lo haría famoso en todo el mundo: *Vida y aventuras de Robinson Crusoe.* Un relato de ficción basado en la experiencia del marinero Alexander Selkirk quien, tras un naufragio, apareció en las desoladas costas de una de las islas Juan Fernández, cerca de Chile. Algunos expertos sostienen que la isla tomada como modelo para la obra es un territorio imaginario cerca de Trinidad y otros aseguran que la descripción de Defoe recuerda mucho a Tobago.
Defoe, además, escribió en 1722 *Desventuras de Moll Flanders,* la historia de una prostituta en Londres, considerada una de las grandes novelas de la lengua inglesa. Otros importantes trabajos fueron *Completa recorrida a la Isla de Gran Bretaña* e *Historia general de los piratas.*

Deidades Protectoras de los Niños: Según una antigua leyenda romana, los niños eran protegidos por Vagitanus, el dios que provocaba su primer vagido. Fabulinus, que les enseñaba a hablar. Cuba, que protegía sus cunas. Domiduca, que los cuidaba cuando sus padres no estaban cerca.

Deirdre: Heroína de una romántica leyenda irlandesa. Deirdre era la hija del relator de cuentos del Rey de Ulster. Cuando nació, se profetizó que ella traería desgracias y la ruina de Irlanda. El rey Conchobar o Conor la crió y protegió con la idea de casarse con ella. Pero Deirdre se enamoró de Naoise, el mayor de los tres hijos de Usnech. La joven huyó a Escocia con Naoise y los dos hermanos del enamorado. Pero fue atraída por Conchobar con falsas promesas. El Rey mató a los hermanos. Una versión de la leyenda cuenta que Deirdre se quitó la vida y murió tendida sobre la tumba de su amor y otra cuenta que murió luego de una vida infeliz junto a Conchobar. La infortunada vida y muerte de Deirdre fue título y materia de una obra teatral de William Butler Yeats (1865-1939), notable poeta y dramaturgo irlandés. Otro irlandés, John Millington Synge (1871-1909) dramatizó la leyenda en su obra *Deirdre de los lamentos.*

Delfín: Desde muy antiguo, el delfín es considerado uno de los animales amigo de los seres humanos. Su imagen era la del animal alegórico de la salvación por ser fuerte y el más veloz de los peces. Por esa razón, además aparece llevando las almas al otro mundo. Algunos han creído que la BALLENA de JONÁS era en realidad un delfín, porque era además símbolo de la resurrección. Muchos delfines han sido utilizados como imagen en las fuentes y en la heráldica.

Los delfines son mamíferos cetáceos acuáticos, dentados, considerados ballenas gregarias que respiran por una fosa dorsal, se impulsan por poderosas aletas, navegan a gran velocidad, ondulando el cuerpo y se comunican por ecolocación. Se consideran animales de altísima inteligencia y su complejo lenguaje es objeto de constantes estudios.

Las empresas que comercializan atún, a raíz de las enormes presiones sociales, estampan en sus envases que la pesca del atún que ellos han desarrollado no afecta al delfín, asegurando que sus redes no atrapan al tan estimado animal.

Desde 1349 se llamó Delfín (*Dauphin*) al primogénito del rey de Francia.

DELFOS: Lugar donde estuvo emplazado el ORÁCULO más antiguo del mundo, hace más de 2.500 años. Miles de personas viajaban permanentemente en largas peregrinaciones hacia el sudoeste de Atenas o por barco hacia el puerto de Itea, en la costa norte del golfo de Corinto, hasta llegar al monte Parnaso. Entonces encontraban el fastuoso templo de Apolo, un estadio para 7.000 personas, el gimnasio y el círculo de columnas que rodeaba el santuario de Atenea a 600 m sobre el nivel del mar. Los griegos consideraban a Delfos como el centro del mundo.

Según la leyenda, ZEUS, padre de los dioses, soltó dos águilas desde los extremos opuestos de la Tierra y el lugar donde se cruzaron, Delfos, fue considerado el centro y señalado con una piedra, *onfalos,* ombligo. En su mayor apogeo, el santuario necesitó tres pitonisas para responder a los interrogantes que planteaban los visitantes. Al principio las pitonisas eran vírgenes, pero cuando una de ellas fue raptada y violada, se decidió que serían señoras de 50 años, al menos. Ya que habían fallado en sus propios presagios, atemperaron las tentaciones posibles.

Los consultantes debían pagar y las respuestas generalmente eran ambiguas y debían ser interpretadas por un sacerdote.

El rey Creso preguntó qué sucedería si atacaba a los persas. La críptica respuesta fue que destruiría un imperio. Creso atacó convencido de su triunfo. Pero el imperio que cayó fue el suyo. Un detalle que el oráculo no había especificado.

Al espartano Falantos, que conducía una expedición a Italia, le contestó que tomaría la ciudad de Tarento tan pronto sintiera caer la lluvia un día de cielo claro. Pareció imposible que tal cosa se cumpliera. Sin embargo, un día la mujer de Falantos lloró abrazada a su marido y entonces él sintió que esas lágrimas eran la lluvia esperada porque ella se llamaba *Aithra,* cielo claro.

En el siglo II a. de C. los romanos conquistaron Delfos y el emperador Nerón saqueó el lugar. Luego Juliano, en el 360 de nuestra era, envió un consultante a Delfos. La patética respuesta puso fin a una larga y proficua existencia: "Dile al Rey que el templo glorioso ha caído en ruinas. Apolo ya no tiene techo

sobre su cabeza. Las hojas de los laureles están silenciosas, las fuentes y arroyos proféticos están muertos".
El oráculo fue oficialmente clausurado en el 185 por el emperador cristiano Teodosio.

Demogorgon: Monstruo imaginario que, según la leyenda, era capaz de producir los más horribles efectos en quienes pronunciaran su nombre. Es mencionado por primera vez en el siglo IV por Lacantius quien, al hacerlo, rompió la vieja tradición de que mencionarlo traería tragedias y destrucciones. Según otros, el personaje era el rey de los ENANOS y las hadas y vivía en el Himalaya. Una vez cada cinco años convocaba a sus súbditos para que le rindieran cuentas de sus hazañas o andanzas.

Denim: Tela con la que se confeccionan los jeans; tiene su origen en una sarga producida en la ciudad francesa de Nîmes. Los franceses llamaron a esa tela *serge des Nîmes.* Cuando el idioma inglés tomó las últimas dos palabras y las unió, su verdadero origen se perdió.

Derechos del Hombre: Según los filósofos de los siglos XVII y XVIII, los seres humanos tienen ciertos derechos inalienables que, según John Locke (1632-1704), filósofo inglés autor de *Ensayo sobre el entendimiento humano,* eran:
• derecho a la vida
• derecho a la libertad
• derecho a la propiedad
Los filósofos del contrato social agregaron el derecho a resistir a las tiranías. Estos derechos fueron incluidos en la Declaración de los Derechos del Hombre en Francia y en la Declaración de Derechos del primer congreso estadounidense de 1776 con estas palabras:
"Sostenemos estas verdades evidentes: que todos los hombres son creados iguales, que ellos reciben de su Creador ciertos derechos inalienables entre los que están la vida, la libertad y la búsqueda de la felicidad".

Deriva Continental: Teoría que propone que en algún momento todas las masas continentales hoy conocidas estuvieron unidas formando el continente Pangea, que a su vez se dividió en Laurasia y GONDWANA. Alrededor de 200 millones de años atrás, se partió, resultando nuevas masas: los continentes actuales comenzaron a moverse sobre la superficie de la Tierra. La teoría fue sugerida por primera vez en 1912 por el meteorólogo alemán Alfred Wegener (1880-1930), pero permaneció aletargada hasta 1960 cuando H. H. Hess, usando nuevas evidencias como fechado radiactivo, dispersión del fondo marino y campos magnéticos opuestos, la revivió. La teoría explica la existencia de cadenas montañosas, órdenes animales y géneros de plantas similares, encontrados en diferentes continentes, así como anomalías zoológicas y geológicas. Si

se revisan con atención los perfiles de África Occidental con el saliente de América del Sur parecieran encajar como en un rompecabezas. Igualmente, la hipótesis se basaba en los contornos idénticamente opuestos de varias penínsulas europeas que encajarían en espacios hoy marinos, cuyas costas son de formas similares. La parte este del Brasil entraría en el oeste del África. La Península Ibérica en el Golfo de México, la Península Escandinava en la Bahía de Hudson, la Isla de Baffin cubriría el norte de Finlandia y Rusia.
En el Estrecho de Bering, América y Asia sólo están separadas por 90 km. En el Estrecho de Gibraltar, Europa y África sólo están distanciadas por 13 km.
La teoría de la deriva en la actualidad ha sido abandonada. Aunque mirando un planisferio, la imaginación rápidamente se reaviva.

De Profundis: Expresión latina que significa desde lo profundo. En el Salmo 130, aparece la sentencia: "Desde lo más profundo, te invoco, Señor; Señor, oye mi voz!". Es uno de los Salmos llamados Penitenciales por el que se solicita la redención Divina. Las Iglesias cristianas han usado el Salmo desde muy antiguo.
Oscar Wilde (Oscar Fingall O'Flahertie Wills Wilde, 1854-1900) usó la expresión para dar título a una carta que envió desde la prisión de Reading Gaol, donde estuvo detenido desde 1895 a 1897 por homosexual. La carta estaba dirigida a su amante Lord Alfred Douglas. La misiva carga una profunda y dramática angustia acusando a su amante de egoísmo y extravagancia, pero reconociendo luego Wilde su propia responsabilidad en su destino y extendiendo la esperanzada oferta de una nueva y más calmada amistad.

Desnudez: Durante el Renacimiento se establecieron cuatro categorías de desnudeces: la *nuditas naturalis*, la desnudez natural: el nacimiento; la *nuditas temporalis*: la desnudez temporal o falta de recursos; la *nuditas virtualis*: la desnudez como símbolo de la pureza y la virtud inocente, y la *nuditas criminalis*: símbolo de la lujuria.

Detergente: Del latín, *detergere*, limpiar o limpiar por fricción. Luego se convirtió en agente limpiador y se usaba habitualmente en contextos médicos y quirúrgicos. A mitad del siglo XX se usó como limpiador hecho con componentes químicos sintéticos para oponerlo al jabón fabricado con grasas.

Deucalión: Rey de Tesalia. Hijo de Prometeo y esposo de Pirra, hija de Epimeteo. Cuando Zeus, enfurecido por las maldades de los hombres, provocó un diluvio, Deucalion construyó una embarcación para él y su mujer que finalmente vino a encallar en el Monte Parnaso. El Oráculo de Delfos que, como todos los oráculos, nunca decía las cosas directamente, sino usando lenguajes confusos, les encargó restaurar la raza humana arrojando hacia atrás los huesos de su madre. Ellos interpretaron que tal madre era la Madre Tierra y obedecieron la orden. Las piedras que arrojó Deucalión se convirtieron en hombres y las que arrojó Pirra, en mujeres.

DIABETES: Literalmente, *pasaje*, pasar de un lado a otro. Los griegos indicaban así que uno de los síntomas de la enfermedad era la excesiva descarga de orina.

DIABLO: Espíritu supremo del mal. Se lo representa con un pie de CABRA, porque el animal es sucio y el príncipe de los espíritus sucios está entonces bien representado por ese emblema. Como príncipe de las tinieblas se lo llama Satanás.
El abogado del diablo, del latín *advocatus diaboli,* es toda persona que se opone a puntos de vista populares o aceptables por la mayoría. En la Iglesia Católica Romana es el nombre popular que se asigna al encargado de actuar contra todo caso de beatificación o canonización. Hasta 1983, curiosamente, se le llamaba *Advocatus Dei,* abogado de Dios.
En algunas iglesias se dejaba abierta una pequeña puerta sobre el costado norte durante bautismos y comuniones para "dejar salir al diablo". El norte era conocido como el "lado del diablo".

Diamante Cullinam: El más grande diamante conocido que lleva el nombre de Sir Thomas Major Cullinam (1862-1936), presidente de la Compañía Minera Premier Diamond en Johanesburgo, África del Sur. Fue encontrado en 1905. Su peso bruto era de 624 gramos, 3.025 carats, 1 libra y 6 onzas. Fue presentado al rey Eduardo VII por el gobierno de África del Sur y luego tallado y convertido en 105 diamantes, el más grande de 105 carats, que forma parte de la Corona Británica.
Otros diamantes famosos son el Koh-i-noor y el diamante azul Hope.

Diana y Calisto: Diana fue hija de Latona y hermana gemela de Apolo. Cuenta la historia que habiendo nacido antes que su hermano, la precoz niña ayudó a su madre en el nacimiento posterior, por lo cual se convirtió en la divinidad que se convocaba antes de los partos. La ninfa Diana además se consagró deidad de la naturaleza y de las doncellas, protegiendo los bosques porque era eximia cazadora. Diana rechazaba a los hombres y controlaba un cortejo de ninfas. Júpiter se enamoró de una de ellas: Calisto. Al verla descansando en el bosque, el dios se convirtió en Diana y tomó a Calisto entre sus brazos. Ella no se opuso creyendo que estaba en brazos de su jefa. Pero luego comprueba que está embarazada. Un día cuando todas las ninfas y Diana se estaban bañando en un arroyo, Calisto no se desviste para ocultar su estado. Cuando le quitan sus atuendos y Diana descubre el embarazo, la expulsa de su séquito. Lejos de allí, Calisto da a luz a su hijo, Arcas.
Juno, esposa de Júpiter, celosa por la aventura, transforma a Calisto convirtiéndola en osa obligada a vivir en los bosques. Pero Júpiter le da nueva jerarquía al transformarla en la constelación Osa Mayor.
En la actualidad se llama Calisto a uno de los satélites de Júpiter.
Peter Paul Rubens (1577-1640), uno de los más grandes pintores flamencos (norte de Bélgica), inmortalizó el episodio en una obra de 1638, donde el pintor exhibe a las ninfas desvistiendo a Calisto. Rubens eligió como modelo de la ninfa a Helena Fourment, su segunda esposa.

Diluvio: La historia del Diluvio Universal que relata el Génesis encuentra algunos antecedentes o similitudes en las más diversas mitologías o creencias de latitudes muy distantes. En Babilonia, aparece en las historias de Gilgamesh, aunque describiendo un estado de civilización más avanzado, desde que Utnapishtim (equivalente a Noé) lleva en el arca a artesanos y sus tesoros. Los griegos tienen a Deucalión, el hijo de Prometeo, también equivalente a Noé. La historia aparece en *Metamorfosis* de Ovidio (43 a. de C. 18), poeta latino. En la India se conoce la leyenda de Manu que, alertado por un pez de un enorme torrente que se aproximaba, pudo escapar de las consecuencias del diluvio. Parecidas historias se relatan en leyendas incaicas y aztecas, donde siempre un pájaro aparece para evidenciar el fin del dramático crecimiento de las aguas y el dios Viracocha, fundamental personaje de las creencias incas, era el hombre de la espuma, porque había nacido de las aguas del mar y se había marchado con ellas.

DILUVIO DE ÓGIGO, EL: En la leyenda griega, Ógigo era el rey de Beocia donde 200 antes de DEUCALIÓN hubo un DILUVIO universal. También se cuenta que en tiempos de Ógigo el planeta Venus cambió de forma, de color, diámetro y curso.

DIÓGENES (412-325 a. de C.): Literalmente significa nacido de Dios. Filósofo griego fundador de la secta de los cínicos. Según la leyenda, vivía en un barril para demostrar su desprecio por los placeres y lujos. En un supuesto encuentro entre ALEJANDRO MAGNO (356-323 a. de C.), rey de Macedonia, y Diógenes, el conquistador se presentó diciéndole: "Yo soy Alejandro, llamado el griego". Diógenes le respondió: "Y yo soy Diógenes, llamado el perro". (Cinismo viene de la palabra griega *kyon*, perro).
El Emperador le preguntó entonces qué era lo que más deseaba. La respuesta fue: "Que te muevas un poco. Me tapas el sol".
Alejandro habría dicho luego de este encuentro: "Si no fuese Alejandro, desearía ser Diógenes". Los atenienses levantaron un monumento en memoria del filósofo sobre el cual reposaba un perro.
Diógenes predicó la autosuficiencia, la virtud de la vida simple y despreciaba las reglas sociales. Aunque nació en Sinope, Asia Menor, vivió casi toda su vida en Corinto, luego de haber sido raptado por piratas y vendido como esclavo. Portaba una lámpara día y noche buscando un hombre honesto.
Séneca (3 a. de C.- 65), filósofo, estadista y orador romano, no fue tan generoso en su juicio, pues insistió que un hombre quejoso, permanentemente molesto y perturbado, necesariamente tenía que vivir en un barril. No se han encontrado escritos de Diógenes y sólo se conoce su historia a través de relatos. Pero su imagen ha perdurado como el símbolo del cínico-estoico que desprecia las riquezas y las convenciones.

DISCORDIA: Es entre los romanos una divinidad maléfica identificada con la Eris griega. Hija de la Noche, hermana de Marte. Júpiter la expulsó del Olimpo porque no hacía otra cosa que crear disturbios y conflictos entre los dioses. Por cierto, la discordia ha seguido haciendo de las suyas hasta nuestros tiempos y ya no con los dioses sino con los simples mortales.
Los antiguos artistas la representaban con la cabeza erizada de serpientes, rostro pálido, destilando veneno por la boca, ataviada con harapos y con una antorcha o puñal en la mano. Otras veces, es una serpiente y otras, una mujer con una MANZANA en la mano.

DÓLAR: En la Baja Alemania, *taler* era una moneda de plata usada en el siglo XVI. La palabra había sido deducida de *Joachimstaler*, literalmente "el valle de Joaquín", por el lugar de procedencia de la plata que se usaba para acuñar la moneda, ubicada en la zona montañosa de Erzgebirge, ex Checoslovaquia y porque llevaba impresa la imagen de San Joaquín. Luego pasó a América del Norte y en 1785 el término fue oficialmente adoptado por los Estados Unidos como denominación de su moneda. El signo $ para algunos es una modificación del número 8 como aparecía en las antiguas "piezas españolas de a ocho" de un valor equivalente al dólar, aunque hay muchas otras explicaciones. La más aceptada podría ser la imposición de la letra U (*United*) sobre la S (*States*).

DOMINGO: En la simbología cristiana, es el día del Señor y el día del descanso tras la Creación. Curiosamente, en tiempos judíos, se observaba el séptimo día de la semana, el sábado, como día de reposo y religión. Luego, cuando Cristo resucita, se comenzó a celebrar el primer día de la semana, domingo, como el momento de la Creación y las obras más culminantes. Es por ello que la mayoría de los calendarios exhiben la semana iniciándose el domingo y concluyendo el sábado.

Página introductoria del libro *Cronología universal*, Países Bajos (Brujas), c. 1480. La miniatura reperesenta la Creación; sobre un cielo Dios Padre está creando el Sol y la Luna con una mano y la Tierra con la otra.

Domínico: La palabra proviene del nombre original del santo Domingo de Guzmán (1170-1221), fundador de la Orden de los Dominicanos. Fue canonizado por el papa Gregorio IX. Se lo representa con un gorrión a su lado y un perro junto a él apretando en su boca una antorcha. Se dice que el diablo suele aparecerse con la forma de un gorrión y que su madre había soñado durante el embarazo de Domingo que ella daba a luz a un perro que iluminaría al mundo con su luz. Algunos traducen la palabra como los perros de Domingo, *domini canes.*

Don Juan: Uno de los mitos universales de la literatura española. Fue creado por Tirso de Molina (seudónimo de Gabriel Tellez, 1584-1648).
Don Juan era un libertino que jamás se arrepintió de sus aventuras amorosas por mal que se hubiese comportado. Es recordado como el promiscuo más famoso de la historia, cuyos lances de amor marcaban a las mujeres para siempre. La expresión Don Juan es sinónimo en muchos idiomas de capacidad amatoria y conquistadora de corazones femeninos.
En Sevilla, Don Juan intenta seducir a doña Ana. No logra su cometido cuando es sorprendido por el jefe militar de Sevilla, el comendador don Gonzalo, precisamente el padre de Ana. Se traban en lucha y Don Juan mata a Gonzalo. Doña Ana y su prometido, Octavio, juran descubrir al asesino y vengarse. Mientras tanto, en la boda de dos campesinos, Don Juan intenta seducir a la novia. Ana lo reconoce.
Don Gonzalo había pasado a ser recordado con una estatua funeraria. Pero la imagen de piedra cobra vida y mata a Don Juan llevándolo consigo a los infiernos. El personaje estatuario también se convirtió en una expresión tradicional: el convidado de piedra.
El primer tratamiento literario fue de Tirso de Molina en 1630 en *El burlador de Sevilla* y aunque en su creación trata de un libertino impiadoso y nunca preocupado por sus tropelías, posteriormente será tratado con mayor benignidad y dulzura por muchos artistas a quienes la figura de Don Juan les exarcebó la imaginación.
Mozart compuso la célebre *Don Giovanni* (1787). Molière, Próspero Mérimée y Alejandro Dumas (padre) también se ocuparon del personaje. Lord Byron escribió un poema épico con su nombre. En 1844, José Zorrilla escribió *Don Juan Tenorio* en verso y Richard Strauss su poema sinfónico *Don Juan* en 1889.

Don Pacífico: David Pacífico era un portugués nacido en Gibraltar que reclamó la suma de 26.618 libras esterlinas del gobierno griego, cuando su casa en Atenas fue destruida por manifestantes. El gobierno griego se rehusó a pagar. Don Pacífico exaltó su ciudadanía inglesa, tanto que en enero de 1850, Lord Palmerston, secretario de Estado de Inglaterra, ordenó que la flota del Mediterráneo se dirigiera a Pireo, donde se apoderaron de un barco griego. La compensación finalmente fue acordada en 5.000 libras después que se advirtió que Don Pacífico tenía algunas pretensiones absurdas como haber tasado su cama en 150 libras y su almohada en 10 libras. La grotesca crisis, símbolo del poder desmedido de la fuerza, pero real, recibió severas críticas en el propio Parlamento inglés.

Dorotea (284-305): Santa mártir. Se la representa con una rosa en la mano, una corona de rosas en la cabeza y a su lado, rosas y frutas. La leyenda cuenta que juzgada y sentenciada a morir, a punto de cumplirse la ejecución, el secretario del juez se le acercó y en tono burlón le dijo: "Dorotea, cuando llegues al Paraíso, mándame rosas". Pocas horas después de haberse cumplido la pena, un ángel se presentó ante el funcionario con una canasta de rosas y frutos del Paraíso. El hombre rompió en llanto, compungido, y en el acto se convirtió. El día de la santa se celebra el 6 de febrero.

Drácula: Nóvela gótica del autor inglés Bram Stoker (1847-1912), publicada en 1897 para convertirse en la más popular leyenda sobre vampiros. La novela transcurre en una ciudad de Transilvania, Rumania, y es tratada como un diario en el que escriben los principales personajes: Jonathan Harker, quien visita al conde Drácula en su castillo junto a su prometida (luego esposa) Mina, que resulta ser adorada por el conde. También participan el buen doctor Seward y Lucy Westenra, una víctima que luego se convierte en vampiro. El doctor y sus amigos finalmente destruyen a Drácula, no sin antes tener que atravesar el corazón de Lucy con una estaca para salvar su alma.
La historia de Drácula parece resumir las leyendas populares europeas sobre los *nosferatus* (no muertos) que podrían haberse originado en las supuestas andanzas del príncipe Vlad, a quien se le adjudicaban 100.000 víctimas y fue llamado *DRAC*, diablo. Muchos críticos han visto en la historia de Drácula y el vampirismo una sublimación de la sexualidad en los tiempos victorianos.

Dragón: Monstruo legendario con forma de reptil gigantesco, escamas, garras, alas y aliento ígneo. En algunas leyendas de la Mesopotamia, 2.000 años antes de Cristo, se cuenta la historia de la diosa Tiamat, un dragón que encabezaba las hordas del caos y el desastre. Por lo tanto, aniquilarlo era un requisito indispensable para la creación del mundo. Para los antiguos hebreos y cristianos, los dragones representaban el mal y la muerte. En el relato del Apocalipsis (12:1), cuyo autor es el Apóstol San Juan, aparece un dragón con siete cabezas y diez cuernos. "Su cola arrastraba una tercera parte de las estrellas del cielo y las precipitó sobre la Tierra". En este texto, el dragón lucha contra la Mujer (el pueblo de Dios), porque el monstruo representaba al diablo. El texto es una verdadera obra de imaginación y un relato de extraordinario color y dramatismo:
"Y apareció en el cielo un gran signo: una mujer revestida del Sol, con la Luna bajo sus pies y una corona de doce estrellas en su cabeza. Estaba embarazada y gritaba de dolor porque iba a dar a luz. Y apareció en el cielo otro signo: un enorme dragón rojo como el fuego, de siete cabezas y diez cuernos y en cada cabeza tenía una diadema. Su cola arrastraba una tercera parte de las estre-

llas del cielo y las precipitó sobre la Tierra. El dragón se proponía devorar al hijo de la mujer en cuanto naciera. Pero el hijo fue elevado hasta Dios y hasta su trono y la mujer huyó al desierto donde Dios le había preparado un refugio para que allí fuera alimentada durante mil doscientos sesenta días.
Entonces se libró una batalla en el cielo: Miguel y sus ángeles combatieron contra el dragón, que fue vencido y expulsado del cielo".

En el arte cristiano posterior, el dragón reaparece pero ahora aplastado bajo el poder de los santos y mártires. Para otras culturas, romana, celta o noruega, el dragón fue un símbolo de poder y soberanía. Para los chinos, representa la buena fortuna y está siempre presente en celebraciones y desfiles populares. Era el emblema de los emperadores y un dragón aparecía en la bandera de China hasta 1911. Entró en el Japón a través de la cultura china y le llamaron *ryu* o *tatsu*. Podía cambiar su forma y tamaño y hasta ser invisible. Tanto para chinos como para japoneses, el dragón, aunque reconocido como símbolo del aire, no tiene alas.

La palabra griega *drakon* se relaciona con *drakos,* ojos. En la mitología clásica, la historia de tener los ojos abiertos, vigilar, aparece en el dragón que cuida el Jardín de las HESPÉRIDES: las tres hermanas que guardaban las MANZANAS de oro que Hera había recibido como regalo de bodas. Las hermanas eran asistidas por el dragón Ladón. HÉRCULES, al cumplir su labor número once, liquidó al dragón y pudo llevarse algunas manzanas. Y CADMO, el rey de Fenicia, que mató al dragón que cuidaba la fuente de Dirce.

En la literatura medieval, las damas solían estar protegidas por dragones. Entre los muchos santos ocupados en matar dragones figuran San Miguel, San JORGE, Santa Margarita, San Clemente de Metz y San Román de Rouen.
En las leyendas germánicas se cuenta que Sigfrido recibió la recomendación de bañarse en sangre de dragón para obtener la absoluta invulnerabilidad de su cuerpo. Pero justo cuando procedía a bañarse, la hoja de un árbol vino a posarse sobre su hombro y ese espacio quedó sin protección y vulnerable. Parecida a la historia de AQUILES y su talón.
Finalmente, podría decirse que el dragón es una exageración de la serpiente y son a veces intercambiables. Símbolo del paganismo, Satanás es llamado "el gran dragón" y "la vieja serpiente".
Sangre de dragón era el nombre que antiguamente se daba a una resina de ciertas plantas que se usaba en preparaciones curativas. La palmera de la India, conocida como *calmis draco*, es usada como materia colorante por los pintores.
Se llama dragón a un reptil cuya piel forma a los lados de su cuerpo una especie de sostén o paracaídas que facilita sus saltos. También así se denomina a ciertas manchas que aparecen en la niña de los ojos de los caballos. Igualmente, a un soldado de un cuerpo que tanto marchaba a pie como a caballo y a un pez de las costas de España. Dragonear se usa en algunos países americanos cuando una persona ejerce una profesión que no es la suya e incluso para denominar la etapa previa al noviazgo.

DRUIDAS: Antigua orden de sacerdotes de la Gran Bretaña prerrománica y de Irlanda. Aparentemente combinaban funciones sacerdotales, judiciales y políticas. Algunos cronistas relatan sus ritos, incluidos sacrificios humanos y su veneración por el roble y el muérdago. Practicaban la adivinación y la astrología. Entre sus creencias tenía lugar destacado aquella según la cual después de la muerte, el alma se transfería a otro cuerpo. Su símbolo era el huevo de la SERPIENTE (véase STONHENGE).

DULCINEA: La amada de Don Quijote de la Mancha. Su nombre real era Aldonza Lorenzo. Don Quijote lo cambió por Dulcinea del Toboso, por el lugar de nacimiento de la señora en Toledo y derivado de la palabra dulce. Así lo cuenta el autor en el Capítulo Primero:
"Y fue, a lo que se cree, que en un lugar cerca del suyo había una moza labradora de muy buen parecer, de quien él un tiempo anduvo enamorado, aunque ella jamás lo supo. Llamábase Aldonza Lorenzo y a él le pareció bien darle el título de señora de sus pensamientos y buscándole nombre que no desdijese mucho del suyo y que se encaminase al de princesa y gran señora, vino a llamarla Dulcinea del Toboso, porque era natural del Toboso: nombre músico y peregrino y significativo, como todos los demás que a él y sus cosas había puesto".

E

E: También originariamente, un jeroglífico egipcio, del cual pasó a los griegos como *epsilon*.

Ecce Homo: Expresión latina que significa: "Miren a ese hombre". Es la denominación de muchas pinturas de Cristo con la corona de espinas como fue mostrado al pueblo por Poncio Pilatos diciéndole a la gente: "*Ecce Homo*". Evangelio según San Juan (19:5): "Pilatos mandó entonces azotar a Jesús. Los soldados tejieron una corona de espinas y se la pusieron sobre la cabeza. Lo cubrieron con un manto rojo y acercándose le gritaban: 'Salud, rey de los judíos', mientras lo abofeteaban. Pilatos volvió a salir y les dijo: 'Miren, ahí tienen al hombre' ".

Eclipse: Del griego *ekleipsis*, que no aparece, que no está allí.
Ocurren eclipses observables en alguna parte del mundo cada 18 meses. En Ur de los caldeos, antigua ciudad de Sumeria, en la Mesopotamia sobre el río Éufrates, han quedado registros en tabletas de arcilla de un eclipse en el 2000 a. de C.
En el 648 a. de C. un poema griego dice: "Zeus hizo la noche en medio del día escondiendo al Sol tras la Luna".
En el 498 de nuestra era, en la India, el astrónomo Aryabhata describe las reglas matemáticas para calcular los eclipses.
En Bizancio en el 968, el diácono Leo hace la primera descripción de la corona.
En el 1061 en Bagdad, Ibn al-Jawz escribe sobre un eclipse y la extraña reacción de los pájaros.
Los misioneros jesuitas enseñan a los chinos en el 1600 a usar los eclipses para calcular la longitud.
Los eclipses eran considerados por griegos y romanos como malas señales y

los romanos nunca realizaban reuniones públicas durante un eclipse. Algunas antiguas mitologías aseguraban que el Sol o la Luna eran devorados por algún monstruo y tratando de evitarlo retumbaban tambores y otras percusiones.
Para los chinos, lapones y persas, el monstruo era un DRAGÓN. Para los antiguos habitantes de México, el eclipse era el resultado de la lucha entre la Luna y Sol.
En el siglo VI a. de C. el filósofo Pitágoras afirmó que la Tierra era una esfera, aunque la supuso el centro del Universo. Esta afirmación fue apoyada por Aristóteles (384-322 a. de C.), discípulo de Platón, tutor de ALEJANDRO MAGNO y el más grande filósofo griego, cuando afirmó la redondez de la Tierra simplemente por la sombra que proyectaba sobre la Luna en los eclipses: una observación tan clara como la luz.
Eclipse se llamó uno de los más extraordinarios purasangre de carreras de Inglaterra, nacido el 1° de abril de 1764, durante un eclipse solar. Su primera carrera recién la corrió en mayo de 1769 y hasta octubre de 1770 disputó 18 pruebas ganándolas todas. Nunca fue derrotado. Su esqueleto se conserva en el Real Colegio de Veterinaria de Londres. Su gran fama hizo nacer una frase hecha para calificar a los muy destacados: "Eclipse primero, el resto en ningún lado" (*Eclipse first, the rest nowhere*).

ECO: Es una ninfa del bosque a la que la mitología griega le endilga varias historias. Entre ellas, una de las grandes diosas la castiga, haciéndola incapaz de hablar y con la sola facultad de repetir las últimas palabras de todo lo que oyera. En otras leyendas se la conoce enamorada de Narciso que, como sólo amaba su propia imagen, no se deja distraer por la atribulada ninfa que, consumida por la no correspondencia, se diluye en el aire dejando sólo su voz como única memoria.

ECOLOGÍA: Literalmente, significa "el estudio de la casa". La palabra fue introducida por el zoólogo alemán Ernst Haeckel (1834-1919), sobre la base del griego *oikos*, de donde también deriva el prefijo de economía. Haeckel la usó como ambiente, hábitat.

ECUADOR: Nombre dado a dos círculos imaginarios. El ecuador terrestre se extiende a mitad de camino entre el Polo Norte y el Polo Sur y es el paralelo cero desde el cual se mide la LATITUD. El ecuador celeste se extiende directamente sobre el ecuador terrestre y es usado como referencia para determinar la posición de una estrella usando el sistema astronómico coordinado de ascenso y declinación.

EDDA: Probable derivación del islandés, *edda*, bisabuela, o del antiguo noruego, *odhr*, poesía. Llevan ese nombre dos colecciones: *La vieja edda poética* y *La joven edda prosa,* ésta asignada a Snorri Sturluson (1178-1241), historiador y figura clave de la literatura nórdica. También autor de *Heimskringla*, SAGA donde se relata la historia de Noruega. Sturluson fue asesinado.

La primera o Vieja Edda fue encontrada en 1643 por un obispo islandés. Es una serie de poesías heroicas que datan del siglo XII. La segunda colección está escrita en verso y prosa y es una guía para poetas y la primera fuente de mitología local.

EDÉN: Del hebreo, delicias. En la Biblia, libro del Génesis, la primera residencia del género humano, donde vivieron Adán y Eva. También llamado Jardín del Edén o PARAÍSO. Para algunos autores, la palabra se origina en el nombre que los sumerios daban a las llanuras de Babilonia: *edinn* y los muy hermosos prados verde esmeralda que rodeaban a la Mesopotamia. Siempre que se menciona en el Antiguo Testamento la palabra Edén, se la asocia con extrema fertilidad. Según el Génesis, el Señor Dios había hecho nacer toda suerte de árboles hermosos a la vista, frutos suaves al paladar y también el árbol de la vida y el árbol de la ciencia del bien y del mal. De este lugar de delicias salía un río para regar el paraíso, que al alejarse se dividía en cuatro brazos. Uno se llama Fisón, el que circula por todo el país de Havilat, en donde se halla el oro. El nombre del segundo río es Geón que rodea toda la tierra de Etiopía. El tercer río es el Tigris y el cuarto el Éufrates.

EDIPO: En la mitología griega, hijo de Layo y Yocasta, reyes de Tebas. Layo fue advertido por un ORÁCULO de que su propio hijo le daría muerte. Para evitarlo, el rey ató los pies de su hijito y lo abandonó en una montaña, donde supuso que encontraría la muerte. El niño sin embargo fue encontrado con vida y rescatado por un pastor que lo entregó al rey de Corinto, Pólibo, quien llamó al niño Edipo, que significaba "pie hinchado". Lo crió como propio. El joven Edipo no sabía que era adoptado y cuando el oráculo le presagió que él mataría a su padre, abandonó Corinto para evitar ese destino con Pólibo a quien tanto amaba y creyéndole su padre. Con el correr del tiempo, tropezó con Layo (su padre biológico) a quien confundió con el jefe de una banda de ladrones. Y lo mató. Se había cumplido la primera profecía. Edipo no lo sabía.
Solitario y desamparado, llegó a Tebas donde, al derrotar a la ESFINGE respondiendo a su acertijo y salvar al pueblo de sus terrores, fue declarado rey y le dieron a Yocasta como esposa. Nadie sabía quién había matado a Layo y tampoco que Yocasta era su madre. Por muchos años la pareja vivió sin saber que eran madre e hijo. Cuando una plaga azotó Tebas, el ORÁCULO indica que el crimen de Layo debía ser castigado y Edipo descubre finalmente que había matado a su padre. Yocasta, al comprender que había vivido en incesto, se mata. Edipo se arranca los ojos. Por muchos años, su hija Antígona lo acompañó y guió hasta que Edipo murió, después de que Apolo le hubiese prometido que el lugar de su muerte sería sagrado. Antígona se convirtió en el símbolo del amor filial.
La historia de Edipo fue magistralmente dramatizada por el poeta trágico griego Sófocles (496-466 a. de C.).

Educar: Del latín, *educare*, criar, desarrollar y educar en el sentido actual de la palabra. También estaba relacionada con *edúcere*, guiar. El prefijo *edu* sirvió para palabras tales como seducir, deducir, producir.

Efecto Invernadero: Literalmente, en los invernaderos se produce un fenómeno por el cual el calor irradiado por el Sol atraviesa los cristales o cobertores y queda atrapado dentro del recinto, calentándolo. El término comenzó a usarse para definir el efecto que se produce en la atmósfera terrestre por el cual el óxido de carbono y otros gases absorben la radiación infrarroja emitida por la superficie de la Tierra al estar expuesta a los rayos ultravioletas de la radiación solar. El resultado es un aumento de la temperatura terrestre.

El Dorado: Originariamente se suponía que era el nombre del máximo jefe de una tribu legendaria que vivía cerca de la actual Bogotá. Según los relatos, en ocasiones especiales, este hombre cubría su cuerpo desnudo sólo con polvo de oro para luego bañarse en las aguas del lago Guatavita, donde sus súbditos arrojaban todo tipo de piedras preciosas y objetos de oro. A partir de 1530, los conquistadores españoles comenzaron a escuchar con avidez y codicia esta historia y muchas expediciones marcharon en búsqueda de las tierras donde moraban esos seres y sus tesoros. Luego el nombre sirvió para denominar la zona en los valles de los ríos Orinoco y Amazonas y llegó a aparecer en algunos mapas. Hoy la palabra se usa figuradamente para indicar cualquier lugar donde pueden obtenerse riquezas fáciles y rápidas.

Elefante: Es el animal terrestre más grande (véase Tamaños). Un elefante desarrollado puede medir dos veces la altura de un hombre y pesar lo que siete automóviles. Tiene las orejas más grandes, las patas más anchas, la nariz más larga y los dientes más largos del reino animal. El elefante africano tiene las orejas y trompa más largas que el elefante de la India o del Asia. El nombre de estos paquidermos proviene de sus colmillos. Para los griegos, *elephas*, probablemente tomada de algún idioma indoeuropeo, significaba marfil. La falta de conocimiento del animal hizo que los europeos usaran *olfen*, derivado de *olifantus*, para denominar al camello. La influencia del latín concretó luego la expresión a sus formas actuales.

El elefante es un mamífero proboscidio (ungulado con trompa prensil) cuadrúpedo de piel rugosa y colmillos que pueden llegar a pesar hasta 100 kilos. La elefanta es su hembra y elefantino todo lo relativo a su especie.

Se denomina elefantiasis a una enfermedad deformante que produce el crecimiento desmesurado de algunas partes del cuerpo.

La mitología hindú sostenía que un elefante de nombre *Maha-Pudma* sostenía al mundo y que éste a su vez apoyaba sus grandes cuatro patas sobre la tortuga *Chukwa.* Cuando se interrogaba a algún estudioso de antaño sobre cómo seguían los sostenes, la respuesta más común era: “Cambiemos de tema” (véase Terremoto).

Elena, Santa (248-328): Madre de Constantino el Grande, emperador romano que en el 306 trasladó la capital del Imperio a Bizancio que entonces se llamó Constantinopla. Fue el primer emperador convertido al cristianismo. A Santa Elena se la representa con túnicas reales, corona de emperatriz y llevando consigo unas veces un modelo del Santo Sepulcro y otras una cruz. En ocasiones se la presenta con los tres clavos que se usaron para el martirio de Jesús. Su día es el 18 de agosto.

La isla de Santa Elena en el Atlántico Sur lleva su nombre porque fue descubierta por los portugueses el 21 de mayo de 1502, que es el día que la Iglesia Ortodoxa recuerda a la santa. Esa isla fue el lugar del exilio de Napoleón Bonaparte desde 1815 hasta su muerte en 1821.

Elfo: En el folklore germano y escandinavo, espíritus diminutos con formas humanas. Sus principales características son su volatilidad y espíritu travieso. Se cuenta que solían apoyarse en el pecho de quien dormía para provocar malos sueños. Precisamente, en alemán la palabra pesadilla es *alpdrücken*, presión del elfo. Ocasionalmente pueden ser benevolentes y graciosos.

Johann Wolfgang Goethe (1749-1832) escribió un poema con el título "*Der Erlkönig*", "El Rey Elfo". Cuenta la historia de un espíritu malevolente que recorre la Selva Negra y trastorna la vida de un padre y su hijo, quien finalmente muere tras el terror provocado. La narración dramática fue traducida al inglés por el novelista escocés Sir Walter Scott (1771-1832).

El compositor austríaco Franz Schubert (1797-1828), uno de los máximos exponentes del romanticismo, escribió una eximia composición sobre el tema.

Elixir: Aunque en los tiempos modernos siempre se pensó en elixir como en algo líquido, en realidad deriva de la expresión griega *xeros*, seco. *Xenion* era un polvo para curar heridas. Se presume que los árabes formaron *aliksir* o *al ikstr*. Y los alquimistas del medioevo para denominar una sustancia que podía convertir los metales en oro y aun otorgar la inmortalidad. De allí nacería "el elixir de la vida".

Elmo, El Fuego de San: Fenómeno lumínico que se suele apreciar en los mástiles de los barcos, como una bola de fuego, llamado también por los portugueses *corpo santo* o el fuego de Elena. La palabra Elmo parece derivar de Ermo, deformación de Erasmus, nombre del obispo de Siria en el siglo IV que fue consagrado patrono de los marineros y a quien se atribuía esa extraña bola de fuego.

Enanos: Figuras mitológicas y legendarias que han aparecido en historias de los más diversos confines. Su presencia en las mitologías escandinava y teutónica es prominente. Vivían en los repliegues del terreno, junto a rocas y en cavernas. Eran guardianes de los tesoros minerales y artesanos exquisitos. No eran muy amistosos con los extraños y en ocasiones podían ser traviesos y hasta malignos. En el viaje de retorno de la expedición MAGALLANES-Elcano, el cronista de a bordo dice haber visto cerca de la isla de Timor seres humanos de muy pequeña estatura con orejas tan grandes como su cuerpo, una de las cuales les servía por la noche como colchón y la otra, de manta.

Muchas historias de maltrato a los niños, o su utilización en trabajos durísimos y aun en las minas, fueron disfrazadas y reconvertidas por algunos representantes del poder en cuentos de enanos donde éstos hacían las veces de los pequeños sometidos a brutales tratamientos. Así pasó con GULLIVER y supuestamente con BLANCA NIEVES, que terminaron siendo inocentes aventurillas para párvulos, cuando encerraban severas denuncias y ácidas críticas.

ENCANTADAS, LAS: Diez cuentos de ficción escritos por Herman Melville (1819-1891), escritor y marino norteamericano cuya obra más famosa fue *Moby Dick* o La BALLENA Blanca, considerada por muchos una de las más grandes novelas de los Estados Unidos. En *Las Encantadas,* que él escribió bajo el seudónimo Salvator Tarnmoor, los relatos transcurren en las Islas Galápagos, situadas al oeste del Ecuador, descubiertas por Tomás Berlanga en 1535, quien las llamó Islas Encantadas. Melville había conocido las islas en sus viajes como marinero y además había leído sobre ellas en el libro *El viaje del Beagle,* de Charles Darwin (1809-1882), naturalista inglés que estableció la teoría de la evolución orgánica.

Melville fue durante 19 años inspector de aduanas y sus obras no lograron éxito durante su vida. Murió pobre pero escribiendo hasta el último día. La crítica lo recuperó en 1920. Muy tarde para él.

ENCICLOPEDIA: Del griego *egkuklios paideia.* La primera expresión, círculo. La segunda, niño. Esto es, la educación variada que se ofrecía a los niños en la antigua Grecia. Luego se formó una sola palabra: *egkuklopaideia.* A partir de 1630 va tomando su forma definitiva para definir conocimiento general y abarcativo.

ENTUSIASMO: Del griego, *entheos*, inspirado por Dios. Los puritanos le quitaron la connotación divina y más tarde la palabra fue incluso despectiva, indicando excesiva emoción religiosa. Más tarde, tomó su sentido actual de exaltación, emoción y apasionamiento.

EPICURO: Filósofo griego (341-270 a. de C.). Enseñaba que el placer es el fin supremo del ser humano. El placer, sin embargo, no consistía en los goces materiales, sino en el cultivo del espíritu y la virtud. Su traslado a otros idiomas vía el latín *epicurus* convirtió a la palabra en sinónimo de conocedor de vinos y comidas.

EPIFANÍA: Del griego, *epiphaneia,* aparición. Para el catolicismo, la Epifanía se celebra el 6 de enero, el día del bautismo de Jesús en Belén y como Día de los Reyes Magos. Expresa la manifestación de Cristo ante los gentiles, en las personas

de los tres reyes. Según San Mateo (2:11) llevaban tres regalos: oro, incienso y mirra. Recién en el siglo VIII aparecieron sus nombres identificados como Melchor, Gaspar y Baltasar. La tradición occidental describe a Baltasar como rey de Arabia, a Melchor como rey de Persia y a Gaspar como rey de la India.
El 6 de enero marca el fin oficial de las Navidades: el duodécimo día después del 25 de diciembre.

EQUIDNA: Del griego, *ekhidna,* víbora. En la mitología clásica un monstruo fenomenal, mitad mujer, mitad SERPIENTE. Como madre fue notablemente prolífica, no sólo por la cantidad, sino por la extraña y espantosa calidad de sus descendientes, entre los que se cuentan:
- QUIMERA: animal fabuloso con cabeza de león y busto de cabra que despide llamas por la boca. Fue producto de la unión de Tifón y Equidna. El Rey de Licia ordenó a Belerofonte que le diera muerte porque tenía atemorizados a sus súbditos. Con la ayuda de PEGASO, el caballo alado, Belerofonte logró clavarle una flecha en cuya punta había puesto plomo que se derritió con el calor de las llamas de la Quimera, matando a la bestia.
- **Ortro**: El perro de dos cabezas.
- **El dragón de las HESPÉRIDES**: que tenía cien cabezas.
- **La ESFINGE**: que aterrorizó a Tebas con sus acertijos.
- CERBERO: El perro guardián de los infiernos.
- **Las gorgonas**: monstruos con cabeza rodeada de serpientes, grandes colmillos, manos de bronce y alas de oro que les permitían volar. Su ojos echaban chispas y su mirada era tan penetrante que dejaba ciegos a quienes las miraban fijo (véase PERSEO).
- **El buitre**: que comía el hígado de PROMETEO.
- **Medusa**: Una de las Gorgonas. Tenía víboras por cabello.
- **La hidra de Lerna**: serpiente de muchas cabezas con cuya sangre HÉRCULES envenenó sus flechas.

Como si esta enumeración no fuese suficiente para calificar a Equidna como un vientre peligroso, el poeta inglés Edmund Spenser (1552-1589) sostiene en su obra *La Reina de las Hadas* que fue ella quien dio a luz al monstruo Blatant que sólo hablaba pestes de los demás, mintiendo, falseando y avergonzando.
En zoología, pese a que la palabra proviene de *echidna*, serpiente, identifica a un animal parecido al erizo original de Australia y Nueva Zelanda.

ERIDU: Antigua épica sumeria acerca de la creación del mundo, la aparición y desarrollo de la raza humana y el DILUVIO. Se vincula con la historia del Antiguo Testamento y de DEUCALIÓN (véase BAUTISMO). Su nombre deriva de uno de los primeros asentamientos después de que el Universo fue creado a partir del primitivo mar y Dios dio vida a los dioses. Éstos, a su vez, hicieron a los humanos de arcilla y les indicaron cultivar la tierra, atender los rebaños y perpetuar la adoración de los dioses. Por alguna razón desconocida, los dioses determinaron la destrucción de los mortales con un diluvio. El dios Enki, que no estaba de acuerdo con el decreto, reveló la decisión a Ziusudra, un hombre conocido por su humildad y obediencia. Ziusudra construyó una enorme embarcación en la que pudo escapar del diluvio junto con compañeros humanos y animales. Después se postró ante los dioses An y Enlil quienes, como recompensa por vivir una vida piadosa, le otorgaron la inmortalidad.

ESCORPIÓN: Hubo un tiempo mitológico en que Orión, el cazador, hacía alardes de que podía matar a cualquier animal de la Tierra, por pequeño, grande o venenoso que fuese. En el entretiempo se ocupó de matar a su prometida, fue cegado por su padre, el Sol le devolvió la vista y a su muerte, Artemisa lo convirtió en constelación. Pero, ¿cómo ocurrió su muerte?
Para terminar con sus aires de invencibilidad, un escorpión le fue enviado y en poco tiempo Orión estaba liquidado. Júpiter premió al escorpión enviándole también al cielo. Hoy ocupa el octavo lugar del ZODÍACO.
Según añejas leyendas, el escorpión lleva en su cuerpo el aceite necesario para curar sus estigmas. Con esos aceites también podían curarse los cálculos de riñón. Finalmente, si se pone a un escorpión dentro de un círculo de fuego, el animal se mata a sí mismo clavándose su aguijón ponzoñoso. Lord Byron (1788-1824), uno de los más grandes poetas románticos ingleses, logró hacer un símil entre el escorpión y la mente humana:
"Encerrada entre los fuegos,
con sus dardos afilados,
sus venenos aunque vanos,
sus disparos por doquier,
tanto cura, daña o hace el bien".

ESCULAPIO: Dios de la medicina en la mitología griega. Hijo de Apolo y Corónides. Celoso porque su consorte le había sido infiel, Apolo la mató y arrancó a Esculapio de sus entrañas. Apenas crecido, lo mandó a vivir con un CENTAURO que le enseñó las artes de curar. Esculapio se convirtió en el sanador más famoso y llegó a tanto su poder que decidió alterar los designios supremos, recuperando a los muertos de su trágico destino. Esta pretensión enfureció a ZEUS, el dios supremo, que lo mató con un rayo.

ESFINGE: Monstruo mitológico con cabeza y pechos de mujer, cuerpo de perro o león, alas de pájaro, cola de serpiente y garras de león. Tenía voz humana que aterrorizaba en sus andanzas a los habitantes de Tebas, en la antigua Grecia. Según la leyenda, detenía a los viajeros y les planteaba acertijos que si no eran resueltos, les costaban la vida. Uno de ellos era: ¿cuál es el ser que camina por la mañana en cuatro patas, al mediodía en dos y por la tarde en tres? El acertijo fue resuelto por EDIPO al contestar: el ser humano. A la mañana, gatea, cuando es joven camina erecto y cuando viejo se apoya en un bastón.
La historia cuenta que la Esfinge se arrojó al mar o que Edipo la mató.

Sin embargo, la Esfinge más famosa es la del antiguo Egipto: una colosal figura de piedra en *Al Jizah*, Giza, cerca de las Pirámides. Los griegos interpretaron que tenía cuerpo de león, alas y cabeza de mujer. Para los egipcios, cuerpo de león, sin alas y la cabeza de un faraón. Aparentemente fue mandada construir por Kefrén o Khafre en el 2620 a. de C. Tiene 18,3 m de alto y 55 m de largo. Muchos libros se han escrito para desentrañar los misterios que encierran las pirámides y la Esfinge, desde que sus medidas son representaciones en escala de las medidas de la Tierra, su orientación exacta hacia los puntos cardinales y su relación con las matemáticas, el álgebra, la astronomía y la historia egipcia, aunque el verdadero origen y antigüedad aún están en discusión y hay estudiosos que sostienen que son mucho más antiguas de lo que se supone y habrían sido levantadas por una civilización anterior y extraordinaria que no habría dejado más huellas de su paso por la Tierra.

Esopo: Según la leyenda, Esopo nació aproximadamente en el 620 a. de C. en la isla griega de Samos. Esclavo desde su nacimiento, sirvió a dos amos hasta que fue liberado por su capacidad de cuentista y relator. Viajó por toda Grecia contando historias que habitualmente terminaban en una lección o moraleja. Esopo fue finalmente invitado a la corte del rey Creso de Lidia, donde alcanzó fa-

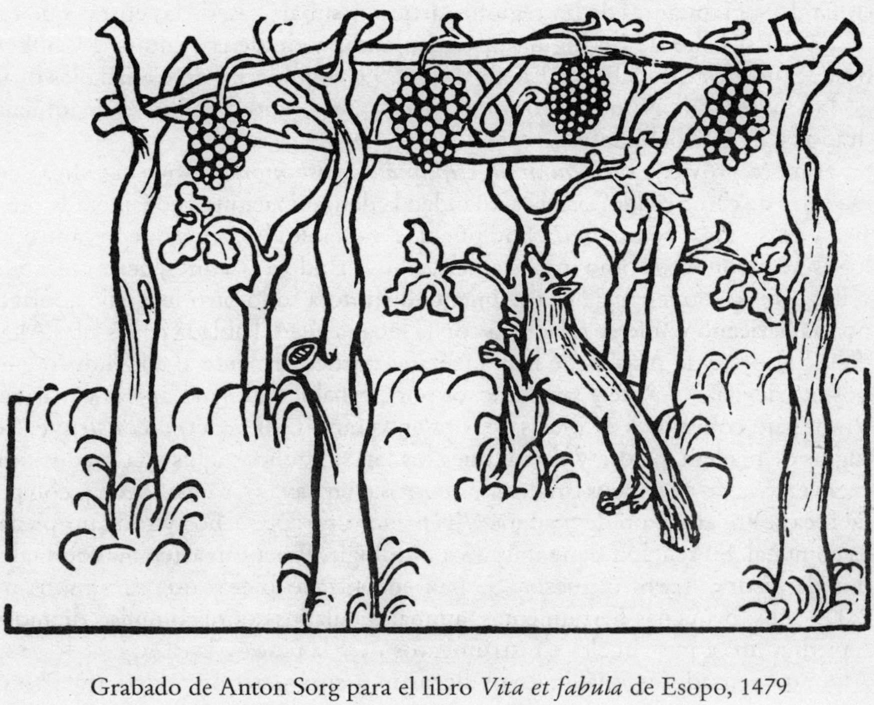

Grabado de Anton Sorg para el libro *Vita et fabula* de Esopo, 1479

ma y riqueza. Sus historias fueron llamadas FÁBULAS (en español, también apólogo), en las que muy a menudo los animales son actores y hablan como y con los seres humanos. Entre sus fábulas más conocidas figuran:

- "El Zorro y las Uvas".
- "La Cigarra y la HORMIGA".
- "La Liebre y la Tortuga".
- "El Muchacho que Gritaba Lobo".
- "LA GALLINA (O GANSA) DE LOS HUEVOS DE ORO".

Entre sus moralejas más famosas:

- "Evitar las soluciones que son peores que los problemas".
- "El ejemplo es más poderoso que el reproche".
- "Cuídate del lobo con piel de oveja".
- "A los mentirosos no se les cree cuando dicen la verdad".
- "Un pájaro en mano vale más que cien volando".

ESQUILO (515-456 a. de C.): Padre de la tragedia griega. De las probables 80 obras que escribió, sólo se han conservado siete. Según una leyenda murió cuando un águila dejó caer de su pico una tortuga confundiendo la cabeza de Esquilo con una roca. Las águilas hacían eso para destrozar el caparazón de la tortuga y poder comer su carne.

ESQUIMALES: Habitantes de las regiones árticas y subárticas, de las costas que van desde el Estrecho de Bering hasta Groenlandia y desde la Península Chukchi hasta el nordeste de Siberia. En abril de 1999, el gobierno de Canadá les otorgó la provincia de Nunavut como territorio autónomo: 2 millones de km cuadrados y 24.000 habitantes.

Su nombre proviene de *esquimau, esquimantsi, askimomew*, que significa "comedores de carne cruda". En la actualidad la denominación es considerada ofensiva y en su lugar se usa *inuit.* Son pueblos mongoloides, a los que los antropólogos no reconocen como indios americanos, debido a sus diferencias culturales y lingüísticas. Su lenguaje es totalmente distinto a todo otro lenguaje aborigen norteamericano y sólo se relaciona con la lengua *aleut*, hablada en las islas Aleutianas, al oeste de Alaska. Se han adaptado particularmente al clima duro e inhóspito del lejano norte y son famosos por sus habilidades mecánicas y marinas. Viven bajo cobertores de pieles de foca en verano y en invierno construyen refugios de madera, piedra y tierra, pues los tan simbólicos iglús son usados muy rara vez. Viajan en trineos tirados por perros o en kayaks, canoas hechas con piel de foca sobre armazón de madera. Viven en grupos pequeños y toda propiedad es comunal. Su religión tiene muy rica mitología. Practican artesanías con tallados de piedra, marfil o huesos. Se han encontrado piezas que se remontan a 2.000 años: pequeñas herramientas, animales tallados sobre colmillos de morsa o piedras, máscaras rituales e instrumentos para la pesca y la caza.

Algunos pensadores imaginativos llegaron a suponer que podría tratarse de una antigua congregación que vivía en Asia, cuyos integrantes, por algún motivo, fueron castigados con el destierro a los hielos perennes.

ESTADÍSTICA: Literalmente, la ciencia del Estado. Viene del latín *status* y luego *statisticus*. El alemán Aschenwall incorporó a su idioma la palabra *statistisch* como la colección y evaluación de datos particularmente numéricos, para el estudio del Estado, sus funciones e instituciones.

ESTAMINA: Originariamente, órgano sexual masculino de las plantas. El origen latino extendió su uso metafóricamente a capacidades vitales del ser humano, vigor.

ESTATUA DE LA LIBERTAD: Enorme estatua de 46 metros emplazada en el puerto de Nueva York. Diseñada por Frédéric Auguste Bartholdi (1834-1904), escultor francés que la llamó *La Libertad iluminando al Mundo.* Fue regalada a los Estados Unidos por la Unión Franco-Americana en 1886 para conmemorar el primer centenario de la revolución norteamericana. Fue declarada monumento nacional en 1924 y objeto de un gran trabajo de restauración en 1986, para el bicentenario. En París hay una réplica y otra de menor tamaño está emplazada en la Plaza Gral. Manuel Belgrano, Buenos Aires.
La poeta estadounidense Emma Lazarus (1849-1887), nacida en Nueva York, autora del libro *Canciones de un semita,* escribió un poema titulado "*The New Colossus*", "El Nuevo Coloso", para ser colocado en la base de la Estatua, donde la Libertad misma dice:
No como el coloso griego de la fama
que en sus brazos abarcaba la tierra,
al Poniente se alzará en nuestras puertas
una mujer, cuya potente llama
es un cautivo relámpago y su nombre
madre de exiliados. "Bienvenidos" dice
su mano-faro. Dulces, sus ojos vigilan
el puerto que la ciudad domina.
"Conserva, Viejo Mundo, las pompas legendarias",
gritan sus labios mudos.
"Dame vuestras cansadas, pobres
y apiñadas masas ansiosas de respirar en libertad.
Los miserables rechazados de vuestras costas atestadas.
Que vengan a mí los que no tienen techo,
los abrumados por las tempestades:
Levanto mi lámpara junto a la puerta dorada".

ESTÉNTOR: Del soldado griego *Stentor,* que se destacó en la Guerra de Troya por su voz portentosa y extraordinaria que le sirvió para obtener el cargo de mensajero y advertir los peligros cercanos. En la *Ilíada* de HOMERO se asegura que

su voz podía alcanzar tan alto rango como la de 50 hombres gritando juntos. De su nombre proviene la palabra estentóreo.
Esa manera de hablar usando muy altos tonos y rango se hizo carne en los militares, especialmente cuando debían arengar a sus tropas en las plazas de armas. Cómo habría de escuchar el último soldado la voz del jefe si éste no empleaba su máxima capacidad expresiva. Pese a que la tecnología ha provisto de medios para amplificar la voz en espacios abiertos o cerrados, muchos jefes militares no pueden con el genio y prosiguen manifestándose con voces estentóreas... frente a un micrófono.

ESTRELLAS: En el arte religioso, algunos santos son ilustrados con estrellas. San Bruno lleva una sobre el corazón. Santo Domingo, San Humberto y San Pedro de Alcántara, con una estrella sobre la cabeza o en la frente.
Desde muy antiguo, se adjudica a las estrellas influencia omnipotente sobre la vida y destino de las personas. En el Antiguo Testamento, Jueces (5:20), "Cántico a Débora", ya hay una mención explícita: "Desde el cielo combatieron las estrellas, desde sus órbitas combatieron contra Sisara". Desde entonces el lenguaje popular ha usado la expresión para designar famosos del cine o el deporte, para indicar que alguien ha nacido con buena estrella o tiene su estrella en ascenso o indicar que un golpe hace ver las estrellas y si el choque ha sido muy fuerte, la expresión es estrellarse.
En Inglaterra se llamaba Cámara de las Estrellas a una corte medieval formada por el consejo del rey y jueces con jurisdicción criminal. Otras expresiones utilizan la palabra estrella, tales como la estrella de Belén, la bandera de barras y estrellas, la ESTRELLA DE DAVID, la Estrella de Sud África (un diamante de 85,75 carats), *Viaje a las Estrellas.*

ESTRELLA DE DAVID: Símbolo de muy antiguo y perdido origen, conocido en hebreo como *magen David,* literalmente, escudo de David, aunque no pareciera tener relación alguna con el rey David del siglo X a. de C. También llamado el Sello de Salomón, que surge de la imposición de dos triángulos equiláteros habitual en los escritos y prácticas mágicas de los tiempos del rey Salomón.
Se lo encuentra desde el siglo III, pero no figura ni en la Biblia ni en el Talmud. Aunque ha habido muchas interpretaciones, una refiere que se trata del balance de las fuerzas opuestas o accesorias en armonía: hombre/mujer; luz/oscuridad; bueno/malo; conceptos habituales en las religiones y que aparece en el antiguo Oriente como el *yin yang*. Los ángulos superiores y los dos inferiores indican los cuatro elementos: fuego, aire, agua y tierra.
En el medioevo, la estrella de seis puntas aparece en la arquitectura cristiana y árabe, en sellos reales, firmas notariales, como elemento decorativo reiterado. La primera ocasión en que se registra el uso del símbolo por una comunidad judía fue en Praga en 1354, cuando Carlos IV autorizó a los judíos a portar una bandera con la estrella. La práctica se extendió rápidamente. En 1623, apare-

ció en la tumba del astrónomo e historiador David Gans, autor del libro titulado *Magen David.*
En 1882, la familia de banqueros Rothschild adoptó la Estrella de David como parte de su escudo de armas. Fue adoptado oficialmente por la primera Conferencia Sionista de 1897 y desde 1948 aparece como figura central en la bandera del Estado de Israel.

ETNA, MONTE: El volcán activo de mayor altura de Europa. Se alza sobre el Estrecho de Messina (3.320 m). En Sicilia, el Etna es conocido como Mongibello, probablemente del italiano *monte bello*, con influencia del árabe, *jabal*, montaña. Muchas ciudades y pueblos de sus alrededores viven bajo la constante preocupación de sus erupciones, la última de las cuales ocurrió en 1983 y se prolongó por varios meses, forzando a las autoridades a usar dinamita para desviar los cursos de lava. VIRGILIO en la *Eneida* sostiene que las erupciones del Etna son provocadas por la intranquilidad de Encelado, el más poderoso de los GIGANTES que se rebeló contra Júpiter y está enterrado bajo la montaña. Según los poetas latinos y griegos, el Etna es la herrería de los Cíclopes, enormes seres de un solo ojo, hijos de Urano y Gea, proveedores de los rayos de ZEUS y la forja de Vulcano.

EUNUCO: Literalmente en griego, encargado de la cama, *eune,* cama *ekhein,* encargado. Ninguna relación con castración.
Eran hombres que servían como guardias del rey, a quienes para que cumplieran sus deberes sin desviaciones o apetitos prohibidos se los castraba. Esta horrible costumbre data de China en el año 1100 a. de C. Algunos de ellos se convirtieron en figuras políticas por la ascendencia que lograban con las emperatrices. En el año 190 de nuestra era, un eunuco chino llamado Chang Jang llegó a raptar al propio emperador. Otros fueron expedicionarios famosos y algunos ejecutados por conductas desordenadas.

EUREKA: Del griego, *heureka*, lo he encontrado. Expresión atribuida a Arquímedes (287-212 a. de C.), matemático, físico e inventor griego que vivía en Siracusa, al descubrir cómo realizar una comprobación de la pureza de la corona de Hierón. La historia relata que Hierón, rey de Siracusa, entregó oro a un joyero para que le hiciese su corona, pero sospechando que el artesano había hecho alguna aleación con otro metal, le pidió a Arquímedes que lo comprobara. El sabio no sabía cómo realizar la prueba. Decidió descansar dándose un baño de inmersión. Al entrar en su tina, observó cómo parte del agua contenida se derramaba por efecto de su peso. Concluyó entonces que un cuerpo desplaza su propio peso en agua al ingresar a la misma. Luego, sabiendo que la plata es más liviana que el oro, un kilo de plata tiene más volumen que un kilo de oro y por lo tanto desplazaría más agua. Hizo la prueba y comprobó que la corona no era de oro puro.
Vitrinius Pollio en el prefacio de su libro *De Architectura,* siglo I a. de C., fue

el primero en relatar la supuesta escena: "Cuando la idea cruzó su mente, el filósofo saltó del baño exclamando: ¡Eureka! ¡Eureka! y sin vestirse corrió a comunicar su hallazgo científico".
Curiosamente, el lema de California es "¡Eureka!" en alusión al descubrimiento de oro en esas tierras, que provocó la llamada "fiebre del oro", el desplazamiento de millones de personas a sus costas y el final del descubrimiento territorial de los Estados Unidos sólo en 1847.

EUROPA: Europa abarca 10 millones de km cuadrados (sólo tiene más superficie que Australia) y una población estimada en 700 millones, que es el 20% de la población mundial. La palabra Europa podría derivar de la mitología griega: hija del rey de los fenicios, mujer de extraordinaria belleza que cautivó al propio ZEUS quien, tomando la forma de un toro blanco, la raptó llevándola a Creta, donde luego la abandonó. Más tarde el propio rey de Creta se casó con ella adoptando a todos los hijos que había tenido con Zeus. También se relaciona el nombre Europa con la expresión fenicia *ereb* que significaba puesta del Sol, el crepúsculo.
- Punto más alto: Monte Elbrus, 5.633 m.
- Punto más bajo: Mar Caspio, 28 m bajo el nivel del mar.
- Río más largo: Volga, 3.700 km de longitud.
- Extremo norte: North Cape, Noruega.
- Extremo sur: Cabo Tarifa, España.
- Extremo occidental: Dunmore Head, Irlanda.
- Extremo oriental: Montes Urales.

EVANGELIOS: Significa buenas noticias y designa el anuncio por excelencia para los católicos: la salvación por la fe en Jesucristo. Todo el Nuevo Testamento contiene la Buena Noticia, pero de manera particular los cuatro libros que, a partir del siglo II, recibieron el nombre de Evangelios. El tema central de la Buena Noticia de Jesús es el Reino de Dios. Su misión terrenal consistió en anunciar ese Reino. Al separarse de sus Apóstoles, Jesús les indicó: "Vayan por todo el mundo, anuncien la Buena Noticia". Los Apóstoles, fieles al Maestro, comenzaron a "evangelizar". Los libros del Evangelio fueron fijados por escrito a partir de unos 40 años después de la Ascensión del Señor. Sus autores fueron Mateo, Marcos, Lucas y Juan. La noticia evangélica, antes de ser un documento escrito, se trasmitió oralmente. Los actos y palabras del Señor tomados por testigos presenciales se pasaban fervorosamente de unos a otros, en narraciones que fueron tomando formas sistematizadas. Para los Evangelistas, Dios es el autor principal y ellos transcriben bajo Su inspiración directa, como un instrumento para la difusión del Mensaje.
La tradición, el arte y la literatura cristiana han simbolizado al hombre con Mateo; el LEÓN con San Marcos; el toro con San Lucas y el ÁGUILA con San Juan.

Exaltación de la Cruz: Fiesta de la Iglesia Católica Romana que se celebra el 14 de septiembre, Día de la Sagrada Cruz, en conmemoración del día en que la verdadera cruz fue restaurada en el Calvario en el año 629 después de la victoria de Heraclio, emperador de Oriente (575-641 a. de C.) sobre los persas. La Cruz había sido quitada de su lugar sagrado en el 614.

Excalibur: Nombre adjudicado a la espada del legendario rey Arturo. La leyenda cuenta que desde niño Arturo era el único capaz de extraer la espada incrustada en la piedra por mágicos y desconocidos poderes. Otra leyenda cuenta que la espada le fue dada por la Dama del Lago. En el folklore irlandés existe una espada llamada *Caladbolg* y todo parece indicar que de allí proviene Excalibur, por intermedio de la obra *Historia Regum Britanniae* de Geoffrey of Monmouth en el siglo XII, en la que se llama *Caliburnus* a la espada de Arturo, palabra originada en el antiguo francés *Escalibor.* Fue Sir Thomas Malory en su *Le Morte d'Arthur* (originariamente llamada *La vida del rey Arturo y los Caballeros de la Mesa Redonda*) quien cuenta por primera vez que Arturo fue proclamado rey cuando pudo extraer la espada de la roca donde había sido mágicamente clavada.

Ex Cátedra: Desde el sillón. Con autoridad. El papa hablando desde el trono papal lo hace *ex cátedra* y en temas religiosos es infalible por ser el sucesor y representante de San Pedro. En la Iglesia Católica, cuando el papa habla *ex cathedra* sobre cuestiones de fe y moral, se lo considera libre de error. El dogma de la infalibilidad fue adoptado por el Concilio Vaticano de 1869 y fue publicado y anunciado por Pío IX, que reinó entre 1846 y 1878.
Cátedra significa sillón y donde el obispo tiene su sillón cerca del altar es la Catedral.
La cátedra es la silla del obispo, la silla del maestro. De allí también, catedrático.

Éxodo: Segundo libro del Antiguo Testamento cuyos relatos ocurren entre Egipto y el Sinaí. Salida de Egipto, el cruce del Mar Rojo y la Alianza. El relato del Éxodo es fundamento de la fe de Israel y ocupa un lugar prominente entre los libros de la Biblia y ha sido llamado por algunos el "Evangelio" del antiguo Testamento.
En su primera parte, relata cómo el Señor escucha a los israelitas esclavizados en Egipto y les hace ganar su libertad en medio de grandes portentos. El punto culminante es el canto triunfal de Moisés que celebra la liberación de Israel y la victoria del Señor sobre los enemigos de Su pueblo. La segunda parte relata el encuentro del Señor con Israel en el Monte Sinaí y Su alianza con los israelitas promulgando Su ley por medio de Moisés.
Las narraciones del Éxodo son la epopeya nacional de Israel y tienen fundamental importancia en las fiestas y celebraciones rituales. La liturgia pascual judía rememora y actualiza aquellos acontecimientos del pasado.

EXPRESIONES: Muchas expresiones habituales de los más diversos idiomas, que se usan cotidianamente en círculos de distinto nivel y origen, tienen sus raíces en la Biblia, aunque para la mayoría se trata de frases hechas, parte del lenguaje popular.

- "El dinero es la raíz de todos los males", 1 Timoteo (6:9).
- "Ojo por ojo, diente por diente", Éxodo (21:23). Su continuación no ha sido usada: "Mano por mano, pie por pie, quemadura por quemadura, contusión por contusión".
- "Maná del Cielo", Éxodo (16:14).
- "Dios salve al Rey", 1 Samuel (10:24).
- "No hay nada nuevo bajo el sol", Eclesiastés (1:9).
- "Espada de doble filo", Proverbios (5:4).
- "La niña de tus ojos", Proverbios (7:2).
- "Blanco como la nieve", Isaías (1-18).
- "Como cordero al matadero", Isaías (53:7).
- "Lobo con piel de oveja", Mateo (7:15). Una fábula de ESOPO refiere este mismo concepto. El esclavo griego había nacido alrededor del 622 a. de C.
- "Nadie es Profeta en su tierra", Mateo (13:59). Expresión derivada de cuando Jesús es rechazado en Nazaret al preguntarse escandalizados los habitantes si siendo el hijo del carpintero era posible todo lo que estaba pasando en Su torno. A lo que Jesús les dijo:
- "Sólo en su casa y en su patria es menospreciado el Profeta".
- "Estrecho y largo es el camino de la vida", Mateo (7:14).
- "Busca y encontrarás", Mateo (7:7).
- "La mano derecha no sabe lo que hace la mano izquierda", Mateo (6:3). En realidad la expresión se atribuye a Jesús y es: "No dejes que tu mano derecha sepa lo que hace tu izquierda", significando que cuando se hace una buena obra, el acto debe ser conservado para nuestro interior.
- "La verdad os hará libres", Mateo (8:32).
- "Nacer de nuevo", San Juan (3:3).
- "Tirar la primera piedra", San Juan (8:7).
- "El hijo pródigo", San Lucas (15:11).
- "Come, toma y sé feliz", Eclesiastés (8:15).
- "Vanidad de vanidades. ¡Todo es vanidad!", Eclesiastés (1:2).
- "Poner piedras en el camino", Romanos (14:13).
- "Ver a través de un vidrio oscuro o empañado", 1 Corintios (13:12).
- "En un abrir y cerrar de ojos", 1 Corintios (15:52).
- "¿Dónde está, muerte, tu victoria? ¿Dónde tu aguijón?", 1 Corintios (15:55).
- "Mejor dar que recibir", Hechos de los Apóstoles (20:34).
- "Poner palabras en boca de otro", Samuel (14:3).
- "Poner la casa en orden", 2 Reyes (20:1).
- "Un leopardo no puede cambiar sus manchas", Jeremías (13:23).
- "Caer en desgracia", Gálatas (5:4).

• "Dad a César lo que es del César y a Dios lo que es de Dios", San Mateo (22:21)
• "El hombre propone, Dios dispone", Proverbios (16:9), "El corazón del hombre se fija un trayecto, pero el Señor asegura sus pasos".

EXTRAVAGANTE: Del latín, *extra vagari*, salir del curso, andar sin objeto. De alli también viene vagabundo.

EZEQUIEL: El más extraño de los PROFETAS. Volaba suspendido del aire y solía atravesar períodos de silencio absoluto e inmovilidad total. Experimentaba trances y tenía visiones, una de las cuales fue el valle de los huesos secos que fueron recuperados y revestidos de piel.
En el año 597 a. de C. Nabucodonosor, rey de Babilonia, realizó una campaña contra Israel, a la que finalmente invadió. Llevó a Babilonia cientos de deportados, entre quienes estaba Ezequiel, nombre que significa "Dios es fuerte". Fue llevado con su esposa a una colonia, donde tuvo su primera deslumbrante visión que lo convertiría en profeta. Su misión principal durante 20 años fue actuar como centinela o vigía ante la inminencia de peligros y responsable por aquellos que se perdían. Es una figura desconcertante, extravagante y sus acciones simbólicas, muy extrañas. Muchas de sus extraordinarias visiones son claros anticipos de sucesos que luego se relatan en el Nuevo Testamento. En el primer capítulo del libro que lleva su nombre, él mismo cuenta: "Yo miré y vi un viento huracanado que venía del norte y una gran nube con un fuego fulgurante y un resplandor en torno de ella y del medio del fuego, salía una gran claridad. Vi la figura de cuatro seres vivientes que parecían hombres. Tenían rostros y cuatro alas. Sus pies como pezuñas de ternero, bajo sus alas, manos de hombre. Sus rostros eran de hombre, de león, de toro y de águila. Entre los seres vivientes había un fuego como de brasas incandescentes, como de antorchas, que se agitaban. Los seres parecían relámpagos".
A Ezequiel se debe la única referencia a la apariencia de Dios en toda la Biblia y probablemente de esos comentarios haya nacido la idea constante de Dios como un anciano de larga barba blanca (véase APARIENCIA DE DIOS).

F: Primera letra del alfabeto rúnico, sexta del alfabeto fenicio y del latino. Los egipcios la representaban como una víbora con cuernos. Los fenicios tenían el símbolo *waw*, que los griegos adaptaron como doble gamma. Los etruscos y los romanos le dieron su actual valor.

FÁBULA: Del latín *fabula*, narración, cuento. Relatos de historias sobrenaturales, como las leyendas, mitos o folklore. En español, apólogo es sinónimo de fábula. Narración que impulsa una verdad o lección, donde los animales o las cosas hablan como y con los seres humanos. La diferencia entre las leyendas y las fábulas es que éstas siempre tienen al final una moraleja. La tradición occidental de la fábula comienza con ESOPO, figura semilegendaria.

En la Edad Media florecieron las fábulas como otras formas alegóricas. En el siglo XII, Marie de France logró una notable colección de fábulas, que siempre eran historias cortas. En el siglo XVII, Jean de La Fontaine (1621-1695), llevó la especialidad a los más altos niveles con su *Fábulas selectas en verso.* Tomando como base las historias de Esopo y otras del este asiático, La Fontaine produjo alrededor de 240 poemas.

En el siglo XIX las fábulas encontraron nueva audiencia en los niños y muchos autores utilizaron el recurso: Lewis Carroll, Rudyard Kipling, Oscar Wilde, Antoine de Saint-Exupéry y otros.

En la India, la tradición de las fábulas se remonta al siglo V antes de Cristo. La Panca-tantra es una recopilación de cuentos de animales, que los árabes tradujeron con el nombre de *Kalilah wa Dimnah*, que son los nombres de los dos animales que intervienen en las historias.

Aunque los chinos se resistían a la noción de que los animales pudieran actuar como personas, existió una recopilación llamada *Boyu jing.*

Para los japoneses, desde el sigo VIII se conocen los *Kojiki,* Registro de Antiguas Materias y *Nihon Shoki,* Crónicas del Japón. Allí aparecen muchas fábulas donde los animales muy pequeños superan y perturban a los animales más grandes, generalmente descriptos como tontos.
Los conjuntos de fábulas más conocidas son:
• Fábulas de Esopo.
• Fábulas de Fedro hechas por autores latinos, imitando a Esopo.
• Fábulas de Iriarte (Tomás de, 1750-1791), colección de fábulas consideradas lo mejor que se ha escrito en español, bajo el título *Fábulas literarias.* Por ejemplo: "El oso, la mona y el cerdo", "El burro flautista", "Los dos loros y la cotorra", "La urraca y la mona" y otros.
• Fábulas de La Fontaine, considerada la obra más perfecta del género, escritas por Jean de La Fontaine (1621-1695) en francés, en 12 libros conteniendo 230 apólogos, donde mayormente se toma como base otra vez a Esopo.
• Krylov, Ivan Andreyevich (1769-1844): Notable fabulista ruso. Escribió más de 200 fábulas, la mayoría adaptada de ESOPO y La Fontaine. Krylov satirizó duramente las debilidades humanas y las costumbres sociales.
• Fábulas de Lessing, escritas en alemán en 1759.
• Fábulas de Lokman, colección de fábulas árabes escritas originariamente en persa.
• Fábulas de Samaniego (Félix María de Samaniego - 1745-1801). En sus *Fábulas morales* imitó a sus antecesores y escribió algunas tales como "La cigarra y la hormiga", "Los gatos escrupulosos", "La lechera" y otros.

FAETÓN: Algunas historias son tan maravillosas que superan la capacidad de comprensión de los mortales. Pero, simplificados, cada episodio mitológico tiene una pizca de realidad finita y terrena. Aunque sus personajes sean celestiales.
¿Premonición o memoria? Veamos lo que le pasó al pobre Faetón. Hijo del Sol y Clímene, su madre le ocultó quién era su padre hasta que Faetón alcanzó la adolescencia. Entonces le fue revelado el secreto. Faetón pidió una prueba de la paternidad, un signo que le permitiese estar seguro de que el Sol era su padre. Y al igual que luego harían billones de granujas nada mitológicos, le pidió prestado el carro: "Si eres mi padre, tienes que prestarme el coche".
El Sol poderoso y todo, titubeó, pero aflojó. Y le entregó a Faetón el carro del Sol. Y así salió nuestro héroe a beberse los vientos. En lugar de surcar por los senderos marcados en la bóveda celeste, rompió las reglas y se lanzó a toda marcha. Pasó cerca de las montañas, a pocos centímetros de los árboles, hizo picadas y casi incendia la Tierra.
Faetón se elevó tanto que alteró a los bichos del Zodíaco y molestó a los astros, quienes finalmente se quejaron al progenitor. El Sol, furioso, mandó fulminar a Faetón. Los furibundos crueles dioses mitológicos no se andaban con vueltas ni esperaban sentencias de tribunales de faltas.
Las hermanas de Faetón (que según otras leyendas eran quienes le habían presta-

do el carro del Sol) llamadas las Helíades (Helios/Sol), lloraron su muerte de tal manera que se convirtieron en álamos, porque su madera resiste mucho el agua. Cygnus, el amigo más íntimo de Faetón, compungido, expresó su pena de manera tan dolorosa que Apolo lo convirtió en un CISNE y lo colocó entre las constelaciones.

Se puede ver entonces que el auto-carro-vehículo siempre estuvo ligado a estas historias trasgresoras y que ya se tratase del hijo de un ciudadano anónimo o el ilustre descendiente de mitológico personaje caliente como ninguno, el auto altera al más pintado y, a su comando, algunas estructuras mentales se bifurcan.

Los europeos llamaron "Phaeton" a los carruajes de cuatro ruedas, con capota o sin ella, tirados por caballos y luego a los automóviles en cuyo interior hubiese dos filas de asientos mirando hacia el frente y "Doble Phaeton" al de dos puertas.

El hijo del Dios Sol en su loca aventura vehicular estuvo a punto de arrasar el Universo.

Algunas estadísticas futuristas marcan que para el 2050 habrá mil millones de vehículos rodando por el Planeta. Si no se encuentra antes algún sistema que reemplace al motor de explosión a petróleo por sistemas hídricos o eléctricos, Phaetón verá cumplido su sueño.

FAHRENHEIT, GABRIEL DANIEL: Nació en 1686 en Gdansk, Polonia. Hijo de padres alemanes que murieron repentinamente en 1701, por lo que el niño fue enviado a Amsterdam. Se interesó prontamente en la producción de instrumentos científicos, especialmente termómetros. En 1709 inventó el termómetro de alcohol y en 1714 el de mercurio. Estableció los 32º como punto de congelación y 212º para el de ebullición. Su escala ha sido usada habitualmente en los países de habla inglesa hasta 1970, cuando muchos oficializaron la escala de CELSIUS.

FALLOPIO, GABRIEL (1523-1562): Anatomista italiano que descubrió las trompas que llevan su nombre y que él describió como "las trompetas del útero". Además del sistema reproductivo, Fallopio estudió la anatomía del cerebro y los ojos y ofreció la primera descripción certera del oído interior.

FAFNIR: El DRAGÓN que custodiaba el oro de los Nibelungos al que Sigfrido mata. La historia se cuenta en la Saga *Volsung* y su nombre significa herrero en el antiguo escandinavo.

FAIR, ISLA: Una de las Islas Shetland, archipiélago de 110 km de largo y 1.427 km de superficie, al norte de Escocia. Son casi 1.000 pequeñas islas, de las cuales más de 200 no están habitadas. La Isla Fair es donde se produce un muy peculiar tejido, distinto de todos, supuestamente de origen árabe, a consecuencia de algunos naufragios de barcos españoles, integrantes de la Armada española. El duque de Medina Sidonia, almirante de la Armada, naufragó en sus costas y se refugió con algunos de sus marineros en la isla.

Familia: En latín, *famulus*, significaba servidor, sirviente. El término familia incluía a todos los empleados domésticos de la casa. Lentamente, el término abarcó también a los empleadores y comenzó a reducirse hasta convertirse en grupo de personas emparentadas.

Fantasma: En las viejas leyendas, el alma perdida o el espectro de los muertos, supuestamente habitante de los subsuelos, pero capaz de regresar adquiriendo alguna forma de vida. Se han escrito centenares de historias relacionadas con fantasmas.

Fata Morgana: Espejismo que aparece periódicamente en el Estrecho de Messina, entre Sicilia e Italia, así denominado por Morgan Le Fay, la embrujada hermana del rey Arturo. Aunque hay varias leyendas, su nombre se origina en los relatos de Geoffrey of Monmouth en 1150, donde ella aparece como enemiga de Arturo, provocadora de conflictos, hábil para curar las heridas y capaz de cambiar su aspecto. Habría aprendido sus brujerías del Mago Merlín. La deformación de su nombre quizá provenga de *Fata,* la diosa del destino (véase Cuentos de Hadas), también llamada Parca o Moira, como extensión del concepto a personaje sobrenatural.

Fátima: En la región central de Portugal, a 50 kilómetros del Océano Atlántico, en el municipio de Ourém. El nombre de la ciudad proviene de los tiempos de la ocupación mora: era el nombre de la hija de Mahoma.

En ese preciso lugar, en la loma de una roca, en 1916 tres pastorcitos dijeron y sostuvieron, algunos hasta su muerte, que se les había aparecido primero un Ángel y luego la Virgen María.

Entre 1916 y 1918, Europa se desangraba en la Primera Guerra Mundial. En 1917, estallaba la Revolución Rusa y en Portugal, pequeña nación de 90.000 kilómetros cuadrados al oeste de España, los gobiernos se sucedían, las revueltas eran frecuentes y la economía estaba en bancarrota. Antes, desde 1911, el jefe de Estado, Alfonso Costa, aprobaba la ley que separaba la Iglesia del Estado y anunciaba la eliminación del catolicismo. Y su lema era: "Ni Dios ni religión".

En esos tiempos vivían los hermanitos Francisco y Jacinta Marto, de 8 y 6 años, y su primita Lucía dos Santos, de 9. En la primavera de 1916 se habían cobijado entre las rocas a causa de la lluvia, cuando se les apareció el Ángel de la Paz. Unos meses más tarde, volvió a aparecer y luego hizo su aparición la imagen de la Virgen en cinco ocasiones distintas. Como un reguero de pólvora corrió la noticia que fue atacada como farsa, aunque muchos sostuvieron que era imposible que esos niños tan pequeños e inocentes mintieran y sostuvieran semejante historia. Unos acusaban a la Iglesia. Otros despotricaban contra los incrédulos. Mientras tanto, la gente común admitía la historia y acudía por miles a Fátima. El 13 de octubre de 1917, cerca de 70 mil personas se habían congregado: devotos, curiosos, ateos, periodistas, muchos con "la idea de desenmascarar la mentira". Llovía torrencialmente. Lucía, la mayor, que era la que mantenía los diálogos con la Virgen, anunció la llegada de la Señora. Los tres pequeños levantaron sus brazos y el Sol comenzó a brillar de manera inusitada. Lucía gritó: "Miren al Sol". Y la gente vio lo que se daría en llamar "el milagro del Sol". El periodista Avelino de Almeida, enviado especial del diario anticlerical *O Século* (*El Siglo*), escribió la siguiente crónica: "El astro parecía una placa de plata opaca y era posible mirarlo sin el menor esfuerzo. No quemaba, no cegaba. Prodigio que parecía un eclipse y nos transportaba a los tiempos bíblicos. El Sol se agitó con movimientos bruscos nunca vistos, contra todas las leyes cósmicas. El Sol bailó..."

Fue la última de las apariciones.

Desde entonces Fátima se ha convertido en un gigantesco centro de peregrinación y fe. El papa Juan Pablo II lo visitó en 1982, 1991 y 2000, en todos los casos el 13 de mayo al cumplirse aniversarios de cuando, según el propio Pontífice lo expresa, la Virgen intercedió por su vida en el atentado que sufrió en la Plaza San Pedro del Vaticano.

Francisco murió a los 11 años. Jacinta a los 10. Lucía se hizo monja de clausura de las Hermanas de Santa Dorotea y hacia fines del siglo XX, a los 93 años, vivía en un convento en Coimbra, Portugal.

La dramática historia de estos tres niños que dieron origen a uno de los fenómenos sociales, religiosos y de fe más notables de todos los tiempos, está cruzada por el descreimiento de quienes suponen que todo fue armado para combatir la política del momento y muchos que creen con el corazón emocionado lo que los niños contaron y repitieron con pasmosa serenidad y coherencia. En la serenidad de los padres y los propios hermanitos frente a su temprana muerte se refleja uno de los episodios de mayor hondura en la historia de la fe y en los centenares de miles de peregrinos que todo el año visitan y rezan en la gigantesca Basílica levantada en homenaje a la VIRGEN MARÍA, donde yacen Francisco y Jacinta.

Como quiera que sea interpretado, el drama humano adquiere una profunda intensidad cuando se rememora la tragedia o la mística felicidad que envolvió a los niños.

FAUNA: Diosa romana de los campos, hermana de Fauno (equivalente al griego Pan). Fauna fue también consagrada diosa de la fertilidad, adorada por los pastores y agricultores. En 1746, el naturalista checo Carolus Linneo (1707-1778), autor de la clasificación de las plantas, utilizó la palabra fauna para su *Catálogo de Animales de Suecia* y desde entonces indica a los animales de una región. Linneo se dedicó a la botánica y a la taxonomía, ciencia de la clasificación en la historia natural.

FAUNO: Divinidad campestre, dios de los campos y los animales, mitad cabra mitad hombre.

Fausto: Mago y astrólogo legendario que supuestamente vendió su alma al diablo para adquirir poderes sobrenaturales. Nació en Wuttemberg, Alemania, en 1538. Alguna vez se creyó que el socio de Johann Gutemberg, llamado Fust o Faust (véase Incunable) era este personaje, aunque luego la historia lo desechó.
En 1587, Johann Spies publicó en Frankfurt *La Historia del doctor Faustus, el notable mago y maestro de las artes negras.* Su fama se extendió y varios autores le dedicaron sus inspiraciones: Marlowe, Goethe, Heine, Thomas Mann, Paul Valéry, entre otros. También el argentino Estanislao del Campo con su poema gauchesco *Fausto.* Wagner, Schumann, Berlioz y Gounod ofrendaron sus composiciones musicales.
Pero la obra de Johann Wolfgang von Goethe (1749-1832) es la más conocida y considerada su máxima expresión y obra maestra.
La idea de hacer pactos con el diablo parece tener un antiguo origen. La base de la historia de Goethe es la venta del alma a cambio de 24 años más de vida durante los cuales dispondría de todos los placeres y conocimientos. El clímax se alcanza cuando el diablo finalmente se presenta a reclamar lo que es suyo.

Febrero: Etimológicamente, el mes de la purificación. La palabra deriva de una expresión de los pueblos sabinos, trasmitida por el latín, que así denominaba al festival de la purificación. Entre los romanos también era *februum*, purificación. En los países al sur del ecuador este mes además representa el calor. En el Hemisferio Norte es todo lo contrario. Los holandeses llaman a febrero "*spokkelmaand*", mes de la vegetación. Los anglosajones lo conocían como "*solmonath*", mes del barro. En el calendario de la Revolución Francesa, su equivalente corría desde el 21 de enero al 19 de febrero y se llamó "*pluviose*", mes de la lluvia.

Fenicia: Nombre griego de una antigua región a orillas de la costa oriental del Mediterráneo. Sus habitantes eran famosos comerciantes y navegantes que nunca formaron una unidad política. Fenicia fue dominada por Egipto en el 1200 a. de C. y luego por otros imperios. Las ciudades-estado, como Tiro, Sidón, Biblos y Berot (hoy Beirut), alcanzaron su máxima prosperidad durante las intervenciones extranjeras, aunque ellos siguieron dominando el comercio del Mediterráneo durante toda la Edad de Bronce. Traficaban estaño en Inglaterra, navegaron hacia lugares remotos como la costa occidental de África y fundaron colonias en España y en el norte de África, siendo una de las más notables, Cartago (aproximadamente cerca de la actual Túnez).
Todo indica que los fenicios fueron originariamente un pueblo de pastores que, estrangulados territorialmente por tribus más poderosas, fueron empujados hacia el mar. Los griegos llamaron a estos semitas *Phionikes,* quizá por el color rojo oscuro que distinguía a los paños que ellos fabricaban. La situación desventajosa de haber quedado incrustados entre las montañas y la costa, estar en el medio de dos grandes culturas, la egipcia y la mesopotámica y en el

cruce de grandes rutas comerciales, fue convertida por los fenicios en su principal virtud: la navegación y el comercio. A ellos también les debe EUROPA el alfabeto (véase CADMO).

De la grandeza de una de sus ciudades más importantes, Tiro, da cuenta el profeta EZEQUIEL (27:6) en el Antiguo Testamento: "En alta mar se extienden tus confines. Tus fundadores hicieron con cipreses todas las planchas; del Líbano tomaban un cedro para alzar el mástil. De las encinas fabricaron los remos. Tu cubierta de marfil incrustada en cedro; de lino recamado importado de Egipto era tu vela que servía de enseña; púrpura y escarlata de las islas de Elisá formaban tu cabina". "Eras rica y poderosa en el corazón de los mares".

FÉNIX: Del griego, *phoinix,* púrpura. Fabuloso pájaro árabe, único de su especie. Según los griegos, el ave Fénix vivía una cantidad de años al fin de los cuales hacía un nido, cantaba un himno funeral muy melodioso, encendía una pira y sacudía sus alas para avivar el fuego, hasta quemarse totalmente. De sus propias cenizas renacía con la vida renovada. Los químicos, desde muy antiguo, adoptaron el símbolo del ave Fénix por la asociación del pájaro con la alqui-

mia, por los fuegos que sus experimentos requerían, por las cenizas que aparecían por todas partes y porque se la creían.
También fue usado como símbolo de la resurrección.
William Shakespeare escribió en 1601 un cuento: "El ave Fénix y la Tórtola", donde relata el legendario amor de estas dos aves.

Fenrir: En la mitología escandinava, el lobo de Loki. Loki era el dios del conflicto y el espíritu del mal, hijo del gigante Farbauti y padre de la serpiente Midgard. Fenrir era un lobo fabuloso que cuando abría sus fauces, con la mandíbula superior tocaba el cielo y con la inferior, el infierno.

Feudalismo: Del latín, *feudum,* pago. Nombre que se dio a un sistema que creció en Europa en tiempos de la caída del Imperio Romano. Nació por la necesidad de los individuos y las sociedades de conseguir protección ante los ataques originados en desórdenes internos y amenazas externas. En retribución por la protección ofrecida por los individuos poderosos, los dependientes ofrecían sus servicios o sometían sus tierras.
El feudalismo nació en Inglaterra con el rey Guillermo el Conquistador (1027-1087), quien actuaba bajo el principio de que todas las tierras eran suyas. Se las entregaba a sus dependientes a cambio de tributos, servicios militares y otras obligaciones. Se constituyó así una tremenda pirámide social basada en la injusticia de que todo ser humano estaba atado a sus señores y todos ellos al rey.

Fibonacci, Leonardo (1175-1250): También conocido como Leonardo de Pisa. Matemático italiano que introdujo la numeración arábiga en Europa. Es autor de una curiosa secuencia numérica en la que cada número es la suma de sus dos predecesores: 1, 1, 2, 3, 5, 8, 13, 21, 34, 55, 89...

Fierabrás: Hijo de Balán, rey de España, héroe de un cantar de gesta del siglo XII. Por su altura, ancho de hombros, dureza de sus músculos y fortaleza era un ser inigualable. Según la leyenda, se convirtió al cristianismo y fue aceptado por Carlomagno como uno de sus paladines. Su nombre significa brazo de hierro. En Francia es conocido como *Bras-de-Fer* y en Inglaterra como *Ferumbras.*
En *Don Quijote de la Mancha,* el Caballero de la Triste Figura hace referencia al bálsamo de Fierabrás: "...es un bálsamo del que tengo la receta en la memoria, con el cual no hay que tener temor a la muerte ni a ferida alguna..." En aquellos tiempos la leyenda relataba que Fierabrás había robado el bálsamo de Roma, que estaba compuesto por los perfumes que sobraron luego de embalsamado el cuerpo de Jesús. El que lo bebía curaba instantáneamente de sus heridas.

Filatelia: La traducción literal sería "amor por lo que está libre de impuestos". Es una curiosidad que cuando se buscó originariamente una palabra para denominar la colección y resguardo de sellos postales, obviamente no pudo en-

Miniatura francesa del siglo XIV.

contrarse equivalente en los idiomas latín o griego, pueblos que carecían de estampillas. Se buscó entonces en la historia más reciente hasta ubicar en Francia la época en que la correspondencia se marcaba con un sello que decía *franc de port,* libre porte. Lo más cercano que se encontró en el griego fue la palabra *ateles,* libre de cargo. Usando la palabra griega para "amor por", *phil,* se creó *philatelie,* fila atelia.

FILM: En latín, *pellus* significaba piel. Pasó a otros idiomas como *fellam* en germánico y *filme* en inglés antiguo. Siempre indicaba una membrana del cuerpo humano, piel muy fina. Esta idea se extendió más tarde a la fotografía y al cine.

FISCAL: En latín, *fiscus* indicaba pequeña canasta usada, por ejemplo, para recoger aceitunas. Su uso se extendió y abarcó la canasta o bolsa pública y de allí nació el adjetivo *fiscalis,* del tesoro imperial.

FLAGRANTE: Del latín, *flagrare,* quemar. De allí provienen términos como conflagración. El latín comenzó a usar esta palabra en la expresión *flagrante delicto,* sugiriendo "el crimen aún ardiendo".

FLAMENCO: La palabra tiene varios orígenes y derivados.

- Flamenco: que viene de Flandes, región al norte de Europa en territorios de Francia, Bélgica y Holanda.
- Flamenco: baile.
- Flamenco: ave zancuda de plumaje blanco en el pecho y rojo es la espalda.

El baile flamenco es definido como un estilo de danza vigorosa de origen gitano. En los principios del siglo XVI, Carlos V era emperador del Imperio Romano y rey de España. Tenía varios ministros de origen flamenco que no eran populares entre los súbditos españoles. Es probable que ése sea el origen de la palabra flamenco, con la que se denominaba a todos los extranjeros. Los andaluces usaron el término en forma despectiva para los gitanos que ingresaron por el sur de España. La expresión tenía mucho de irónica, pues en nada se parecían los atildados y rubios flamencos a los morenos y desarreglados gitanos. Pero la palabra se afincó y luego se aplicó a la danza típica de los gitanos andaluces. Flamenquería o flamenquismo es la afición por lo flamenco.

El ave parece tener otro origen. En el antiguo provenzal, *flamenc* era un derivado del latín *flamma,* llama. La mayoría de los flamencos tiene plumas rojas o rosas. Cuando están parados o buscando comida en el agua, su color es casi totalmente blanco y nada parece justificar el fuego. Pero cuando levantan vuelo aparecen vívidamente los colores carmines, dando una sensación de repentina inflamación.

FLAUTISTA DE HAMELÍN, EL: Antigua historia del medioevo alemán. El pueblo de Hamelín (*Hameln),* Westfalia, en 1248, ha sido invadido por ratas. Los habitantes contratan por un precio a un flautista vestido con ropas de parches multicolores para que con el sonido de su música atraiga a las ratas y las lleve al río. Así lo hace y las ratas se ahogan. Cuando los habitantes se niegan a pagar los honorarios prometidos, el flautista reaparece el día de San Juan y nuevamente toca su flauta. Pero ahora atrae a los niños del poblado alejándolos de sus padres. Los lleva a una caverna en la montaña, donde todos desaparecen salvo dos: uno ciego y el otro inválido. En otra versión, los niños son llevados a Transilvania donde los pequeños organizan una colonia alemana. Según otras, los padres finalmente cumplen su palabra y los niños retornan a sus hogares sanos y salvos.

Algunos estudiosos han asociado esta historia con la terrible CRUZADA DE LOS NIÑOS de 1212. La historia fue retomada por el poeta Robert Browning (1812-1889) y por Johann Goethe (1749-1832) y había aparecido antes en *Cartas familiares* de James Howell en 1645.

FLORA: Diosa romana de las flores. Carolus Linneo (1707-1778), botánico y taxonomista sueco (taxonomía: ciencia de la clasificación en la historia natural), considerado el fundador del sistema de nomenclatura y clasificación de plantas y animales, escribió más de 180 obras sobre el tema e incluso un tratado con la clasificación de las enfermedades (véase FAUNA).

FLORIDA: Juan Ponce de León (1460-1521) acompañó a Cristóbal Colón (1451-1506) en su segundo viaje. Fue nombrado gobernador de Puerto Rico. Desde allí navegó hasta dar con la península pocos días antes de las Pascuas Floridas, como se las llamaba en España. Impresionado por la exuberante vegetación y la fecha del arribo, llamó a todo el territorio del que había tomado posesión *La Florida.* Durante un buen tiempo toda AMÉRICA DEL NORTE figuró conocida como Florida. En sus andanzas, Ponce de León fundó San Agustín (*St. Augustine*) que es hoy el pueblo más antiguo de los Estados Unidos, situado al norte de Florida sobre el OCÉANO ATLÁNTICO. Allí se conservan las originales moradas de los españoles, las callejuelas, el fuerte de piedra y la memorable Fuente de la Juventud. A falta de piedras preciosas, la fuente se convirtió en el "tesoro" de Ponce de León quien, a su vez, asumió la historia que le contaron los aborígenes. Parece haber sido una costumbre arraigada en los originales habitantes de las Américas, tan pronto descubrían las ansiedades que conmovían a sus invasores, fuese juventud, oro o plata, indicarles el camino hacia esas maravillas. Casi siempre la mano indígena marcaba latitudes lejanas, tras las sierras, más allá de los ríos, con tal de sacárselos de encima o simplemente urdían pícaras historias que a veces eran digeridas por los adelantados.

En la actualidad es visitada por cientos de miles de turistas que llegan a San Agustín y hacen largas colas para tomar en un vaso de plástico el agua de la "prodigiosa" fuente, si no de juventud, de ingresos. A pocos kilómetros del ultrasofisticado y tecnológico Disney World, aquí, en un escenario precario, ma-

niquíes inmóviles y tristes representan a Ponce de León y a los indios, y los visitantes ansiosos no exhiben desilusión alguna al encontrarse con escenario tan poco electrónico y más bien, enclenque. Pero esperan lo que sea necesario para recibir un pequeño vasito que naturalmente contiene agua no milagrosa.
El conquistador que se hizo adicto al agua mágica sólo vivió 61 años, hasta que fue herido por otros indios en Tampa, al oeste de la Florida, acontecimiento que no estaba previsto en las garantías de la fuente.

FOLKLORE: Palabra inglesa, *folk*, personas, gente, nación; en plural, *folks*, las personas de la propia familia. *Lore,* conocimiento, creencias tradicionales. La palabra folklore resulta entonces la suma de las tradiciones, generalmente orales, de literatura, cultura, costumbres, música, historias, cuentos, leyendas, mitos, danzas, poesías. Muchos cuentos de HADAS, baladas, canciones, adivinanzas y proverbios entierran sus orígenes en pasados remotísimos y autores anónimos, perdidos en el tiempo, y han sido repetidos por centurias con raíces difíciles de identificar y que muchas veces reiteran sus tramas en diversos lugares del planeta.

FORMIDABLE: En latín, *formidó* significaba miedo. De allí se originó la expresión *formidabilis,* que inspiraba miedo. Mucho más adelante, se convirtió en impresionante por su tamaño o por la dificultad que propone.

FRANKENSTEIN: Novela de Mary Wollstonecraft Shelley (1797-1851), escrita en 1818 bajo el título *Frankestein o el Moderno PROMETEO.* Cuenta la historia, entre gótica y romántica, lo acontecido a Victor Frankenstein, un estudiante suizo de ciencias naturales que logra crear un hombre artificial, utilizando trozos de cadáveres que, unidos, terminan cobrando vida en una extraña criatura. Por su aspecto terrorífico, su torpeza y enorme tamaño, el personaje es temido, odiado y repudiado por los habitantes de la pequeña población donde vive su creador. El monstruo logra comportarse como los seres humanos, pero no consigue ni compasión ni compañía. Urge entonces a su gestor que le otorgue compañía femenina, lo que éste no puede conseguir, provocando la ira de la criatura y su propia destrucción. El nombre de Frankenstein le fue otorgado al propio personaje, que se convirtió en uno de los monstruos más conocidos de Occidente. La autora de la novela era la esposa del famoso poeta inglés Percy Bysshe SHELLEY (1792-1822).
El actor anglonorteamericano Boris Karloff (1887-1969), cuyo verdadero nombre era William Henry Pratt, ganó fama mundial interpretando a Frankenstein en el cine, y Mel Brooks, director y actor estadounidense nacido en 1927 como Melvin Kaminsky, realizó *El joven Frankenstein* una delirante e hilarante versión. Entre ambos marcaron un apasionante abanico de filmes en torno al horrendo personaje que, sin embargo, exhibía destellos de sensibilidad y sufrimiento por su incapacidad para comunicarse, ser comprendido y poder amar.

Frau Gauden: Historia de los hermanos Grimm. Frau Gauden tenía 24 hijas y junto a ellas practicaba sin cesar la cacería yendo y viniendo por los bosques en busca de presas. La madre dijo alguna vez que si pudiese cazar eternamente, renunciaría al Cielo.
Y según la leyenda, se dio el gusto, pues convertidas ella en espectro y sus hijas en perros de caza, recorrían incesantemente los cotos. La noche de San Silvestre, Gauden entra en las viviendas y en cada una deja un perrito que es una de sus hijas, con la esperanza de reintegrarlas al género humano. La gente no quiere saber nada, conocedora de la verdadera historia, pero para alejar al cuzco deben hacerle beber cerveza en una cáscara de huevo. Pese a la compleja tarea, los perritos aún siguen ladrando por las noches tras su madre cazadora.

Friné: Famosa prostituta de Atenas en el siglo IV a. de C. que había logrado una importante fortuna y ofreció reconstruir las murallas de Tebas siempre que pudiera inscribir en los muros: "Alejandro las destruyó, pero Friné, la hetera (o hetaira), la cortesana, las reconstruyó".
Una leyenda cuenta que siendo una vez sometida a juicio por delito grave, su abogado defensor le pidió que exhibiera sus pechos. Ella lo hizo de inmediato y los jueces, embelesados por su belleza, la absolvieron en el acto.
Se dice que fue la modelo preferida de Praxíteles (370-330 a. de C.), famoso escultor griego, que con ella realizó una de sus obras maestras, *Venus,* hoy en el Museo del Vaticano. También posó para Apeles en su pintura *Venus naciendo del mar,* obra que con el mismo título se convirtió en el clásico de Sandro Botticelli (1444-1510) expuesto en la Academia de Bellas Artes de Florencia (véase Mirón).

Fuji Yama: La montaña más alta del Japón: 3.800 m. Además, la morada de los dioses. Para los sintoístas, los altos espíritus, los *kami*, existen en toda obra de la naturaleza y particularmente en este imponente volcán apagado, cuyas formas y colores están permanentemente en cambio según el lugar desde donde se lo divise. Los artistas plásticos japoneses le han rendido culto pintando sus formas cientos de veces, pero uno de ellos, Katsushika Hokusai (1769-1849), hizo 36 vistas distintas unas de otras en grabados sobre madera.
Corona la ciudad de Fuji Yoshida y la tradición cuenta que fue creado en una noche del año 286 a. de C. cuando en el suelo se abrió una enorme grieta que formó el lago Biwa, el mayor de Japón. Al mismo tiempo, la tierra en un fenomenal temblor y agitamiento se elevó hacia los cielos y formó la montaña. De los 265 volcanes que cubren el territorio de Japón, el Fuji Yama es el más majestuoso. Su última erupción fue en 1707 y sus lavas sepultaron la ciudad de Edo. Desde entonces, duerme. Su nombre se origina en la diosa del fuego, *Fuchi.* Los budistas creían que la montaña era la puerta del cielo y allí se construyeron numerosos santuarios a la diosa *Sengen-Sama*, también llamada *Kono-*

hana-Sakuyahime, responsable por el florecimiento de los árboles. Esta diosa se ganó ese lugar porque fue vista en forma de nube sobre el cráter.

El concepto de la montaña sagrada se ha repetido por siglos en las más diversas civilizaciones, sin duda por la idea de la cúspide inaccesible para los humanos, recinto entonces de los dioses: los griegos y los romanos tenían su Olimpo. Los chinos el Kuen-Lun. En la India, el Meru. Los indígenas de las Islas Canarias, llamados guanches, tenían al Teide, morada de los dioses del fuego infernal. Los patriarcas judíos, el Monte Sinaí. Los celtas, la Montaña Blanca y para el islam, el mítico monte Qaf, inaccesible tanto por mar como por tierra. Para los españoles, el Monsacro asturiano o el Moncayo donde vivían los dioses de Iberia o el Pico Sacro de donde parece que partieron las luces o tras el cual se escondían las estrellas que indicaron el lugar del sepulcro del APÓSTOL Santiago (véase COMPOSTELA).

FUNERAL: Del latín, *funeralis, fumus.* La conexión con la palabra humo parece referirse a la antigua práctica de la cremación. Los seres humanos más primitivos iniciaron una de las más antiguas y humanas costumbres: disponer de los muertos. Una de las diferencias esenciales con los animales, que no evidencian preocupación alguna por los despojos.

Las costumbres funerarias más conocidas en nuestros días derivan de los romanos: vestimentas negras, caminar en procesión, hacer un túmulo (construcción de piedra en forma cónica que se coloca encima de los sepulcros), *tumulus,* tumba. Los griegos ponían flores sobre el muerto y su tumba.

La costumbre de algunas sociedades de ofrecer comida tras el funeral también proviene de los romanos que, además, alimentaban a los dependientes del muerto.

Procesión funeraria, miniatura del libro *Las horas de Luis de Orleans*, Francia, 1490.

G: Derivación del griego *gamma*. En latín, la C representaba el sonido de *G* y *K* hasta que fue modificada y convertida en la actual *G*. Entonces ocupó el lugar de *zeta* en el alfabeto griego que el latín no usaba. En los antiguos alfabetos hebreo y fenicio, la G era como la cabeza y cuello de un camello y en hebreo *gimel* significa camello.

Gabriel: Tanto en la Biblia como en el Corán, uno de los arcángeles, principal mensajero de Dios. Fue el que anunció el nacimiento de Juan el Bautista a su padre Zacarías; a la Virgen María el inminente nacimiento de Jesús y a Mahoma, con el nombre de Jibril, el ángel de la verdad, le revela el Corán y su mandato. Es uno de los cuatro Arcángeles más importantes junto a Miguel, Rafael y Uriel. Según la leyenda, enseñó las 70 lenguas que se hablaron en la Torre de Babel.

Su nombre deriva del hebreo *govri'el*, Dios es mi fuerza.

En la obra *El paraíso perdido* de John Milton, Gabriel es el líder de los ángeles del Cielo.

Se lo considera el patrono de los anunciantes y por extensión de todos los instrumentos de comunicación, telefonía, televisión, copiadoras, computadoras, la imprenta, fax, modems, aunque ha perdido Internet de caer bajo su patronazgo. Su día se celebra el 24 de marzo.

Galaxia: Los griegos usaban la palabra *galaxias*, derivada de *gala*, leche, como denominación de la Vía Láctea. Fueron los latinos quienes usaron esa expresión para llamar así a la miríada de estrellas que forma esa galaxia.

Una galaxia es un fantástico grupo de cientos de miles o millones de estrellas que orbitan alrededor de un eje común. Todas las estrellas visibles desde la Tierra forman la Vía Láctea y el Sol es una de ellas.

GALIA: Forma poética de llamar a Francia o aún más apropiadamente el nombre latino de Gaul, la región más grande que la actual Francia en tiempos de los romanos y que estaba habitada por los CELTAS. La Galia Cisalpina (de este lado de los Alpes) era el actual norte de Italia. También se la llamó Galia Togata (con toga) por la vestimenta de los romanos. La Galia Comata (Galia Melenuda) era la parte que correspondía al emperador y se la llamaba así por los largos cabellos de sus habitantes. La primera información sobre la Galia es del 600 a. de C. cuando los griegos fundaron la colonia Massalia, hoy Marsella.

GALLINA DE LOS HUEVOS DE ORO, LA: Muy antigua historia que en otros idiomas refiere a una gansa. Relata el episodio en la vida de un granjero que un buen día se encuentra con la sorprendente novedad de que su gallina o gansa pone huevos sólidos de oro puro. Después de acumularlos por un tiempo, la curiosidad lo carcome y decide ir a la "fuente de producción", despanzurrando al fiel animal que lo estaba haciendo rico. Al utilizar el cuchillo encontró horrorizado que, por dentro, era simplemente un animal común. La avaricia le había jugado una mala pasada. Ahora ya no tendría ni los huevos de oro ni el manantial que los producía.

GALLO: El gallo estaba dedicado a Apolo porque anuncia la aurora. También a Mercurio porque convoca a la gente al negocio con su cacareo y a ESCULAPIO, legendario médico griego dios de la medicina por su sentencia: "Temprano a la cama, temprano levantarse y el hombre será saludable y capaz", alguna vez traducida al inglés y hecha famosa por Benjamin Franklin (1706-1790), estadista, impresor, científico y escritor norteamericano, a quien se adjudica la fundación de la Universidad de Pensilvania y el famoso experimento con un barrilete para probar la presencia de electricidad en las tormentas y consecuentemente, haber inventado el pararrayos. A mediados del siglo IX, el papa de entonces ordenó que se colocara en la punta de cada iglesia la figura de un gallo en forma de veleta, como emblema de San Pedro. El simbolismo aludía a las tres veces que Pedro negara a Cristo antes de que el gallo cantara por segunda vez. Al segundo canto del gallo, la advertencia de Jesús cruzó la memoria de Pedro, el Apóstol se arrepintió y lloró amargamente.
Por eso y por su constante movimiento al ser empujado por el viento, se llama veleta en muchos idiomas a quienes cambian de opinión repetidas veces.
Para los musulmanes, el Profeta encontró en el Primer Cielo un gallo tan grande que su cresta tocaba el Segundo Cielo. Cuando este gallo dejase de cantar habría llegado el Día del Juicio final.

GANADO: Grandes mamíferos rumiantes. Entre ellos figura el ganado no domesticado *(bos taurus)* y el cebú domesticado *(bos indicus)*. Los terneros son el ganado joven. Las hembras son vaquillonas hasta que dan a luz y luego son vacas. Los machos son toros. Los machos castrados y criados para el consumo de carne son novillos, y cuando son criados como animales de tiro son bueyes. Fueron domesticados en Anatolia hace aproximadamente 8.000 años.

Gansos del Capitolio: Cuando los galos atacaron Roma en el 390 a. de C., un destacamento avanzó hasta el cerro Capitolino de forma tan silenciosa que todos los hombres llegaron a la cima sin haber sido detectados. Al tratar de pasar al otro lado, perturbaron a unos gansos consagrados que, con sus graznidos agudos, pusieron en alerta a la guarnición local. Así lograron los romanos poner en fuga a los invasores. Desde entonces, los romanos, cada año, llevan un ganso al Capitolio.

Gargantúa y Pantagruel: Obra de François Rabelais (1493-1553), escritor francés, médico y una de las más vigorosas expresiones del humanismo renacentista. Su obra maestra fue *Gargantúa y Pantagruel,* tan gigantesca como sus héroes. Gargantúa era el padre, rey de Dipsodes, al que algunos asocian con Henri II de Francia. Según Rabelais fue el último de los GIGANTES. Su hijo era Pantagruel, cuyo nombre lo formó del griego *panta,* todo, y del árabe, *gruel,* sediento, corrupción de *jiryal,* vino, porque este joven gigante forzudo y de apetitos insaciables había nacido durante una sequía que duró 36 meses, 3 semanas, 4 días, 13 horas y un poquito más. Cuando creció sabía todos los lenguajes, todas las ciencias y tenía todos los conocimientos y pudo viajar a Utopía en búsqueda del ORÁCULO de la sagrada botella.
El adjetivo pantagruélico significa opíparo, sustancioso, abundante, espléndido y está generalmente referido a la comida o los banquetes. Esta parte de la obra se tituló *Las grandes e inestimables crónicas del grande y enorme gigante Gargantúa.* En 1534, Rabelais publicó *La horrible vida del gran Gargantúa.*
Como otros autores, tras la ironía y las ansiedades alimentarias de los gigantescos padre e hijo, desarrolla discusiones sobre la educación, la política, la filosofía y la religión. Aunque la obra tuvo extraordinaria resonancia, fue prohibida por la Sorbona y Rabelais se salvó por muy poco de ser perseguido por hereje.

Gas: Los griegos tenían la palabra *khaos* que dio origen a caos. El químico belga Juan Bautista van Helmont (1577-1644) usó la palabra para denotar un principio oculto en toda materia, una forma ultrarrefinada de agua. La dificultad para pronunciarla transformó al vocablo en gas. De allí también viene gasolina.

Gato: Mamífero carnívoro de la familia de los félidos que se encuentra en todos los continentes y cuyo tamaño va desde el casero hasta el tigre siberiano.
Tiene uñas retráctiles, buen oído y olfato, visión nocturna, cuerpo compacto y flexible, notable memoria y aprende por observación y experiencia.
El gato doméstico, *felis domesticus,* se desarrolló en Asia, África y Europa, po-

siblemente a partir del gato Kaffir egipcio o hindú, alrededor del 3000 a. de C. y fue llevado a Occidente por marinos fenicios.

Desde las supersticiones del medioevo, la forma favorita que solía adaptar Satanás era la del gato negro. Por lo tanto, las brujas siempre tenían un gato negro entre sus familiares cercanos. En la antigua Roma, sin embargo, el gato era símbolo de libertad y la diosa de la Libertad era representada con un gato a sus pies: ningún animal es más enemigo del encierro y las ataduras. La diosa romana DIANA también asumía la forma de una gata para enfurecer a los gigantes.

En el Antiguo Egipto, los gatos eran —junto a otros varios animales— considerados sagrados. La diosa Bubastis era representada con cabeza de gato y una ciudad llevaba su nombre y le había sido dedicada. Sus templos estaban repletos de felinos especialmente atendidos por sacerdotes especializados en semejante tarea. Todos los años 700.000 peregrinos asistían al festival en su honor. Quien se atrevía a matar un gato sufría, a su vez, la pena de muerte y la exportación estaba prohibida...

Los chinos consideraban a los gatos símbolo de buena fortuna, paz y serenidad.

Los japoneses tienen una bella historia relacionada con los michinos: en tiempos lejanos, los gatos se consideraban tan valiosos que no era permitido que ambularan libremente y sólo podían hacerlo atados a las correas de seda de sus amos. En el siglo XVII una invasión de ratas afectó gravemente los graneros japoneses y comenzó a dañar la industria de la seda. Los japoneses entonces decretaron que los gatos ahora debían ser liberados de sus ataduras, lo cual les permitió lanzarse a la búsqueda de sus víctimas preferidas. En corto tiempo, los gatos habían salvado al Japón de una grave crisis alejando el peligro de las ratas.

Una leyenda tradicional europea dice que si la gata se lava las orejas, parpadea o estornuda una vez, se viene la lluvia. Si comienza a correr en círculos, se viene la tormenta. Si se sienta dando la espalda al fuego, se viene el frío.

Una antigua historia del siglo XVI cuenta que los ratones viejos decidieron un día qué gran idea sería colgar un cascabel al cuello del gato, de manera que resultase fácil advertir cuándo se les acercaba. Uno de los ratones jóvenes dijo y preguntó: "¡Fantástico! Pero ¿quién le pone el cascabel al gato?"

GAYOMART: Según la mitología persa, el primer hombre. Fue creado por Ahura Mazda u Ormuz y vivió 3.000 años antes de asumir la forma física de un joven hermoso. A partir de allí vivió 30 años, cuando fue envenenado por Ahriman, espíritu del mal. De la raíz de Gayomart surgieron padre y madre de la raza humana: Mashye y Mashyane.

GENGIS KAN (1167-1227): Emperador mongol y uno de los más famosos conquistadores de la historia. Su nombre original era Temujín. Llegó a congregar una fuerza de 20.000 soldados y a través de una campaña impiadosa y brutal, dominó a los mongoles y los tártaros, hasta que en 1206 fue aceptado como el emperador de todos. Fue entonces cuando se le otorgó el nombre de Gengis Kan, que significa literalmente "el rey del océano". Llegó a extender su reino desde China al Mar Adriático. Su nieto, Batu, formó la que fue conocida como la horda dorada y estableció un imperio al sudeste de Rusia en el siglo XIII.

GENIO: Deidad pagana de la mitología romana, espíritu tutelar que protegía a cada hombre desde la cuna a la sepultura, gobernando su fortuna y determinando su carácter. Procurando la satisfacción del genio, se aseguraba el placer en la vida. Los genios existían sólo para los hombres. Las mujeres tenían su Juno. Otra creencia sostenía que cada hombre tenía dos genios: uno para el bien, otro para el mal y que la mala suerte era resorte del genio perverso. El genio de los romanos recuerda a los ángeles de la guardia de los que habla Mateo (18:10) cuando cita a Jesús: "Guardaos de despreciar a uno de estos pequeñuelos (los niños), porque yo os digo que sus ángeles en los cielos están continuamente en presencia de mi Padre".
La palabra genio proviene del latín, *gignere*, ser el padre, derivado de *genitalis,* genital, generación.

GENOCIDIO: Palabra creada por el profesor Rafael Lemkin, de la Universidad Duke de los Estados Unidos, y usada por primera vez para redactar la acusación contra los criminales de guerra en 1945. Está formada por la palabra griega *genos,* raza, y la latina *caedere,* matar. Se define como los actos llevados a cabo para destruir en su totalidad o parte a grupos religiosos, raciales, nacionales o étnicos y en 1948 fue declarada por la Asamblea General de las Naciones Unidas como crimen del derecho internacional.

GENTILES: La palabra se aplicaba generalmente a los no judíos, derivada de la palabra hebrea *goy,* que significa nación y fue usada tanto para los hebreos como para otras razas. El plural, *goyim,* fue usado para todas las naciones que no eran judías, traducido al latín, como *gentes* o gentiles, de *gens,* raza. Como la mayoría de los no judíos en el mundo occidental eran cristianos, la expresión gentiles adquirió el sentido de cristiano, aunque estrictamente significa no judío, cristiano o no cristiano.

GESTA ROMANORUM: Colección de cuentos populares escritos en latín, probablemente compilados entre los siglos XIII y XIV. Todas las historias concluían con una moraleja y aunque su nombre significa hechos de los romanos, muchos de los episodios tenían origen oriental. Han sido fuente de inspiración para muchos escritores ingleses porque se imprimió una traducción en ese idioma en 1510. Chaucer, SHAKESPEARE, Longfellow y algunos otros grandes literatos usaron argumentos o tramas que encontraron en esas colecciones que parecen haber sido escritas para el uso de predicadores.

GIBRALTAR: Antiguamente llamado los Pilares de Hércules. La mitología cuenta que frente a la roca de Gribraltar se encontraba el promontorio de Jebel Mu-

sa en Marruecos, originariamente ambos unidos hasta que Hércules los separó. El nombre Gibraltar es una deformación de la expresión árabe *Dajabal al-Tariq*, montaña de Tariq. Tariq fue el líder de los sarracenos que derrotó a Rodrigo, último rey visigodo depuesto por los moros en la batalla de Guadaleta en 711. Tariq mandó construir un castillo sobre la roca. Los españoles recuperaron el Peñón en 1462. Luego, una flota conjunta de ingleses y holandeses tomó posesión de Gibraltar en 1704, pese al sitio de los españoles y franceses en 1704 y 1705 y posteriormente en 1779 y 1783. Los ingleses quedaron a cargo del lugar desde el Tratado de Utrecht de 1713, contra las constantes reclamaciones de los gobiernos españoles, aún sin éxito.
En 1969, los españoles tendieron un cerco para cerrar la frontera de La Línea como consecuencia de uno de esos repetidos reclamos. La Línea fue reabierta en 1985. Los ingleses llamaron a esa frontera *Garlic Wall*, pared de ajo, para satirizar la costumbre local de usar ajo en las comidas. Pero los españoles no se avergüenzan de tales sabores y con otro dejo de amargura definen al hombre tosco y mal educado como "VILLANO, harto de ajos".

GIGANTES: Del griego, *gigas*, del latín, *gigant*. Personajes de formas humanas y enorme tamaño. Según la mitología griega, fueron hijos de la tierra mezclada con la sangre del dios del cielo. Los gigantes mantuvieron feroces luchas contra los TITANES, en las que triunfaron los dioses hijos de Urano y Gea. Los gigantes fueron derrotados y destruidos como un simbolismo entre el helenismo y el barbarismo, el bien contra el mal. En las leyendas nórdicas, los gigantes eran humanos que existieron antes que los dioses. Los israelitas los vieron en Canaan, Números (13:32): "Hemos visto hasta gigantes, hijos de Enac; ante ellos nosotros parecíamos langostas".
Muchas ciudades medievales creían en gigantes protectores. Londres tiene a GOG Y MAGOG, los gigantes legendarios que fueron hechos cautivos por BRUTO, el troyano, mítico primer rey de Inglaterra. ULISES debió matar a POLIFEMO, un cíclope gigantesco, reventándole el único ojo que tenía en la frente. La literatura les dio lugar de privilegio en *Los viajes de GULLIVER*, de Jonathan Swift y *GARGANTÚA Y PANTAGRUEL* de Rabelais.
Plinio (23-79), naturalista romano, escribió que en el terremoto de Creta se encontraron los restos de gigantes que podrían haber medido 22 m de altura. Plutarco (46-120), ensayista y biógrafo griego, autor de *Las vidas paralelas* (estudio comparado de griegos y romanos) cuyos libros traducidos al inglés proveyeron información fundamental para *Julio César* y *Antonio y Cleopatra* de William Shakespeare, también dejó registros de gigantes de 27 m de altura.
No falta la leyenda de que el esqueleto de Polifemo fue encontrado en Trapani, Sicilia, en el siglo XIV. Para no quedarse cortos con las dimensiones, se dijo que si los huesos encontrados fuesen de un ser humano, el gigante habría medido 91 metros.
Otra historia sorprendente es lo que se dio en llamar la ruta elevada de los gi-

gantes, una formación de 40.000 columnas proyectándose hacia el mar por unos 13 km, en Portrush, Country Antrim, costa norte de Irlanda. La leyenda sostiene que fue el principio de una ruta que construirían los gigantes para superar el canal que separa Irlanda de Escocia y que en los mapas actuales figura como *Giants Causeway.* El nombre irlandés es *Clochán na bhFomhoraigh,* las piedras de la calzada de los Formorianos, los dioses perversos de los mitos irlandeses. Por los alrededores hay varias localidades que llevan nombres asociados a gigantes: *Giant's Loom,* el telar de los gigantes; *Giant's Well,* el pozo de los gigantes; *Giant's Chair,* silla de los gigantes. Hay muchos otros nombres similares tratados en singular, aunque el original irlandés era plural, porque otra leyenda sostiene que la ruta elevada iba a ser terminada por un solo gigante, el héroe local, Fian mac Cool, más conocido como Finga.

GIGANTES EN LA LEYENDA Y LITERATURA: Los gigantes de la mitología griega fueron casi todos hijos de Urano y Gaia. Cuando intentaron sublevarse a los dioses, fueron despachados a la Tierra con la ayuda de HÉRCULES y enterrados bajo el Monte ETNA. Entre los más famosos figuran los habitantes de Brobdingnag en *Los cuentos de GULLIVER;* ATLAS; Bellerus, el gigante de ficción de John Milton (1608-1674) (véase *PARAÍSO PERDIDO*); Cacus, el ladrón hijo de Vulcano que tenía tres cabezas y vomitaba fuego; los Cíclopes (véase POLIFEMO); *GARGANTÚA Y PANTAGRUEL; GOG Y MAGOG;* Encelado (véase ETNA), el más poderoso de los 100 gigantes que se rebelaron contra ZEUS; Orgoglio, gigante creado por Edmund Spenser (véase REINA DE LAS HADAS), cuyo nombre italiano es otorgado por el autor inglés a este gigante de tamaño igual al de tres hombres, para representar el poder tiránico de la Iglesia; YMIR, el padre de los gigantes escandinavos. En la Biblia aparecen también gigantes: Enac, Goliat, Og, rey de Bashan, uno de cuyos huesos se usó como puente sobre un río. En la Biblia, la idea de los gigantes aparece varias veces, como seres sobrehumanos. Antiguamente se creía que los gigantes habían existido y se explicaban por la unión de los seres celestiales con mujeres terrenas. En Génesis 6:4: "...había en la tierra gigantes: éstos fueron los héroes famosos de la Antigüedad".

GILGAMESH O GILGAMÉS: La más conocida de las primitivas historias de los sumerios. Quizá la más antigua epopeya del género humano, anterior a Homero. Probablemente se trate de un personaje que gobernó el sur de la Mesopotamia durante la primera parte del tercer milenio antes de Cristo. La historia fue escrita en tabletas de arcilla encontradas en Nínive, en la biblioteca del rey asirio Arsubanipal. Se remonta a 2.700 años a. de C.
Gilgamesh era rey de Uruk, antigua Sumeria, tercer milenio antes de Cristo. Supuestamente hijo de la unión del supremo sacerdote con la diosa Ninsun. Un día, él y su amigo Enkidu, dos valientes guerreros, luchan contra la reina Ishtar, quien da muerte a Enkidu. Gilgamesh comienza denodadamente a buscar el remedio para la muerte. No pudo recuperar a Enkidu del reino de los

muertos, pero tras larga búsqueda encontró la planta de la inmortalidad con poderes rejuvenecedores. Decidió bañarse antes de comerla y mientras lo hacía, una SERPIENTE tragó la planta y desde entonces quedó establecido que las víboras cambiarían su piel para renovarse, a diferencia de los seres humanos que se arrugan cuando envejecen. Gilgamesh fue al principio muy poderoso y benefactor, pero luego asumió sus capacidades como divinas y desafió a los dioses, quienes rápidamente le hicieron descubrir su propia mortalidad. Con lo cual no hizo más que anticiparse a la repetida historia de los poderosos que se suponen inmortales.

GILES, SAN: Santo patrono de inválidos. Cuenta la tradición que el rey de Francia accidentalmente hirió al ermitaño Giles en una rodilla mientras andaba de cacería. Giles quedó inválido para siempre rehusándose a curar la herida por temor a mortificar su piel. Su símbolo es una cierva que iba diariamente a su refugio para darle leche. Otras veces es representado por un anciano con una flecha en la mano y una cierva a su lado. Las iglesias dedicadas a su memoria se emplazaban en las afueras de las ciudades, porque los inválidos y los mendigos tenían la entrada prohibida en las villas y no podían cruzar los portales.

GIMNASIO: La palabra griega *gumnos* significaba desnudo. En la Antigüedad parece haber sido costumbre de los atletas entrenarse sin ropas y, por extensión, el verbo *gumnazein* indicaba entrenamiento, práctica. La realización de ejercicios continuados le dio un sentido educativo y didáctico hasta extender la expresión al concepto latino *gymnasium*, escuela.

GINECOLOGÍA: En griego, mujer se decía *guné*. Los más antiguos usos refieren la expresión *gynoconome*, miembro de un tribunal de magistrados cuya función era asegurar el buen comportamiento de las mujeres. Aunque el origen tuvo raíces machistas, la expresión se extendió a la rama de la medicina que entiende de la fisiología y patología del sistema reproductivo femenino.

GINSENG: Del chino mandarín, *renshen*, imagen del hombre. La planta tiene raíces que son semejantes a las piernas arqueadas de un hombre. Cuando se toma en su forma medicinal, supuestamente otorga fuerza y virilidad. De acuerdo con una antigua superstición china, la planta de ginseng se convierte al cabo de 300 centurias en un hombre de sangre blanca y como tal en el ELIXIR de la inmortalidad, incluso unas pocas gotas podrían resucitar a un muerto.
Cuanto más vieja es la planta, mayor es su valor y los expertos pueden descubrir su edad examinando ciertas marcas en el tallo y peculiaridades en la estructura de las raíces.

GITANOS: Hombres y mujeres provenientes de tribus nómades que pertenecieron en sus orígenes a grupos hindúes, pero luego marcharon a Persia y Euro-

pa llegando a Alemania y Francia en el siglo XV. Al principio se creyó que venían de Egipto y por lo tanto se los llamó "egipcios", palabra que se corrompió en *gyptians*, en francés, *gitan*.
El grupo más grande de gitanos europeos es el Atzigan, antiguo nombre búlgaro, del griego *tsiganos,* forma popular de la palabra *athinganos,* intocables. La expresión encontró formas similares en diversos idiomas: en italiano, *ZINGARO*; en portugués, *cigano;* en rumano, *tigan;* en alemán, *zigeuner;* en turco, *cingene;* ruso, *tsygan;* francés, *tsigane.*
El novelista y poeta escocés Sir Walter Scott (1771-1832) en una de sus novelas hace decir a uno de los personajes gitanos: "Soy un zíngaro, un bohemio, un egipcio o lo que los europeos quieran llamarme, pero no tengo país". Otro escritor inglés, George Henry Borrow (1803-1881) describió a los gitanos con un tono romántico, exaltando el color de sus carruajes y su forma de vida bohemia. Todavía hoy mantienen sus costumbres y se dedican a la herrería, mecánica, compra y venta de autos y caballos y muchas de sus mujeres transitan algunas calles ofreciendo sus servicios de pronosticadoras del futuro a cambio de algunos dinerillos. Se calcula una población mundial de 5 millones.

GNOMOS: Del latín *gnomus.* Según la leyenda, pequeños seres, espíritus de la tierra, protectores de las minas y guardianes de los tesoros. Gob es el rey de la raza de los pequeños, a quienes usualmente se los ha pintado deformes y a veces, jorobados (véase ENANOS y OBERON). La primera mención fue hecha por Paracelso (1493-1541), físico y alquimista suizo, nacido como Theophrastus Bombastus von Hohenheim (véase MICROCOSMOS). Él sostuvo que los gnomos podían nadar como los peces y atravesar la materia.

GLADIADORES: Del latín, *gladius,* espada. Combatientes que luchaban a muerte en los estadios romanos. Originariamente eran seleccionados entre criminales sentenciados a muerte, apareciendo en las ceremonias FUNERALES alrededor del 164 a. de C. Luego fueron esclavos y prisioneros de guerra y cuando la atracción por estos horribles espectáculos creció, se forzó a intervenir a empleados de ricos propietarios, como por ejemplo, sus guardaespaldas. Los gladiadores eran entrenados en establecimientos especiales y los juegos letales se esparcieron por todas las provincias romanas. Cuando un gladiador era derrotado, los espectadores decidían su suerte: si deseaban que viviese, encerraban sus pulgares en los puños, *police compresso favor judicabatur.* Si deseaban que fuese sacrificado, sacaban los pulgares. El gesto de levantar el pulgar en señal de aprobación o apuntarlo hacia abajo en reprobación, que se usa en nuestros días, seguramente proviene de aquellas antiguas y extrañas costumbres.
En el año 325 de la Era Cristiana el emperador Constantino suspendió los juegos en la parte oriental del Imperio y Teodorico hizo lo mismo, pero sólo en el 500, en la parte occidental.

Gog y Magog: Gigantes, únicos sobrevivientes de una raza de monstruos, descendientes de demonios y de las 33 hijas del emperador romano Dicocleciano (245-313), que mató a todos sus esposos. Gog y Magog fueron tomados prisioneros y llevados a Londres después de que sus compañeros GIGANTES fueran matados por BRUTO cuando tenían la obligación de custodiar el palacio real, donde sus efigies fueron instaladas hasta que el gran incendio de Londres las destruyó y fueron reemplazadas por unas figuras de 4,30 m esculpidas en 1708.
En un ataque aéreo durante la Segunda Guerra Mundial en 1940, otra vez fueron destruidas y nuevamente reemplazadas en 1953. En el Génesis se menciona a Magog como hijo de Jafet, uno de los hijos de Noé, junto a Cam y Sem. En otras partes de la Biblia, Magog simboliza a todos los enemigos del Reino de Dios y en el libro de EZEQUIEL, Gog es príncipe de Magog y jefe de las hordas salvajes del norte de Israel.

Golem: Del hebreo, *golem*, sin forma. En el folklore judío, figuras artificiales, creadas para servir a sus amos, aunque muchas veces se tornaban incontrolables, se resistían a sus creadores y debían ser destruidas. La idea básica del *golem* se repite en las obras *R.U.R.* (*El Robot Universal de Rossum*) del checo Karel Capek (1890-1938) en la que aparece por primera vez la palabra robot, en *Frankenstein* de Mary Shelley y en *Golem*, del escritor estadounidense Isaac Bashevis Singer, Premio Nobel de Literatura 1978.

Golondrinas: Según otra tradición escandinava, similar a la de la CIGÜEÑA, la golondrina también voló en torno a Jesús Crucificado gritándole: "*Svala! Svala!*". ¡Consuelo! ¡Consuelo! y por ello se la llama "el ave de la consolación". Según los romanos eran sagradas para los Penates, dioses domésticos de los etruscos y romanos. También eran protectoras de las viviendas y de allí que cuando una golondrina construye su nido en una casa se considera signo de buena suerte.

Gondwana: Supercontinente al sur. Comenzó a desprenderse de una gran masa continental, Pangea, 200 millones de años atrás. Se convirtió en América del Sur, África, India, Australia y la Antártida. El supercontinente al norte que eventualmente se convirtió en América del Norte y la actual Eurasia fue Laurasia (véase DERIVA CONTINENTAL).

Gordiano, El Nudo: Gordio fue ungido sorpresivamente rey de Frigia al entrar con su carro en la plaza pública, luego de que un ORÁCULO hubiese predicho que sería rey el primero en hacerlo. En señal de agradecimiento, Gordio dedicó su carro a ZEUS y lo depositó junto al templo atando el yugo a la lanza del carro con nudos tan intrincados que resultaban imposibles de desátar. La tarea se convirtió en un desafío general en el que todos fracasaban. Llegó a suponerse que quien fuera tan hábil como para desatar el nudo gordiano dominaría toda Asia. Llegó entonces ALEJANDRO MAGNO (356-323 a. de C.). Luego de estudiar el complicado nudo, sacó su espada y de un certero golpe deshizo la famosa trama. Desde entonces, la expresión "el nudo gordiano" está referida a la solución rápida, decisiva y por cierto, tajante, de problemas complejos. Alejandro Magno, rey de Macedonia, fue discípulo de Aristóteles y llegó a convertirse en el más poderoso monarca de la Tierra. Murió a los 33 años luego de conquistar gran parte del mundo entonces conocido.

GORILA: La primera vez que se usó esta expresión fue en una traducción al griego de la historia de un viaje del explorador cartaginés Hano, en el siglo V a. de C. En su relato contaba de una tribu en el oeste africano a cuyas mujeres se las llamaba gorilas. Eran personas grandes con cabellos largos y revueltos. En 1847, el misionero estadounidense Thomas Savage tomó esa palabra para designar la especie de grandes monos a los que llamó *trogloditas gorilla.*

GOTLAND: La mayor isla del Mar Báltico, llamada isla de las rosas, para algunos el emplazamiento de la legendaria ATLÁNTIDA. Hoy es un bellísimo lugar de clima templado, densos bosques, montañas, playas y ondulados campos. Según los historiadores, Gotland fue la morada de los godos, los primeros bárbaros que dividieron a Europa tras la caída del Imperio Romano. Según la leyenda, la primera persona que pisó Gotland fue Tjelvar. La isla entonces estaba ocupada por espíritus malignos que la hacían sumergirse de día y reaparecer de noche. Tjelvar logró encender y mantener un fuego que posibilitó que la isla permaneciera siempre a flote. La isla fue puerto importante para los navegantes y en sus tierras aún hoy se encuentran monumentos evocativos simbólicos hechos de piedra e imitando la figura de barcos de altas proas. Otros fenómenos rituales o simbólicos de Gotland son sus laberintos, en particular el de Trojeborg. Los laberintos pudieron haber simbolizado el camino hacia el mundo de los muertos.

GOTHAM: Una antigua y encantadora leyenda inglesa. John, que reinó entre 1199 y 1216, decidió hacer una visita a la ciudad de Gotham en Nottinghamshire. Para evitar los gastos y múltiples inconvenientes que significaría la visita real con toda la corte, los pobladores decidieron hacerse pasar por estúpidos. Cuando los mensajeros del Rey se adelantaron para verificar que todo estaba en condiciones, se encontraron con los vecinos tratando de levantar con un balde la Luna reflejada en el lago; de ahogar una anguila; de atrapar al pájaro cuclillo o cuco o cucú cuando salía a dar la hora y muchas otras deliberadas tonterías. Cuando el Rey se enteró, decidió esquivar la ciudad. Los ciudadanos ahorraron dinero y preocupaciones.

Los "tontos" de Gotham son mencionados en la colección "Los Alegres Cuentos de los Locos de Gotham" del siglo XV. La famosa librería de Nueva

York, Gotham Book Mart, lleva ese nombre en homenaje a aquellos personajes y el lema del lugar es: "Los Hombres Sabios Pescan Aquí".
El autor estadounidense Washington Irving (1783-1859) escribió *Salmagundi* y le dio el nombre de Gotham a Manhattan. Desde entonces ése ha sido uno de los seudónimos habituales de Nueva York.

GRAFITO: Derivado del italiano *graffiare,* en plural, *graffiti.* Los antiguos romanos, molestos porque algunos anónimos aparecían pintados en sus muros, ordenaban por escrito que no se escribiera, *scarifare,* en las paredes. La costumbre parece remontarse hasta los egipcios y no sólo indica la forma en que se escribía y el lenguaje que se usaba, sino esa ansiedad oculta por trascender, manifestada no sólo en estampar un nombre en los muros de las pirámides o en las paredes de Pompeya, sino además la posibilidad de queja de los anónimos. Uno de los grafitos más famosos se exhibe en el Museo de Etnografía Prehistórica de Roma, considerado la caricatura de Cristo en la Cruz.

GRIAL, SANTO: La palabra deriva del antriguo francés *graal,* del latín, *gradalis,* copa, cáliz. En tiempos medievales, el cáliz de esmeralda supuestamente usado por Jesús en la Última Cena y luego por José de Arimatea en la Crucifixión para conservar la sangre de las heridas de Jesús. José lo habría llevado a Inglaterra, pero el cáliz desapareció. Según otras leyendas, fueron los ángeles quienes lo llevaron hasta la cima de una montaña y lo pusieron bajo la vigilancia de un grupo de caballeros. Cuando se le aproximaba alguien que no era puro de conciencia y conducta, el grial desaparecía.
La búsqueda del grial se convirtió en el deseo de la unión mística con Dios y fue tratado en muchas historias de caballería y muy especialmente en las leyendas de los caballeros del rey ARTURO.

GRIFO: Del antiguo francés *grifon,* del latín *gryphus,* del griego *grups, enganchado.* Monstruo mitológico que la leyenda presentó como descendiente de la cruza de león con águila. Por lo tanto, el bicho tenía patas, cabeza y hombros de águila y el resto del cuerpo, felino. Era una bestia sagrada para el Sol y protegía los tesoros escondidos, por lo que mantenía una permanente contienda contra monstruos de un ojo, los arimaspianos. Los grifos son mencionados por Herodoto, Plinio y otros científicos de la Antigüedad. Rabelais en su obra *GARGANTÚA Y PANTAGRUEL* usa la expresión arimaspianos para denominar a los pueblos del norte de Europa porque al aceptar la Reforma religiosa habían perdido un ojo: el de la fe.

GRIMM, HERMANOS: Jacob Ludwig Karl Grimm (1785-1863) y Wilhelm Karl Grimm (1786-1859) nacieron en Alemania y fueron expertos en el estudio de los lenguajes. Aunque han sido autores de numerosas obras sobre el folklore y la historia germánicas, son conocidos en todo el mundo por su colección de

Miniatura de un manuscrito alemán del siglo XIV.

viejas leyendas que a partir de 1857 se difundieron como "Los Cuentos de los Hermanos Grimm". En 1854 habían escrito y publicado un completo diccionario del idioma alemán.

Entre sus historias más conocidas figuran *Hansel y Gretel, Caperucita Roja, Blanca Nieve y los Siete Enanitos, La Bella Durmiente, Pulgarcito.*

GUAU GUAU: Onomatopeya que imita la voz del perro. Una de las teorías del origen del lenguaje es que los humanos comenzaron imitando los sonidos de los animales que, naturalmente, traían su cualidad expresiva desde orígenes. Los humanos tuvieron que crear lenguaje convencionalmente. Si se escucha bien, se comprobará que los perros jamás dicen "guauguau", pues los animales carecen de la facultad de pronunciar vocales. Privilegio que sólo ostentan los humanos. Las cinco vocales establecen el abismo. Y las CONSONANTES se llaman así porque "con suenan" al lado de una vocal.

GUINNESS, EL LIBRO DE RÉCORDS: Esta peculiar publicación que registra hechos extraordinarios, proezas, marcas, resultados o acontecimientos inusuales, tiene a su vez una peculiar historia. El nombre Guinness nació como marca comercial por iniciativa de Arthur Guinness (1725-1803), un cervecero irlandés de Leixlip, Kildare. En 1759 adquirió una fábrica de cerveza en Dublín, donde inicia un negocio creciente y muy exitoso que llega hasta nuestros días. Originariamente, Guinness fabricaba cerveza en botellas y para uso hogareño, pero sus hijos Arthur, Benjamin y William expanden la actividad de manera notable, vendiéndola tirada a presión en los pubs ingleses e irlandeses. La historia cuenta que en estos lugares, tras varias rondas de bebida, los ánimos se tornaban discursivos y aparecían quienes decían recordar determinados acontecimientos o proezas. Para ayudar a resolver estas disputas, aparece en 1955 el *Libro Guinness de los Récords.*

Hoy registran en sus páginas, entre los muchos fenómenos mundiales, uno que ellos mismos han generado: ser el libro más vendido en los países de habla inglesa después de la Biblia.

GUITARRA: Del griego *kithara*, instrumento musical de la familia de la lira. En latín fue *chitara* y en árabe, *qitar.* Son miembros de la familia la balalaika, la mandolina, el charango y el banjo.

GULLIVER: Héroe de la sátira *Los viajes de Gulliver* del autor irlandés, maestro de la especialidad, Jonathan Swift (1667-1745). Entre las primeras obras de Swift figura *La batalla de los libros,* exaltando a los antiguos sobre los modernos. Sus obras habitualmente exponían los excesos religiosos o políticos de su época. En *Propuesta modesta,* hizo una hiriente burla, escondiendo una acusación a la sociedad inglesa de entonces sugiriendo, con agria y despiadada ironía que, para derrotar el hambre que angustiaba a los irlandeses del siglo XVIII,

ellos deberían vender sus hijos como alimento a los ricos ingleses. Que por supuesto estaban dispuestos a ingerirlos.
Su obra maestra, *Los viajes de Gulliver,* escrita en 1726, tenía como título original *Viajes a varias remotas naciones del mundo. En cuatro partes. Por Lemuel Gulliver, primero un cirujano y luego capitán de varios barcos.* Las cuatro partes son: "Viaje a Liliput", "Viaje a Brobdingnag", "Viaje a LAPUTA, Balnibarbi, Glubbdubdrib, Luggnagg y Japón" y "Viaje al país de los HOUYHNHNMS".
En ella expone con crudeza y dura sátira el falso moralismo y la estupidez humana de esos tiempos. Curiosa y maliciosamente, la obra fue convertida en un cuento para niños, haciéndole perder su carga crítica.
Lemuel Gulliver es un viajero inglés en busca de lugares exóticos que llega a Liliput (de allí proviene liliputiense, ser diminuto) cuyos habitantes eran muy pequeñitos. Luego viaja a Brobdingnag, cuyos habitantes son levemente más altos y finalmente a Houyhnhnms, donde los caballos son seres inteligentes y los humanos, llamados YAHOOS, bestias de carga.

H: Del fenicio *het* y del griego *eta.* Aunque originariamente la letra exigía una aspiración, en el latín se convirtió en letra muda, como luego lo sería en la mayoría de los idiomas.

Haiku: Verso japonés consistente de 17 sílabas en tres líneas de 5, 7 y 5 sílabas, respectivamente. El poema así resuelto, normalmente envuelve una sola idea, imagen o estado de ánimo. Un ejemplo clásico es el poema de Matsuo Basho (1644-1694):

"*Kono michi ya*	Este sendero
Yuku hito nashi ni	nadie lo camina.
Aki no kure"	El crepúsculo es otoño.

Halloween: En la vieja tradición CELTA, el 31 de octubre era el último día del año y a la noche todas las brujas se marchaban al extranjero. La fecha se relacionaba con el regreso de los rebaños. Las almas de los muertos visitaban a sus familiares y el festival otoñal en el Hemisferio Norte adquirió significados siniestros con fantasmas, brujas, gatos negros, toda clase de demonios e incluso hadas. Era el momento de acudir a todas las fuerzas positivas para aplacar a los monstruos y recibir la ayuda de la naturaleza. Con el advenimiento del cristianismo ese día se convirtió en *all hallows,* todos los santos. Y muchos de sus antiguos juegos pasaron a ser diversión infantil, quitándoseles los tintes truculentos. Los inmigrantes europeos, particularmente los irlandeses, introdujeron la costumbre en los Estados Unidos, aunque originariamente los juegos terminaban en bromas pesadas, como roturas de ventanas y otros daños a las propiedades. Lentamente la fiesta fue derivada a los niños. El símbolo es un gran zapallo calado con una vela adentro. La fiesta de *halloween*, lenta pero progresivamente, se ha ido introduciendo en otros países aunque de costumbres distintas y ninguna tradición al respecto, como ocurrió con SANTA CLAUS.

HAMBURGUESA: La popular comida hecha con carne molida, cebolla, huevos y otros ingredientes, convertidos en una masa chata, toma su nombre de Hamburgo, Alemania. Parecería haberse originado en la región del Báltico algunos siglos atrás y fue introducida en los Estados Unidos en el siglo XIX por inmigrantes provenientes de ese puerto y posteriormente "naturalizada" y más tarde, globalizada. Originariamente se usaba *beefburger* (de carne) para establecer la diferencia con el jamón (*ham)* que sin embargo se quedó con el título genérico.

HAMLET: Nombre del príncipe de Dinamarca, personaje central de la tragedia escrita por William SHAKESPEARE (1514-1616). Según algunos eruditos, la figura de Hamlet se corresponde con la de Amleth, cuya historia se narra en *Saxo Grammaticus*, la historia de Dinamarca escrita en el siglo XII. Es posible que esta leyenda haya sido traída de Islandia: la saga de los Amlooi del siglo X. Otros estudiosos han creído que podría haberse originado en un cuento del siglo X de origen persa: *Khuatay-namak,* libro de los reyes.
La historia de Hamlet fue contada también por François de Belleforest en *Histoires Tragiques.* También se cita como antecedente la pieza de Thomas Kyd, *Ur-Hamlet,* de la que sólo se conoce el nombre pues se la considera perdida. Ninguna sin embargo describe la incomparable y angustiosa duda de Hamlet y su dramática indecisión como Shakespeare, quien instala la obra en Elsinor, de *Kronborg*, fortaleza de la corona, en Dinamarca, construida en 1574. Domina el estrecho entre Dinamarca y Suecia.
Hamlet es la profunda pintura del alma de un soñador y filósofo que sucumbe agobiado por el protagonismo a que lo obligan las circunstancias y la conmovedora figura de su prometida, Ofelia.
La historia relata que el Rey de Dinamarca ha sido asesinado por su hermano, Claudius, quien entonces se convierte en rey y se casa con la viuda del monarca muerto, Gertrude, madre de Hamlet.
El fantasma del Rey visita a su hijo, el príncipe Hamlet, y reclama venganza. La obra concluye con el duelo entre Hamlet y el cortesano Laertes y la muerte por veneno de los principales personajes. La personalidad de Hamlet se convirtió en un símbolo que describe a las personas que por deliberar intensamente sus actos, tienen muchos obstáculos para tomar acciones rápidas y decisivas. Hamlet se envuelve en una angustiante melancolía.
Es la más larga de las obras de Shakespeare y contiene varios soliloquios, monólogos dramáticos de Hamlet, muchos de los cuales han pasado a los tiempos modernos como frases hechas o repetidas en diferentes circunstancias:

- “Hay una Divinidad que da forma a nuestros fines”.
- “Fragilidad, tu nombre es mujer”.
- “Algo está podrido en Dinamarca o algo huele mal en Dinamarca”.
- “Ser o no ser: ése es el dilema”.
- “La Providencia está presente incluso en la caída de un gorrión”.

Shakespeare tomó la frase de Jesús cuando dice:

- “Ni un gorrión caerá al suelo sin la presencia de tu Padre”.

Hamlet y Horacio en el cementerio, Eugène Delacroix, 1839.

Hamurabi, Código de: La más completa colección de leyes babilónicas promulgadas durante el reinado de Hamurabi (1792-1750 a. de C.). Estas 282 leyes incluyen economía (precios, tarifas, intercambio, comercio), familia (matrimonio, divorcio), así como delitos criminales (asalto, robo) y leyes civiles (esclavitud, deudas). La principal fuente del Código de Hamurabi es la estela descubierta en Susa en 1901, actualmente preservada en el Louvre.

Handicap: Su origen parece estar vinculado a un antiguo juego de azar con dos oponentes y un árbitro. Los jugadores realizaban sus apuestas poniendo sus manos dentro del sombrero del juez. A su orden, los oponentes debían indicar, sacando su mano, si seguían adelante o retiraban su apuesta. Si ambos la dejaban, el juez se quedaba con lo apostado. Si en cambio, uno sacaba la mano y el otro la conservaba, el ganador era el primero. El nombre del juego era *hand in cap* (mano en el sombrero). En el siglo XVIII se aplicó a la carrera de dos caballos en la que un juez otorgaba mayor peso a uno de los contendientes para equiparar las chances. Otra vez los dueños de los caballos indicaban asentimiento o rechazo sacando las manos de un sombrero. Se llamó a estas pruebas hípicas *handicap race.*

Harén o Harem: Del árabe, *harim,* lugar prohibido. Es un derivado del verbo *harama*, prohibir. Por extensión, *harmatan,* el viento arenoso y seco del Sahara. El concepto se extendió al lugar de la casa reservado a las mujeres.

Hécate: Hija de Titanes, diosa de la oscuridad y los terrores nocturnos.
En las noches sin luna, vagaba por la Tierra con una jauría de perros furiosos que no cesaban de aullar. Era la diosa de la hechicería y por lo tanto venerada por magos y brujas. El arte representa a Hécate a menudo con tres cuerpos o tres cabezas y con SERPIENTES entrelazadas alrededor de su cuello. Se consideraba que aparecía en los cruces de caminos junto a su jauría para espanto y terror de los viajeros y siempre rondaba los cementerios. Un verdadero esperpento, la señora.

Hecatombe: En la antigua Grecia se denominaba así al sacrificio de 100 bueyes: *hekaton*, cien, *bous,* buey. La expresión se extendió a grandes catástrofes. La leyenda sostiene que Pitágoras (582-507 a. de C.) al descubrir la fórmula de que, en el triángulo rectángulo, el cuadrado de la hipotenusa es igual a la suma de los cuadrados de los otros dos catetos, dispuso el sacrificio de 100 bueyes como celebración. Aunque se sabe poco de la vida de Pitágoras, se le atribuye además del teorema enunciado, la tabla de multiplicar y el sistema decimal. Sostuvo que el número es el principio de todas las cosas, la redondez de la Tierra y su rotación sobre un eje y la relación de la música con las matemáticas. Pitágoras era un filósofo presocrático que fundó una hermandad mística cuyos miembros lo consideraban un semidiós.

HÉGIRA: Del árabe, *Hijra*, marcha, peregrinación. Es el nombre que se da a la era musulmana y proviene de la emigración de MAHOMA y sus seguidores de la MECA el 16 de julio de 622 a Yathrib, luego Medina, adonde llegaron sanos y salvos el 24 de septiembre del 622. Es un punto culminante de la historia islámica y el año musulmán comienza precisamente el 16 de julio de 622. Para los tiempos que precedieron ese momento se usa la expresión *a. de H.* (antes de la HÉGIRA) como se usa a. de C.
La peregrinación a la KAABA es una de las obligaciones que los musulmanes deben cumplir al menos una vez en la vida. El peregrinaje comienza el séptimo día del duodécimo mes del año y finaliza el duodécimo día.

HELICÓPTERO: Comenzó a usarse en el siglo XIX, utilizando el concepto griego *helix*, espiral y *pteron*, ala. Igor Ivanovich Sikorsky (1889-1972), ingeniero aeronáutico nacido en Rusia, nacionalizado estadounidense, construyó y voló el primer avión multimotor en 1913, pero ha pasado a la historia por el desarrollo que impuso a los helicópteros. En 1941 estableció el récord de resistencia en vuelo de un helicóptero de su diseño.

HELIOS: El dios del Sol de la mitología griega, padre de FAETÓN. Cada mañana Helios abandonaba su palacio en el Este y cruzaba los cielos en su carroza dorada a lo largo del río Océano. Era el dios nacional de Rodas, donde se levantó el Coloso de Rodas (véase COLOSAL), una de las Siete Maravillas del Mundo. En Roma era conocido como Sol.

HEPATOSCOPIA: Muy antigua forma de adivinación basada en el estudio del hígado de los animales sacrificados, apoyada en la creencia de que el hígado era el asiento de la vitalidad y el alma. En el libro de EZEQUIEL, en el Antiguo Testamento, se lee: "Cuando el rey de Babilonia encontró la encrucijada del camino, frente a los distintos senderos a elegir, usó la adivinación: hizo que sus flechas brillaran; pero además, miró el hígado del animal que había muerto".

HERÁCLITO (353-475 a. de C.): Filósofo griego que enseñó que no hay realidad permanente excepto la realidad del cambio, ilustrado por su famosa máxima: "No se puede apoyar el pie dos veces en el mismo río". La única realidad posible es la transición. Consideraba al fuego como la sustancia fundamental del universo y todos los otros elementos sólo la transformación del fuego.

HÉRCULES: En la mitología griega, hijo de ZEUS, quien lo engendró con una diosa que no era su esposa Hera. Ésta, celosa, decidió dar muerte al descendiente de su infiel marido y envió dos serpientes para cumplir su cruel designio. Hércules, todavía niño, estranguló con sus manitas a los reptiles, en un anticipo de sus fuerzas mitológicas. Más tarde Hera insistió: provocó en Hércules un ataque de locura que lo impulsó a matar a su mujer y tres hijos. Cuando recobró la cordura, Hércules quiso matarse por la tragedia que había provocado, pero un ORÁCULO le dijo que podría purgar sus crímenes cumpliendo 12 tareas. Hércules debió lidiar con animales, monstruos y fieras salvajes y fabulosas. Hércules o Heracles es considerado el más grande héroe griego y éstas fueron las doce tareas que tuvo que enfrentar:

- Mató al león de Nemea y a la Hidra de Lema.
- Atrapó al jabalí de Erimanto y a la cierva de Cerinia.
- Espantó a las aves del lago Estinfalo.
- Limpió los establos del rey Augias.
- Atrapó al toro de Creta y a las yeguas de Diomedes.
- Robó el cinturón de Hipólita, la reina de las AMAZONAS.
- Mató a los bueyes de Geriones.
- Capturó al can CERBERO.
- Robó las MANZANAS de oro de las Hespérides.

Tras su muerte ascendió al Olimpo como un dios.

HERBÍVOROS: Animales que solamente se alimentan de plantas o hierbas. Esta clasificación se aplica normalmente a mamíferos, especialmente los ungulados (que tienen casco o pezuña). Los herbívoros se caracterizan por sus anchos molares y sus dientes de perfiles no afilados que usan para arrancar, cortar o desmenuzar su alimento.

HERMAFRODITA: Combinación de los nombres griegos Hermes, el mensajero de los dioses y Afrodita, diosa del amor. Según la mitología, el hijo de ellos, llamado Hermaphroditos, era amado por la ninfa Salmacis con tal pasión y ardor que no quería separarse de él. Pero el joven la rechazó. Sin embargo, en una ocasión, cuando el varón decidió bañarse en las aguas de un río, ella se arrojó y lo abrazó con tal fuerza que sus cuerpos se fundieron en uno solo, manteniendo sus características sexuales diferenciadas.

HERO Y LEANDRO: Hero era una de las sacerdotisas de Afrodita que residía en Sestos, ciudad situada en la orilla opuesta del Helesponto (Estrecho de los Dardanelos), entre la Península de los Balcanes y Anatolia, uniendo los mares Egeo y Mármara. Cada noche, sin faltar una, Hero encendía una lámpara en lo alto de la torre. Entonces Leandro se arrojaba al mar y cruzaba a nado el estrecho para envolver en sus brazos a Hero y pasar la noche bajo las estrellas o las sábanas, según fuese el clima. Precisamente, una noche de tormenta, la lámpara de Hero se apagó por el viento. Leandro quedó sin referencia en medio de la oscuridad y el mar enfurecido. No pudo alcanzar la costa. Al día siguiente su cadáver apareció al pie de la torre. Desde lo alto, Hero reconoció al exánime Leandro y se arrojó al vacío, pues no quiso sobrevivir a su amante y malogrado nadador.

Hespérides: Del griego, hijas de la tarde, las ninfas del ocaso. Tres mujeres solteras que, con la ayuda de un dragón, custodiaban el jardín donde crecían las manzanas de oro. Siempre se habla de tres, pero en algunas historias llegan a ser siete.

Hidra: Serpiente fabulosa de muchas cabezas. Hija de Tifón y Equidna, que estaban embelesados con su beba de cien cabezas, aunque les costaba mucho amamantarla. Las distintas historias en su torno reducen las cabezas a 50 y otros más prudentes, a sólo 9. Ella fue una de las doce tareas de Hércules, quien al cortar una de sus cabezas, vio cómo le nacían dos nuevas. Vino en ayuda del héroe su cochero, quien le enseñó a cauterizar la cabeza cortada y con ello se terminó el cuento.
En la actualidad se llama hidra a unos pólipos o celentéreos acuáticos de forma tubular. Son pequeños animales de alrededor de 2 ó 3 centímetros que se adhieren a objetos sumergidos mediante células puntiagudas alrededor de su boca.

Hiena: Mamífero habitualmente nocturno reconocido por sus aullidos que se parecen a una risa histérica. Se alimenta de carroña y huesos que tritura con sus fuertes mandíbulas y dientes.
En la fábula egipcia, se sostenía que quien encontrase una piedra en los ojos de la bestia, si lograba quitarla sin perder su mano en el intento y luego la colocaba bajo su lengua, obtenía inmediatamente el don de la profecía. De allí proviene la falta de profetas, porque muchas manos se perdieron en el intento y otros nunca buscaron el don prometido.

Hijo Pródigo: Parábola que Jesús contó para ilustrar la generosidad de Dios cuando perdona a los pecadores arrepentidos: Lucas (15:11). El personaje de la historia era un joven que pidió a su padre su parte de la herencia y luego dejó su hogar marchándose a un lejano país, donde gastó su dinero, sufrió hambre y terminó trabajando como porquero, porque sólo allí encontraba algo para su sustento. Decidió regresar a su casa sabiendo que había perdido todos sus derechos pero con la esperanza de que su padre lo aceptara como esclavo. Cuando el padre vio a lo lejos la figura de su hijo retornando a casa, ordenó que se preparara una fiesta en su honor. El hermano que había permanecido junto al padre se molestó y reclamó que a él nunca se le había hecho fiesta igual pese a haber trabajado y ofrecido sus esfuerzos. El padre le aseguró que él mantendría sus derechos y recibiría su herencia, pero que igualmente era bueno celebrar el retorno del hijo pródigo, "porque ese hermano estaba muerto y vive otra vez; estaba perdido y ha sido encontrado". La enseñanza de esta parábola es el perdón para el arrepentido y la advertencia para el hermano reclamante de que aún cumpliendo todos los preceptos también se requiere compasión.

Himalaya: Cadena de montañas que comprende tres cordilleras que se extienden 2.410 km a través de Pakistán, India, Tibet, Nepal. Uno de sus picos, el

Monte Everest, es el más alto del mundo (8.848 m) llamado así por el gobernador general de la India, George Everest, aunque sus primeros escaladores fueron Edmund Hillary y su guía Tenzing Norkay el 29 de mayo de 1953, aunque algunos suponen que George Mallory y Andrew Irvine, desaparecidos en la montaña, quizá lo hayan logrado antes. En mayo de 1999 se encontraron los restos de Mallory y comenzó una investigación para probar qué equipo habría alcanzado antes la cima.

Himalaya significa en sánscrito morada de los dioses. Siempre ha sido objeto de especial veneración y por ello ha recibido los nombres de *Chomo Lhari*, Diosa de la Montaña Sagrada; *Nanda Devi,* la diosa Nanda y *Annapurna*, diosa de los alimentos. El Monte Everest es llamado por los tibetanos *Chomo Lungma,* diosa madre de la Tierra y por los hindúes, *Sagarmatha,* cima del cielo.

La montaña también tiene fama de malévola. En menos de un siglo, 36 escaladores, entre ellos 17 sherpas habitantes del Nepal muy experimentados, han perecido en sus intentos.

Cientos de leyendas e historias rodean a sus montañas. En la localidad de Kafir se cuenta que un hombre perdido en la montaña encontró un palacio perteneciente a las HADAS del *Nanga Parbat,* la montaña desnuda. Construido de cristales que brillaban con mil colores, en su centro florecía un árbol de perlas. El hombre arrebató del árbol las perlas y huyó. Pronto advirtió que era seguido por una SERPIENTE y entonces dejó caer una por una las perlas robadas. Encontró el camino de regreso a su casa, pero cuatro días después de haber llegado, murió. Las hadas no perdonan a quienes descubren sus secretos.

Otro secreto del Himalaya es el yeti, una criatura que nadie ha visto aunque algunos suponen haber advertido ciertas sombras a la luz de la luna. Algunos habitantes de la zona, los sherpas, suelen llevar consigo trozos de madera encendidos para espantar con su olor al yeti. En los años 50, el gobierno de Nepal decretó que sería un crimen matar o sacar del país al yeti. Nadie ha quebrantado la ley hasta ahora.

Los tibetanos suponen que se trata de un espíritu demoníaco de las nieves, cuya traducción equivocada fue "abominable hombre de las nieves".

Lo cierto es que los grandes y altos picos helados guardan secretos insospechados, un mundo sobrenatural y alejado, que un texto hindú describe: "Como el rocío bajo el sol, así se desvanecen todas las cosas viles ante la visión de la eternamente pura Morada de la Nieve".

HIMEN: También llamado Himeneo. Entre los griegos, el dios del matrimonio, cuyo nombre deriva del estribillo de una antigua canción nupcial. Se lo considera hijo de Apolo. Para otros, es el hijo de Dionisos y Afrodita, lo que lo convierte en el dios de la fertilidad. En una de las tantas leyendas que rodean su historia, es un bellísimo joven que rescata de manos de piratas a un grupo de mujeres, entre las cuales estaba la que amaba. Como recompensa obtiene a la

joven en matrimonio y su feliz vida matrimonial ha hecho que desde entonces se lo invoque en las canciones de boda.
Himen es también la membrana mucosa que cierra la vagina.

HINDUISMO: Doctrina superior de la religión brahmánica. Brahma es la fuerza creativa del Universo. Una vez que Brahma completa su tarea, Siva todo lo aniquila, pero para ser creado una vez más por Brahma. Vishnú es el encargado de la preservación. Éstos son pues los integrantes del Trimurti o Trinidad: Brahma, Siva y Vishnú: creador, destructor, preservador.
Entre las principales creencias del Hinduismo, aparece la reencarnación y el karma, expresión que encierra el concepto filosófico de que toda acción presente tiene influencia en la vida futura.
Las más antiguas escrituras son los Vedas, colección de himnos, seguidos por los conceptos filosóficos Upanishads y los relatos épicos Ramayana y Mahabharata, todos anteriores a la era cristiana. Algunas de las deidades hindúes son muy populares: Krishna, Hanuman, Durga y Lakshmi. Esta última es una palabra del sánscrito que significa prosperidad y belleza. Lakshmi es una de las consortes de Vishnú. Es la diosa hindú de la belleza, la salud y el placer, y el Ramayana la describe como apareciendo de las espumas del mar, leyenda que se repite en Afrodita, también diosa del amor, la belleza y la fertilidad. Muchas de las deidades se manifiestan en distintas reencarnaciones o avatares.

Hip! Hip! Hurra!: Antigua expresión usada en muchos idiomas como muestra de júbilo, triunfo o victoria deportiva. Proviene de una muy antigua expresión o iniciales de *Hierosolyma est perdita,* Jerusalén ha sido destruida. Los caballeros alemanes usaban hip! hip! como símbolo de aquélla. Luego agregaron la expresión *hu-raj*, al Paraíso. De manera que la expresión completa querría decir "los infieles han perdido Jerusalén y estamos en la ruta al Paraíso".

Hipocondría: Originariamente, en griego la palabra indicaba la parte de abajo del abdomen. Su etimología precisa es *hupo*, abajo; *kondros*, cartílago. Esa peculiar parte del cuerpo humano era considerada el centro de la melancolía y se extendió su uso a depresión, amargura. La moderna acepción de sentirse enfermo pertenece al derivado *hypochondriasis.*

Hipócrates (460-375 a. de C.): Médico griego, conocido como el Padre de la Medicina. Fue miembro de una famosa familia de sacerdotes médicos. Observador agudo e incansable, practicó la clínica y la cirugía. Más de 70 tratados conocidos como la Colección Hipocrática se conservan todavía, aunque no hay certeza respecto del autor. Su nombre, literalmente, significa "caballo de poder", del griego *hippos,* caballo y *kratos,* poder.
Se llama "Juramento Hipocrático" a un notable código de conducta y ética médica que establece reglas sobre el secreto profesional y absoluta integridad respecto del bienestar del paciente.
Aunque Hipócrates sostenía que las enfermedades eran resultado del desbalance de los humores, los líquidos del cuerpo animal, esos humores eran secreciones glandulares y fuerzas externas las que alteraban el balance. Sugería dietas e higiene como parte fundamental de la medicina.

Hipómenes y Atalanta: Curiosa historia de amor mitológico. Hipómenes amaba a Atalanta, pero ella no tenía interés en el matrimonio. A sus pretendientes los forzaba a disputar una carrera con ella, pero si alguno le daba alcance, la muchacha ordenaba su muerte. Hasta que Hipómenes, antes de alcanzarla, arrojó a la pista tres MANZANAS de oro de las HESPÉRIDES que él había recibido de Venus/Afrodita. Atalanta —débil es la carne— perdió la carrera cuando se agachó a buscar las joyitas.
Cibeles, que para las antiguas religiones asiáticas era la madre de los dioses y para los griegos, la diosa de la naturaleza y la reproducción, espectadora de la prueba, se apiadó de estos amantes complicados y los convirtió en los leones de su carroza. Esto es, siguieron corriendo, pero ahora siempre empataban.

Hiram Abif: También conocido como Hiram-Abi. Figura central en la leyenda y ritual de la masonería. Fue el artesano encargado de construir el templo de Salomón, Segundo Libro de las Crónicas del Antiguo Testamento. Para realizar la majestuosa obra dedicada al Señor reclamó oro, plata, bronce, hierro, púrpura escarlata, piedras preciosas, lino fino, madera de cedro, ciprés y sándalo del Líbano. Para sus colaboradores pidió trigo, cebada, aceites y vinos. Luego prefirió morir antes que revelar los secretos de la masonería. No debe ser confundido con Jirám o Hiram, rey de Tiro, que es quien provee los materiales y le ordena ponerse a las órdenes de Salomón. El Templo tenía hasta los clavos de oro así como los recubrimientos de las cámaras. La descripción de los detalles constructivos del Templo y sus adornos ocupa varias páginas de la Biblia y Salomón pronunció las siguientes palabras al inaugurarlo: "Yavé dijo que habitaría en oscuridad, mas yo he construido una casa para habitación Tuya, un lugar para que mores eternamente".

HISTERIA: En griego, *hustera* significaba vientre y estaba relacionado con *uterus.* Luego derivó en *husterikos,* sufrimiento en el vientre. Pasó al latín como *hystericus.* En el siglo XIX, la palabra se convirtió en una condición neurótica supuestamente peculiar de la mujer. Sigmund Freud (1856-1939) se encargó de demostrar que la histeria era absolutamente unisex.

HOLANDÉS ERRANTE, EL: En una antigua leyenda marina, un barco espectral que recorre los mares alrededor del Cabo de Buena Esperanza para atraer otros barcos a su propia destrucción. Según *Escenas de la vida marítima* de Auguste Jal, hubo una vez un capitán holandés que persistió en navegar alrededor del Cabo pese a las tormentas violentas y las protestas de pasajeros y tripulantes. En uno de esos viajes, una extraña sombra apareció en cubierta y se llamó a sí misma "El Todopoderoso". Pero el capitán respondió con insultos, blasfemias y disparos. La sombra obviamente tenía lo suyo, porque a partir de ese momento el capitán fue condenado a navegar constantemente y ser un tormento para los marinos hasta el Día del Juicio Final.

HOLMES, SHERLOCK: Personaje de ficción creado por el autor inglés Arthur Conan Doyle (1859-1930). Prototipo del detective deductivo, analista y elaborador de teorías habitualmente acertadas. El autor modeló el personaje basado en su profesor de Medicina, doctor Joseph Bell de Edimburgo, de quien tomó sus amaneramientos y métodos. Delgado, nervioso, empecinado, Sherlock Holmes sólo usaba razonamientos científicos para resolver misterios y realizaba las más sorprendentes deducciones a partir de detalles triviales y evidencias que, por supuesto, todos pasaban por alto. Fumaba pipa, usaba capote, tocaba el violín y solía drogarse como el modelo elegido. Vivía en el 221 de Baker Street. El doctor John H. Watson fue su compañero. Aunque obtuso y distraído es quien habitualmente narra las historias. El profesor Moriarty fue el archienemigo de Sherlock Holmes. Su nombre completo era profesor James Moriarty, un brillante matemático que puso su genio al servicio del crimen. El autor de la ficción lo presenta como un personaje que podía matar a su héroe detective. Finalmente, los dos hombres se encuentran en un duelo de titanes en las cataratas de Reinchenbach, Suiza. Tras la lucha a brazo partido, ambos caen

al peligroso torrente y mueren simultáneamente. Conan Doyle, sin embargo, luego resucitó a Holmes y dejó muerto a Moriarty.
La moderna novela de detectives, con todas sus convenciones, se considera que nació en 1841 con *Los crímenes de la calle Morgue,* de Edgar Allan Poe (1809-1849) y *La piedra lunar,* de Wilkie Collins en 1868. Pero Sherlock Holmes ha pasado a la historia como el más famoso de todos los detectives.
Personaje dilecto del cine su actor más representativo fue Basil Rathbone. Luego fue animado por Christopher Lee, Roger Moore, Peter Cushing, Nicholas Rowe, Michael Pennington y Anthony Higgins. En toda la historia del cine, es el personaje sobre el que se han producido más películas: 120.

HOMBRES CON COLA: Una remota leyenda del medioevo contaba la existencia de hombres con rabo y por entonces en Europa se creía que los ingleses en el pasado habían tenido cola. Incluso se decía que por la muerte de Thomas Becket (Santo Thomas Becket 1118-1170), arzobispo de Canterbury, mártir inglés que fue asesinado en la Catedral de Canterbury por seguidores del rey Enrique, los hombres de Kent nacían con cola larga. El diablo era representado con cola y algunas sociedades sostenían que los judíos tenían rabo por una confusión lingüística derivada de la palabra *rabi* con *rabuino*, diablo y del español, rabo.

HOMEOPATÍA: Christian Friedrich Samuel Hahnemann (1755-1843) fue el médico alemán creador de la escuela homeopática. Mientras traducía el libro *Materia Médica,* del médico escocés William Cullen, lo impresionó el hecho de que los efectos de la quinina en personas sanas eran similares a los síntomas de las enfermedades, como la malaria, en que la droga se usaba para curar. Esta observación lo llevó a formular en 1796 "la ley de los similares" expresando que las enfermedades debían ser tratadas con drogas que producen síntomas similares en personas sanas. En el *Tratado del arte racional de curar,* expandió el principio y lo convirtió en un sistema llamado homeopatía (*homo,* semejante, *pathos,* enfermedad), proclamando la administración de pequeñas dosis de la droga apropiada. Su propuesta de administrar dosis pequeñas provocó la enemistad de los círculos médicos ortodoxos, especialmente los farmacéuticos, quienes en 1921 lo forzaron a marcharse de Leipzig.

HOMERO: Nombre tradicionalmente asignado al autor de las dos más grandes obras épicas de la antigua Grecia: la *ILÍADA* y la *ODISEA.* Aunque nada se conoce de Homero, se estima que vivió entre 1159 y 865 a. de C. Muchas ciudades reclaman haber sido su cuna: Argos, Atenas, Rodas, Salamis, Chipre y Smirna y algunos suponen imposible que un solo autor haya podido con semejantes obras. Desde el punto de vista lingüístico e histórico, los relatos pueden situarse en las ocupaciones griegas en Asia Menor en el siglo IX a. de C.
La *Ilíada* cuenta la guerra de Troya, el rapto de Elena por Paris y las hazañas de Héctor y Aquiles. La *Odisea* es el relato de los viajes de ULISES y los argo-

nautas, la superación del incesante e irrechazable canto de las sirenas y las tentaciones de la ninfa Calipso, hija de Atlas, que retuvo a Ulises/ODISEO durante siete años hasta que él rechazó su oferta de inmortalidad y retornó a su fiel esposa PENÉLOPE. Considerado el más grande poeta del pasado, según la tradición, Homero era ciego. Su nombre ha sido usado para calificar a otros grandes como, por ejemplo, Platón, el Homero de los filósofos; Shakespeare, el Homero de los poetas dramáticos.

HORA: La palabra griega *hora* era originariamente un término impreciso, período, temporada. Luego significó la duodécima parte del día, de la salida a la puesta del Sol. Sólo en el medioevo se convirtió en un período fijo de 60 minutos. Varios idiomas reflejan la imprecisión original del término: para los suecos *timme* es hora. En alemán, *stunde*, lapso, es hora. La palabra horóscopo literalmente es observador del tiempo, del tiempo del nacimiento.

HORMIGA: Insecto que pertenece al mismo orden de las abejas. Casi todas las hormigas presentan rasgos de cierta organización social: viven en nidos construidos con sistemas de túneles subterráneos, en túmulos o madera.
Algunas colonias agrupan tres castas:
• hormigas aladas o hembras fértiles;
• hormigas sin alas o hembras infértiles o trabajadoras;
• y machos alados.
Otras especies se organizan como ejércitos que viajan en columnas y se dividen en exploradoras, atacantes y cobradoras del botín.
Lo extraordinario del comportamiento grupal de las hormigas es que no existe en sus colonias forma alguna de comando o control central. A ninguno de los individuos se le indican sus deberes. Todos y cada uno cumplen una misión constante y grupal por razones incomprensibles para los humanos, a veces coordinadamente y otras desordenamente, como si una corriente eléctrica condujera sus movimientos por los últimos 100 millones de años.
Suelen formarse pequeños ejércitos de hormigas que marchan encolumnadas.
Desde siglos, la hormiga ha sido símbolo del ahorro y la industria. La propia BIBLIA en Proverbios (6:6) recomienda: "Mira a la hormiga, tú holgazán. Considera sus costumbres y hazte sabio".
ESOPO tiene una FÁBULA, "La Hormiga y la Cigarra" en que esta última, indolente en el verano, cuando llega el invierno mendiga alimento de las pequeñas hormigas por no haber guardado cuando pudo haberlo hecho.

HOSPITAL: La palabra latina que le da origen, *hospitale*, se refería a huésped, invitado. En el siglo XV comenzó a cambiar su significado y fue usada como casa para los enfermos, los ancianos, y luego apareció el concepto moderno. Permaneció también en hospitalidad, la antigua significación.

Houyhnhnms: En *Los viajes de Gulliver* del autor irlandés Jonathan Swift (1667-1745), una raza de caballos poseedores de razonamiento, inteligencia y las más finas cualidades. Ellos han logrado dominar a los Yahoos, una raza de humanoides brutos e incivilizados. La sátira de Swift campea en todo su libro, que luego fue convertido en cuento para niños, quitándole la terrible ironía que lo adorna, especialmente con relación a la dura e injusta relación que los ingleses mantenían con los irlandeses.

Huevo de los Druidas: Según Plinio el Viejo (23-79), naturalista romano, él era poseedor de uno de estos huevos fabulosos, que eran "empollados" por la tarea conjunta de varias serpientes que los mantenían tibios y en el aire con sus siseos (acción de repetir el sonido de la S). Quien pudiera apoderarse de uno de esos huevos debía correr presuroso para no ser atrapado y estrujado por las serpientes. Pero si lograba escabullirse, tendría fortuna y poder. Algunos contemporáneos parecieran disponer de estos huevos prodigiosos que multiplican sin pausa los halagos del poder y los dineros, sin explicación alguna fácilmente aceptable.

Huevos del Viento: Huevo sin cáscara o con cáscara muy blanda o huevo no fertilizado, de la vieja superstición de que las gallinas que ponían tales huevos habían sido impregnadas por el viento.

Huevos de Pascua: El huevo como símbolo de la fertilidad y la renovación de la vida se remonta al mundo antiguo, así como la práctica de pintarlos durante los festivales de primavera, en el Hemisferio Norte. La costumbre de comer y regalar huevos durante Pascua quizá se remonte a la vieja costumbre de los campesinos de regalarlos al señor feudal.

Hugo, Victor (1802-1885): Poeta, novelista y ensayista francés. Fue un niño precoz y a los 15 años recibió el reconocimiento de la Academia Francesa por un poema. Cinco años más tarde publicó *Odas y poesías diversas.* Luego, en 1827, su monumental drama histórico *Cronwell,* en cuyo prólogo hace un clamoroso llamado a la libertad y se convirtió luego en el manifiesto de la escuela romántica. Alguna obra suya fue prohibida. Otra fue tomada por el compositor Giuseppe Verdi para su ópera *Ernani.* Su novela *El jorobado de Notre Dame,* de 1831, le dio fama mundial. En 1841, fue elegido miembro de la Academia Francesa. Luego escribió *Los miserables,* la dramática historia de Jean Valjean y la incesante, injusta e interminable persecución policial de la que es objeto. La obra ha sido llevada al cine varias veces y como comedia musical se ha representado en todo el mundo. Incluso, una famosa serie televisiva y posterior película, tomó la idea de Victor Hugo: *El fugitivo.*
El jorobado de Notre Dame cuenta la historia de Quasimodo, un joven deformado por su joroba y a quien se ocultó en la torre de la catedral de Notre Dame a cargo del campanario, en París, Francia del siglo XV. El relato describe la

injusta forma en que el poder reinante y la sociedad trataban a los diferentes, salvo la bella gitana Esmeralda, que le da su afecto, ternura y amistad.
Victor Hugo reposa y es venerado en el Panteón de París.

HUMA: Equivalente persa del Ave FÉNIX. Ave fabulosa que nunca baja a tierra. Se decía que toda cabeza sobre la cual proyectara su sombra sería una testa coronada. Por suerte, la buena Huma no andaba por centros muy poblados.

HUMANO: Del latín, *humanus*, relacionado con *humus,* tierra. Se usó para persona, *homo*, para dar al concepto un sentido terrenal, por oposición a los dioses inmortales.

HURACÁN: Los adelantados europeos se encontraron por primera vez con unos muy fuertes vientos arremolinados en el Caribe y en el Golfo de México. Los nativos lo llamaban *huracán*. Los caribeños usaban además un derivado: *furacano.*
Los huracanes son ciclones, del griego *kuklos,* círculo, que se forman sobre el norte del Océano Atlántico con vientos que pueden superar los 121 km por hora. Todos los años se producen 3 ó 4 huracanes en el Caribe, Golfo de México, América Central y sur de los Estados Unidos. Se desarrollan generalmente entre julio y octubre. Su forma circular llega a cubrir 800 km de diámetro y pueden prolongar su trayecto móvil durante 30 días. Cuando se internan en tierra pierden su fuerza. Los huracanes que se producen sobre el OCÉANO PACÍFICO se llaman tifones.
Por muchos años a los huracanes de los tiempos modernos se les asignan nombres. Hasta principios del siglo XX, se les daba nombre de santos. En 1953, el gobierno de los Estados Unidos comenzó a usar nombres de mujeres. Sólo en 1978 se asignaron también nombres masculinos. En la actualidad hay seis juegos de nombres tanto para los huracanes del Atlántico como sus equivalentes del Pacífico. Estas listas se usan cada seis años, de manera que los que se usaron en 1998 retornarán en el 2004.
• Los huracanes según su fuerza: Velocidad del viento
0) Calmo: Menos de 1,6 km por hora.
1) Aire suave: 1,6 - 4,8 kph.
2) Brisa suave: 6,4 - 11,2 kph.
3) Brisa gentil: 12,8 - 20,4 kph.
4) Brisa moderada: 20,8 - 28,8 kph.
5) Brisa fresca: 30,4 - 38,4 kph.
6) Brisa fuerte: 40 - 50 kph.
7) Próximo a vendaval: 50 - 61 kph.
8) Vendaval: 63 - 74 kph.
9) Vendaval fuerte: 75 - 86 kph.
10) Tormenta: 88 - 100 kph.
11) Tormenta violenta: 102 - 115 kph (También tormenta tropical).
12) Huracán: más de 115 kph.

I: Comienza en un jeroglífico egipcio que representaba la mano. Los fenicios lo conocieron como *yod*. Los griegos lo llamaron *iota.* Su punto comienza a usarse en el siglo XI para distinguirlo de la u.

Ibis: Ave zancuda de pico largo que habita en regiones cálidas. La Ibis sagrada de los antiguos egipcios era blanca y negra y había ayudado a escapar al dios Tot de una persecución. Es muy querida por los pueblos que habitan en las orillas fangosas de los ríos porque come los reptiles.

Idea: La palabra griega *idein* significaba ver, mirar dentro de algo.

Idiosincrasia: La palabra griega *idios* indicaba una persona en particular, personal, privado, propio. Ha ayudado a crear otras palabras como *idioma*, lenguaje propio, particular. Idiosincrasia está formada por *idios* y *sagkrasis*. Esta última significaba mezcla.

Iduna: En la mitología escandinava, hija del ENANO Svald y su esposa Bragi. Iduna era la guardiana de las MANZANAS de oro, con que los dioses se deleitaban cuando querían renovar su juventud con lozanía. Ésta es una de las tantísimas leyendas donde la manzana ocupa lugar estelar.

Igual, Signo: El signo igual = de las matemáticas fue inventado por Robert Recorde, de quien se sabe que murió en 1558. Él dijo que nada era más igual que las líneas paralelas.

Ilíada, La: Poema épico sobre la guerra de Troya atribuido a Homero. La obra se divide en 24 libros y sus acciones se desarrollan durante la contienda y relata las hazañas del héroe Aquiles, el más grande guerrero griego. La historia comienza sorpresivamente con las disputas entre Aquiles y el rey Agamenón. (Los críticos latinos llaman a esta forma de iniciar los relatos *in media res,* en el medio de las cosas, por oposición a *ab ovo,* desde el huevo o comienzo). Como consecuencia de aquellas desavenencias, Aquiles y su amigo Patroclo desertan de las fuerzas griegas. Sin Aquiles, los griegos sufren muchas pérdidas. Incapaz de seguir manteniéndose luego de que los troyanos incendian la flota griega, Patroclo pide permiso a Aquiles para reunirse con sus antiguas fuerzas. Aquiles acepta y le presta su escudo. Patroclo es muerto por el héroe troyano Héctor. Aquiles, en revancha, mata a Héctor. Después que Patroclo es enterrado, el padre de Héctor, el rey Príamo, le pide a Aquiles el cuerpo de su hijo para darle apropiada sepultura. Aquiles acepta. La obra termina con los funerales de Héctor.

Imram: Del antiguo irlandés, remar, viajar. En la primitiva literatura irlandesa es un tipo de historia que relata viajes plagados de aventuras. Incluye cuentos sobre los santos irlandeses viajando a Islandia y Groenlandia, así como los actos de héroes paganos en su trayecto al otro mundo. Uno de los ejemplos más caracterizados es *"Immram Brain Maic Febail",* El viaje de Bran, hijo de Febal.

Inca: Del quechua, *inka,* rey. Rey o príncipe de la dinastía que gobernaba Perú antes de la conquista española dirigida por Francisco Pizarro. La capital del extenso imperio era Cuzco o Cusco y la dinastía mitológicamente descendía de Manco Capac, que era el supremo sacerdote del Sol. Sus hermanos eran Cachi (Sal), Uchu (Pimiento) y Ayuca (Placer). Atahualpa, el último inca, fue asesinado por los españoles en un grotesco juicio ordenado por Pizarro en 1533. El nombre que los incas daban a su reino era *Tawantinsuyu*, Imperio de las Cuatro Regiones. Los peruanos desprecian la forma Cuzco con zeta porque entienden que es la forma española para convertir a la palabra en equivalente a perro ladrador y similar al llamado que se usaba para llamar a los perros: ¡cuz, cuz! El Imperio Inca se extendía a lo largo de 3.200 km en la región andina. Era un estado monárquico regido por un emperador. El régimen era muy severo, pero el Estado se ocupaba del bienestar de sus ciudadanos. Sacerdotes, empleados del gobierno, mayores de edad, enfermos y viudas eran protegidos por el Estado. La familia real era muy numerosa y formaba una casta de lengua quechua que dominaba las colonias. Se han encontrado registros de censos realizados mediante un sistema matemático denominado *quipus,* que usaba nudos como símbolos numéricos. Eran panteístas y practicaban una religión ritualista. Dominaban la construcción en terrazas y la irrigación artificial. Habían construido una red de caminos con puentes y combinaciones con balsas para cruzar los ríos, estaciones de descanso y reaprovisionamiento. Todavía hoy se suelen encontrar vestigios de lo que se dio en llamar "el camino del Inca", que llegó hasta el corazón de la provincia de Córdoba, precisamente a Cosquín, cuyo nombre deriva de *Cosco-ina*, parecido a Cusco (véase MACHU PICCHU). La historia de los incas se origina en el legendario Manco Capac, que trae a su gente de las cuevas montañosas al valle de Cusco. Entre los años 1200 y 1400 lograron conquistar a los pueblos del valle alcanzando su más grande nivel de conquista bajo el mando de Pachacuti y su hijo Topa. El actual Ecuador fue dominado por Huayna Capac y el imperio abarcaba lo que es hoy Ecuador, Colombia, Perú, parte de Brasil y la Argentina, una superficie total mayor que la del Imperio Romano. A su muerte, sus hijos lucharon por el dominio triunfando Atahualpa precisamente cuando llegaba Pizarro en 1532.

INCITATO: El caballo de Calígula (12-41), emperador romano. El verdadero nombre del emperador era Caius César Germanicus. De niño usaba botas militares, de lo que surgió su nombre *caligula,* botitas. Fue nombrado emperador sucediendo a Tiberio. Poco tiempo después se convirtió en un gobernante cruel y seguramente insano, viviendo licenciosa y perturbadoramente. Alimentaba a sus animales como si fuesen humanos. Y a los humanos como a insectos. Para probarlo, nombró a su caballo Incitato sacerdote y cónsul. El animal tenía un comedero de marfil y bebía vino en baldes de oro.

INCUNABLE: Del latín, *inucunabula*, persona en sus primeros años o la banda con que se sujetaba a los niños a sus cunas. Se hizo un uso figurado del concepto "libros de los tiempos de cuna de la imprenta". La expresión se usó luego para todo libro impreso antes de 1501. Se calcula que fueron unas 40.000 ediciones en unas 1.000 imprentas, entre las que aparecían las de Caxton, Jenson, Manutius y Johann Gutenberg (1397-1468), el primer europeo que usó tipos movibles y a quien se adjudica la invención de la imprenta en 1463 en Estrasburgo, aunque el trabajo lo desarrolló en Mainz. Los incunables muestran el desarrollo de la tipografía en su período de gestación.
Gutenberg había pedido dinero prestado a Johann Fust (véase FAUSTO), quien luego embargó todas sus posesiones por falta de pago, continuando así su trabajo original. Fust conservó las máquinas, pero Gutenberg ingresó en la historia. La primera impresión color la realizó Peter Schöffer en 1457.

ÍNDIGO: El término se origina en el griego *indikon,* que literalmente significa sustancia de la India.
Pasó al latín como *indicum* y al español como índico, perteneciente a las Indias Orientales. Los portugueses lo modificaron convirtiéndolo en índigo y su peso en el comercio del siglo XVII le dio fuerza internacional.

INEFABLE: Literalmente, que no se puede expresar. De origen latino, de esta expresión, sin el prefijo negativo, nacen FÁBULA y fama.

INEXORABLE: Del latín, *orare,* oración, que también dio origen a ORÁCULO, orador. La incorporación del prefijo *in* convirtió a la palabra en "no se puede quitar orando" y en la acepción moderna "que no se deja vencer por súplicas".

INFANTE: En el original latín, la palabra se origina en *in* y *fari,* que no puede hablar, luego por extensión niño o niña pequeños. La palabra fue usada como sinónimo de niños y por ello infanta es toda princesa de sangre real en España y Portugal, excepto la heredera de la Corona, que es princesa. Infante es el hijo de los soberanos de España y Portugal, excepto el príncipe heredero en España a quien se llama Príncipe de Asturias.

INFIERNO: La residencia castigo de los muertos que por antiguas tradiciones es un lugar de tormento. En el CORÁN, el infierno tiene siete portales que llevan a siete divisiones. Para los antiguos judíos, el infierno o Sheol, era donde las almas deambulaban infelices. Para los griegos, el equivalente es el mundo subterráneo o Hades.
Aunque muchos no admiten el infierno propiamente dicho, la superstición supone que hay 136 lugares de castigo después de la muerte.

INRI: Letras iniciales de la inscripción fijada en la Cruz de Cristo por orden de Poncio Pilatos: *Iesus Nazarenus Rex Iudaeorum,* Jesús de Nazaret, Rey de los Judíos, sin duda como una cruel ironía, San Juan (19:19).
Los antiguos alquimistas lo interpretaron como *Igne Natura Renovarur Integra,* toda la naturaleza se renueva por el fuego.
En el lunfardo francés se llamó Henri a los enterradores como una deformación perversa de la pronunciación de INRI.

INSECTO: La palabra insecto en griego era *entomon* que luego diera origen a entomología. Su verdadero sentido era criatura dividida en segmentos. Eso dio lugar a *in sectum*, en segmentos, traducida finalmente a su forma actual. Hay más especies de insectos que de todas las otras especies combinadas: se calculan 700.000 especies conocidas. Los insectos adultos tienen tres pares de patas, usualmente dos pares de alas y el cuerpo segmentado. La mayoría puede detectar un amplio rango de sonidos a través de pelos ultrasensibles. Algunos producen sonidos al friccionar partes de sus cuerpos. El 80% de los insectos soporta metamorfosis completas. Registros arqueológicos demostrarían su presencia 200 millones de años atrás.

INTERNET: Red global de comunicación computadorizada que posibilita la relación electrónica de gobiernos, medios, universidades, compañías, particulares y la búsqueda de datos, información y archivos accediendo a computadoras a través de todo el mundo. Se cree que un millón de personas acceden mensualmente al sistema que fue originariamente creado para mantener fuera del alcance de

El Juicio Final, El Bosco.

ataques nucleares terrestres, marítimos o aéreos toda la información indispensable para recuperar el mundo en caso de devastación. El sistema conocido como *world wide web* funciona hoy como un continente independiente de todos y al que pueden llegar millones de personas sin documento ni visas.

Un dato muy curioso es que el Vaticano, a través de su Consejo de Comunicación Social, buscó un patrono del Internet y lo encontró en San Isidoro de Sevilla, monje que vivió en el siglo VI y creó uno de los más primitivos registros de información en una gigantesca obra de 20 volúmenes (véase GABRIEL). Según se sabe, también fueron considerados San Judas Tadeo, el patrono de las causas desesperadas, y San Antonio, el santo que ayuda a recuperar las cosas perdidas. San Isidoro se sumará así a otros santos asignados a tareas relacionadas con la tecnología moderna, como San José de Cupertino, patrono de los astronautas, y Santa Clara, patrona de quienes sufren de los ojos y consecuentemente, patrona de la televisión.

Precisamente para aceder a la lista completa de santos, que es enorme, puede consultarse en Internet: http://saints.catholic.org/patron.html

INVALIDES, LES: Conocido en París, Francia como *Hôtel des Invalides.* Institución fundada por Luis XIV en 1670 en París para atender a los soldados heridos o enfermos. Contiene el Museo de la Armada de objetos militares y la iglesia de San Luis, que guarda los restos de Napoleón Bonaparte que fueron traídos desde Santa Elena en 1840 e instalados en el centro de un enorme edificio circular. También allí se encuentran las tumbas de su hijo, Napoleón II, que murió en Schönbrunn y cuyas cenizas fueron devueltas a Francia en 1940 por Hitler. Encontraron también su sepultura el mariscal Foch (1821-1929) que fuera comandante en jefe de las fuerzas aliadas en la Primera Guerra Mundial; José Bonaparte (1768-1844), rey de Nápoles y España; Jérôme Bonaparte (1784-1860), rey de Westfalia, el extravagante hermano menor de Napoleón; y otros generales como Bertrand, Duroc, Grounchy y Kébler.

INVERTEBRADOS: Término que se usa para definir a los animales sin columna vertebral. Hay más de un millón de especies de invertebrados, divididas en 30 grupos principales. La mayoría son insectos, pero también se incluyen crustáceos, arácnidos, moluscos y otros animales con excepción de peces, anfibios, reptiles, pájaros y mamíferos.

INVISIBLE, EL HOMBRE: Novela de ciencia ficción escrita por el novelista, periodista, sociólogo e historiador inglés Herbert George Wells (1866-1946), más conocido como H. G. Wells. Algunos de sus libros más importantes fueron *Reseña de la historia, La ciencia de la vida, Cuentos del espacio y el tiempo, La máquina del tiempo.*

El hombre invisible se publicó en 1897 y se convirtió en un clásico de la literatura, no sólo por su imaginación, sino porque se incorporó a los sueños de muchas generaciones: la posibilidad de ser invisible y recorrer la vida cotidiana sin ser visto por los demás. El relato cuenta la vida de un científico llamado Griffin, que se vuelve loco tras lograr ser invisible. Usa esa notable capacidad para todo tipo de tropelías, incluido el crimen. Finalmente, alguien logra matarlo y entonces su cuerpo recobra visibilidad. El cine le dedicó varias películas, en muchas de las cuales el hombre invisible resultó ser bondadoso y defensor de la ley.

IRIS: En la mitología griega, la representación del arco iris, uno de los fenómenos naturales que más fantasías ha despertado en los seres humanos (véase LEPRECHAUNS). Iris simboliza la unión del Cielo y la Tierra, entre los dioses y los hombres, alianza que el arco iris hace sensible. Iris suele ser representada con alas y un ligero velo que, al sol, se tiñe con los colores del espectro.

ISAÍAS: Uno de los más grandes PROFETAS del Antiguo TESTAMENTO. En el libro que lleva su nombre, escrito en el siglo VIII a. de C., que es el más extenso de los escritos proféticos, Isaías anuncia la llegada del Mesías: "Ya llega el Señor con poder y Su brazo le asegura el dominio. El premio de Su victoria le acompaña. Como un pastor, atiende a Su rebaño..." El libro contiene algunos de los pasajes más hermosos de la Biblia (véase JESÚS).
Gran parte del texto del Libro de Isaías fue usado por George Frederick Handel (1685-1759), compositor inglés, nacido en Alemania como Georg Friedrich Händel, maestro del barroco, para componer su celebrado oratorio *El Mesías.*

ISIS: Diosa egipcia, esposa de OSIRIS y madre del dios-Sol Horus. Osiris, el gran benefactor de la humanidad, es asesinado por su pérfido hermano Set, el dios de las sombras. (Una vez más el conflicto entre hermanos a lo largo de la historia de la humanidad donde los autores de las leyendas, historias o mitos, quieren prevenir con el simbolismo las trágicas consecuencias que siempre trae la lucha fraterna.) Isis oculta y protege a su hijo Horus, convirtiéndose en el símbolo de la perfecta relación entre madre e hijo. Su aspecto era impresionante y su magia trascendía la de todos los dioses.

ISLAM: En árabe, *islam,* sumisión a Dios, salvación. Religión monoteísta fundada por MAHOMA en Arabia a principios del siglo VII. En el corazón del islam se levanta el CORÁN, el libro sagrado considerado la divina revelación de Dios a Mahoma y los Hadiths (tradición oral de los dichos de Mahoma). Los musulmanes, miembros de la fe, fijan el principio del islam en el 622, el año de la HÉGIRA. El musulmán se somete a la voluntad de Alá por cinco preceptos (pilares) básicos.
• Primero, el *Shahadah,* "no hay otro Dios más que Alá y Mahoma es Su Profeta".
• Segundo, *Salah,* cinco días de plegarias rituales. En la Mezquita el musulmán realiza abluciones (purificaciones) antes de orar a Dios en una actitud de sumisión, arrodillándose en una manta mirando hacia la Meca, con la cabeza inclina-

da, luego erguido con las manos tras las oídos para escuchar el mensaje de Dios.

- Tercero, *Zakat,* o dar limosnas.
- Cuarto, *Swam,* ayuno durante el RAMADÁN.
- Quinto, *Hajj*, peregrinaje a la Meca.

El islam es estrictamente monoteísta y, por lo tanto, la idolatría o *shirk* es pecado imperdonable.

El rápido crecimiento del islam durante el siglo VIII puede atribuirse a la unificación de lo temporal con lo espiritual. El líder de la comunidad (califa) es tanto líder religioso como social. El CORÁN fue rápidamente suplementado con las elaboraciones informales de la Sunna (los dichos y hechos de Mahoma). Tras la muerte de Mahoma en 632, los ejércitos musulmanes conquistaron rápidamente un imperio tres veces el tamaño del Imperio Romano desde España a los valles hindúes. Estas conquistas, que necesariamente requerían de ejércitos poderosos y organizaciones detalladas, llevaban consigo cultura, arte y ciencia prestas a ser informadas y transferidas a los pueblos sometidos a través de un idioma, instrumento fundamental del desarrollo musulmán en Europa. Ni el cristianismo ni el judaísmo lograron mantener un idioma singular para todos sus acólitos.

ISRAEL: La expresión ha tenido distintos usos en la Biblia. En el Antiguo TESTAMENTO es el nuevo nombre de Jacobo, que Dios le otorga porque ha luchado y vencido. Jacobo, ahora Israel, interroga a quien le habla rogándole que le diga su nombre. Su interlocutor contesta: "¿Cómo te atreves a preguntar Mi nombre?" Luego Jacobo/Israel diría: "He visto a Dios cara a cara y he salido con vida" - Génesis (32:28) (véase APARIENCIA DE DIOS).

Los hijos de Jacobo/Israel fueron los ancestros de las Doce Tribus de Israel, los israelitas o hebreos, quienes muchos años más tarde conquistarían la Tierra Prometida y se aposentarían. A su tiempo, esa tierra fue el reino de Israel que tuvo por reyes a Saúl, David y Salomón. A la muerte de Salomón, el reino se dividió en dos partes desiguales. La más grande, Israel; la más pequeña, Judá. Israel sólo pudo continuar por 200 años y su gente formó las tribus perdidas de Israel.

El nombre fue recuperado en tiempos modernos para denominar a la república establecida en 1948 en lo que había sido el mandato británico de Palestina. Generalmente, a la palabra Israel se la entiende como representando la expresión hebrea "hombre amigo de Dios", aunque en el relato del Antiguo Testamento, se indica que el nombre de Israel se le otorgaba a Jacobo: "Porque has luchado con Dios y con los Hombres y has vencido".

ISRAFEL: El ÁNGEL de la música de los musulmanes. Tiene la voz más melodiosa de todas las criaturas de Dios y será él quien hará sonar la Trompeta de la Resurrección que deleitará y emocionará a todos los santos del Paraíso. Según la tradición, Israfel, Miguel y GABRIEL fueron los tres ángeles que anunciaron a ABRAHAM la destrucción de Sodoma.

Ivanhoe: Romance histórico de Sir Walter Scott (1771-1832), poeta y novelista escocés. Publicado en 1819, relata las aventuras del personaje de ficción Sir Wilfred de Ivanhoe, caballero sajón quien, al volver de las Cruzadas, es desheredado por su padre por haberse enamorado de Rowena, quien estaba prometida a otro caballero. Ivanhoe viaja y disputa el amor de Rowena en un torneo de lucha montada entre caballeros. Cuando gana, toma a Rowena y ambos se marchan a España.

Izanagi y Izanani: Deidades centrales de la mitología japonesa, personajes principales del mito de la creación. Era un grupo de hermanos y hermanas que aparecieron cuando el cielo y la Tierra se separaron, después del caos original. Lograron mantenerse a flote sobre los océanos y dividirlos para así crear los primeros continentes. El tema del diluvio es central y repetido en muchas mitologías y religiones de la antigüedad. La diosa Sol *Ama terasu-o-mi-kami* nació del ojo izquierdo de uno de los hermanos y el dios Luna, *Tsukiyomi*, de su nariz (véase Amaterasu).

J: Los romanos la usaban como una i larga. Comenzó a diferenciarse de la i en el siglo XVII y completamente en el siglo XIX. En el antiguo sistema de numeración romano, la j se usaba para cerrar una enumeración serial. Por ejemplo, IIJ por III.

Jack, El Gigante Asesino: Héroe de un antiguo cuento infantil, que tenía control sobre cuatro mágicas posesiones: cuando se ponía su abrigo, ningún ojo podía verlo; cuando se ponía sus zapatos, nadie podía alcanzarlo; cuando se ponía la capa sobre la cabeza, sabía todo lo que había por saber y, con su espada, podía cortar todo lo que él se propusiera. La historia se remonta a Walter Map en el 1209, quien la obtuvo de una fuente francesa.

Jade: En tiempos medievales, se suponía que esta piedra ornamental, aplicada sobre el costado del cuerpo humano, curaba el cólico renal. Según el antiguo español, ijada es piedra del costado o las cavidades entre las costillas y los huesos de la cadera. La palabra jade define a dos piedras: la jadeíta o la nefrita. Esta última viene del griego *nephros*, hígado, y establece claramente la relación entre la piedra y la cura. Algunos indios norteamericanos usan el jade como amuleto contra la mordedura de serpientes y para curar los cálculos de riñón, la epilepsia y otras enfermedades.

Jardines Colgantes de Babilonia: Enorme jardín en forma de cuadrado de 122 m por lado, de acuerdo con los relatos de Diodorus Siculus en el 40 a. de C. Estaban levantados en forma de terrazas y tenían suficientes volúmenes de tierra para soportar árboles de gran tamaño. El agua era traída por canales desde el río Éufrates y se había construido un reservorio en la cima. Estos jardines fueron considerados una de las maravillas del mundo y todo indica que fueron construidos por el rey Nabucodonosor para gratificar a su mujer, que extrañaba los cerros de su tierra natal, aunque otros los adjudican a la fundadora de Babilonia, SEMÍRAMIS.

JEANS: Palabra que parece haberse originado en *jean fustian,* una tela fuerte y resistente. *Jean* representaba una deformación de Janne, vieja palabra francesa para la ciudad de Génova. En inglés, *Genoa.* La pronunciación en inglés hizo nacer la forma de denominar a la prenda de vestir más popular del mundo.

JEHOVÁ: En hebreo, Dios. La palabra fue usada para expresar la extrema santidad del nombre de Dios y era una forma del tetragrámaton (palabra compuesta de cuatro letras) JHVH, cuyo significado era INEFABLE, que con palabras no se puede explicar, tan sagrado que no se debía usar. Los escribas agregaron vocales de manera que los lectores debían pronunciar Adonai, en lugar de JHVH. En tiempos del Renacimiento, estas vocales y consonantes fueron tomadas como el nombre sagrado y de allí aparecieron Jehová y Yavé. La palabra hebrea, *hawah,* indicaría ser, existir.
En Éxodo (3:14): "Dios dijo a MOISÉS: Yo soy el que soy. Éste es mi nombre para siempre y así seré invocado en todos los tiempos futuros".

JERICÓ: Antigua ciudad de Palestina en el valle del Jordán al norte del Mar Muerto. Según el relato bíblico, Josué se apoderó de Jericó y la destruyó. Luego la ciudad cayó en manos de Herodes; más tarde, en las de los musulmanes y otros invasores. Sólo en excavaciones hechas en el siglo XX se reveló que podría ser el asentamiento humano más antiguo: 8000 a. de C. En Samuel (10:5) y Crónicas (19:5) aparecen menciones que describen a Jericó como un lugar indefinido y muy lejano: "Ve lentamente a Jericó hasta que tus barbas crezcan".

JEROGLÍFICOS: Nombre que se dio a los caracteres de la escritura egipcia. Por muchos años estos símbolos de bestias, pájaros, hombres y mujeres fueron indescifrables. Jean-François Champollion (1790-1832), un egiptólogo francés, con la asistencia del doctor Thomas Young (1773-1829), fue el primero en descifrar parte del texto de la Piedra Rosetta en 1819 y probar la naturaleza alfabética de los signos. La Piedra Rosetta era una tabla de basalto con inscripciones hechas por sacerdotes de los tiempos de Ptolomeo V (205-180), que llegó al trono siendo muy pequeño. La pieza arqueológica fue encontrada en 1799 por soldados de Napoleón cerca de la ciudad de Rosetta (en árabe *Rechid),* a orillas del brazo oeste del NILO al norte de Egipto. Hoy se exhibe en el Museo Británico.

JERUSALÉN: La ciudad tiene una historia plagada de acontecimientos, quizá más que cualquier otra de la Tierra. Fue capital del reino hebreo después de su captura por el rey David en el 1000 a. de C. Fue destruida por Nabucodonosor en

La sagrada ciudad de Jerusalén y su muralla,
miniatura del libro *Cronología universal,* Países Bajos (Brujas), c. 1480.

el 586 a. de C., tomada por los romanos en el 63 a. de C., devastada en el 70 y nuevamente en el 135 de nuestra era. Luego de caer en manos árabes en 637 y de los turcos en 1071, fue controlada por los cruzados desde 1099 a 1187, luego por los egipcios y los turcos hasta la conquista británica en 1917. Se convirtió en el centro del mandato británico de Palestina desde 1920 a 1948, cuando los árabes tomaron la ciudad vieja y los judíos la ciudad nueva, unificada luego de la Guerra de los Seis Días en 1967.

Su nombre se remonta a una palabra de raíz semítica, *urushalim.* El significado es incierto aunque todo indica que sería *uru,* casa, pueblo, y *shalim*, paz. Es probable entonces que "pueblo de paz" sea el nombre que encierra la turbulenta historia que tan profundos significados tiene precisamente, para las tres religiones monoteístas: el judaísmo, el islamismo y el cristianismo.

JESÚS O JESUCRISTO: También llamado Jesús de Galilea o Jesús de Nazaret. En la fe cristiana, el Hijo de Dios, segunda persona de la Trinidad. El nombre Jesús es la forma griega del hebreo Joshua, palabra que significa "Salvador". Cristo es también palabra griega para la expresión hebrea "Mesías", que significa "Ungido". Para el cristianismo, Dios hizo a Jesús hombre, divino, totalmente humano.

Sus dichos y hechos están registrados en el Nuevo Testamento en los relatos de los EVANGELIOS de Mateo, Marcos, Lucas y Juan. En particular, Mateo (2:21) explica el porqué del nombre Jesús cuando le dice a José: "Ella (María) dará a luz un hijo, a quien pondrás el nombre de Jesús, porque Él salvará a Su Pueblo de todos sus pecados".

Acontecimientos milagrosos rodean la concepción y nacimiento de Jesús. Hijo de la VIRGEN MARÍA y SAN JOSÉ. Nació en Belén, fue bautizado en el río Jordán por Juan el Bautista y creció en Nazaret, trabajando con su padre, que era carpintero. Su actividad se centró en Galilea.

Seguido por sus doce discípulos, Jesús predicó un mensaje de amor. La gente común lo seguía y recibía con alborozo y Él dispensó milagros y curaciones y fue considerado el Mesías.

Los EVANGELIOS describen sus milagros, Su prédica moral, Sus repetidos ataques a los fariseos (miembros de una secta que afectaba rigor y austeridad puramente exteriores. Figurativamente, hoy fariseo significa persona hipócrita que sólo tiene apariencia de virtud). Su afecto por los desposeídos y oprimidos despertó gran simpatía popular.

La enseñanza básica de Jesús, sintetizada en el Sermón de la Montaña, fue "Ama a Dios y a tu prójimo como a ti mismo". Grandes pensadores sostienen que bastaría cumplir este mandamiento para hacer innecesarios todos los restantes y traer paz y tranquilidad al mundo.

Esas mismas prédicas y su popularidad levantaron sospechas en las autoridades romanas.

Sus acólitos lo consideraban el largamente esperado Mesías, un Ser enviado

por Dios para restaurar ISRAEL y el bien. Las autoridades y los romanos comenzaron a sospechar intentos revolucionarios. Luego de un corto tiempo en Galilea, Jesús y sus discípulos viajaron a Jerusalén. Luego de la Última Cena, donde instituyó la Eucaristía (Comunión), uno de ellos, Judas Iscariote, lo traicionó y Jesús fue tomado por los soldados romanos. Juzgado por los sumos sacerdotes y un consejo con funciones judiciales, religiosas y políticas, fue sentenciado a muerte y crucificado en el Gólgota (véase CALVARIO). A los tres días resucitó y a los cuarenta subió al Cielo. Su resurrección se convirtió en parte fundamental de la religión católica que nació a partir de sus enseñanzas. Jesucristo no sólo designa al personaje fundamental, sino a la religión cristiana que nace 20 siglos atrás con Su advenimiento.
Jesús fue el hijo de un humilde carpintero. Nació en un pequeño pueblo perteneciente a una nación pequeña y castigada. A los 30 años comenzó su vida pública, que sería muy corta. Nunca escribió texto alguno que le haya sobrevivido ni tuvo aposentos ni habló desde una tribuna. Nunca dejó su tierra.
Ninguno de sus coetáneos se preocupó por dejar un dibujo de su rostro. Las imágenes de Jesús conocidas son siempre trabajos de artistas que le imaginaron o las huellas aparecidas en el Santo Sudario. Pero no hay nada contemporáneo relacionado con su aspecto.
A su alrededor se congregaban pobres y simples ciudadanos y nunca más de pocos cientos. A los tres años de su misión, fue ejecutado como si hubiese sido un criminal. Los EVANGELIOS relatan 50 días de su vida adulta.
Y aun cuando hay quienes niegan Su calidad de Hijo de Dios, nadie puede negar la influencia universal de su paso por la Tierra.
En el NUEVO TESTAMENTO, Jesús recibe decenas de apelativos: Alfa y Omega, Autor de la Eterna Salvación, Pan de la vida, Pan de Dios, Estrella de la Mañana, Rey de reyes, Rey de los judíos, Rey de Israel, Primero y Último, Pastor, Imagen de Dios, Cordero de Dios, Luz del Mundo, Señor de Señores, Mesías, Todopoderoso, Hijo Amado, Príncipe de la Vida, Príncipe de la Paz, Profeta, Hijo, Hijo del Hombre, Hijo de Dios, la Verdadera Luz, Palabra de Dios.

JIHAD: Guerra religiosa de los musulmanes contra los no creyentes. Establecida en el CORÁN como Institución Divina, la contienda es un deber religioso y sagrado llevado a cabo especialmente con el propósito de impulsar el islam y proteger a los musulmanes del mal. Hay cuatro maneras en que los musulmanes pueden cumplir sus deberes con la Jihad: con el corazón, con la palabra, con la mano y con la espada.

JIRAFA: Antiguamente el nombre de este animal era *camelopard*, un compuesto de camello y leopardo, por el largo cuello y las manchas. A partir del siglo XVII cambió por jirafa, cuyo antecedente es la palabra árabe *zirafah*, probablemente derivada de alguna lengua africana. Es el más alto de los animales: puede llegar a medir 6 metros por sus patas y longitud del cuello. El cuello de la jirafa sólo tiene 7 vértebras, pero cada una de las vértebras es muy larga y por lo tanto la jirafa no puede doblar su cuello. Cuando desea tomar agua, debe doblar sus patas. Por su altura está en condiciones de comer de los árboles altos porque suele vivir en lugares donde casi no hay pasturas. Tiene muy fino olfato y gran desarrollo del oído. Sus colores le permiten disimularse entre la sombra de los árboles y puede alcanzar una velocidad de hasta 45 kilómetros por hora. La jirafa no es tan frágil como luce y hasta los leones se cuidan muy bien antes de atacarla.

JOAQUÍN: Padre de la VIRGEN MARÍA, habitualmente representado por un anciano cargando una cesta de palomas, en alusión a su ofrenda por la purificación de su hija. Su esposa, madre de María, es Santa Ana.

JOB: Patriarca del Antiguo Testamento. Es un hombre pío sometido a terribles aflicciones para probar su fe en Dios y la fortaleza de su piedad. Aunque pierde su fortuna, su familia y sus amigos y sufre una dolorosa enfermedad, se niega a maldecir a Dios. Finalmente, todo lo perdido le es devuelto.
Shakespeare, en *Enrique IV*, hace decir a uno de sus personajes: "Soy tan pobre como Job, mi Señor, pero no tan paciente".

JONÁS: Personaje de la BIBLIA cuya historia fue probablemente escrita entre el 350 y 500 a. de C. Jonás es llamado por Dios para ir a Nínive, una importante ciudad asiria, para profetizar un desastre a causa de la conducta cruel de sus habitantes y procurar el arrepentimiento y cambio de actitudes. Jonás supone que la ciudad habría de caer de todas maneras por el juicio de Dios y prefiere no profetizarlo por temor a que Nínive se arrepintiera, cambiara su conducta y entonces lo castigaran por su error, pues la profecía no se habría cumplido. Toma entonces pasaje en un barco que va en dirección opuesta, esperando así escapar de Dios. Una tormenta de severidad sin precedentes ataca el barco y los marineros aterrados tiran suertes para descubrir quién es el causante del infortunio y calamitosa situación.
Jonás resulta ser el desafortunado y prontamente es arrojado por la borda. Azotado por el mar, es literalmente tragado entero por un gran pez, lo que le permite vivir dentro del animal por tres días y tres noches. Después de rogar a Dios que se apiade de él, el gran pez (las creencias populares determinaron que se trataba de una BALLENA) se siente mal, vomita y arroja a Jonás a tierra. Aún renuente, Jonás cumple su misión en Nínive. Para su disgusto, pues odia a los asirios, su llamado al arrepentimiento es escuchado y la ciudad se salva. La aventura de Jonás ha sido objeto de tratamiento por autores como Thomas Lodge, Herman Melville, Robert Frost, Aldous Huxley y la historia se repite en parte de las *Aventuras de PINOCHO* y en las historias de las ballenas de las islas de San MACUTES.

Miniatura del libro del *Bestiario*, Inglaterra, finales del siglo XII.

Jorge y el Dragón, San: Incidente legendario concerniente a un santo real de la cristiandad. San Jorge parece haber sido un soldado del Imperio Romano alrededor del 300. Por entonces, un DRAGÓN que residía en un estanque asolaba los alrededores y devoraba a la gente de la región cercana. Cuando estaba a punto de comerse a la hija del rey, intervino Jorge, quien sometió de tal manera a la bestia, que la princesa ató su lazo a la cabeza del dragón y así lo llevó hasta el pueblo mansamente y al trotecito, donde Jorge lo mató. En la Edad Media, Inglaterra adoptó a San Jorge como su Santo Patrono. Jorge murió mártir en el Asia Menor. Su fecha: 23 de abril.

José, San: Esposo de la Virgen María y el padre legal de Jesús. Es el Santo Patrono de los carpinteros, porque ése era su oficio. Aunque no hay datos ciertos sobre su muerte, se supone que era un hombre mayor en los últimos días terrenales de Jesús y que había fallecido antes de la Crucifixión porque su nombre no aparece en esos trágicos momentos.
Se lo representa en arte como a un hombre mayor con una vara en la mano y su día se celebra el 19 de marzo. En 1955, el papa Pío XII instituyó la fiesta de San José el 1° de mayo, Día del Trabajo.

Jovial: Literalmente, nacido bajo la influencia del planeta Júpiter. Se origina en la expresión italiana *gioviale*, derivado de *Giove*, Júpiter. Se suponía que a los nacidos bajo su signo, Júpiter les otorgaba felicidad y eso dio origen a la palabra que traduce alegría, felicidad.

Juana de Arco: Honrada por los franceses como su gran heroína. Nació el 6 de enero de 1412 y murió en la hoguera el 30 de mayo de 1431 a los 19 años. Había vivido una de las vidas más trascendentes de la historia de Francia. Desde muy joven, Juana contó que escuchaba voces celestiales a las que identificó como Santa Margarita, Santa Catalina y el Arcángel Gabriel.
Según sus relatos, las voces le reclamaban que trajera paz a Francia. Logró convencer al delfín Charles, heredero del trono, que le permitiera conducir las tropas contra los ingleses. Consiguió una extraordinaria victoria y el delfín fue coronado como Charles VII.
Le faltó luego apoyo y su ejército se debilitó. Fue capturada por los ingleses y sometida a juicio. Interrogada durante 14 meses, finalmente fue condenada por vestir armaduras masculinas y por herejía, puesto que ella sostenía que era responsable de sus actos sólo ante Dios. La pena de muerte fue conmutada y se le decretó prisión de por vida. A partir de su cautiverio, Juana volvió a usar ropas masculinas y nuevamente fue condenada a muerte. Murió en la hoguera en la ciudad de Rouen.
Luego de 250 años, la Iglesia retiró los cargos, fue declarada inocente y en 1920, durante el papado de Benedicto XV, fue canonizada y convertida en Santa Juana de Arco, cuya memoria se celebra el 30 de mayo. Sobre su vida y

muerte se han escrito centenares de obras literarias, musicales, escultóricas y plásticas y se sostiene que era ZURDA.

JUAN BAUTISTA, SAN: Conocido como Juan el Bautista. La figura de los EVANGELIOS que anticipó la llegada de JESÚS y fue enviado para preparar el camino del Señor. Su día se celebra el 24 de junio. Es representado con una piel de oveja sobre su espalda, en directa alusión a su vida en el desierto.
San Juan suele llevar una simple y elemental cruz de madera con un pendón con las palabras *Ecce Agnus Dei,* Miren al Cordero de Dios, y otras veces, con un libro con un cordero impreso o cerca de su mano derecha un cordero con un halo. Al atestiguar que Jesús es el Cordero de Dios, el Bautista evoca la figura del servidor sufriente, que se entrega a la muerte como un cordero inocente, para expiar el pecado del mundo.

JUBILEO: En la historia del pueblo judío, el jubileo se celebraba cada 50 años y era considerado sagrado en conmemoración de la partida de Egipto. En el Antiguo Testamento, Levítico (25:11): "Este quincuagésimo año será para ustedes un jubileo: no sembrarán ni segarán lo que vuelva a brotar de la última cosecha, ni vendimiarán la viña que haya quedado sin podar. Porque es un jubileo será sagrado para ustedes. Sólo podrán comer lo que el campo produzca por sí mismo".
La palabra jubileo se origina en el hebrero, *yovhel,* cuerno de carnero, pero fue luego influida por el latín, *jubilare,* gritar de alegría. Jubileo vino a significar cualquier quincuagésimo aniversario, aunque luego fueron 25 años e incluso cualquier número de años. Varios reyes y reinas celebraron sus jubileos tras 50 años de reinado, como Jorge III de Inglaterra y la reina Victoria, que celebró su jubileo en 1887, pues había asumido en 1837, y luego su jubileo de diamante en 1897.
En la Iglesia Católica, el papa Bonifacio VIII instituyó un jubileo en el año 1300 y fueron otorgadas indulgencias a los peregrinos que visitaron Roma. Se determinó que se celebrara cada 100 años, pero el papa Clemente VI en 1343 lo cambió a 50 años y Urbano IV, en 1389, lo fijó en 33 años.
Durante el jubileo es la única ocasión en que la *Porta Santa* de San Pedro en Roma es abierta, como ocurrió en diciembre de 1999.
El peregrinaje a Roma era una obligación hasta el año 1500. En la actualidad es una indulgencia plenaria y universal concedida por el papa.

JUDÍOS: Seguidores de la religión monoteísta del judaísmo, especialmente quienes proclaman descender de los antiguos hebreos, un pueblo semita que se estableció en Palestina hacia el final del segundo milenio antes de Cristo. En el Antiguo Testamento su historia comienza con los patriarcas ABRAHAM, Isaac y Jacobo en Caná. Las primeras tribus vivían en Egipto hasta que MOISÉS las lideró al huir de las persecuciones de Ramsés II. David, uno de los primeros reyes judíos, derrotó a los enemigos, expandió el territorio y trajo paz y prosperidad a su pueblo. Su hijo, Salomón, construyó el primer Templo. Desde el 600 a. de C. el pueblo de Judea sufrió la dominación de poderes foráneos, entre ellos los asirios, babilonios y romanos. Después de la destrucción de JERUSALÉN por los romanos en el año 70, los judíos se dispersaron por todo el mundo (Diáspora). Fueron expulsados de Inglaterra en 1290 y de España en el siglo XV. La palabra judío apareció en el medioevo, derivada de la palabra latina *Judaea,* Judea, la forma romanizada de la región Palestina. Durante la Segunda Guerra Mundial, seis millones de judíos fueron asesinados en el Holocausto (del griego, *holos,* todo, y *kaustos,* quemado) (véase GENOCIDIO). En 1948, luego de haber luchado contra el poder británico en Palestina, los judíos se establecieron en la moderna Nación Estado de ISRAEL, donde hoy habitan cerca de 6 millones de personas. Muchos millones más viven en otros países.

JUEGO DE PELOTA: En la América previa al arribo de los españoles, alrededor de los años 1000, se realizaba un juego ritual que alcanzó gran desarrollo en México y Guatemala. El juego se practicaba entre dos equipos, cada uno compuesto por tres y hasta siete jugadores. La pelota simbolizaba el Sol, que debía ser mantenido en el aire por el esfuerzo de los participantes. Podía ser golpeada sólo con los codos, caderas, rodillas y manos. Si no se cumplía con la ceremonia de mantenerla en el aire, el responsable recibía la pena de muerte, porque el Sol, por su culpa, había bajado al mundo subterráneo, donde su luz se extinguía. Varios aspectos del juego son descriptos en antiguos paneles, códices pintados y esculturas pequeñas.

JULIO: Mes en que nació Julio César. En la antigua Roma, a este mes se le llamaba *Quintilis,* quinto mes, porque el CALENDARIO romano comenzaba en marzo. Después de la muerte de Julio César se le adjudicó su nombre a ese período. Precisamente, por la cantidad de meses del año romano, septiembre, octubre, noviembre y diciembre, significaban séptimo, octavo, noveno y décimo.

JUMBO: Nombre del elefante excepcionalmente grande que vivía en el zoológico de Londres, donde transportó sobre su lomo a miles de niños. Luego fue vendido al circo Barnum, "El Espectáculo más Grande del Mundo", en 1882 (véase SIAMESES). El elefante Jumbo pesaba 6 toneladas y media. Murió en un trágico accidente ferroviario en 1885. Su nombre se convirtió en sinónimo de objetos enormes y luego dio nombre a los *Jumbo Jet.* Su nombre proviene del swahili, *jambe,* jefe.

JUNIO: De Juno, la diosa romana de las mujeres y el matrimonio.

JURADO: Del latín, *jurare,* jurar. El jurado apareció en tiempos del medioevo (500 al 1500) como un cuerpo de vecinos convocados por un oficial público para que ellos dieran, bajo juramento, respuesta a ciertas preguntas. Hace mucho

tiempo que son 12 los jurados y esa cantidad está estipulada en la primera cláusula de la Constitución de Clarendon de 1166: 16 artículos publicados por Enrique II de Inglaterra, muy importantes para el posterior desarrollo del derecho inglés. Esta constitución extendió la jurisdicción de las cortes civiles sobre las religiosas. Thomas Beckett (1118-1170), mártir inglés luego San Thomas Beckett, la repudió tan pronto lo hizo el propio Papa. Pero la mayor parte permaneció como ley. Los reyes normandos de Inglaterra mantuvieron el concepto de 12 hombres como alternativa al juicio por combate.
El número 12 siempre ha sido significativo y místico como los signos del ZODÍACO, los APÓSTOLES, las tribus de Egipto y ha sido siempre visto como un número suficiente de personas para proveer un veredicto confiable en los juicios públicos. Con su institución, fue la primera vez en la historia que la gente adquirió el derecho de juzgar, construyendo un muro contra los abusos del Estado. Precisamente, en los juicios por jurado, el Estado debe probar más allá de toda duda razonable la culpabilidad del acusado, partiendo del principio de la inocencia presunta y el jurado está allí para asegurar que la sociedad hace respetar ese principio fundamental de que nadie es culpable hasta que se pruebe lo contrario. Por eso los fallos dictaminan en el derecho sajón, al cierre del juicio: "*Guilty*" o "*Not Guilty*", culpable o no culpable, indicando con ello que el Estado no ha sido capaz de probar la culpabilidad. Como se ve, el jurado no declara al acusado inocente, aunque los efectos prácticos sean los mismos.

JUVENAL: Uno de los poetas satíricos romanos más conocidos. Su nombre completo era Decimus Junius Juvenalis. Vivió entre los siglos I y II de nuestra era. En sus versos denunciaba la sociedad lujuriosa, la tiranía, la inmoralidad y la afectación. Algunas de sus expresiones siguen siendo usadas en la actualidad sin que nadie las asocie con su genio, por ejemplo: "*Panem et circenses*", Pan y circo; "*Mens sana in corpore sano*" mente sana en cuerpo sano, especialmente usado en el deporte y "*Quis custodiet ipsos custodes?*" ¿Quién vigilará a los guardianes?

K

K: Los griegos la tomaron de un jeroglífico egipcio y la convirtieron en *kappa.* Para los egipcios la K tenía la forma de un recipiente. Los romanos le dieron su forma definitiva. Pero cuando a la C se le dio el sonido que originariamente tenía la K, usaban esta última para formas abreviadas de algunas pocas palabras del griego. Así, los que acusaban a alguien falsamente eran marcados en la frente con la letra K, de *kalumnia.*

Kaaba: O Caaba. Antiguo edificio de piedra que se supone fue construido por Ismael y Abraham y luego incorporado al centro de la Gran Mezquita de la Meca. Es el santuario sagrado del islam, centro del mundo musulmán y objeto de peregrinajes. Forma un cuadrado de 12 metros de altura y en su interior se halla la Piedra Negra, el más venerado objeto de los musulmanes. Antes de Mahoma (570-632), el Profeta del islam, la Kaaba fue un santuario pagano y la rodeaban muchas leyendas: para los persas era un símbolo de Saturno.
Los no creyentes no pueden acercarse. Y los musulmanes deben mirar hacia la Kaaba durante la oración, cualquiera sea el lugar donde se encuentren. La actual Kaaba fue construida en 1626 y está cubierta por un brocato negro que es reemplazado en ceremonia anual.

Kabuki: En 1568, la sacerdotisa Okuni daba espectáculos de danza con un grupo femenino en Kyoto, antigua capital del Japón, que luego se convirtieron en una forma popular de teatro: Kabuki, integrado por música, danza, mímica, escenarios y vestuarios notables. La expresión se divide en tres partes: *ka,* canción. *Bu,* danza. *Ki,* habilidad.
Por su naturaleza erótica y la asociación con la prostitución, fue prohibida la aparición de mujeres sobre el escenario a partir de 1620.

Para endulzar el mensaje y las acciones, se otorgaron los papeles femeninos a niños o jóvenes, pero finalmente también fueron prohibidos. A mediados del 1600 se desarrolló una forma más refinada de Kabuki, donde sólo actuaban hombres maduros. Uno de los autores más reconocidos es Chikamatsu Monzaemon, que en el siglo XVII escribió grandes obras. Las más populares relataban la eterna y repetida historia del doble suicidio de los amantes. En el Kabuki la actuación suele ser más importante que la obra misma y por ello Monzaemon terminó escribiendo kabuki para títeres.
Como las formas tradicionales del teatro estaban reservadas a los nobles y a los samurai, el kabuki se convirtió en la manera que el pueblo, en la ciudad y en el campo, lograba expresarse.

KALEVALA: Historia nacional épica de los fineses, compiladas en canciones populares y tradiciones orales por el filólogo finés Elias Lönnrot (1802-1884) quien publicó su primera versión de 12.000 versos en 1835 y una segunda de 22.900 en 1849. Los héroes del poema son los hijos de Jaleva que vivía en *Kalevala,* la tierra de Kaleva, Finlandia: Väinämöinen, Ilmarinen y Leminnkäinen. Una parte central de la obra corresponde al *sampo*, un molino mágico que otorga todos los deseos.

KAMA: Dios del amor en la mitología hindú. Su mujer es Rati y él es descripto como un joven agraciado, rodeado de ninfas celestiales, arrojando flechas de flores que provocan el amor. Su nombre viene del sánscrito, *kama*, amor, una palabra que aparece en el título de *Kamasutra,* el libro del amor, antiguo texto hindú del siglo I sobre los placeres eróticos.

KARMA: Del sánscrito, acción, efecto. En la filosofía budista, nombre dado a los resultados de la acción, especialmente a los efectos acumulativos de los actos de una persona en una de las etapas de su existencia, con lo cual controla su destino en la próxima vida. De tal forma, la vida actual es el resultado de acciones físicas y mentales de encarnaciones pasadas y las acciones del presente determinarán el destino de encarnaciones futuras.

KASWA: El CAMELLO favorito de MAHOMA. El Profeta estaba explicando la última cláusula del CORÁN a una multitud reunida en la Meca. Al concluir, el camello se postró de rodillas.

KELPIE o **KELPY**: En el folklore escocés, el espíritu de las aguas que tenía aspecto de CABALLO. Supuestamente ayudaba a quienes se ahogaban y ocasionalmente a los molineros, manteniendo la molienda en movimiento durante la noche.

KING KONG: Gigantesco gorila que fue estrella de una película filmada en 1931 y más recientemente de otras producciones y shows.

La historia fue escrita por Merian Cooper y Edgar Wallace. El animal es descubierto en una isla del Pacífico y llevado a los Estados Unidos como atracción circense. El gorila logra escapar y comienza a ambular por Nueva York hasta treparse al edificio Empire State, en aquellos tiempos el más alto del mundo. Finalmente, lo atacan aviones, aunque King Kong había antes logrado llevarse con maneras muy gentiles a una bellísima doncella. La joven rubia fue interpretada en la versión original por Fay Wray y en la versión moderna por Jessica Lange. En el ambiente cinematográfico siempre se dijo que luego de los trucos de aquella película de 1933, todo iba a ser posible en el cine. Y así fue. Hasta que aparecieron los trucos computadorizados y la digitalización. Entonces se pudo más.
Su nombre quiere decir rey-rey pues *kong* es una palabra danesa que significa rey.

KETCHUP: Palabra de origen chino, *keochiap,* que significaba mar de peces. Pasó al inglés como *catchup,* una salsa de la India. Jonathan Swift, autor de *GULLIVER,* la usó por primera vez en 1730.

KON-TIKI: Embarcación empleada en el extraordinario viaje emprendido por el noruego Thor Heyerdahl con cinco compañeros en 1947. Navegaron en una balsa desde el Callao, Perú, hasta la isla Tuamotu, en el Pacífico Sur. Su objetivo era respaldar la teoría de que los antiguos polinesios habían llegado a sus actuales islas desde el Perú pues eran descendientes de los incas. Su embarcación fue llamada *Kon-Tiki* por el dios-Sol de los INCAS (véase VIRACOCHA). El libro con el relato de la travesía fue *La expedición del Kon-Tiki,* Thor Heyerdahl, 1950.

KOBOLD: Palabra alemana que define a un personaje del FOLKLORE, pequeño, travieso, que suele ayudar en las tareas hogareñas y otras, esconde los instrumentos de limpieza y hasta es capaz de patear a las personas que están agachadas. En algún momento se le adjudicó la enfermedad de los mineros, porque se suponía que estos pequeños e inquietos seres vivían en las profundidades de las grutas. *Kobalt* fue una deformación deliberada de la palabra para designar el mal de los mineros (véase COBALTO).

KOOMIS: Supuesta raza de GIGANTES caníbales de piel blanca. Antigua creencia de los esclavos negros que se transportaban desde Guinea, África, hacia América. En su dialecto llamaban a las lejanas y malditas tierras adonde los llevaban *jong sang doo,* lugar donde se venden hombres.
Los marinos que comandaban aquellas embarcaciones negreras y autores de los peores tratos sostenían que los esclavos creían que eran llevados a lugares donde personas blancas disfrutaban de carnes negras. Esta creencia les provocaba terribles angustias y decaimientos, al punto que muchos preferían morir cerca de sus costas antes que atravesar aquella enorme agua salada para ser vendidos a los gigantes comehombres.

Kraken: Fabuloso monstruo marino que supuestamente ha sido visto en las costas de Noruega. Fue descripto por primera vez por Pontoppidan en *Historia de Noruega* en 1752. Su tamaño era tal que podía engullirse un barco de gran porte y con el remolino que dejaba cuando se sumergía provocaba el hundimiento de varios otros.

Kratim o **Katmir** o **Ketmir**: El perro de los Siete Durmientes. Éstos eran siete jóvenes de Éfeso que, durante los tiempos de Diocleciano en el 303, huyeron de la persecución para ocultarse en una caverna. Cayeron en un profundo sueño. Doscientos años más tarde despertaron, cuando el rey era Teodosio II. Uno de los siete jóvenes fue al pueblo por provisiones. Luego de alimentarse, nuevamente se durmieron. Despertaron ahora en tiempos de la Resurrección de Jesús. Sus nombres eran: Constantius, Dyonsius, Joannes, Maximianus, Malchus, Martinianus y Serapion. Según Mahoma, Kratim (véase Animales en el arte) había sido el perro de los siete durmientes y uno de los diez animales que podrían ingresar en el Paraíso.

Kremlin: Del ruso, *kreml,* ciudadela. El Kremlin de Moscú incluye edificios de los más diversos estilos: arabesco, gótico, griego, italiano, chino. Está encerrado por una muralla de 2,40 m de altura con torres en todo el perímetro. Era una ciudad en sí misma construida para estar protegida contra ataques enemigos. Hay varios kremlins en Rusia, pero el más conocido es el de Moscú, que ocupa 37 hectáreas. En su museo se exhiben las coronas y joyas de los zares, carruajes con incrustaciones de piedras preciosas en sus ruedas, larguísimas capas de armiño que cubrían a los príncipes y varios metros del piso por el que caminaban. Los visitantes deben envolver sus zapatos con botas de tela para no raspar la lujosa superficie de madera del museo.
Allí vivieron los zares hasta los tiempos de Pedro el Grande, que reinó de 1682 a 1725, cuando la corte se mudó a San Petersburgo, luego Stalingrado, y después su antiguo nombre. Hoy aloja al Parlamento ruso y desde 1918 ha sido el centro político y administrativo de Rusia. Largas filas de personas se alinean todos los días para ingresar en la tumba de Lenin embalsamado. Montañas de cámaras de foto y cinematográficas de los turistas, que tienen acceso privilegiado, se amontonan a la entrada pues está prohibido entrar con esos aparatos en el mausoleo. Hace tiempo está en plena discusión una iniciativa que implicaría sacar la tumba de Lenin de la ciudadela.

Krishna: Del sánscrito, negro. Deidad muy popular para los hindúes, el octavo avatar o encarnación de Vishnú (véase Rahu, Hinduismo).

L

L: El latín la tomó del griego, que había convertido la expresión fenicia *lamed* en su palabra *lambda.*

LACÓNICO: Del griego, *lakonismos,* imitando a la gente de Laconia, los espartanos. Los griegos llamaban así a los habitantes de la región de Laconia, al sur del Peloponeso y a su capital, Esparta, le decían *Lakón.* Los espartanos eran conocidos por no usar más palabras de las necesarias. No pronunciaban dos palabras cuando bastaba con una. Eran lacónicos.
La leyenda cuenta que cuando Filipo, rey de Macedonia, amenazó con invadirlos, dijo: "Si yo entro en Laconia, haré desaparecer a Esparta". Los espartanos sólo respondieron: "Si entras..."

LADY GODIVA: Personaje legendario del siglo XI. La historia cuenta que era la mujer de Leofric de Mercia, noble que gobernaba la ciudad de Coventry, quien abrumado porque ella imploraba constantemente para que bajara los impuestos, aceptó, siempre que ella se comprometiera a cabalgar desnuda por las calles. Obviamente, el noble creyó estar imponiendo una condición incumplible. Pero Godiva se decidió a hacerlo sobre su caballo blanco, cubriendo su cuerpo sólo con su muy larga melena. Todos los pobladores se escondieron cerrando las ventanas de sus casas privándose de la vista de la mujer. Sólo un sastre, luego llamado Tom el mirón (*Peeping Tom*) descorrió levemente las cortinas y echó una mirada. Inmediatamente quedó ciego.
La curiosa historia tomó forma literaria en el siglo XIII en una obra llamada *Flores Historiarum, Flores de los historiadores.* A partir de 1678 se realiza en Coventry un festival en memoria de la audaz mujer.

Lago Ness, El Monstruo del: En abril de 1933, un conductor que pasaba por la orilla del Lago Ness, Escocia, parte del Canal de Caledonia, vio un extraño objeto a cierta distancia y luego lo describió como de unos 9 metros de largo con dos jorobas, cabeza de serpiente al final de un largo cuello con dos aletas en medio del cuerpo. También fue visto por otros y ampliamente descripto en los diarios. Las investigaciones no mostraron evidencias sustanciales de la existencia de este supuesto monstruo prehistórico, aunque la leyenda ha seguido creciendo y hasta ha generado un sobrenombre cariñoso para la bestia: *"Nessie"*.

Lamia: Del griego, *lamuros*, voraz, glotón. Entre los griegos y los romanos, un demonio mujer que devoraba a los niños y cuyo nombre se usaba para asustar a los pequeños. Según la leyenda, ella había sido reina de Libia amada por Júpiter, pero cuando Juno le robó su descendencia, Lamia enloqueció y juró venganza asegurando que la iba a ejercer sobre los niños. La expresión también fue usada por algunos exploradores que entendieron haber encontrado en el África una tribu de aborígenes que supuestamente tenían cabeza y pechos de mujer y cuerpo de SERPIENTE. Fascinaban a los extranjeros, los atraían a sus brazos y los devoraban sin pérdida de tiempo. Aunque nadie jamás probó el tema, en la Edad Media a las brujas se las llamaba lamias. Y uno de los más grandes poetas ingleses, John Keats (1795-1821), en su poema "Lamia" relata la dramática historia de una recién casada que es reconocida como una serpiente o lamia, por lo que ella desaparece en un instante para nunca regresar. Keats reconoció haber tomado la idea de *Anatomía de la melancolía* de Robert Burton (1577-1640), clérigo y escritor inglés, quien, a su vez, usó como fuente a *De Vita Apollonii* de Filostratos del siglo III.

Lancelot del Lago: Uno de los caballeros de la Mesa Redonda, hijo del rey Ban de Bretaña, que fue robado de niño por la Dama del Lago. Ella se sumergió en el lago con la criatura y lo asumió como su protegido. Cuando adulto, lo presentó al rey ARTURO. Sir Lancelot viajó en busca del Santo GRIAL. Aunque siempre se lo presenta en los romances arturianos como el modelo de la caballería, la valentía y la fidelidad, Sir Lancelot era el amante adúltero de la reina Guinevere, esposa de Arturo, y fue por causa de esta relación que sucedió la guerra que dispersó la Mesa Redonda y provocó la muerte de Arturo.

Laputa: La isla voladora habitada por unos científicos charlatanes en la obra de Jonathan Swift *Los viajes de GULLIVER.* Estos filósofos soñadores eran empleados como asistentes y llamados "cacheteados", porque les daban cachetadas en bocas y oídos cuando su atención se distraía de los "temas importantes" para atender materias vulgares y mundanas. Se ha sugerido que Swift tomó el nombre del español, con referencia al proverbio: "Cuídate de la puta que deja tu bolsa vacía". En el contexto de la novela, podría haber sido una alusión al empobrecimiento de Irlanda por culpa de Inglaterra, una constante en Swift.

Láser: Sigla formada con las palabras *light aplification by stimulated emission of radiation*, para definir la emisión de un intenso rayo de luz coherente y monocromático que se usa, con extraordinaria precisión, en microcirugía, impresión, corte y fundido de metales y cientos de modernas aplicaciones médicas, científicas, tecnológicas.

Latín: El lenguaje de los antiguos habitantes de *Latium* en Italia y hablado por los romanos. De acuerdo con una historia, *Latium* viene de *latere,* descansar escondido, y fue así llamado porque Saturno se escondió allí cuando fue expulsado del cielo por los dioses. De acuerdo con la tradición romana, los *latini* fueron los aborígenes. El latín pertenece a la familia indoeuropea de lenguajes, fue idioma oficial del Imperio Romano y se utilizó profusamente en todos los territorios ocupados, dando base a las lenguas romances. Hoy es un idioma de estudio y consulta y el lenguaje oficial del Vaticano (véase Neologismos).

El remordimiento de Lancelot, Gustave Doré.

Latinus: Legendario rey de los *latini* (véase Aborígenes). De acuerdo con Virgilio (70-10 a. de C.), el más grande poeta romano, Latinus, opuesto a Eneas, formó luego una alianza con él y cedió a su hija, Lavinia, en matrimonio. Turnus, rey de los Rutuli, protestó que ella le había sido prometida a él. El asunto fue resuelto en un combate entre pretendientes. El ganador fue Eneas.

Latitud: Del latín *latus*, amplio. De allí se deriva dilatar. En cartografía se comenzó a usar latitud como la distancia de norte a sur, amplia, ancha (por los paralelos). Y la longitud, como la distancia de este a oeste, larga (por los meridianos). El ecuador es latitud 0° y los polos 90°, norte y sur, respectivamente. Un grado de latitud es aproximadamente 110 km. Todos los paralelos son de distinto tamaño achicándose a medida que se aproximan a los polos.

Latitud Caballos: Región de mucha calma situada alrededor de los 30° tanto sur como norte. La expresión parecería originarse en la costumbre de arrojar por la borda la carga de los barcos que, en los primeros tiempos de América y las Indias Occidentales, se veían obligados a permanecer inmóviles por la calma y falta de vientos. Cuando comenzaban a sentir la carencia grave de víveres y agua, se desprendían de lastre y para no gastar su agua en los caballos, arrojaban a los equinos al mar.

Lázaro: En el Evangelio según San Juan (11:43), uno de los milagros de Jesús cuando resucita a Lázaro de Betania, quien después de cuatro días en la tumba, al serle retirada la lápida por orden de Jesús, vuelve a la vida. La tradición popular supone que fue entonces cuando Jesús dijo la famosa frase: "Lázaro, levántate y anda". Las palabras no fueron ésas, sino "Lázaro, ven afuera" y al resto de los circundantes: "Desátenlo para que pueda caminar", refiriéndose a las mortajas.

La otra expresión fue usada efectivamente por Jesús en San Mateo (9:18), pero cuando se dirige a un paralítico diciéndole: "Levántate y camina" o "Levántate y vete a tu casa".

Hay otro Lázaro en San Lucas (16:19): "Había un hombe rico que vestía de púrpura y finísimo lino y hacía espléndidos banquetes. A su puerta, cubierto de llagas, yacía un pobre llamado Lázaro que ansiaba saciarse con los manjares del rico, pero hasta los perros iban a lamer sus llagas. Ambos murieron y en la morada de los muertos, frente a Abraham, el rico pidió que Lázaro mojara la punta de su dedo en el agua y le refrescara los labios. Abraham le dijo que él ya había recibido sus bienes en vida y Lázaro, en cambio, recibió males. Ahora él encuentra consuelo y tú tormento".

Leakey, Louis Basset (1903-1972): Arqueólogo y antropólogo inglés que descubrió fósiles al este de África que probaron que el ser humano era mucho más antiguo de lo que se había pensado. En 1931 comenzó a investigar en Olduvai

Gorge, Tanzania. Trabajando con su mujer, Mary Douglas Leakey, nacida en 1913, encontró fósiles de animales y herramientas. Registró sus investigaciones en libros como *Los ancestros de Adán* y *La edad de piedra en el África.* Uno de sus descubrimientos más extraordinarios fue el *Zinjanthropus,* que se remontaba a 1.500.000 de años y luego se denominó Austrolopiteco y luego *Homo abilis.* Mary continuó sus investigaciones y encontró fosiles de *homos* de 3.500.000 años. En 1972, el hijo de ambos, Richard Leakey, nacido en 1944 en Kenya, descubrió cerca del Lago Turkana (Lago Rodolfo), Kenya, otro cráneo de homínido que representaba una etapa de transición entre el Austrolopiteco y el género humano. Su obra *Orígenes reconsiderados. En busca de lo que nos hace humanos* sostiene que las primeras especies homínidas se remontan a 3.500.000 de años. Primer uso de herramientas, 2.000.000 de años. Signos de ingesta de carne, 1.500.000 de años. Uso del fuego, 750.000 años. Origen de los humanos modernos, 150.000 años.

LECHUZA: Según una antigua leyenda del condado de Gloucestershire, Inglaterra, Cristo entró en una panadería y pidió algo de comer. La mujer que atendía puso al horno una masa, pero su hija le dijo que era demasiado grande y la redujo a la mitad. La masa, sin embargo, creció hasta alcanzar un tamaño impresionante. La hija impresionada por el fenómeno gritó: *Hoo! Hoo!* Y allí nomás se convirtió en lechuza. SHAKESPEARE en *HAMLET,* le hace decir a Ofelia: "Ellos dicen que la lechuza era la hija del panadero".

LENGUAJE: En latín, *lingua*. Esta expresión, lengua, adquiere en muchos idiomas el mismo concepto de idioma o lenguaje. Sistema y cuerpo de palabras y frases usados por una comunidad o nación o grupos de naciones para expresar ideas. Para muchos estudiosos el lenguaje es el instrumento que define a los seres humanos y su más importante invención, que hizo posible todos los movimientos posteriores. Aunque muchos animales usan algunos medios de comunicación o posturas que indican, por ejemplo, sumisión, proximidad al nido, aproximación sexual, la expresión no está articulada, carece de estructura. El lenguaje humano es la principal forma de comunicación interpersonal y aunque pueden mencionarse el lenguaje de los signos, de los gestos, de la danza, de los sueños, de los ruidos, la palabra hablada y escrita ha sido el fundamento del desarrollo humano en todas las áreas de su expansión intelectual y científica. Hay muchos sinónimos o formas del lenguaje:
- Dialecto: variedad regional de un idioma.
- Argot: lenguaje particular de un grupo.
- Jerga: lenguaje oscuro y confuso, forma híbrida usada por personas que hablan dos idiomas distintos. También define formas profesionales de expresión.
- Caló: Jerga de gitanos.
- Germanía: Lengua del hampa y picaresca.
- Cantare: expresión entonada sin armonía, como la de los que piden limosna

(del latín *eleemosyna*, lo que se da a un pobre por caridad) o de los pordioseros (de la oración: "Una limosna *por Dios*").

• Vernacular: forma de expresión típica de un país o región.

• Idiomática: expresión que habitualmente significa algo distinto a lo que significan las palabras que la forman.

El lunfardo argentino aparece definido, prejuiciosa y habitualmente, como una lengua delictiva y su propia etimología parecería un derivado de *lombardo*, que primitivamente significaba ladrón. Estas formas de expresión se originan en grupos de vendedores ambulantes, mendigos y otros viajeros que se protegían con esos códigos desconocidos para los demás. En Buenos Aires ocurrió el fenómeno de la introducción en el lenguaje cotidiano de palabras creadas popularmente. La palabra croto, por linyera, vago o persona de mala situación económica, proviene del apellido del gobernador de la provincia de Buenos Aires, José Crotto, quien en 1920 autorizó que los braceros que viajaban a levantar las cosechas pudieran ir gratis en los trenes de carga. A esas personas se las llamó crotos. Championes eran las zapatillas marca *Champion.* Chuenga viene de *chewing gum,* goma de mascar. Capicúa del catalán *cap*, cabeza y *cua,* cola y se aplicaba a las fichas de dominó que se ubicaban por cualquiera de sus extremos. Podrían ser sus equivalentes la coa chilena y la replana peruana.

Por el número de sus practicantes, tanto nativos como agregados, los principales idiomas serían: chino, inglés, hindú, español, árabe, ruso, francés, portugués, malayo, bengalí, japonés, alemán, urdu, italiano.

Datos interesantes: las dos ciudades más grandes del mundo donde se habla español no están en España: son México y Buenos Aires. Las dos ciudades más grandes del mundo donde se habla portugués no están en Portugal. Son Río de Janeiro y San Pablo.

LEÓN: Según la tradición, el cachorro de león nace muerto y así permanece por tres días, hasta que el león padre le insufla su aliento despertándolo a la vida. Hubo tiempos en que se lo consideraba símbolo de la resurrección. Su imagen ha sido muy usada en heráldica, como león rampante (Escocia), como león guardián (Inglaterra).

Desde muy antiguo, los chorros de agua que alimentaban las fuentes solían provenir de cabezas de león esculpidas. Los egipcios simbolizaban las inundaciones del Nilo con leones, porque las mismas ocurrían cuando el Sol estaba en Leo (23 julio/22 agosto). Los griegos y los romanos adoptaron la costumbre por razones puramente estéticas.

Esopo cuenta una fábula sobre un león que sale de caza con varios animales. Cuando llega la hora de repartir el botín, el león reclama un cuarto de todas las presas por su propia prerrogativa de animal imponente. Otro cuarto por su coraje superior. Un tercer cuarto para su leona y cachorros. En cuanto al cuarto y último, sería para quien lo disputare con él. Intimidados frente al rostro feroz del desafiante, los animales se retiraron prudentemente dejando toda la comida con el rey de la selva y dando origen a la antigua expresión "la parte del león" (véase ANDROCLES Y EL LEÓN, HIPÓMENES Y ATALANTA).

LEÓN DE NEMEA: Terrible y furioso león que tenía aterrorizados a los pobladores del valle de Nemea en tiempos mitológicos. En la tarea número 12 encomendada a HÉRCULES, debió marchar en busca del león para matarlo. Pudo haberlo hecho usando su fenomenal garrote, pero el hombre quería demostrar el nivel de sus poderes. Tomó al felino y lo despachó exprimiéndolo entre sus brazos. Desde ese momento, usó la piel del león de Nemea como abrigo.

Ilustración de Gustave Doré.

León de San Marcos: En Venecia, león alado echado que sostiene un libro abierto en el que se lee: "*Pax tibi, Marce, Evangelista Meus*", Paz a ti, Marcos, mi Evangelista. Una punta de espada aparece a su derecha y está cubierto por una aureola.

Leopardo: En tiempos medievales, se pensaba que el leopardo era una cruza entre el león (*leo*) y el pardo, nombre dado a una pantera que no tenía manchas blancas. En el arte cristiano el leopardo representa a la bestia de la que se habla en Revelaciones (13:1), que tenía siete cabezas y diez cuernos. Seis de las cabezas portaban una aureola, pero la séptima "siendo herida de muerte" perdió su poder y la ornamentación.
Los leopardos son GATOS salvajes de gran tamaño, un poco más chicos que los leones. Habitan en el África y sur de Asia. La mayoría de los leopardos tiene manchas como los jaguares, pero otros son casi negros. Éstos son llamados panteras. A pesar de que son feroces cazadores, las hembras son buenas madres y cuidan muy bien a sus crías hasta que pueden alimentarse por sí mismas.

Leprechauns: En el folklore irlandés, pequeños seres que viven en los bosques, junto a las raíces de los grandes árboles. Según la leyenda, nadie puede verlos y muchos menos tomarlos con las manos. Los leprechauns, sin embargo, se dejan ver sólo por quienes son muy inteligentes y sagaces. Sólo a ellos los guían hasta donde se esconden los más bellos tesoros, las parvas de oro, la eterna felicidad y el ELIXIR de la vida. Estas fortunas maravillosas se encuentran habitualmente bajo una roca en el preciso sitio donde nace el arco IRIS.

Lestrigones: Raza fabulosa de GIGANTES caníbales que vivían en Sicilia. Odiseo/Ulises envió a dos de sus marineros y un mensajero pidiendo permiso para desembarcar, pero el rey del lugar se comió uno para la cena mientras los otros pudieron huir. Los lestrigones se reunieron en la costa y arrojaron piedras al barco de Odiseo. Ellos partieron raudamente pero varios marineros se perdieron en la refriega.

Leviatán: Nombre de un monstruo de las aguas mencionado varias veces en la Biblia. En Job y en Salmos ("espanta el ver solamente el cerco de sus dientes", "sus narices echan humo") pareciera referirse a un dragón y más tarde probablemente sea una BALLENA. En Isaías es una *serpiente* marina. En otros párrafos, un COCODRILO. La palabra pareciera ser cananea: *Lotán*, la representación mítica del caos. Los textos cananeos lo describen como un monstruo marino de siete cabezas.
El nombre vino a ser aplicado a cualquier criatura marina de enorme tamaño. Thomas Hobbes (1588-1679), filósofo inglés, tomó el nombre como título de su famoso tratado sobre *Materia, forma y poder de una comunidad eclesiásti-*

ca y civil. Su Leviatán es el estado absoluto donde los seres humanos se encuentran en estado natural, torpes, malos y brutos. Por miedo a la muerte, la gente pierde sus derechos naturales y se somete a la autoridad absoluta de los soberanos, aunque el verdadero poder absoluto pertenece al pueblo y no está sujeto a revisión por los soberanos o autoridades eclesiásticas.

En la tradición rabínica, fue Leviatán quien sedujo a Eva en su encarnación masculina, Samael y a Adán en su encarnación femenina, LILIT.

LEYENDA: La verdadera acepción de la palabra es "textos para ser leídos". En algunos servicios religiosos en las primitivas iglesias cristianas se dedicada un tiempo a la *"legenda"*, relatos en voz alta sobre la vida de los santos. Luego la expresión se convirtió en narrativa tradicional, colección de relatos considerados históricos, pero que en realidad eran una mezcla popular de ficciones, tradiciones orales y verdades que el tiempo amalgamó y desfiguró. Tanto la *ODISEA,* como la *Eneida,* la historia del rey ARTURO, el alquimista FAUSTO, WILLIAM TELL, se han convertido en clásicos épicos y son seguramente leyendas traducidas a literatura por poetas que prefirieron tramar la historia. La leyenda tiene formas y alcances ilimitados, porque asume cualquier tipo de acción o intento y lo traduce en historias accesibles, incluso cuando la razón humana y el raciocinio lógico deberían negarse a aceptarlas.

LICANTROPÍA: Manía que afecta a quienes se imaginan ser alguna clase de animal y expone gustos, sonidos y actitudes de ese animal (véase LOBO, EL HOMBRE). En la Antigüedad, el nombre cubría sólo a quienes se imaginaban ser lobos y de allí viene la expresión: del griego *lukos,* lobo y *anthropos*, hombre. La misma palabra se aplicó a las brujas porque solían convertirse en lobos.

LIBERAL: El adjetivo latino *liber* era usado para describir a una persona que es libre, irrestricta o independiente, contrastando con *servus*, esclavo, servil, sometido. La combinación de *liber* con el sufijo *alis* produjo *liberalis,* que fue usado con el sentido de "relacionado con los hombres libres". Luego, con alguien que es generoso, dadivoso. El sistema educativo de los griegos y los romanos clasificó como "artes liberales" a las apropiadas para un hombre libre que requerían el ejercicio de facultades mentales y no de habilidades físicas. Las "artes serviles" eran apropiadas para las clases bajas y requerían labores manuales.

Más tarde la expresión denotó "favorable al progreso y las reformas, tanto en cuestiones políticas como religiosas, dispuesto a dejar al individuo tan libre como sea posible, despojado de prejuicios". En los Estados Unidos la palabra liberal fue aplicada a los grupos progresistas, tanto del Partido Republicano como del Demócrata. Más recientemente los republicanos han sido asociados con el conservadurismo y los demócratas con el liberalismo.

Liebre: Para los anglosajones, la liebre ha sido objeto de muchas supersticiones. Es de mala fortuna que una liebre cruce el patio porque pudieran ser brujas convertidas en liebres. De acuerdo con la ciencia medieval, la liebre era un animal melancólico que necesitaba comer achicoria para curarse. Claro que no era fácil encontrarla. Su carne entonces era generadora de melancolía. Otra creencia era que los animalitos no tenían sexo o que sólo lo practicaban una vez al año. Entre los hindúes, la liebre era sagrada para la Luna, porque el animal puede verse con nitidez en las noches de luna llena.

La liebre, Alberto Durero, 1502.

LILIPUT: La famosa tierra de los pigmeos de *Los viajes de* GULLIVER. El nombre aparentemente está basado en el danés *lile*, pequeño, y el italiano *putto,* niño. El español reconoce liliputiense.

LILIT: La mujer que tienta a Adán en la leyenda rabínica. Su primera mujer (véase LEVIATÁN). Monstruo nocturno y vampiro de origen babilónico, de quien la leyenda cuenta que cazaba a sus víctimas en la espesura durante las tormentas y era particularmente peligroso con los niños. La palabra tiene origen en el sánscrito significando noche, el tiempo peculiar de los demonios. En el Antiguo Testamento, libro de Isaías (34:14): "Las fieras del desierto se juntarán con las hienas, los sátiros se llamarán unos a otros. Allí también descansará Lilit". Las más diversas leyendas la exhiben como un bicho raro y peligroso y hay quienes la confunden con LAMIA, la mujer serpiente comeniños.

LIMOUSINE: Limousin era una provincia del centro de Francia, donde sus habitantes usaban habitualmente unas capas o capotes muy peculiares. A principios del siglo XX se diseñaron los primeros automóviles con compartimientos cerrados para pasajeros y el recinto del chofer era abierto pero techado. Por la tela del techo y las capas que necesitaban usar los conductores, se asoció esa figura con los capotes de Limousin y se bautizaron a esos vehículos como limousine. Los norteamericanos lo abreviaron en 1960, llamándolos *limo.*

LÍNEA INTERNACIONAL DE LA FECHA: Línea imaginaria sobre la superficie de la Tierra que sigue al meridiano de 180° de longitud y marca el cambio de fecha de un día. Puntos inmediatamente a su oeste se colocan 12 horas adelantadas con respecto al meridiano de Greenwich 0° y los que están inmediatamente al este se colocan 12 horas atrás. Los viajeros con rumbo oeste pierden un día; los viajeros con rumbo este, ganan un día. Para evitar cambios de fechas en zonas pobladas aledañas, la línea de la fecha se tuerce al oeste en las Islas Aleutianas y al este de varias islas del PACÍFICO Sur. Cuando Sebastián Elcano (1476-1526) logró culminar el viaje de circunnavegación de la Tierra, inspirado y comandado por Fernando de MAGALLANES (1480-1521), el cronista de a bordo, el italiano Antonio Pigafetta, al desembarcar en Las Filipinas, luego de haber atravesado el Estrecho (de Magallanes) y surcado el Océano Pacífico, encontró que su bitácora tenía un día de diferencia con la fecha de Tierra. Pigafetta nunca había dejado de anotar día por día. Sólo que en el viaje en torno al Globo había perdido un día. Aquella extraordinaria expedición no sólo había definitivamente comprobado la redondez sino además la rotación de la Tierra.

LIRIO: Según una antigua tradición, los lirios nacieron de las lágrimas de arrepentimiento lloradas por Eva cuando se alejó del Paraíso. En el arte cristiano, el lirio es emblema de castidad, inocencia y pureza. En algunas pinturas centradas en la Anunciación, Gabriel es representado con un ramo de lirios, mientras la VIRGEN MARÍA reza junto a un vaso con lirios. En el Evangelio según San Mateo (6:29) aparece una bellísima oración que ha inspirado a muchos poetas, escritores y artistas plásticos. "Mirad los lirios del campo. Cómo van creciendo sin fatigarse. Yo les aseguro que ni Salomón, en el esplendor de su gloria, se vistió como uno de ellos".

LITRO: En griego, la palabra *litra* indicaba unidad monetaria siciliana. Pasó al francés como *litron*, donde fue usada como medida de capacidad. La palabra griega descendía de *lithra* y pasó al latín como *libra*, unidad de peso. La expresión encontró diversos senderos y fue al italiano como *lira* y al inglés le prestó el símbolo para la libra inglesa.

LLANTO: Una antigua superstición auguraba mala fortuna al matrimonio que se estaba consagrando si la novia no lloraba copiosamente. Esto era porque se creía que las brujas, cuando lloraban, sólo lo hacían por el ojo izquierdo y apenas con tres lágrimas. Por lo tanto, una novia llorona y lacrimosa de ambos ojos aseguraba al novio buena suerte porque no se estaba casando con una bruja.

LOBO, EL HOMBRE: De acuerdo con una antigua superstición, un hombre que podía convertirse en lobo por decisión personal o involuntariamente. Una vez convertido en fiera, aullaba, comía y rondaba como lobo. Su cuerpo era inmune a las balas o al acero, a menos que el arma que lo atacaba hubiese sido bendecida en una capilla dedicada a San Huberto.
En la mitología hay varios casos de semidioses convertidos en lobos por desobedecer a los dioses. Algunos de ellos podían volver a ser humanos, si durante siete años de ejercicio de su calidad de lobos, no hubiesen probado carne humana.
Otra historia cuenta que San Patricio había convertido en lobo a Vereticus, rey de Gales.
Los tigres, hienas y leopardos suelen provocar situaciones parecidas en distintas leyendas.

LOFT: En alemán, *luft* significa aire. En el siglo XVIII el inglés comienza a usarlo como alto en el aire y por extensión cuarto de arriba.

LOHENGRIN: El Caballero del Cisne. Versión alemana de una antigua leyenda que relata el arribo en un bote remolcado por un cisne, de un misterioso caballero, cuyo propósito es ayudar a una noble dama en problemas. El caballero desposa a la dama, pero le prohíbe inquirir su origen. Ella olvida la promesa y hace la pregunta. Él entonces la abandona y nunca regresa.
La historia original se atribuye a un poema escrito por Wolfram von Eschenbach (1170-1220), uno de los más grandes poetas románticos alemanes. Su única obra completa fue el poema "Percival" donde Lonhengrin es hijo del principal personaje. Luego Richard Wagner (1813-1883), una de las máximas ex-

presiones de la música romántica germana, la usó para su libreto de la ópera *Lohengrin* de 1850.

LOKI: Dios del conflicto y espíritu del mal en la mitología nórdica (véase FENRIR), hijo del gigante Farbauti. A su vez, Loki era el padre de la serpiente Midgard. Su mayor emprendimiento era buscar la muerte de Balder, el hermoso y amable dios nórdico de la luz, que era invulnerable a todo ataque, aunque endeble al muérdago. Loki lo mata con un dardo hecho de muérdago.
La leyenda cuenta que Loki fue encadenado a una roca, donde habría de quedarse hasta el crepúsculo de los dioses, cuando rompería sus ataduras, los cielos desaparecerían, la tierra sería tragada por el mar, el fuego consumiría todo lo material. Por lo que se sabe, Loki aún sigue encadenado.

LONGITUD: Distancia angular de la superficie de la Tierra medida este u oeste del meridiano central. Las longitudes van de 0° a 180° este u oeste. Todos los meridianos son iguales. Con ellos y los paralelos se puede indicar la longitud y latitud exacta de un punto sobre la Tierra. Durante muchos años, para los marinos resultaba relativamente fácil calcular la LATITUD, por medio de las estrellas o la altura del Sol. En cambio, para establecer la longitud era imprescindible conocer con exactitud la hora en el barco durante la navegación y en el puerto de salida, lo que permitía por diferencia horaria conocer la distancia que separaba uno y otro punto. Como la Tierra necesita 24 horas para una rotación completa de 360°, una hora es igual a 15°. Cada hora de diferencia entre el reloj del barco y el reloj del puerto de salida establece 15° de avance.
El inglés John Harrison, nacido en Yorkshire, Inglaterra, en 1693, fue el inventor del primer reloj de precisión en el mar con lo que se aseguró una navegación más segura y exacta. El meridiano de longitud 0° se estableció en Greenwich, Inglaterra.

LOTO: Planta herbácea acuática que ha sido considerada sagrada por distintos pueblos y culturas. Según MAHOMA, un loto ha crecido en el séptimo cielo (véase BORAK) a la derecha del trono de Dios. Los egipcios representaban a su dios emergiendo del corazón de una flor de loto. Para algunos pensadores antiguos, siendo las hojas y la fruta del loto redondas, simbolizaban el movimiento del intelecto y su tallo emergiendo del barro representaba la preeminencia de lo divino sobre la materia.
Para la mitología clásica, Lotis era la hija de Neptuno que escapó de Príamo y fue convertida en un árbol llamado loto.

LOTOFAGI: Comedores de loto. Según la leyenda homérica, un pueblo que se alimentaba de la planta de loto, lo que les producía el extraño efecto de olvidar amigos y hogares y perder todo deseo de regresar a sus lugares de origen para entonces vivir descansadamente en la Tierra del Loto (ODISEA). Un poema de

Alfred Tennyson (1809-1892), escritor inglés, tiene como título "*The Lotus-Eaters*", los comedores de loto.

LOURDES: Famoso centro de peregrinación situado al sudeste de Francia. En 1858, Bernadette Soubirous (1844-1879), una niña campesina, afirmó que la VIRGEN MARÍA se le había aparecido en 18 ocasiones. Las investigaciones no pudieron cambiar la historia de la jovencita y simultáneamente surgió un manantial que tenía milagrosas propiedades curativas, lo que atrajo a inválidos y enfermos de todo el mundo. Las peregrinaciones recibieron reconocimiento eclesiástico en 1862 y Bernadette fue canonizada en 1933.

LUCIA DI LAMMERMOOR: Ópera en tres actos de Gaetano Donizetti (1797-1848), libreto de Salvatore Cammarano, basada en la novela de Sir Walter Scott, *La novia de Lammermoor.*
La acción se desarrolla en Escocia. Lucia Ashton está enamorada de Edgard de Ravenswood. Enrico, hermano de Lucia, se ha adueñado injustamente del patrimonio de Edgard y quiere que su hermana se case con Arthur Bucklow. Enrico falsifica la letra de Edgard y envía una carta a Lucia diciéndole que ya no la ama, ante lo cual ella accede a la boda que pretende su hermano. Edgard se presenta durante el enlace y acusa de traición a Lucia. Ella enloquece, mata a quien ya es su marido y luego ella misma muere. (La escena de su locura es una de las más difíciles y dramáticas de todo el repertorio de soprano.) Cuando se entera de lo sucedido, Edgard, atormentado por la pena, se acuchilla y se mata. Y así pasan a engrosar la interminable lista de parejas enamoradas e inmoladas en la historia, el arte, la religión y la leyenda.

LUCIFER: Del latín, *lux,* luz y *ferre,* llevar. Literalmente, el que porta la luz. Extraña etimología para el príncipe de las tinieblas. Sin embargo, en la tradición cristiana es uno de los ángeles que se rebela contra Dios y es expulsado del Cielo. En la Biblia, el profeta Isaías (14:12), en un momento de su relato, compara al rey de Babilonia con el planeta Venus, porque él desde la Gloria ve venir su decadencia. Y dice: "¿Cómo has caído desde el Cielo, brillante estrella, hija de la aurora? ¿Cómo has sido derribado a tierra, tú vencedor de las naciones?" (véase DIABLO).
Venus, la estrella de la mañana, personifica al rey de Babilonia y a Lucifer, portador de la luz o estrella, al jefe de los demonios.
En Lucas (10:18) es Cristo quien dice: "Vean a Lucifer (Satanás) como una luz que cae desde el Cielo". Lucifer carga muchos otros nombres, tales como demonio, serpiente, Belcebú, Satanás, Mefistófeles.

LUCY: Nombre que se otorgó al más completo esqueleto de un antiquísimo ancestro de los seres humanos que jamás se haya encontrado. Descubierto en Etiopía, Lucy vivió aproximadamente tres millones de años atrás. Caminaba erecta y se estimó que tenía 20 años cuando murió. Lucy es considerada uno de los más grandes hallazgos de la antropología.

LUNAR: En latín, *luna*, proviene de una expresión hindú que dio origen a luz, lúcido y lunático, literalmente viviendo en la Luna y por extensión loco, en la creencia de que ciertos estados de locura se originaban en las fases de la Luna.

LUTETIA: Del latín, *lutum,* barro. Antiguo nombre de la ciudad de París (véase RANAS), porque en tiempos de los romanos la ciudad era un enorme barrial. Julio César la llamó *Lutetia Parisiorum* (la ciudad barrosa de los Paris), de donde nace el actual nombre de la ciudad capital de Francia.

M

M: De un jeroglífico egipcio que simbolizaba una lechuza.Para los fenicios representaba las olas del mar y en hebreo se la conoce como *mem,* agua. Los griegos la llamaron *mu.* Para la numeración romana es el número 1.000.

MACABEOS: Familia de héroes judíos descendientes de Matatías y de sus cinco hijos: Juan, Simón, Judas, Eleázar y Jonathan. En el libro que lleva su nombre, se relata que en el momento previo a su muerte, Alejandro Magno convocó a sus generales y a sus nobles y repartió entre ellos sus tierras. Apenas murió, cada uno ciñó su propia corona y sus hijos le sucedieron durante muchos años, llenando la tierra de calamidades, 1 Macabeos (1:8). De ellos surgió un vástago perverso, Antíoco Epífanes, quien reinó seduciendo a muchos con sus promesas y regalos y algunos del pueblo se tornaron paganos, disimularon la marca de la circuncisión y renegaron de la Santa Alianza. Otros judíos amantes de la justicia y su religión se retiraron al desierto con sus mujeres, hijos y ganado. Fue entonces cuando Matatías ordenó que a su muerte, su sucesor sería Judas Macabeo, quien inicia la revuelta y guerra de liberación que es relatada en la Biblia: "Recorrió las calles, exterminó a los impíos, apartó de Israel la ira de Dios. Su fama llegó a todos los confines de la Tierra".

MACABRO: Del latín, *chorea Machabaeorum*, danza de los MACABEOS que era la representación de la masacre de los Macabeos, una de las dinastías judías de los tiempos bíblicos. Luego se convirtió en adjetivo relacionado con la muerte, lo horrible, lo espantoso.

MACBETH: Personaje central de la obra de William Shakespeare que está basada en la historia de Macbeth, rey de los escoceses desde 1040 hasta su muerte en

1057. Se estableció a sí mismo en el trono luego de matar en batalla a su tío Duncan, muerte que Shakespeare altera para describir un asesinato en la cama. Macbeth a su vez fue muerto por el hijo de Duncan, quien reinó entonces como Malcolm III. El Macbeth real está enterrado en la Isla de Iona, 5,6 km de largo y 2,4 km de ancho, al noroeste de Escocia, una de las islas Hébridas, en la que se encuentra la famosa gruta de Fingal de 69 m de largo por 20 m de alto, formando una bóveda donde el mar entra con furia. Félix Mendelssohn (1809-1847), el gran compositor alemán, se inspiró en esos extraños sonidos para componer una de sus oberturas.

MACH: Expresión que establece la relación de velocidad de vuelo de aeronaves con respecto a la velocidad del sonido, ideada por el físico y psicólogo austríaco Ernst Mach (1838-1916). La velocidad del sonido a nivel del mar es 1.200 km/hora (331,6 m por segundo). Un avión que vuela a Mach 2 está viajando a dos veces la velocidad del sonido.

MACHU PICCHU: Ciudad fortaleza de los antiguos incas, sobre una montaña entre dos picos, 80 km al noroeste de Cusco, Perú. Las extraordinarias ruinas precolombinas comprenden 13 km cuadrados de construciones de piedra unidas por 3.000 escalones. Quizá haya sido la última fortaleza INCA después de la conquista española. Estaba virtualmente intacta cuando fue descubierta por Hiram Bingham en 1911. Bingham (1875-1956) fue un arqueólogo y estadista norteamericano nacido en Honolulú, Hawaii. Fue gobernador de Connecticut (1925) y senador (1925-33).

Machu Picchu se extiende entre los picos Huayna Picchu y Machu Picchu a unos 700 m por encima del valle y está suspendida entre los altos picos de los Andes peruanos. Fue construida en el siglo XV de nuestra era. Quizá haya sido una ciudad fortificada de unos 1.000 habitantes unida por carreteras a otras ciudades andinas y abandonada en 1572. Machu Picchu nunca fue hallada ni destruida por los españoles y de ahí su notable estado de preservación cuando fue encontrada. Palacios, templos, casas, escaleras, canales, fuentes y terrazas de cultivo en distintos niveles, una obra maestra de planificación y construcción. Aquellas obras se realizaban sin la ayuda de animales de tiro ni herramientas de hierro y el transporte de los grandes bloques de roca se hacía mediante ruedas y palancas.

Aunque ninguno de los edificios es notablemente superior a los otros, se destaca el Templo de las Tres Ventanas, diseñado para obtener maravillosas vistas de los Andes. Éste y otros similares eran construcciones a cielo abierto, seguramente para que los sacerdotes pudiesen observar el Sol, la Luna y las Estrellas. El Sol es el ancestro divino de los incas por el calor y la luz que proporcionaban vida y cosechas.

MACUTES, SAN: Personaje legendario de Galicia emparentado con San Brandán (véase ATLÁNTIDA y AVALÓN) protagonista de una historia con islas que desaparecían de la vista. Macutes era hijo de pescadores y amaba el mar y soñaba con navegar por el Mar Tenebroso, el Océano Atlántico que Colón surcaría rumbo a un destino histórico aunque un lugar equivocado.

Macutes soñaba con hacerse a la mar, descubrir una isla solitaria y fundar en ella un monasterio. Navegaron durante muchos días y cuando ya habían perdido el rumbo y las esperanzas, divisaron un islote que les pareció liso, pelado. Precisamente, llegaron en Nochebuena, desembarcaron y cantaron himnos de alabanza y alegría. A poco de haber iniciado la celebración, los sacudió un temblor que fue haciéndose más fuerte hasta parecer un terremoto. No era la tierra que temblaba, sino el lomo de la BALLENA donde se habían posado. Rogó a Dios que no le tratase peor que a JONÁS y le permitiera volver a su barco. La ballena se detuvo, los angustiados marinos regresaron a su embarcación, pero entonces la ballena los guió a costas seguras.

Para los gallegos, las historias atlánticas suman decenas por el encantador influjo que ejercía sobre ellos ese mar incalculable al que sólo la leyenda se atrevía; precisamente al confín más occidental de su tierra lo llamaron Finis Terrae, el fin de la Tierra o quizá del Mundo. Entre tantos aconteceres, se cuenta que el Arca de Noé habría encallado en tierras gallegas.

San Brandán era un monje irlandés nacido en el 480 que según la tradición habría vivido una experiencia similar al celebrar festividades sobre una ballena, repitiéndose la historia que otras veces aparece en las Islas Canarias.

MADAME BUTTERFLY: Ópera en tres actos de Giacomo Puccini. Tragedia japonesa con libreto de Giuseppe Giacosa y Luigi Illica, basado en la obra de David Belasco, quien, a su vez, la tomó de un cuento de John Luther Long de 1898. La obra se desarrolla en Nagasaki en 1900 y en ella Puccini utiliza varios temas japoneses.

Destinado en Japón, el teniente Pinkerton, oficial de la Marina estadounidense, se enamora de una joven geisha. Se une en matrimonio con Cio-Cio-San, conocida también como Madame Butterfly. El casamiento se realiza mediante una ceremonia japonesa, haciendo caso omiso de la advertencia de Sharpless, cónsul de su país. Pinkerton debe regresar a los Estados Unidos y Sharpless le dice a Butterfly que lo mejor sería perderlo para siempre. Ella da a luz el hijo de Pinkerton y cuando ya han pasado tres años aún espera su regreso, lo que expresa en una conmovedora aria. Pero cuando Pinkerton finalmente retorna a Japón, la que va a visitar a Butterfly es Kate, la mujer con quien él se ha casado en su país. Kate pretende llevarse al niño. Destrozada por el dolor, Cio-Cio se suicida.

MADRE: Figurativamente, el origen de todo, la fuente primera. En muchos lenguajes la palabra es muy parecida. En sáncrito, *matr;* griego, *meter;* latín, *mater;* alemán, *mutter;* francés, *mère;* ruso, *mat.* Muchas expresiones involucran el concepto:

• Madre de los Creyentes: segunda esposa de MAHOMA, a quien se llama Padre de los Creyentes.
• Madre de Dios, la VIRGEN MARÍA.
• Madreperla: especie bivalbo que contiene ostras en su interior y su concha es usada como nácar.
• Lengua madre, la lengua nativa.
• Madre tierra: sobre esta expresión existe una deliciosa leyenda. Tres diputados viajaron hacia el ORÁCULO de DELFOS para preguntarle quién sucedería al jefe cónsul. El oráculo contestó: "El primero que bese a su madre". Mientras dos de ellos se miraron confundidos pues estaban muy lejos de sus madres, el tercero, Junius, se arrojó al suelo y besándolo exclamó: "Beso a mi Madre Tierra". Así de simple: fue nombrado cónsul.

MADRE GANSO: Personaje de ficción, fuente de gran parte de las canciones y poemas infantiles.
Se la representaba como una mujer anciana montando en el lomo de un ganso macho. Se la asoció con los cuentos infantiles en una antigua colección de las más celebradas canciones de cuna, titulada *Las melodías de la Madre Ganso* o *Sonetos para la cuna,* publicada en 1781 por los herederos de uno de los primeros editores de libros para niños, de nombre John Newbery. La empresa parece haber tomado el título de las fábulas de Charles PERRAULT *Cuentos de la Madre Ganso* de 1697, una expresión del folklore francés que muy libremente podría significar "cuentos de las viejas damas".

MAGALLANES, FERNANDO DE (1480-1521): Después de que Colón había logrado vencer al Mar Tenebroso y alcanzado las costas de lo que él creyó la India, muchos navegantes buscaron con denuedo el paso hacia el otro mar, el que finalmente avistaría Vasco Núñez de Balboa. Juan de Solís llegó hasta el Río de la Plata. Hernán Cortés creyó que iba a encontrarlo por Panamá y Sebastián Caboto por el norte. La primera expedición que integraba VESPUCIO llegó hasta la Patagonia.
El 10 de agosto de 1519, Fernando de Magallanes zarpa con su flota de cinco barcos y 265 tripulantes, rumbo a lo que él intuía y aseguraba habría de encontrar. El 13 de diciembre llegan a Río de Janeiro. De allí, bordearon las costas argentinas y lo que sería la Patagonia, donde encontraron hombres de extraordinaria estatura. Como llevaban sus pies envueltos en pieles dando la impresión de ser de extremidades muy grandes, les llamaron "Patagones". Y finalmente, un paso que el capitán llamó Todos los Santos y la posteridad, con su nombre. Angustias, hambre, motines, tempestades. Todos los elementos conjurados contra aquella expedición cada vez más pequeña y escasa de gente. Finalmente, el premio. El cruce del Estrecho y el encuentro con el fantástico nuevo Océano que Magallanes llama Pacífico. La navegación hacia el este y el encuentro con Las Filipinas en marzo de 1520: la Tierra era ahora sin duda re-

donda. Definitivamente, ahora sí, había nacido el globo terráqueo y comenzaría la globalización. Magallanes encuentra la muerte en manos de unos indígenas en la isla de Cebu, frente a Mindanao y nunca se supo de su cadáver. Estaba a corta distancia de las Molucas, las verdaderas Islas de la Especias que habían alucinado a tantos navegantes y comerciantes europeos.
Toma el mando el vasco Sebastián Elcano. El cronista del viaje había sido y sigue siendo Antonio Pigafetta, un italiano que con prolijidad detallada había asentado, día por día, las novedades de la navegación. Al detenerse para aprovisionamiento en Cabo Verde, escuchan con sorpresa que allí era jueves, mientras que el registro impecable de Pigafetta determina que para ellos era miércoles. Después de haber navegado alrededor del mundo, en ese preciso instante advierten que se les ha ido un día de las manos, de la bitácora y de los registros. Confirmaban una antigua creencia científica: que la Tierra gira sobre su eje y que navegando hacia Occidente se puede quitarle tiempo al tiempo (véase LÍNEA INTERNACIONAL DE LA FECHA).
El 6 de septiembre de 1522, una sola nave, la *Victoria* y 18 hombres completan la más extraordinaria hazaña marítima de la Humanidad.

MAHOMA (570-632): Profeta árabe y líder religioso que inspiró y fundó el islam. Nació en la ciudad árabe de Meca. Quedó huérfano a los seis años y fue a vivir con su abuelo y luego con su tío. A los 25 comenzó a trabajar como agente comercial de Khadijah, una rica viuda de 40 años, con quien se casó. Por 25 años ella fue su compañera y le dio varios hijos, pero sólo su hija FÁTIMA le daría descendientes.
En el 610, cuando Mahoma tenía 40 años, tuvo una visión mientras meditaba en una caverna en las afueras de Meca. Un contacto sobrenatural que las generaciones posteriores conocieron como "La Noche del Poder o del Destino". Una voz le ordenó tres veces repetir lo que escuchaba, mientras sentía tal compresión en su cuerpo que apenas podía respirar.
El ángel con forma humana le exhortó a convertirse en Mensajero de Dios y le ordenó:
"Recita: en el nombre del Señor que te creó,
creó al hombre de un coágulo de sangre,
y tu Señor es el más pródigo,
que enseñó por la pluma,
al hombre lo que él no sabía".
Entonces nuevamente escuchó las palabras de la primera de muchas revelaciones que vendrían a él en visiones similares en las siguientes dos décadas. Mahoma a su vez las fue revelando a sus congéneres. Las Revelaciones provenían de Alá y los seguidores de Mahoma siempre han sostenido que le fueron comunicadas por el Arcángel GABRIEL (el mismo que anunció a la VIRGEN MARÍA el nacimiento de Jesús y a EZEQUIEL el nacimiento de Juan el Bautista).
Los que se sometieran a esas prédicas serían llamados musulmanes e islam sería el nombre de su religión.

En el núcleo de esta nueva enseñanza estaba la doctrina de que no hay otro Dios más que Alá y que sus seguidores debían sometérsele. La palabra ISLAM quiere decir sumisión.
Mahoma atrajo a muchos seguidores, pero también a muchos enemigos. En el 622 debió marcharse a Medina. Los musulmanes tomaron esta HÉGIRA (marcha de Meca a Medina) como la iniciación de su CALENDARIO. Desde entonces Mahoma organizó reglas para la correcta veneración de Alá y para la sociedad islámica. También condujo la guerra contra los enemigos. Así, conquistó Meca en el 630. La mayoría de las tribus dispersas se aliaron con Mahoma.
Se lo considera el hombre ideal, pero nunca sostuvo tener poderes sobrenaturales y no se lo tiene por divino. Su tumba está en la Mezquita Sagrada del Profeta, en Medina.
Para Mahoma, ABRAHAM era un musulmán porque se había sometido totalmente a Dios. JESÚS es aceptado como profeta pero no como Hijo de Dios, porque no podía aceptar la idea de que Dios pudiera ser padre.
La figura de Mahoma es la de un profeta a quien Alá se manifestó y cuando hubo cumplido de elaborar el CORÁN nunca más se revelarían Sus mensajes.

MALITZIN: Nombre indio derivado del *nahuatl, Malinulli,* de la mujer que acompañó a Hernán Cortés en la conquista de México, llamada Marina por los españoles y La Malinche, por los mexicanos que hicieron de su nombre una figura despectiva. De familia de alto rango, su padre murió cuando ella era muy joven y su madre la vendió, al casarse por segunda vez, a unos traficantes de esclavos, que luego la cedieron a los tabasqueños y éstos a los españoles. A Cortés lo acompañaba un tal Melchor, que oficiaba de intérprete y que sirvió para enseñarle a Malitzin algunos dialectos. Jerónimo de Aguilar, un sacerdote español que había sido tomado prisionero luego de que zozobrara su embarcación y que había vivido varios años con los nativos, llegó a dominar el maya y enseñó a la joven el arte de los idiomas. Malitzin se convertiría en "la lengua de Cortés". Pronto su nombre fue Marina casi siempre antecedido por "Doña". Cortés la entregó en concubinato a uno de sus oficiales, un hidalgo español de nombre Portocarrero. Al poco tiempo, Cortés envió a Portocarrero en misión especial a España y se quedó con Doña Marina, con quien tendría un hijo: Martín Cortés, el primero de sus dos hijos del mismo nombre. El segundo Martín nacería diez años más tarde de la esposa legítima de Cortés y heredaría título y propiedades de su padre.
Finalmente, Cortés la casó con Juan Jaramillo. Marina tuvo de él una hija y Cortés les regaló una hermosa hacienda.
Para muchos mexicanos la Malinche representa la traición, la entrega, la sumisión al extranjero (véase QUETZALCOATL).

MAMBRÚ: Deformación de *Malbrouk* o *Marlborough.* Una vieja canción francesa del año 1709, *Malbrouk s'en va-t-en guerre,* pareciera rememorar las batallas de Flandes, cuyo jefe victorioso fue el duque de Marlborough (1650-1722), estadista y general inglés, cuyo nombre completo era John Churchill, primer duque de Marlborough. Sin embargo, la canción no se hizo popular hasta mucho más tarde y fue asignada a Charles Spenser, tercer duque de Marlborough cuando fracasó en la batalla de Cherburgo en 1758. Fue una de las canciones preferidas de María Antonieta (1755-1793), reina de Francia, esposa de Louis XVI, juzgada y muerta por guillotina el 16 de octubre de 1793. La canción siguió su rumbo y fue introducida por Pierre Augustin Caron de Beaumarchais (1732-1799), dramaturgo francés, en su obra *LAS BODAS DE FÍGARO* (1784) convertida en ópera por Mozart.

Según el escritor francés, François Renée Chateaubriand (1768-1848), la tonada venía de los árabes y la letra era la leyenda de Mambrón, un cruzado. En español, la canción se tradujo y se convirtió en la infantil *Mambrú se fue a la Guerra*:

"*Malbrouk s'en va-t-en guerre*",	"Mambrú se fue a la guerra,
Mironton, mironton, mirontaine",	Pororón, pororón, pompón;
Malbrouk s'en va-t-en guerre",	Mambrú se fue a la guerra,
Ne sait quand reviendra".	No sé si volverá".

MAMÍFEROS: Animales de sangre caliente pertenecientes a la categoría de vertebrados que se encuentran en hábitat terrestres o acuáticos. La hembra tiene glándulas mamarias que secretan leche para la alimentación de sus crías. La mayoría de los mamíferos tiene su cuerpo cubierto total o parcialmente con vellosidades, corazón con cuatro cavidades y diafragma que separa el pecho de la cavidad abdominal. Los mamíferos dan a luz infantes vivos. En algunos marsupiales (véase CANGURO) y mamíferos superiores, los infantes reciben nutrición prenatal a través de la placenta. Los mamíferos terrestres incluyen los carnívoros (gatos, perros, osos), los roedores (ardillas, castores), los animales con pezuñas (caballos, rinocerontes, ciervos, vacas, cerdos) y otros tales como los murciélagos (el único mamífero capaz de volar) y los elefantes. Los mamíferos acuáticos incluyen las focas carnívoras, las morsas, las BALLENAS omnívoras y los delfines.

MANÁ: Uno de los conceptos centrales de la mitología polinesia. Es un poder impersonal, una fuerza que puede concentrarse en los seres o las cosas, que se hereda, adquiere o confiere.

No debe confundirse con el *maná* hebreo, el milagroso manjar que envió Dios a los israelitas en el desierto y que por extensión se aplica a todo lo valioso que aparece inesperadamente.

En Éxodo (16:15): "...por la mañana había una capa de rocío. Entonces observaron sobre la superficie del desierto una cosa menuda, granulada, fina, como escarcha. Cuando la vieron los hijos de Israel, se preguntaron: 'Es *Manhu?*' Moisés les dijo: Esto es lo que Yavé les ha mandado para comer". Es el origen de la palabra maná.

Mandan: Según un mito popular de la época de la conquista del oeste norteamericano, los mandan formaban una tribu supuestamente descendiente de un príncipe galés, Madoc. Madoc habría llegado a esas tierras a colonizarlas y sus descendientes, los mandan, parecían probar los dichos pues lucían piel clara, cabellos castaños y rojizos, ojos azules y sus cabellos se tornaban canosos con la edad, algo que no sucedía con las otras tribus conocidas. Algunas palabras sonaban familiares y construían unos botes circulares forrados con cueros al estilo de algunas barcas galesas. Clérigos galeses anduvieron por la región queriendo probar el punto, pero una epidemia de viruela exterminó la tribu a fines del siglo XIX. Y sólo quedó la leyenda de los mandan. Entre muchas historias se destaca la de la Mujer Pájaro o *Sacajawea*, apresada por exploradores ingleses, luego entregada a los mandan, a quienes sirvió de intérprete.

Gales es parte del Reino Unido de Gran Bretaña e Irlanda del Norte. Tiene 2.900.000 habitantes y una superficie de 20.761 km cuadrados. Ocupa la península occidental de la Isla de Gran Bretaña, rodeada por el Mar de Irlanda, el Canal de Bristol, la Bahía de Cardigan y el Canal San Jorge. Su capital es Cardiff. Es el mayor productor de carbón del mundo.

Los pueblos CELTAS no se vieron afectados por las invasiones romanas ni por los anglosajones y lograron mantener su idioma y costumbres. Se convirtieron al cristianismo. Vivían en constante guerra con sus vecinos ingleses.

Aunque son miembros del Reino Unido, han mantenido su propia cultura fortalecida por la enseñanza en los colegios y el uso en la televisión del idioma galés. El tema de su independencia es un asunto vivo en la política regional.

Mandrágora: Hierba del MEDITERRÁNEO y de las altas regiones del Himalaya. Tiene un olor fétido y solía ser usada como narcótico antes de las intervenciones. En su torno se tejieron muchas historias como que era indispensable para ser invulnerable o para descubrir tesoros.

En inglés, la asociación con los humanos proviene del hecho de que *man*, hombre, se asociaba con la forma de la raíz que aparentaba un ser humano y *drake*, dragón. Todo indica que allí nació el tradicional personaje de Mandrake el Mago.

Mani: En la mitología escandinava, la Luna. Un hermoso muchacho conductor del carro de la Luna. Siempre lo sigue un loco que para el fin de los tiempos devorará a Mani y a su hermana Sol.

Mano: Símbolo de entereza en Egipto y de fidelidad en Roma. En el arte, la divinidad ha sido muchas veces representada por una mano extendida con rayos apareciendo entre los dedos. Alrededor de la palabra se han tejido numerosos proverbios, de distintos orígenes:

- "Muchos besan las manos que quisieran cortar" (inglés).
- "Una mano sola no carga niño" (suahili).

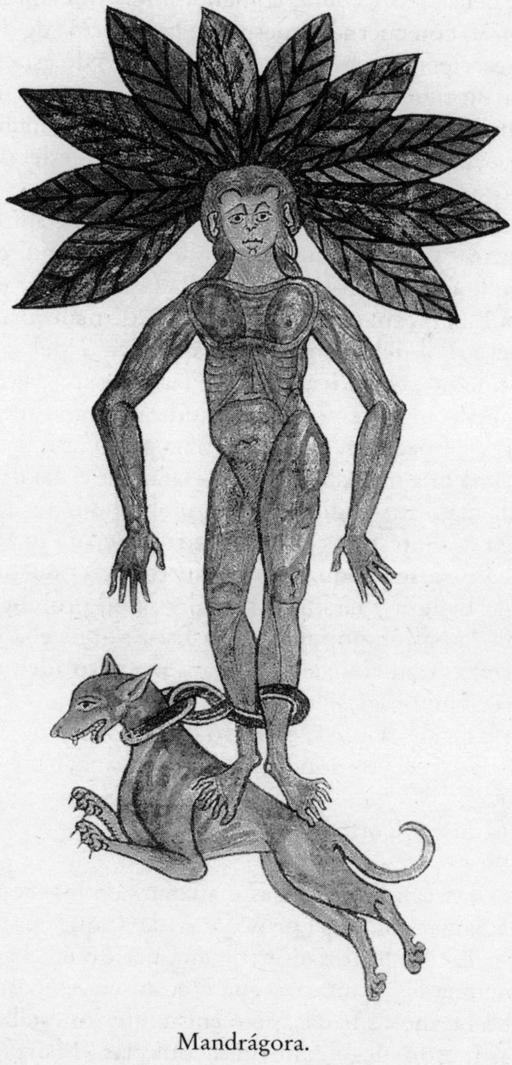

Mandrágora.

- "Una sola mano no puede aplaudir" (hindú).
- "Una sola mano no carga dos sandías" (Líbano).
- "Cuando tengas tu mano en la boca del perro, sácala gentilmente" (Irlanda).

MANTÍCORA: Del persa, *mardkhora,* comehombre. Animal legendario con cabeza de hombre pero con cuernos, cuerpo de león y cola de dragón o escorpión. Las primeras descripciones hechas por los griegos de esta fenomenal criatura podrían sugerir un tigre de enorme tamaño, incluso porque la palabra griega deriva de una antigua expresión iraní que significaba comehombres. Los escritores del medioevo usaban la palabra como sinónimo del diablo.

MANZANA: Ninguna otra fruta ha recibido un trato más fabuloso y extraordinario que la manzana. Considerada la fruta de la tentación, porque por muchas generaciones se le otorgó un lugar en el PARAÍSO, como el fruto que comen Eva y Adán. La BIBLIA, sin embargo, nada dice de manzanas en el Génesis. Sólo menciona "el árbol del conocimiento del bien y del mal" y sí en cambio nombra a "la higuera", con cuyas hojas se tapa la pareja al descubrir su desnudez. Desde tiempos muy remotos se adjudicaron a la manzana propiedades mágicas, curativas, especiales, distintas. En la propia Biblia, el rey Salomón dice que quien coma una manzana por día evitará la visita del médico. Luego se descubrió que la manzana podía reemplazar al cepillo de dientes si se come por la noche; agiliza los intestinos, pero rayada y dejada oxidar, detiene las diarreas. Con su cáscara se produce un té diurético. Y muchos pueblos la creen capaz de otorgar belleza y tersura a la piel y salud prolongada.
Lo cierto es que la pasión popular por la fruta —por ella y no por otras— se apoyaba en certezas tradicionales y la manzana pasó además a ser clave en decenas de historias, mitologías, leyendas y folklore:
La MANZANA DE LA DISCORDIA, el inicio de la Guerra de TROYA;
El Jardín de las HESPÉRIDES donde crecían las manzanas de oro;
GUILLERMO TELL;
Mujercitas de Louise Alcott;
BLANCA NIEVES;
IDUNA, la historia escandinava de las manzanas de los dioses;
La manzana de Samarkanda del príncipe AHMED que curaba todos los males.
O los relatos de Tácito, historiador romano nacido en el año 55 de la era cristiana, que menciona las manzanas que crecían en las costas del Mar Muerto que lucían como hermosas frutas, pero en su interior estaban llenas de cenizas. Estas manzanas fueron luego conocidas como las "Manzanas de Sodoma".
Y en la mitología celta, AVALON era la isla de las manzanas o la isla de las almas bendecidas, donde descansó y curó sus heridas el propio rey ARTURO. Otra isla paradisíaca fue la isla de San Brandán, que estaba cubierta por manzanos.
En la mitología CELTA, la manzana era la fruta de la inmortalidad.

El pecado original, Hugo van der Goes, c. 1470.

Y la leyenda que habría de caer sobre la cabeza del gran sabio Isaac Newton para hacerle vislumbrar nada menos que la ley de gravitación universal, tuvo la forma de una manzana.

La ciudad de Nueva York es conocida por *The Big Apple,* La Gran Manzana. Apelativo que proviene de los años 30 cuando el jazz era la música del momento. "*Apple*" era un término del lunfardo norteamericano usado por los músicos como sinónimo de compromiso, unión, enganche. El enganche que todos los músicos buscaban era, obviamente, Nueva York, donde tener éxito significaba la cúspide de una carrera. Por lo tanto, Nueva York era *the big apple.* Y aún lo sigue siendo.

En tiempos modernos, una manzana mordida ha sido utilizada por la publicidad en decenas de ocasiones con slogans relacionados con la tentación, cuando en realidad los que se tentaron y cayeron en sus blancas pulpas fueron quienes la suponían dirimiendo el gran momento del Edén empujada por la serpiente hacia las ansiedades de Adán y Eva. A Dios lo preocupaban frutos mucho más trascendentes: el bien y el mal.

MANZANA DE LA DISCORDIA: Según la mitología griega, Eris, la diosa de la discordia, arrojó una manzana con la inscripción: "Para la más bella" para que fuese disputada por Afrodita, Atenea y Hera. Esto ocurrió durante la celebración de una boda. Paris, el hijo del Rey de Troya, confirió el trofeo a Afrodita, la diosa del amor. Este gesto le valió el apoyo de la diosa y el amor de Elena, esposa de Menelao, rey de Esparta. Elena se marchó con Paris a TROYA y los griegos decidieron poner sitio a la ciudad, con lo que se inició la guerra de Troya que duraría 9 años.

MANZANA, REFRANES: "Una manzana al día mantiene al médico alejado de tu casa" (Rey Salomón) Traducido al inglés, un proverbio tradicional: "*He who eats an apple a day, keeps the doctor away*".
"No busques manzanas bajo el álamo" (eslovaco).
"No arranques la manzana cuando esté verde. Cuando madure caerá sola" (ruso).
"Todo lo redondo no es manzana" (armenio).
"Hasta en la buena manzana a veces se encuentra un gusano" (yidish).
"La manzana nunca cae lejos del manzano" (ruso).

MARABÚ: Ave zancuda del Asia y África, parecida a la cigüeña. La palabra es de origen árabe, *murábit*, ermita, santuario o capilla, porque para ellos estas aves eran sagradas.

MARATÓN: En el 490 a. de C. los atenienses y los persas disputaron una furiosa batalla en las planicies de Maratón o Marathón. Los persas, bajo el comando de Darío el Grande, fueron derrotados por el general Miltíades. Al final de la batalla un mensajero fue enviado a Atenas para dar noticia del triunfo. Otra le-

yenda relata la victoria de Teseo (véase MINOTAURO) sobre un gigantesco toro. Al establecerse los modernos Juegos Olímpicos, en 1896, se organizó una carrera llamada Maratón que supuestamente igualaba la distancia entre Maratón y Atenas.
La distancia exacta en la que hoy se disputa la prueba es: 26 millas o 385 yardas o 42,19 km. La razón para esta extraña distancia es que el Comité Olímpico inglés decidió iniciar la carrera en el Castillo Real de Windsor y terminarla frente al palco real en el estadio. Esa distancia era exactamente 42,19 km. Así ha permanecido desde 1908. En español, pese a la costumbre, la palabra es masculina.

MARENGO: El caballo blanco de Napoleón Bonaparte (1769-1821), cuyo nombre le fue dado después del triunfo de su amo en la batalla de Marengo. Con él cabalgó en Waterloo. Tras la derrota, Marengo fue transportado a Inglaterra, donde murió en 1829, ocho años después de Napoleón que, aquejado por el cáncer, moría en la solitaria isla británica de Santa ELENA el 5 de mayo de 1821.

MARGARINA: Originariamente, se llamó *oleomargarine*, un alimento rico en grasas y aceites y usado como sustituto de la manteca. En su forma original fue desarrollado por el químico francés Hyppolite Mege-Mouries en 1869, que usó grasa animal como material inicial.
Tomó el nombre de la palabra griega *margarites,* perla, en alusión al brillo y tersura de su producto.
La frase de JESÚS dirigida a los Apóstoles: "...no arrojéis margaritas a los chanchos" sugiriendo que no debía predicarse ante los que no querían oír, tiene un origen curioso. En realidad, Jesús dijo en relación a no profanar las cosas santas en Mateo (7:6): "No deis lo santo a los perros, ni arrojéis vuestras perlas ante los puercos, no sea que las pisoteen..." La curiosa versión que ha llegado a nuestros días es por la mala traducción que se hizo del griego al español confundiendo *margarites,* perlas, con margaritas.

MARGARITA: El emblema del desengaño. En *HAMLET* de Shakespeare, Ofelia le da a la Reina una margarita para expresarle que su amor inconstante no debería esperar constancia de su esposo. La superstición indica que quien coma las raíces de la margarita nunca crecerá, porque la flor trasmite sus cualidades a las personas.

MARÍA CELESTE: Barco norteamericano que fue encontrado abandonado, con las velas extendidas, entre las Azores y Portugal, el 5 de diciembre de 1872. El único bote del barco, el sextante, cronómetro, registro y tripulación habían desaparecido y nunca se encontró huella alguna de ninguno de ellos. Permanece como uno de los misterios del mar jamás resueltos.

MARÍA MAGDALENA: Santa patrona de los penitentes, habiendo sido ella misma una penitente que confesó y cumplió su penitencia. Es el prototipo de la pecadora arrepentida y reformada, principal testigo de la Resurrección de JESÚS. Después de la crucifixión, cuando aún estaba oscuro, ella fue hasta la tumba de Jesús y encontró la lápida corrida y la tumba vacía. Corrió a contarles a Pedro y a Juan, quienes fueron a ver por sí mismos. Cuando ellos se marcharon, María Magdalena quedó a solas, sollozando. Divisó entonces a un hombre, al que creyendo jardinero, le preguntó si él había quitado el cuerpo. El hombre era Jesús, quien le dijo que no lo tocara, pero que fuera a decírselo a los otros. El relato se verifica en San Juan (20:1). El día de Santa María Magdalena se celebra el 22 de julio.

MARIPOSA: Las mariposas son insectos voladores lepidópteros, del griego *lepis*, escamas, *pieron*, alas. Tienen dos pares de alas recubiertas por escamas microscópicas que por su disposición provocan colores brillantes y distintos. Se calculan 17.000 clases con las más extraordinarias variedades de colores y tamaños. La más pequeña es la enana azul de Sudáfrica, que mide 14 mm entre ala y ala extendidas. La más grande se conoce como reina Alejandra y mide 28 cm de expansión alar. Son notables las migraciones de mariposas que suelen cruzar continentes en distintas épocas del año. Su nombre tiene varios orígenes y quizá el más aceptado es que las mariposas se posan sobre la manteca o la leche no tapadas, lo que habría dado lugar al nombre alemán *milchdieb*, robaleche, y luego, simplemente que se posa sobre la leche.

Miniatura del *Libro de la medicina simple*, Francia, finales del siglo XV.

Martín Fierro: El más grande poema épico gauchesco escrito por el argentino José Hernández, nacido en Chacra de Pueyrredón, Buenos Aires, el 10 de noviembre de 1834. Falleció el 21 de octubre de 1886, en Belgrano, Buenos Aires. A los 14 años dejó la ciudad capital donde vivía y marchó al campo por razones de salud. En 1872 publicó *El Gaucho Martín Fierro* y en 1879 *La Vuelta de Martín Fierro.* Resulta particularmente sugestivo el hecho de que una obra plagada de giros autóctonos, modismos peculiares e interjecciones que son incluso de difícil comprensión para los argentinos, haya sido traducida a tantos idiomas como el alemán, sueco, armenio, hebreo o ruso. Martín Fierro ha sido también vertido al guaraní y ya en 1935 se editó en Oxford *The Gaucho Martin Fierro by Jose Hernandez.*
El gaucho con sus penurias, su pasión por la libertad, su enfrentamiento con la injusticia y su canto lleno de ingenuidad poética y profundidad filosófica, otorgó al libro dimensión universal, como la de los grandes poemas épicos.

Mártir: Del griego *martur*, *mer*, etimológicamente, testigo. La misma raíz *mer* origina memoria o recordar. En tiempos del cristianismo, la noción de alguien que moría y seguía siendo devoto de su fe hasta el último instante, llevó a la aplicación del concepto al mártir, que sufre la muerte por sostener sus creencias.

Matemáticas: Etimológicamente significa algo aprendido. Del griego *manthanein,* aprendido. Luego sirvió a *mathema,* ciencia. Originariamente, el concepto de ciencia se asociaba al razonamiento numérico e incluso la palabra encerró durante mucho tiempo a la geometría, la astronomía y la física. Lentamente se concentró en el estudio de las ciencias numéricas como la aritmética, la geometría y el álgebra.

Matusalén: La persona más anciana mencionada en la Biblia, pues habría vivido 969 años. Fue el abuelo de Noé.

Mausoleo: Originariamente era un monumental sepulcro erigido en homenaje a Mausoleo, rey de Caria en Halicarnaso, Asia Menor (hoy Bodrum, Turquía) por su esposa Artemisa, en el 353 a. de C. Fue considerado una de las Siete Maravillas del Mundo. Otro notable mausoleo es el de Adrián en Roma, ahora llamado Castel Sant 'Angelo.

Mayflower: Barco de 180 toneladas en el que navegaron los peregrinos desde Europa hacia América del Norte, bajo las órdenes del capitán Christopher Jones. Partieron desde Southampton, Inglaterra, el 16 de septiembre de 1620. El 19 de noviembre avistaron tierra (Cape Cod) y desembarcaron en Plymouth el 26 de diciembre. Antes del desembarco, los primeros colonizadores escribieron el *Mayflower Compact* (El Acuerdo del Mayflower), proveyendo el gobierno provisional de la colonia por la voluntad de la mayoría (véase ACCIÓN DE GRACIAS). Se lo considera el primer acto eleccionario democrático de la historia de América y habría de sentar las bases de la más antigua democracia aún existente del mundo. Fue firmado por los 41 hombres adultos reconociendo su alianza con el rey de Inglaterra y definiendo un cuerpo político "que estableciera leyes justas y equitativas".

En Jordans, Buckinghamshire, donde está la tumba de William Penn (1644-1718), líder inglés cuáquero y fundador de Pennsylvania, hay un granero del que tradicionalmente se ha sostenido que fue construido con las maderas del barco. En 1957 una réplica del *Mayflower,* construido con roble de Devonshire, siguió la misma ruta de su predecesor.

MAYONESA: Salsa batida preparada con pimienta, sal, aceite, vinagre y yema de huevo. Cuando Armand Jean du Plessis, Cardinal y Duc de Richelieu (1585-1642), primer ministro de Louis XIII, ancló en Puerto Mahon, en las Menorcas, Islas Baleares, en el Mar MEDITERRÁNEO, en 1756, reclamó comida tan pronto tocó tierra. Como no había nada preparado, su cocinero apurado por las circunstancias, el apetito y el mal humor de su jefe, tomó lo que pudo, puso los ingredientes juntos y los batió hasta darles consistencia, forma y color amarillento. Desde entonces, a ese conjunto se lo llamó "*mahonnaise*", por el puerto Mahon, capital de Menorca que, a su vez, deriva de *Magon,* fundador cartaginés, hermano de Aníbal (247-183 a. de C.). Aníbal fue un general cartaginés, uno de los grandes líderes militares de la Antigüedad y conquistador incansable. Una de sus memorables hazañas fue haber cruzado los Alpes con su caballería, una manada de elefantes y equipos para luego derrotar a los romanos. Aun así, la memoria de su hermano ha sido nombrada y paladeada muchas más veces que sus hazañas trasalpinas.

MECA: Lugar de nacimiento de MAHOMA (570-632) en Arabia Saudita. Mahoma es el Profeta del Islam y una de las grandes figuras de la historia. La Meca es una de las dos ciudades sagradas y el más importante lugar de peregrinaje de los musulmanes. La otra ciudad es MEDINA, llamada Yathrib antes de que el Profeta iniciara su partida (*hijra,* HÉGIRA) desde la Meca el 16 de julio del 622. Ese día comienza la era y CALENDARIO musulmán. Después, la ciudad se llamó *Madinat-al-Naiby,* ciudad del Profeta.

MEDICINA Y ASTROLOGÍA: Hasta el siglo XVII la medicina y la astrología estaban fuertemente asociadas. Cada signo del ZODÍACO estaba relacionado con una parte del cuerpo, de manera que el nacimiento indicaba las enfermedades a las que el sujeto iba a estar propenso.

- Aries, suponía susceptibilidad a los dolores de cabeza.
- Taurus, se asociaba al cuello y la garganta y propensión a los resfríos.
- Géminis, controlaba hombros, brazos y pulmones.

- Leo, era corazón, espina dorsal y espalda.
- Cáncer, el estómago, indisgestiones y úlceras.
- Virgo, intestinos y sistema nervioso.
- Libra, los riñones.
- Escorpio, órganos sexuales.
- Capricornio, dentadura, huesos y extremidades.
- Sagitario, hígado, muslos y caderas.
- Piscis, pies.
- Acuario, venas, arterias y la circulación sanguínea.

MADINAT AL-ZAHRA: En el 936, el califa de Al Andaluz, Abd al-Rahman III, decidió fundar una ciudadela en los confines de la Sierra Morena cerca de Córdoba, Andalucía, España. Los anales musulmanes señalan que en la construcción de Madinat Al-Zahra trabajaron 10.000 pesonas. En 941, la Gran Mezquita fue inaugurada pero sólo en 945 se instalaron el califa y sus organismos administrativos. El conjunto de edificios exhibía un lujo y belleza que maravillaban a sus visitantes. A partir del 1010 comienza la declinación y la guerra que pone fin a la disnatía Omeya en la Península Ibérica y la villa es abandonada cayendo en manos de ladrones, profanadores y vándalos que redujeron aquel conjunto maravilloso a escombros.
La memoria se borró y sólo en 1911 investigadores arqueológicos descubren sus ruinas.
Hoy se ha convertido en centro de atracción turística, investigación y estudio. Madinat Al-Zahra pertenece a la Consejería de Cultura de la Junta de Andalucía y está situada en el Camino de Palma del Río km 8, Córdoba.

MECENAS: Patrón de las letras y las artes, así llamado por el estadista romano Gaius Maecenas (74-8 a. de C.) quien mantenía su casa abierta para los hombres de letras durante el imperio de Augusto. Era amigo y protector de Horacio y VIRGILIO.

MEDITERRÁNEO, MAR: El mar interior más grande del mundo que se extiende entre Europa y Asia, desde el Estrecho de Gibraltar al oeste y las costas de Asia sudoccidental al este. El Mediterráneo fue la ruta comercial de los fenicios y los griegos, luego controlada por Roma y Bizancio. En la Edad Media, Venecia y Génova fueron las potencias marítimas dominantes hasta el auge del Imperio Turco Otomano. La inauguración del Canal de Suez en 1869 convirtió al Mediterráneo en una de las rutas de navegación más usadas y el posterior desarrollo de los campos petroleros del Medio Oriente acrecentó su importancia.
En el Mediterráneo desembocan ríos importantes como el Ródano, NILO, Ebro, Tíber y Po. Hay más de 400 especies de peces, siendo el atún, la sardina y la anchoa entre las más capturadas comercialmente. Área: 2.509.972 km.
En sus costas se desarrollaron algunas de las culturas fundamentales de Occi-

dente y los romanos lo llamaban *Mare Nostrum,* Mar Nuestro. Su nombre puede describirse como Medi-terra-neo, el mar en el centro de la Tierra.

MELANCOLÍA: Etimológicamente significa bilis negra. Proviene del griego *melagkholia.* La bilis negra era una de las cuatro sustancias o humores que, de acuerdo a las teorías del medioevo, por su preponderancia determinaban el estado físico y mental de las personas. El exceso de *melas*, negra y *khole*, bilis, causaba depresión y tristeza.

MÉLISANDE: Famoso romance francés que relata la historia de la joven Mélusine o Mélisande que ha encerrado a su padre en lo alto de una montaña porque él ofendió a su madre. Pero por haber encarcelado a su propio padre, ella fue condenada a convertirse, de la cintura para abajo, en una SERPIENTE, pero sólo los días sábado. Ocultando este problema, Mélisande se casó con Raymond, conde de Lusignan, y le hizo jurar a su marido que jamás la visitaría los sábados. Tuvieron diez hijos cada cual con una marca de nacimiento que lo hacía peculiar y distinto. Pero como ocurre siempre con las prohibiciones misteriosas, una trágica jornada, uno de los días vedados, el conde se escondió y pudo ver la transformación de su esposa. Ella fue entonces obligada a abandonar a su esposo y destinada a vagar como un espectro hasta el Día del Juicio Final, aunque otros cuentan que el conde la encerró en los sótanos de su castillo. Los franceses tienen una expresión, *un cri de Mélusine,* en alusión al alarido de la mujer cuando supo descubierto su terrible secreto.
En España se cuenta una historia concurrente, en la que un campesino vio entrar una culebra por debajo de su puerta, la que inmediatamente se convirtió en una bella muchacha que dijo llamarse Elena. Naturalmente, el hombre quedó prendado y ella correspondió aceptando casarse con la condición que nunca le recitara un poema que comenzara con su nombre. Por supuesto, el campesino olvidó y comenzó a decir "Ay... Elena..." cuando ella ya había desaparecido con los hijos que habían concebido. Nunca más se supo de ellos, aunque hay quienes aseguran que junto a la fuente de algunos pueblos puede ver ropa de niños secándose al sol, sin nadie que invoque su propiedad.

MERIDIANO: Círculo imaginario de LONGITUD constante que pasa a través de un punto dado y por los Polos Norte y Sur. Se lo describe por el ángulo que forma al este y oeste del meridiano central que tiene valor 0º y cruza Greenwich en Inglaterra. Como la Tierra necesita 24 horas para hacer un giro completo de 360º, cada meridiano representa 15º o sea, una hora.

MERLÍN: La figura histórica quizá haya sido un bardo galés o inglés, nacido cercano al siglo V, a quien se le han atribuido un buen número de poemas de dudosa procedencia. Alguna leyenda cuenta que fue bardo del rey ARTURO, encargado de exaltar las virtudes de su amo. Esta historia se ha mezclado con la del mago Merlín de los romances arturianos. Este príncipe de los encantamientos era el hijo de una damisela que había sido seducida por un amigo, pero bautizada como Blaise y así rescatada del poder de Satanás. Merlín se tornó adicto a la necromancia o nigromancia, arte de adivinar el futuro invocando a los muertos. Sin embargo, fue embrujado por Nimue, quien lo encerró en una cueva. Más tarde, Vivien, la Dama del Lago (véase EXCALIBUR y LANCELOT) lo atrapó con sus encantamientos y lo enredó en un arbusto espinoso, donde el pobre Merlín aún duerme, aunque su voz suele oírse de tanto en tanto.

Geoffrey de Monmouth (1100-1154) (véase ARTURO y STONEHENGE) en su obra *Historia regum Britanniae*, crónica supuesta de los reyes de Inglaterra y fuente principal de la leyenda de Arturo, relata que Merlín nació en Carmarthen, ciudad cuyo nombre galés era *Caermyrddin,* el castillo de Merlín, porque Myrddin fue latinizado como Merlinus, convirtiendo a la doble d, en l, para evitar que fuese Merdinus, que desplazaría la idea hacia el latín, *merda*, con lo que queda todo dicho: Merlín se llama como se llama como por arte de magia.

MICROCOSMOS: Del griego *mikro kosmos*, pequeño mundo. Así fue como Paracelso (1493-1541) llamó a los seres humanos. Paracelso se llamaba realmente Teophrastus Bombastus von Hohenheim. Era un físico y alquimista suizo que, al igual que los antiguos sabios, consideraba al mundo como un ser viviente, cuyos ojos eran el Sol y la Luna, la Tierra su cuerpo, el éter su intelecto y el cielo sus alas. Cuando el hombre era mirado como un mundo en miniatura, sus movimientos y los del universo se correspondían. Uno de esos movimientos podía ser visto y confirmado y el otro, supuesto. Aquí parece haber nacido la astrología, al relacionar los acontecimientos de la vida de los seres humanos con los movimientos de las estrellas. La palabra hoy se usa como unidad, grupo o lugar al que se reputa como versión menor de otro mayor. El universo es el macrocosmos.

MIDAS: Legendario rey de Frigia que solicitó a los dioses que todo lo que tocara se convirtiese en oro. Su pedido fue concedido, pero como su comida se convertía en oro en el momento en que él ponía sus dedos sobre ella, sus hijos y amigos se tornaron estatuas de oro y su vida un calvario. Rogó entonces a los dioses que le quitasen el favor. Su ambiciosa avaricia lo había convertido en un hombre de enorme fortuna pero desfalleciente de hambre y amores.

Los dioses aceptaron despojarlo de la concesión y le ordenaron que se bañara en el río Pactolus, que desde entonces corrió sobre arenas de oro porque Midas las pisó antes de zambullirse.

En otro momento de su vida, Midas fue designado juez en un concurso para designar al mejor ejecutante de música entre Apolo y Pan. Midas otorgó el galardón a Pan. Apolo, enfurecido, hizo crecer orejas de asno en lugar de las propias de Midas, queriendo explicitar su repudio por la capacidad auditiva del juez. Midas escondió sus nuevas orejas bajo su gorra frigia, pero su barbero las descubrió. Sin embargo, como no podía callar el secreto porque, como se sabe, los peluqueros no pueden callar, pero al mismo tiempo temía hacerlo público, hizo un agujero en el piso y allí murmuró tibiamente: "Midas tiene orejas de asno".

Una historia paralela se cuenta sobre Portzmach, rey de Bretaña que tenía a todos los barberos amenazados de la muerte si hacían público que él tenía orejas de caballo. Uno de sus más cercanos asistentes, también barbero, le juró que nada diría y logró hacerle una hermosa afeitada. Pero incapaz de contenerse, corrió hacia la orilla del río y allí dijo junto a la corriente que el Rey tenía orejas de caballo. Pero las cañas del río fueron usadas como flautas y oboes que en lugar de música repetían las palabras prohibidas del barbero. Es difícil que un peluquero permanezca callado y menos que un secreto lo sea para siempre.

Migración de las Aves: Uno de los más extraordinarios sucesos reiterados de la naturaleza es el movimiento periódico de una región a otra, realizado por miles de aves usualmente para alimentación o crianza. Son pocas las aves que permanecen en la misma localidad todo el año. Generalmente se agrupan en bandadas antes de la migración. Las distancias cubiertas van desde la golondrina del Ártico que cubre 35.400 km por año hasta los movimientos locales de las especies tropicales y la golondrina que cubre el vuelo de Sur a Norte América.

La migración es acicateada por impulsos internos vinculados al ciclo reproductivo o la alimentación y las aves usan indicadores direccionales durante sus viajes tales como factores innatos, más el Sol y las estrellas como brújulas y los accidentes geográficos como mapas de escala perfecta.

Migraña: Del griego *hemikrania,* medio cráneo. Originariamente indicaba dolor en una de las mitades de la cabeza.

Miguel Ángel: Su nombre completo fue Michelangelo di Lodovico Buonarroti Simoni (1475-1564). Italiano del Renacimiento, escultor, pintor y arquitecto, marcó una extraordinaria influencia en el arte de todos los tiempos. Su fama alcanzó niveles máximos con su producción como escultor de *La Pietà* (La Piedad), *David, Moisés* y las maravillosas pinturas de la Capilla Sixtina en el Vaticano. Se cuenta que cuando se le preguntó cómo había logrado hacer la maravillosa estatua del Moisés, Miguel Ángel dijo que en realidad cuando le trajeron a su taller el enorme bloque de mármol, él sólo intuyó que adentro estaba el Moisés. Se limitó, entonces a sacar lo que sobraba. Sólo los genios se permiten tamaña simplicidad.

Milenio: Del latín, *mille,* mil, y *annus,* año. En la Biblia se cuenta que un ángel ató a Satanás por mil años y que unos mártires volverían a la vida cuando Cristo hubiese reinado mil años. San Juan llama a esto la Primera Resurrección y de allí nace la idea del milenio, período de mil años tras el cual Cristo regresará a la Tierra para vivir con sus santos y retornar con ellos al Cielo.

Milesios: Literalmente habitantes de Mileto, antiguo puerto de mar del Asia Menor. Sin embargo, el mismo nombre les ha sido dado a los antiguos irlandeses, porque según la leyenda dos hijos de Milesio, un fabuloso rey de España, conquistaron Irlanda y la repoblaron después de exterminar a los *Firbolgs*, los aborígenes.

Mil y Una Noches, Las: Colección de cuentos y leyendas de origen persa, hindú y árabe. El sultán Schahriar descubre que su mujer lo engaña y decide su muerte. Pero su furor es tal que ordena que todos los días le traigan una nueva novia, porque piensa casarse diariamente y matar a su desposada cada noche, todas las noches. Así ocurre entre los horrores y angustias de las jóvenes. Hasta que le toca el turno a la muy hermosa Scherezada. Ella comienza a contarle un cuento y cuando se aproxima el inminente y esperado desenlace, Scherezada interrumpe la narración prometiéndola para el próximo día, que el Sultán le concede, entonces, una y otra vez. Durante 1001 noches. Luego de ese tiempo, nuestra heroína es perdonada y ya no continúa el Sultán con su horrendo designio.
Así nacieron los cuentos que han sido apreciados por siglos. La colección de relatos incluye "Aladino y la lámpara maravillosa", "Simbad el marino" (sus siete viajes), "El caballo de ébano", "El jeque y la gacela", "El pájaro acuático y la tortuga", "Historia del tejedor", "Relatos acerca de las mujeres y de su forma de hacer poesías", "Álí Babá y los cuarenta ladrones".
Su versión más antigua pertenecería a los años 800. Su forma presente la alcanzó alrededor del 1400 escrita en árabe.
La colección se cierra con el siguiente epílogo:
"Durante ese período Scherezada había dado al Rey tres hijos. Al terminar la historia de Alí Babá, se puso de pie, besó el piso y dijo:
¡Oh! Rey del tiempo. Yo soy tu esclava y llevo ya mil y una noches contándote historias. ¿Puedo ahora manifestar un deseo?
Pide y te será dado.
Scherezada llamó a sus nodrizas y eunucos y reclamó por sus hijos: tres varones. Uno ya andaba solo, otro gateaba y el tercero era lactante. Los puso frente al Rey.
¡Oh! Rey del tiempo. Éstos son tus hijos. Déjame vivir en atención a estas criaturas.
Scherezada; ya te había perdonado mucho antes de que vinieran nuestros hijos, porque te supe pura, casta, noble y digna. Que Dios te bendiga a ti, a tu padre, a tu madre, a tus antepasados y a tus descendientes.
La alegría se propagó por el palacio y toda la ciudad. Fue una noche que no se cuenta entre las terrenales. El Rey regaló trajes de la corte a visires, emires y grandes del reino. Mandó engalanar la ciudad y eximió de impuestos durante treinta días. Dio limosnas a los pobres y extendió su generosidad a todos y así vivieron en plena dulzura y felicidades. Redoblaron los tambores y sonaron las flautas".
Las últimas palabras de la colección fueron para encomendar sus destinos a Mahoma.

Mimosa: Esta planta tiene ese nombre porque se supone que imita ciertos movimientos humanos, ya que al menor roce de sus hojas, éstas se cierran sobre sí mismas, como en un acto de timidez o vergüenza. De ahí su nombre, originado en el latín *mimosa pudica.*

Mingorría: Localidad de la provincia de Ávila, noroeste de España. El nombre tiene procedencia vasca y según los estudiosos, su origen se remonta a tiempos de Felipe II, el Prudente (1527-1598), rey de España en 1556. Una colonia de vascos se afincó en la zona, cuando una epidemia de sarampión azotó a los pobladores. El patrón de los vascos que trabajaban en la cantera como cinceladores fue llamado por el monarca para que explicara qué ocurría con su gente. El hombre llamado José de Chinchurreta explicó: "*Min gorria, jauna*" (El mal rojo, señor). El Rey envió médicos a la colonia, pero la mortandad fue igualmente muy grande. Al lugar le quedó para siempre el nombre de la calamidad: Mingorría o Sarampión.

Ministro: Literalmente, minúsculo, persona inferior, lo opuesto a *magister*, magistrado, persona superior. Ambas palabras provienen del latín, *minus, magnus.* En San Mateo (20:26,) Jesús dice: "Quien quiera ser grande, que se haga servidor de ustedes (vuestro ministro)". Así, también se llama ministro de Dios a los sacerdotes. El concepto siempre ha encerrado la idea de que los ministros sirven al magistrado y al pueblo, aunque las burocracias modernas han hecho creer cosas muy distintas, especialmente a los ministros.

Minos: Legendario rey y legislador de Creta. A su muerte, Minos fue designado juez supremo del más allá, ante quien aparecían todos los muertos a rendir cuentas de sus actos. Minos era el dueño del laberinto (véase Minotauro), que había construido Dédalo.

Minotauro: Del griego, toro de Minos. Monstruo mítico con cabeza de toro y cuerpo de hombre. El rey Minos suponía que la criatura era hijo de su esposa Parsifae y mantenía al monstruo escondido en un laberinto que había ordenado construir al arquitecto Dédalo. Allí lo alimentaba con carne humana. Siete jóvenes y siete doncellas eran enviados desde Atenas cada año como tributo a la bestia. Un día le tocó a Ariadna ingresar en el laberinto desde donde nadie regresaba. Ella convino con su amante, Teseo, que iría desenrollando una madeja dejando así un rastro de hilo que luego Teseo siguió llegando hasta el Minotauro. Lo mató y desandó el camino con Ariadna, recuperando el hilo. Luego se casaron. Pero finalmente la abandonó. Ariadna compungida se arrojó al mar. Según otros, se recuperó de su angustia y se casó con Dionisos/Baco con quien lo pasó de fiesta en fiesta, olvidando los trágicos acontecimientos del laberinto y a su esposo medio héroe medio crápula.

El Minotauro, George Frederick Watts, 1877-1886.

Miranda: Ernesto Miranda era en 1966 un joven indigente de 23 años en el Estado de Arizona, Estados Unidos. La policía lo detuvo como sospechoso del rapto y violación de una joven de 18 años. Fue identificado por ella y luego sometido a interrogatorio por la policía.
Miranda confesó y firmó un texto escrito reconociendo haber cometido el crimen del que se lo acusaba. El caso adquirió notoriedad pública y fue llevado hasta la Corte Suprema, que en un fallo que haría historia anuló la sentencia original declarando inadmisible que se condenara a una persona sobre la base de sus dichos durante el arresto y sin que previamente se le hubiere informado de sus derechos consitucionales: guardar silencio, que cualquier cosa que manifestara podría ser utilizada en su contra y que tenía derecho a solicitar la asistencia de un abogado. Esta acordada del máximo tribunal establecería desde entonces un ritual inexcusable que es el recitado que un policía debe hacerle conocer al detenido, delante de testigos y que se conoce como "la enmienda Miranda" o "las advertencias Miranda".

Mirón: Famoso escultor griego del siglo V a. de C. notable por sus estatuas de dioses, héroes, atletas y animales de extraordinario realismo. Una de sus esculturas más conocidas es *Discóbolo.* Se cuenta que una vez hizo una estatua de una vaca tan perfecta que un toro engañado se arrimó queriendo conquistarla. Fue contemporáneo de Fidias (500-432 a. de C.), que fue el arquitecto del Partenón y la Acrópolis.
Al igual que la historia relatada, hay muchas otras asignadas a distintos artistas: Apeles, el más famoso pintor de la Antigüedad, que vivió alrededor del 330 a. de C., cuando pintaba la que sería su obra más famosa *Afrodita naciendo del mar* (véase Friné), como no lograba definir la espuma que rodeaba la aparición de la diosa, se puso tan nervioso que produjo un accidente y el revoltijo de sus pinturas. Y allí apareció la espuma buscada.
El mismo Apeles al pintar a Bucéfalo, el caballo de Alejandro Magno, lo hizo con tal perfección y realismo, que una yegua viviente y atraída comenzó a relinchar con pasión.
Las leyendas relatan que unas uvas pintadas por Parrasio (siglo V a. de C.) parecían tan reales que los pájaros las picoteaban sin éxito, claro. Un colega y rival, Zeuxis, pintó sobre las uvas un tul y el propio Parrasio lo creyó cortina e intentó correr el velo para contemplar sus uvas. Se cuenta que Parrasio, llamado el rey de los pintores, usaba una capa púrpura y corona de oro convencido de su nivel y acuciado por su vanidad.

Miserere: Del latín, compasión. Su nombre proviene del Antiguo Testamento, Salmo 51, designado tradicionalmente como Miserere, porque es la súplica penitencial por excelencia. Uno de los servicios de Cuaresma es llamado Miserere porque en él se canta el salmo penitencial, después del cual sigue el sermón. En algunos coros que tienen asientos levantables, éstos reciben el nombre de miserere o misericordia, pues sirven a los mayores para descansar aunque estén parados. Una daga corta que solían usar los reyes para terminar con la agonía de sus servidores heridos era también conocida como misericordia, del latín *misereri,* tener compasión y *cor, cordis,* corazón.

MITO: El mito es un relato bajo forma de alegoría que traduce historias, hechos, fantasías siempre extraordinarias. Narraciones o sucedidos trasfigurados y convertidos en leyendas que, con los siglos, otros autores agigantaron, deformaron, simplificaron, humanizaron o endiosaron. La mitología encierra invenciones absolutas, ciclos heroicos, cuentos populares, verdades acaecidas, simples anécdotas presenciadas por testigos cronistas y llevadas al paroxismo hiperrealista para afirmarlas en las conciencias futuras.

MITOLOGÍA CELTA: Historias de las deidades locales de las tribus CELTAS que estaban dispersas por todo el continente europeo y las islas británicas. Cada tribu tenía su dios omnipotente, similar en atributos a Dagda, el de los poderes absolutos y cuyo caldero estaba siempre lleno, simbolizando la abundancia. El mundo que habitaban los dioses era visto en los mitos como un reflejo del mundo de los hombres. Las divinidades femeninas parecen haber estado identificadas con la naturaleza o detalles topográficos locales.

MITOLOGÍA GRIEGA: Cuerpo de leyendas, historias y mitos desarrollado por los antiguos griegos, donde se cuenta la historia de la humanidad, sus dioses-héroes, la naturaleza del COSMOS y sus prácticas religiosas. La *ILÍADA* y la *ODISEA* de HOMERO son las fuentes más antiguas correspondientes a los siglos VIII y IX a. de C. con el relato de la guerra de TROYA y las actividades de todos los dioses que habitaban el monte Olimpo. Hesíodo, casi contemporáneo de Homero, relata en dos grandes poemas la génesis del cosmos, la sucesión de los dioses gobernantes, las distintas eras de la humanidad y las prácticas religiosas. Autores como Píndaro, Esquilo, Sófocles y Eurípides preservaron las historias y las trasmitieron a las futuras generaciones. Los romanos asumieron casi en su totalidad la mitología griega, cambiando los nombres, lo que luego sirvió de inspiración a centenares de obras, influyendo no sólo sobre la poesía y la literatura occidentales sino también en el vocabulario, la astronomía y la ciencia en general.

MITOLOGÍA JAPONESA: Los mitos más antiguos registrados por los japoneses aparecen en el *Kojiki* un texto SHINTO del 712 de nuestra era. En él se describe la creación del mundo cuando los dioses IZANAGI E IZANANI hicieron la Tierra con agua barrosa. Cuando el budismo fue introducido desde Corea en los siglos V y VI, incontables nuevas figuras se introdujeron a la mitología local y los viejos dioses fueron declarados la reencarnación de las deidades budistas.

MITOLOGÍA PERSA: La deidad más antigua de los persas fue Mithra, a quien se identificaba con el Sol. Era el dios del Coraje y el Esclarecimiento y conducía la carroza del Sol a través del Cielo en sus viajes diurnos. Estaba asociado a Anahita, la diosa del agua y la fertilidad. En el período de Zoroastro o Zaratustra (628-551 a. de C.), profeta de la antigua Persia fundador de una religión con su nombre, Mithra fue subordinado a Ahura Mazdah, quien era adorado como creador y gobernante del mundo. Ahura mantuvo un eterno conflicto con Ahriman, el príncipe del mal, a quien finalmente derrotó.

MITOLOGÍA TEUTÓNICA: Creencias tradicionales de los pueblos germánicos. Gran parte de la mitología germánica y escandinava ha sido preservada en dos obras islandesas: los EDDAS.

De acuerdo con los Eddas, antes de la creación del mundo había una tierra de fuego, *Muspellsheim* y una tierra de hielos y sombras, *Niftheim*. Las dos tierras juntas crearon al primer gigante YMIR.

Luego, ODÍN y sus hermanos mataron a Ymir y fundaron la raza de los dioses. Éstos crearon el mundo y con partes del cuerpo de Ymir hicieron al primer hombre. La primera mujer con partes de árboles. En el centro del mundo de los dioses y los hombres, se levantaba un enorme fresno.

Odín, el jefe de los dioses heroicos (los Aesir), era el dios de la poesía y la batalla. VALHALLA era un gran salón en Asgard, el lugar de descanso de los guerreros heridos en combate. Segundo en comando, después de Odín, aparecía Thor, dios del trueno, la lluvia y la fertilidad. Otros dioses del Panteón eran el elegante Balder y LOKI, el hijo de un gigante. Los dioses Vair eran considerados de menor importancia e incluyen a Njörd, el dios del mar, su hijo, Frey, el dios de la fertilidad y su hija Freya, diosa del amor y la magia y Hel, la diosa de la muerte y el mundo subterráneo.

MOISÉS: Líder, legislador y profeta de los antiguos israelitas. De acuerdo con el Antiguo Testamento, Moisés nació en Egipto donde los hebreos vivían como esclavos. Cuando Moisés aún era un infante, el Faraón ordenó matar a todos los varones hebreos, porque el rápido crecimiento de la población provocó la reacción del Faraón que tomó la determinación de exterminarlos. La madre de Moisés lo puso entonces sobre una canasta forrada en papiro y lo dejó flotando a la deriva en el río cercano (Allí se origina el nombre de "moisés" para la primera cuna portátil de mimbre de los bebés, aunque si hubiese sido hecho de ese material jamás habría navegado).

La hija del Faraón encontró al bebé y lo llevó consigo. Allí fue criado. Cuando grande, mató a un egipcio cuando le vio azotar a un hebreo y debió escapar de Egipto para evitar el castigo. Dios se presentó hablándole desde unos matorrales encendidos comandándole regresar a Egipto y sacar a los hebreos del cautiverio. Moisés siguió las órdenes de Dios, pero el Faraón se rehusó a liberar a los hebreos. Dios decidió castigar a los egipcios con una larga lista de plagas (véase PLAGAS DE EGIPTO). El Faraón finalmente aceptó y Moisés lideró a su gente en un profético viaje que fue conocido como el ÉXODO. Para cruzar el Mar Rojo, Moisés ordenó que las aguas se abrieran para darles paso y se produjo el milagro. Más tarde Dios entregó a Moisés los Diez Mandamientos en el Monte Sinaí. Durante 40 años Moisés y su gente ambularon por el desierto hasta que alcanzaron la Tierra Prometida. Moisés murió precisamente entonces y sólo pudo verla desde lejos (véase PASCUA).

El Monte Sinaí es parte de una península situada al nordeste de Egipto, entre el Canal y el Golfo de Suez al oeste, el golfo de Aqaba y la península de Tiran. El Monte se ubica al sur de la misma con una altura de 2.590 m. Israel ocupó esas tierras brevemente en 1056, luego en 1967 hasta 1982 cuando se retiró bajo los términos del Acuerdo de Camp David y el Tratado de Paz Egipcio-Israelí.

MOLUSCOS: Animales invertebrados de los que se conocen 80.000 especies, como caracoles, mejillones, almejas, calamares y una gran cantidad de formas menos conocidas. Originariamente marinos, miembros de ese grupo se encuentran en los océanos, agua dulce y en tierra. El cuerpo de los moluscos está dividido en tres: cabeza, patas y masa visceral. Asociado con el cuerpo, hay un pliegue de la piel oculto por la concha caliza típica de la mayoría de los moluscos. La cabeza está muy desarrollada sólo en los caracoles y los cefalópodos (moluscos sin concha, pulpo, calamar). La masa visceral contiene los órganos internos. Los sexos están usualmente separados, pero hay muchas especies hermafroditas.

MONO DESNUDO: El ser humano. La expresión fue introducida por el antropólogo contemporáneo Desmond Morris en un libro que lleva ese título y en cuya introducción, dice: "Hay 193 especies vivas de monos y primates; 192 están cubiertas de pelos. Con la sola excepción de la especie que a sí misma se llama *Homo Sapiens*, el mono desnudo".

MONOS SABIOS: Se trata de tres monos grabados en el portal del Establo Sagrado de Nikko, Japón, que data del siglo XVII. Estos tres monos tienen sus manos respectivamente cubriendo sus ojos, oídos y bocas, representando el lema: "No escuches lo malo. No veas lo malo. No digas lo malo". El lema latino de la Gran Unión Masónica es similar: *Audi, Vide, Tace*, que podría traducirse literalmente: "escucha, mira, guarda silencio". Hay una antigua rima inglesa de Yorkshire que dice: "Escúchalo todo, míralo todo, no digas nada. Come todo, toma todo, no pagues nada. Y si alguna vez debes hacer algo por nada... hazlo para ti".

De los monos sabios a estos borrachos egoístas, ha pasado mucho tiempo, mucha agua bajo los puentes y mucho alcohol por las gargantas.

MORFEO: Es uno de los mil hijos del Sueño (*Hypno*). Su nombre deriva de la palabra griega que significa "forma" porque estaba encargado de adoptar distin-

tas formas de seres humanos para mostrarse a las personas dormidas en sus sueños. Como casi todas las divinidades del sueño y de los ensueños, Morfeo es alado. Tiene grandes alas que se agitan sin ruido y lo transportan en un instante a los confines de la Tierra.
De su nombre derivan metamorfosis, el cambio de formas que ocurren durante la vida de ciertos animales. Metamorfismo es la transformación que ocurre en algunos minerales. El verbo metamorfosear se usa para todo tipo de cambio.

MORGIANA: En *ALÍ BABÁ y los cuarenta ladrones,* Morgiana es la leal e inteligente esclava al servicio de Alí Baba. Al espiar dentro de cuarenta grandes jarrones, ella descubre a otros tantos ladrones ocultos. Uno en cada jarrón. Morgiana puso aceite a hervir y con toda delicadeza derramó el burbujeante contenido en cada uno de los recipientes. O disfrutaron el baño o los jarrones eran a prueba de sonidos, pues los 40 ladrones permanecieron en sus puestos hasta ser fritos sin emitir queja alguna.
De esa manera sutil y protectora salva a Alí Babá y posteriormente se casa con su hijo, quien nunca permitió jarrones ni aceites en su casa.

MORO: La palabra proviene del griego y latín, *maurus,* habitantes de Mauritania. En la Edad Media, los europeos comenzaron a llamar a todos los musulmanes con el apelativo *moros*, de la misma forma en que los países del Este llamaban a todos los europeos *franks,* francos.
Por extensión se aplicó a quienes tenían la piel oscura, de donde surgieron moreno, moruno, morisco. Morisqueta, por mueca o gesto, se originó en "ardid propio de los moros".
Se llamó moriscos a los descendientes de los musulmanes españoles que permanecieron en España después de la reconquista. Moruno a todo lo relacionado con los moros.
Los pueblos americanos crearon la palabra "morocho" para designar a los morenos.
El idioma español registra varias expresiones relacionadas con ellos:
• "No hay moros en la costa" (nadie escucha, nadie está mirando).
• "Hay moros y cristianos" (hay problemas o disputas).
• "Moros van, moros vienen" (los que están un poco borrachos).
• "A moro muerto, gran lanzada" (hacer alarde de valor cuando no hay riesgo).
La presencia árabe en España extendió el uso de moro a todos los mahometamos. Incluso nacieron expresiones nuevas:
• "Sarracenos" para definir a los árabes.
• "Mozárabes", cristianos que adoptaron las costumbres musulmanas.
• "Mudéjares" derivado de *mudechan,* tributario, para designar a los árabes vasallos de los cristianos.
• "Muladíes", cristianos que adoptaron la fe musulmana.

Se llamó morería a los barrios en que vivieron los mudéjares y los moriscos segregados del resto de la población.

MUCHACHO DE LA GACELA, EL: En 1961, Jean-Claude Armen, viajando en camello a través del Sahara en África, fue informado por una tribu de nómades del paradero de un joven que vivía con las gacelas. A su tiempo, localizó al joven y lo atrajo a su alojamiento con el sonido de una flauta. El muchacho se alimentaba de las mismas plantas que los animales y algunas veces comía gusanos y lagartijas. Pero no había forma de retenerlo. En una nueva expedición realizada en 1963, esta vez en un jeep, Armen asegura haber visto al joven corriendo con las gacelas a casi 45 km por hora. Nunca pudieron sacarlo del desierto.

MUJERES: Susan B. Anthony (1820-1906) fue una de las líderes del movimiento sufragista en los Estados Unidos y junto con Elizabeth Cady Stanton (1815-1902) formaron una de las primeras asociaciones feministas, logrando leyes que garantizaban los derechos de la mujer respecto de los hijos y el control de sus salarios y propiedades. Cuando se otorgó el voto a los esclavos liberados, pero no a las mujeres, ellas lideraron un reclamo popular. Dirigían un diario llamado *La Revolución* cuyo lema era:
"La verdadera República:
Los hombres con sus derechos. Y nada más.
Las mujeres con sus derechos. Y nada menos". (véase STONE, LUCY)
En las más remotas civilizaciones, la mujer ocupó un lugar trascendente. Gea, la diosa romana de la Tierra. Ishtar, la diosa babilónica es un útero cósmico. YMIR, el dios del viento de la leyenda escandinava, viene de la Madre total Ginnungagab. En Irlanda de los años 1000 a. de C. vivía una tríada de diosas, las Morrigan.
Venus (Afrodita), diosa del amor y la belleza. Cybele, la gran madre de dios. SEMÍRAMIS, diosa mítica fundadora de Babilonia. Xochiquetzel, la tierra madre de los aztecas dio a luz a Huizilopchtli. Para los japoneses, la diosa AMA-TERASU es la suprema deidad del panteón SHINTO. En la mitología hindú, la diosa veda, Vac, personifica el nacimiento del lenguaje hablado.
La plegaria hindú dedicada a Devaki, madre de Krishna, comienza diciendo: "Diosa de los dioses..."
Medusa le dio el alfabeto a HÉRCULES, como la reina ISIS a los egipcios y Kali inventó el alfabeto sánscrito.
Los pueblos de Babilonia, Egipto y Frigia tenían diosas de primer nivel, autoras de la creación de la vida, recreación de la naturaleza tras el paso del invierno y la esperanza de resurrección de la raza. El culto de las diosas de la fertilidad se extendió por Grecia y Roma convirtiéndose en parte clave de su mitología.
Tanto en Babilonia como en Egipto las mujeres disfrutaban de considerable independencia y alto nivel. El Código HAMURABI del siglo XVIII a. de C. otorga-

ba a la mujer casada libertad financiera y personal. El matrimonio era monógamo. Si la mujer decidía volver con su padre o era rechazada por su esposo, conservaba la dote para sí. Los niños quedaban bajo la custodia de la madre.

Las mujeres de aquellos remotos confines de la historia podían ser jueces, testigos y escribas.

En el Antiguo Egipto el nivel de la mujer fue aún más jerarquizado. Tenían propiedades, trabajaban en diversos sectores de la economía, tomaban parte activa en la vida pública y se mezclaban libremente con los hombres. Hubo además muchas reinas de Egipto.

Se ha dicho incluso que el poder de los sexos era totalmente contrario a los tiempos posteriores, siendo la mujer el sexo dominante, como lo confirman los escritos del historiador Herodoto (484-425 a. de C.), conocido como el Padre de la Historia. Es obvio que el comentario del historiador ya tenía en cuenta la degradación que habían sufrido las mujeres en tiempos de la vieja Atenas, cuando se las relegó al exclusivo papel de criar hijos, recluidas en sus casas, no se les daba educación y prácticamente no tenían derechos. Si se piensa que allí estaba naciendo la cultura de Occidente, muchas cosas se comprenden. Sin embargo, en Esparta los derechos eran iguales a los del hombre, las mujeres se mezclaban con ellos y hasta practicaban deportes juntos, incluida la lucha, porque la militarista ciudad debió cuidar el balance de las fuerzas y los sexos, lo que volvería a repetirse muchos siglos después a causa de la Segunda Guerra Mundial.

Con el cristianismo la mujer desciende algunos escalones al convertirse ante los ojos de Dios en la tentadora responsable de la caída de Adán. El propio San Pablo escribió que un hombre no debe cubrirse la cabeza porque él es la imagen y gloria de Dios, mientras la mujer es la gloria del hombre. Las mujeres estaban excluidas de las ceremonias públicas y debían estar calladas en la Iglesia.

En los tiempos de las cavernas, el hombre tenía terror a la sangre, porque para él significaba muerte, invalidez y desgracia. La mujer, sin embargo, sangraba sin sufrir daño alguno. Y cuando dejaba de sangrar, engordaba y al tiempo, de su propio cuerpo extraía nueva vida y ese nuevo habitante congénere además se alimentaba de la diosa protectora. Sin lugar a dudas, era la diosa: soportaba la pérdida de sangre, por sí sola creaba vida. En aquellos tiempos primitivos, la práctica sexual era un hecho puramente físico y casi copiado de los animales. Debieron pasar centenas de miles de años para que el hombre descubriera que era él el depositante de la semilla. Entonces, degradó a la mujer de su condición divina y se colocó él como rey y dios.

En las últimas décadas las mujeres han ganado con su esfuerzo y capacidad un lugar importante en las sociedades modernas. Países diversos han registrado mujeres en los cargos de primeras ministras, presidentas, jefas de gabinete: la Argentina, Bolivia, Canadá, Dominica, Ecuador, Guyana, Haití, Nicaragua, Estados Unidos en América.

Bulgaria, Dinamarca, Francia, Gran Bretaña, Irlanda, Islandia, Lituania, Luxemburgo, Malta, Noruega, Holanda, Polonia, Portugal, Serbia, San Marino, Suiza, Turquía, Yugoslavia, en Europa.
Burundi, Liberia, Ruanda, Swazilandia, República Centroafricana, en África.
Bangladesh, Filipinas, India, Israel, Paquistán, Sri Lanka, China, en Medio Oriente y Asia.

MUJERES EN EL AIRE: Aunque la actividad estaba dominada por los hombres, la aeronáutica atrajo a mujeres que se convirtieron en pioneras de una actividad no exenta de riesgos:

- **Jeanne Labrosse**: Francesa. En 1799 fue la primera mujer del mundo en tripular sola un globo aerostático y hacer un salto en paracaídas.
- **Raymonde de la Roche**: Francesa. En 1910 fue la primera en obtener su brevet de piloto.
- **Harriet Quimby**: Estadounidense. En 1911 fue la primera mujer en hacer un vuelo nocturno.
- **Amelia Earhart**: Estadounidense. En 1932, la primera en cruzar el OCÉANO ATLÁNTICO en vuelo.
- **Carola Lorenzini**: Primera mujer argentina en recibir un brevet de piloto de aviación en 1933. Se mató en un accidente el 23 de noviembre de 1941, al caer en Morón, Buenos Aires, el avión que piloteaba.
- **Helen Richey**: Estadounidense. En 1934 la primera mujer en ser contratada por una línea aérea comercial para el cargo de piloto.
- **Hanna Reistch**: Alemana. En 1938, primera en volar un helicóptero.
- **Jackie Cochran**: Estadounidense. En 1953, primera mujer que pudo romper la barrera del sonido.
- **Jerry Cobb**: Estadounidense. En 1959, primera mujer en ser probada por la NASA para ocupar un cargo de astronauta.
- **Valentina Tereshkova**: Rusa. En 1963 fue la primera mujer en viajar al espacio.
- **Jeana Yager**: Estadounidense. En 1986, fue la primera mujer que realizó un vuelo alrededor de la Tierra sin escalas ni reaprovisionamiento.
- **Christa McAuliffe**: Estadounidense. En 1986, siendo maestra, fue la primera civil convocada para un vuelo espacial. Murió en la trágica explosión del *Challenger.* Es considerada una mártir nacional. El episodio ocurrió instantes después de haber despegado la nave espacial y mientras se emitía por televisión en directo. El impacto que provocó fue de tal magnitud que se registró en Estados Unidos una total inmovilidad por espacio de varios minutos en los hogares y la figura de la maestra asumió tales contornos que prácticamente nadie sabe quiénes eran sus acompañantes.
- **Eileen Collins**: Coronel de la Fuerza Aérea de los Estados Unidos. En 1999, fue la primera mujer que asumió el comando del trasbordador espacial *Columbia* con tripulación masculina. La misión: colocar en órbita el observatorio

Chandra. Este nombre se impuso en homenaje al científico hindú Subrahmanyan Chandrasekhar, que en 1983 ganara el Premio Nobel por su estudio de la estructura de las estrellas. Chandra falleció en 1995. La nave encomendada a la coronel Collins regresó el 28 de julio de 1999, después de recorrer casi 3 millones de kilómetros en 5 días.

MURO DE LOS LAMENTOS: Muralla de piedra en Jerusalén, considerada reliquia del Templo de Salomón de tiempos de Herodes y que fuera destruido en el año 70. Cuando los judíos regresaron a estas tierras, fue tradicional reunirse los viernes para plegarias y lamentos por la Diáspora y las glorias perdidas de Israel.

MUSAS: Según distintas historias de la mitología griega, son nueve hermanas hijas de ZEUS y Mnemósine, la diosa de la memoria, aunque se le otorgan distintas genealogías simbólicas que pretenden indicar la importancia de estas mujeres que presiden el pensamiento en todas sus formas: elocuencia, persuasión, sabiduría, historia, matemáticas, astronomía. Ellas son las que acompañan a los reyes y les dictan palabras convincentes, las adecuadas para aplacar las riñas y restablecer la paz. Cada una de ellas representaba:

- Calíope: Poesía épica
- Clío: Historia
- Erato: Lírica
- Euterpe: Flauta
- Melpómene: Tragedia
- Polimnia: Pantomima
- Terpsícore: Danza
- Talía: Comedia
- Urania: Astronomía

A cada una de ellas se le atribuyen aventuras amorosas. Una de las más famosas fue la de Calíope, que engendró a ORFEO con el dios Apolo. Orfeo era músico y se contaba que cuando ejecutaba la lira encantaba a las bestias, a los árboles y los ríos.

MUERTES POR CAUSAS INUSUALES: Algunos personajes de la Historia murieron por causas sorprendentes que fueron registradas por las crónicas de su tiempo. Éstos son sólo algunos casos notables:

- **Esquilo** (525-456 a. de C.): Lo mató una tortuga que un ÁGUILA dejó caer sobre su cabeza. Estas aves solían capturar tortugas y soltarlas sobre rocas para partirles el caparazón y poder entonces deglutir su presa. Esta águila confundió la cabeza de Esquilo con una roca.
- **Francis Bacon** (1561-1626): De un fuerte resfriado que contrajo haciendo experimentos de refrigeración.

• **Robert Burton** (1577-1640): El autor de *Anatomía de la melancolía* murió exactamente el día en que él mismo lo había predicho astrológicamente.
• **Calchas**: Un adivino de la mitología griega que murió de risa cuando creyó que había superado la hora de su muerte, que él mismo había pronosticado.
• **Fabius**: Este oficial romano del siglo II a. de C. murió de horror al encontrar un pelo en la leche que se disponía a beber, según lo cuenta Plinio en su *Historia natural.*
• **Frederick Louis, Príncipe de Gales** (1707-1751): Hijo del rey George II, murió de un pelotazo de tenis que dio en su cabeza.
• **Sherwood Anderson** (1876-1941): Escritor estadounidense, al tragar un palillo cuando asistía a una fiesta.

N

N: Para los fenicios era *nun*, pescado. Los griegos la llamaron *nu*.

NACIÓN: Etimológicamente, nación estaba relacionada con origen, casta y nacimiento. Su uso se extendió a raza o estirpe, clase de gente. La noción de ancestros comunes se mantuvo pero fue luego reemplazada por el concepto político de sociedad natural de seres con unidad de territorio, origen, lengua y cultura.

NAGASAKI: Ciudad y puerto al sudoeste de Japón, en la isla de Kyushu. Los portugueses llegaron a sus costas en 1545 y fue el primer puerto japonés que se abrió al comercio con Occidente. El 9 de agosto de 1945 fue el blanco de la segunda bomba atómica, tres días después de Hiroshima y cuando ya se conocían los estragos causados por la primera. Un tercio de la isla fue devastado, muriendo 75.000 personas en el acto y otras tantas luego por efectos de la explosión y la radiación. Actualmente Nagasaki se especializa en la construcción de grandes buques e ingeniería pesada.

NAHUAL O NAGUAL: Del idioma nahuatl tolteca. Espíritu guardián en el que creían los nativos de América Central. Para ellos el *nahual* vivía en algunos animales como el ciervo, el jaguar o algunos pájaros. La leyenda indica que algunos hombres tenían la facultad de convertirse en esos animales. La palabra deriva de *nahualli,* hechicero.

NARANJA: Del sánscrito, *naranga.* Pasó al persa *narang,* al árabe *naranj* y de allí al español. En francés se convirtió en *orange* y así pasó al inglés, por la influencia de la ciudad de Orange que fue durante largo tiempo el centro del comercio de la fruta.

NARCISO: Personaje de la mitología que murió adorando su propia imagen reflejada en el agua de un arroyo. Su madre le había anticipado que tendría larga vida, siempre que no osara mirar su propio rostro. Sin embargo, cuando Narciso rechazó el amor de la ninfa ECO atrajo sobre sí la venganza de los dioses. A partir de allí se enamoró de su propia imagen que veía reflejada en el lago. Cada tanto estiraba sus brazos para tocar su rostro reflejado, pero siempre fracasaba, hasta que se arriesgó demasiado, cayó y se ahogó. En el lugar de su muerte brotó una flor que precisamente lleva su nombre, aunque otras historias cuentan que las ninfas del lago le rindieron honores funerales pero sólo encontraron una flor, a la que dieron el nombre del infortunado Narciso. El ensayista y biógrafo griego Plutarco (46-120) indicó que la planta llamada Narciso viene del griego *narké,* somnolencia, embotamiento y que, en realidad, debería llamarse *narcosis*, la planta que produce somnolencia.
El término narcisismo indica amor mórbido y excesivo por uno mismo o su propio cuerpo. De allí también derivó narcótico, droga que produce estados de somnolencia, atrofia de los sentidos y provoca adicciones.

NAZCA, LAS LÍNEAS DE: Extraordinarios diseños armados con piedras con formas de animales y figuras geométricas pero que sólo pueden advertirse desde muy alto. La planicie de Nazca, al sur de Perú, es un desierto, seco e inhóspito. Las misteriosas figuras, sólo visibles en exploraciones aéreas, aparecen diseminadas en una gran superficie y desde las alturas pueden divisarse: el colibrí de cincuenta metros de longitud, el ELEFANTE, la ARAÑA, la BALLENA, el mono, el cóndor de 120 metros de largo, un lagarto y muchas formas geométricas casi perfectas. Recorridas a pie, el investigador sólo puede ver piedras y montículos dispersos sin forma alguna.
El misterio de las líneas no ha podido ser descifrado aunque las hipótesis lo estiman con una antigüedad de 1.400 años y otros de "sólo" 600. Hay quienes arriesgaron teorías relacionadas con seres de otros planetas que disponían de vehículos voladores, pues para divisar y dirigir la construcción de esas formas era indispensable una posición a gran altura y Nazca no tiene cerros ni elevaciones cercanas. Otros las adjudican a antiguas creencias de la cultura Nazca, vinculadas con su astronomía o rituales celestiales. Pero nada se dice sobre su construcción y sistema de control del armado. O el porqué de un diseño completamente fuera de lugar y sin aparente destino racional. ¿Para qué o para quiénes se hicieron? ¿Con qué perspectiva se trabajó? ¿Por qué no hay registro que permita desentrañar su origen?
Además, agrega misterio la presencia de las figuras de animales totalmente extraños a esas regiones que hace pensar en culturas extemporáneas o muy distintas o en la posibilidad de que pertenezcan a un tiempo donde América estaba unida a otros continentes o soportó un gran DILUVIO que acabó con muchas especies preexistentes (véase DERIVA CONTINENTAL). Tampoco nadie ha podido explicar qué sentido tendrían, aun para razas antiguas superiores, semejantes

despliegues arquitectónicos y artísticos, sobre todo, cuando sólo pueden apreciarse desde considerable altura no existente en la zona, para algunos sólo alcanzable desde objetos voladores.

NEOLOGISMOS: Uso de palabras nuevas provenientes de otro idioma. Todos los idiomas registran diversas cantidades de vocablos asumidos como parte del lenguaje cotidiano a partir de fenómenos culturales, sociales, científicos, populares o tecnológicos. En los Estados Unidos se crean alrededor de 800 neologismos por año por imposición social o periodística o por cuestiones teconológicas que requieren vocablos nuevos todo el tiempo. Uno de los fenómenos más curiosos se presenta en el Vaticano, cuya lengua oficial es el LATÍN, considerada lengua muerta. La necesidad de tratar algunos asuntos en sus documentos obligó a incorporar palabras inexistentes entre los antiguos romanos. El tema se resolvió dándole forma latina a expresiones tales como ovni (*res inexplicata volans*), donjuán (*iuvenis voluptuarius*), champú (*capitilavium*), snob (*novissimorum morum affectator*), comercial de televisión (*intercalatum laudativum nuntium*), aerosol (*liquor nubilogenus*).

NEPOTISMO: Del griego *nepsios*, sobrino, que dio origen al latín *nepís*, nieto. El concepto siempre estuvo relacionado con familiares, lo que dio origen a favorecer a los descendientes o parientes. El uso deriva de los tiempos en que los monarcas, papas y algunas altas jerarquías daban preferencias a sus hijos ilegítimos, a quienes eufemísticamente llamaban "sobrinos". Las razones hoy son otras, pero la costumbre de rodearse de nepotes se mantiene incólume entre los conductores del poder de nuestros días.

NICKER: En el folklore escandinavo un fantasma acuático que habita los mares, lagos, ríos y cataratas. Es representado por una figura mitad niño, mitad caballo, con cuernos al revés y otras veces como un viejo sentado sobre las rocas secándose el pelo. Su forma femenina es *nixie*.

NIGROMANCIA: De *nikro*, muerte y *manteia*, adivinación. Supuesto arte de invocar a la muerte para adivinar el futuro. En el Antiguo Testamento, 1 Samuel (28:7), Saúl manda llamar a la nigromante de Endor para que hiciera subir de entre los muertos a Samuel con el propósito de vislumbrar el futuro. Ella logra que Samuel "suba" pero habiendo obtenido antes que Saúl le prometiera que no tomaría venganza con ella, pues él había ordenado antes la expulsión de todos los nigromantes. En español se puede decir necromancia o nigromancia.

NIKÉ: En la mitología griega, la diosa de la victoria, como precisamente la llamaron los romanos: Victoria. Se la representaba alada o sin alas. Una de las más hermosas estatuas griegas de la Antigüedad se exhibe en el Louvre de París, bajo el nombre de la *Victoria de Samotracia*. El famoso nombre comercial del calzado deportivo pretendió que Niké indicara victoria, pero los norteamericanos lo convirtieron en "*naiki*" y otros países en "*naik*" y nadie usó el histórico *Niké.* El apodo comercial hoy vale por sí mismo y significa para la mayoría de las personas sólo un calzado deportivo.

NILO, RÍO: El río más largo del mundo: recorre 6.708 kilómetros. Tiene dos orígenes que se internan en lo más profundo del África. El Nilo Blanco se inicia en el Lago Victoria y su cauce se dirige al norte en dirección a Kartún, Sudán, donde su une al Nilo Azul, más corto pero más caudaloso. A partir de la confluencia, el Nilo se dirige hacia El Cairo, donde se divide en dos importantes canales: uno desemboca en el Mar MEDITERRÁNEO en Damietta y otro prosigue hasta Rasia, la antigua Rosetta donde en 1799 fue hallada la piedra de Rosetta que ayudó a descifrar los jeroglíficos egipcios. Entre ambos brazos el Nilo cubre una superficie de 37.000 km cuadrados.
El Nilo fue el centro de la existencia de los egipcios desde tiempos inmemoriales. Ayudaba con los sembradíos, proveía peces, el junco de papiro y la vía fluvial. Dos mil años a. de C. se cantaba un himno al río que decía: "Salve, Nilo, que surges de la tierra, que vienes a dar vida al pueblo de Egipto". Herodoto, el padre de la Historia, escribió: "Egipto es un don del Nilo".
El antiguo Egipto era llamado "Kemet", negro, por las oscuras tierras que surgían tras las crecidas, consecuencia de las inundaciones causadas por las lluvias africanas y los deshielos de las nieves de las montañas de Etiopía. Gracias a la fertilidad de esas tierras, surgió la extraordinaria civilización egipcia y precisamente esa condición hizo que se representara al dios del Nilo, Hapi, como un hombre barbudo con pechos de mujer, representando la fertilidad. La leyenda cuenta que era el dios quien proveía de agua al Nilo desde su jarrón sin fondo. Una estatua de Hapi en el Museo del VATICANO lo muestra acompañado de 16 niños, cuyas alturas sumadas representaban la crecida anual justamente necesaria para el desborde y el florecimiento de la tierra.
El río Nilo también está vinculado con la vida y muerte de OSIRIS, el dios del mundo de ultratumba. Osiris fue asesinado cuando era rey por su hermano Set y los fragmentos de su cuerpo esparcidos por todo el país. La esposa de Osiris, ISIS, tras una desesperada búsqueda logró recuperar y reproducir a Osiris. Tras su resurrección tuvieron un hijo llamado Horus, el siguiente rey de Egipto. Osiris entonces pudo regresar a comandar el mundo subterráneo. Su vida y muerte simbolizan los avatares del Nilo: cuando sopla el ardiente viento del desierto que consume las aguas, sopla Set. Osiris muere con el río seco. Cuando el río crece y desborda, Osiris recobra la vida. Osiris es el río, Isis la tierra. La unión de ambos, la vida, que surge tras la unión del agua y el suelo.

NINFA: Divinidad griega de las fuentes, los bosques, los montes, los ríos y los mares. También se la conoce como dríade o nereida.

Niños de la Catedral: Palma de Mallorca es la capital de la provincia de Baleares, España, situada en la Isla de Mallorca, centro de turismo internacional. En el cerro que domina la ciudad isleña, se levanta una catedral gótica que encierra una encantadora historia. Cuentan los lugareños que cuando comenzó a construirse, fueron convocados todos los habitantes, sin excepciones de ninguna clase, para que el monumento, una vez erigido, perteneciera a todos por igual. Allí fueron cargando piedras, herramientas, carretillas, arena, vidrios, maderas, hombres, mujeres, niños y ancianos. E incluso los bebés, neologismo español que indica niño muy pequeño, rorro, gurrumino, churumbel, pituso o mamón, aunque en América del Sur se prescinda del acento: bebe o beba.
Pues bien, las madres cargaban amorosamente a sus hijitos sobre sus espaldas en mochilas especiales, pero sobre el cuello de los infantes colgaban pequeñísimas bolsitas conteniendo unos pocos granos de arena. Ellos también contribuyeron literalmente con sus granitos de arena.

Nipón: Nombre que los japoneses dan a Japón, de *nichi*, Sol y *hon,* origen o como se le ha llamado durante mucho tiempo: el imperio del Sol naciente. A los aborígenes del Japón se los conoce como los *Auni.*

Nix, Nixie o Nixy: Del folklore alemán. Criatura sobrenatural que vive en un hermoso palacio de ficción y ama las corrientes de agua fresca. Puede asumir formas humanas o convertirse en invisible. Suele asociársele con actos de maldad dirigidos a los hombres y mujeres que tenían la posibilidad de seducirlos con regalos y esquivar la travesura.

Normal: La expresión latina *norma* indicaba un instrumento usado por los carpinteros y constructores para medir ángulos rectos. Su uso se extendió a regla, precepto y por extensión a lo que es natural, regular, correcto, típico, habitual, lúcido, sano.

Norte: La palabra esconde sus orígenes en raíces germánicas e indoeuropeas. Su uso se emparentaba con izquierda, representando precisamente el lugar a la izquierda cuando se mira al sol de la mañana.
Una remota creencia sostenía que los que se habían comportado torcidamente, al morir, debían ser enterrados al Norte del patio de la iglesia, porque usualmente era donde había menos sol. El Este era el lado de Dios, donde está su trono. El Oeste es el lado de los humanos y el Sur el de los espíritus justos, donde el Sol brilla en toda su intensidad. Por cierto, el Norte era el lado del diablo.

Nostradamus: Nombre adoptado por Michel de Nostre-Dame (1503-1566), médico y astrólogo francés que publicaba un almanaque anual y su famoso *Les Centuries*, que fue condenado por el Papa. Sus profecías fueron escritas en lenguaje ambiguo, como desde antaño lo hacían los ORÁCULOS, dejando lugar a diversas interpretaciones que permiten eventualmente asegurar que fueron acertadas o totalmente equivocadas. Un verdadero intríngulis. Una vieja frase hecha decía que "ser tan buen profeta como Nostradamus" era ser oscuro e impenetrable en pensamiento y comprensión.

NUEVE: Para Pitágoras (582-507 a. de C.) (véase VERSOS DE ORO y HECATOMBE), el tres era la perfecta trinidad: dos veces tres, la dupla perfecta y tres veces tres, el plural perfecto. Esta explicación convirtió al 9 en un número místico, luego llamado trinidad de trinidades.

Desde tiempos remotos el 9 ha tenido particular significancia.

Hay nueve órdenes de ÁNGELES.

Deucalión flotó en su arca durante nueve días hasta terminar en el Monte Parnaso.

Las MUSAS son nueve.

Nueve eran las vírgenes que atendían el ORÁCULO de Gallic.

La Hidra tenía nueve cabezas.

Había nueve ríos en el infierno y el río Éstige donde fue sumergido AQUILES da nueve vueltas en torno a las regiones infernales.

En la mitología escandinava, había nueve tierras.

En el viejo folklore, otra vez el número se hace presente en lugares claves:

Para poder ver un hada era indispensable poner nueve granos de trigo sobre un trébol de cuatro hojas.

Si una mujer encontraba nueve arvejas debía alinearlas en la puerta de la cocina y el primer hombre que la traspasara sería su esposo.

Ver nueve urracas era mala suerte y algunos pueblos sostienen que los GATOS tienen nueve vidas y no siete.

Muchos idiomas usan la expresión "nueve de cada diez" para indicar gran mayoría.

Para Pitágoras, cada número tenía una definición.

- Uno: unidad, el concepto de Dios que no tiene partes.
- Dos: diversidad, por lo tanto desorden, contienda.
- Tres: perfecta armonía, la conjunción de unidad y diversidad.
- Cuatro: la perfección.
- Cinco: el número prevaleciente en arte y naturaleza.
- Seis: justicia.
- Siete: el CLIMATÉRICO, los años considerados peligrosos o críticos. El climaterio es el período de la vida que precede a la finalización de la función genital.

Para la antigua tradición eclesiástica:

- Uno: era la unidad de Dios.
- Dos: la unión en Cristo de Dios y el hombre.
- Tres: la Trinidad.
- Cuatro: el número de evangelistas (Marcos, Mateo, Lucas y Juan).
- Cinco: las heridas del Redentor, dos en las manos, dos en los pies y una en Su costado.

- Seis: la semana creativa.
- Siete: las veces que Cristo habló desde la cruz.
- Ocho: las beatitudes o bienaventuranzas del SERMÓN de la Montaña.
- Nueve: las órdenes de ángeles.
- Diez: los mandamientos.
- Once: Los Apóstoles fieles.
- Doce: el número original de Apóstoles.
- Trece: el número final tras la conversión de Pablo.

NUEVO TESTAMENTO: Nombre que se da al segundo grupo de libros sagrados de la Biblia. Para algunos eruditos pudo haberse llamado "La Nueva Alianza". La religión de ISRAEL es considerada como una alianza entre Jehová y su pueblo elegido, tal como había sido prometido por los profetas. La Nueva Alianza, para los cristianos, fue establecida con la vida y muerte de JESÚS y hacia fines del siglo II se desarrollaron los escritos que vendrían a complementar el Antiguo Testamento. La palabra TESTAMENTO se originó en el latín *testamentum,* que es una incorrecta traducción del griego *diatheke,* disposición, alianza. En los EVANGELIOS según San Lucas (22:20), precisamente, se lee: "Tomó el cáliz después que hubo cenado y les dijo: este cáliz es mi nueva alianza, sellada con mi sangre que se derramará por vosotros".

NYLON: Muchas telas han tomado su nombre del lugar donde nacieron, como DENIM O JEAN. Quizá por ello un mito popular adjudicaba el origen de esta palabra a una sigla formada por New York (NY) y Londres (LON). Sin embargo, la historia real es que en la empresa Dupont, bajo la dirección científica de Wallace Hume Carrothers, en 1930, se desarrolló el producto y creó la palabra nylon, tomando el final on, porque ya se usaba en rayón y algodón y se le agregó arbitrariamente la sílaba *nyl.* Como marca fue registrada en 1938.

O: Los fenicios la usaban como un sonido gutural. Los griegos le dieron dos valores. La o corta, *o-micron* y la o larga *o-mega*. El latín unificó ambos sonidos en la letra como hoy es conocida.

Oasis: El origen se remonta a una antigua expresión del norte de África, que significaba pozo de agua. Pero como en torno de estos parajes, con vegetación y sombra, siempre se congregaban viajeros o caravanas, oasis extendió su uso a todo lugar distinto, inesperado, inhabitual.

Obelisco: Los obeliscos fueron originariamente erigidos por los egipcios, que los ponían de a pares a la entrada de los templos. La base era usualmente un décimo de la altura y la cúspide estaba cubierta de cobre. Cada una de sus cuatro caras llevaba jeroglíficos inscriptos. El emperador Calígula llevó un obelisco de Heliópolis a Roma, el que luego fue erigido en la Plaza de San Pedro, por orden del papa Sixto V. Hay una historia que relata que las 320 toneladas de este obelisco debieron ser transportadas mediante rodillos. Quienes asistían a la tarea tenían absolutamente prohibido pronunciar palabra o sonido alguno, bajo pena de muerte. En cierto momento, cuando las cuerdas que se usaban para el arrastre comenzaron a tensarse al punto de la destrucción, un obrero, desafiando la pena, gritó "*Acqua alle funi!*", "¡Agua a las cuerdas!", con lo que salvó los tensores y mejor aún, la suya y otras vidas. El pobre no pasó a la historia, sólo a su historia.
El Obelisco de Luxor, en la Plaza de la Concordia, en París fue traído de Tebas y presentado a Louis Philippe en 1831. Sus inscripciones relatan la vida de Ramsés II, en el siglo XII a. de C.

Oberon: Del francés, *Alberon* o *Auberon*. Rey de los ENANOS, según un poema del medioevo francés. La historia cuenta que Oberon vivía en el bosque y con sus poderes extraordinarios ayudaba a quienes emprendían aventuras casi imposibles de ser concretadas. Shakespeare lo incluye en *Sueño de una noche de verano* como rey de las hadas y esposo de Titania, la reina de las hadas. Oberon aparece en el siglo XIII en un poema romántico como hijo de Julio César y Morgan Le Fay, la hermana bruja de ARTURO (véase AVALON). Medía 90 cm de altura, tenía cara angelical y era señor y rey de Mommur. A su nacimiento, las hadas le presentaron dos regalos fundamentales: el primero, poder reconocer los pensamientos de los seres humanos y el otro, el poder transportarse a sí mismo a cualquier lugar instantáneamente. Al final de su tiempo, una legión de ángeles lo transportó al Paraíso.

Obstetra: Del latín, *obstetricius*, la que se para al frente.

Oceanía: Islas ubicadas en el Pacífico sur entre el TRÓPICO de Cáncer y el extremo sur de Nueva Zelanda. Incluye Australia, Nueva Zelanda, la Polinesia (Polinesia francesa, Islas Line, Pitcairn, Samoa, Tonga y Tuvalu), la Micronesia (Islas Carolina, Guam, Kiritabi, las Marianas y Marshall) y la Melanesia (Fiji, Nueva Caledonia, Papua, Nueva Guinea, Islas Salomón y Vanuatu). Área total: 8.500.000 km cuadrados.

Océano: En la MITOLOGÍA griega, *Okéanos* era un gran mar que envolvía al mundo y rodeaba la Tierra cuando era considerada plana. Se extendía hacia los cuatro puntos cardinales. Hacia su oeste el sol nunca brillaba: era el país de los sueños y la entrada al mundo subterráneo. Océano era el padre de 3.000 ríos y otras tantas NINFAS. Como dios que rodea al mundo es representado por una SERPIENTE con la cola en la boca. Como dios marino, es un anciano de larga barba blanca y cuernos de toro.
Los océanos ocupan el 70% de la superficie de la TIERRA con una superficie total de 361.000.000 de km cuadrados.

Océano Ártico: El ÁRTICO es el más pequeño de los océanos, ocupando una superficie de 13.986.000 km cuadrados. Está centrado en el Polo Norte y se conecta con el Océano PACÍFICO a través del Estrecho de Bering y con el Atlántico a través del Mar de Groenlandia. Está cubierto de hielo de un espesor que va de 2 a 4,30 m y alcanza su máxima profundidad de 5.450 m en el Mar de Chukchi.

Océano Atlántico: Se extiende entre Europa y África y el continente americano. El Ecuador lo divide en Altántico Norte y Sur. Tiene una superficie de 82.400.000 km cuadrados. Tiene una profundidad promedio de 3 km y una profundidad máxima de 9.200 m en la fosa de Puerto Rico.

OCÉANO ÍNDICO: Se extiende al sur de la India desde las costas de África hacia las Indias Orientales y AUSTRALIA. En la Antigüedad era conocido como el Mar de Eritrea. Tiene una superficie de 73.400.000 km cuadrados y su máxima profundidad es de 7.700 m en la fosa de Java, Indonesia. Sus principales brazos son los mares de Arabia, Rojo y Adaman y sus aguas dan forma a las bahías de Adén, Bengala y al Golfo Persa.

OCÉANO PACÍFICO: Así llamado por el navegante portugués Fernando de MAGALLANES (1480-1521) cuando en 1521 disfrutó el tiempo calmo y el mar plácido luego del pasaje tormentoso y tempestuoso por el Estrecho que llevaría su nombre.

El Océano fue visto por primera vez en 1513 por el explorador español Fancisco NÚÑEZ DE BALBOA (1475-1519), luego de una larga y difícil expedición por la selva. Antes de esta expedición Núñez de Balboa había viajado de polizón dentro de un barril, tantas eran sus ansiedades por llegar a las costas novedosas. Al acceder a un cerro tras un verdadero calvario se encontró con la inesperada, inmensa y maravillosa visión de un mar infinito. Recién permitió que el resto de su tropa alcanzara la cima, donde volvió a repetirse la sorpresa que les quitó el aliento. Al descender a las costas, Núñez de Balboa tomó posesión de todo el Océano (véase VESPUCIO) y anunció la "llegada de la Humanidad".

Miles de islas pobladas se encargarían de demostrarle que ya existían humanos y que las tierras ya estaban poseídas.
Los nativos le informaron de un maravilloso imperio plagado de oro y plata y riquezas incontables al que llamaban *Birú*. Primera vez que los españoles escucharían hablar de Perú, el Imperio INCA y al que Francisco Pizarro (1476-1541), que acompañaba a Balboa, conquistaría y debilitaría luego de encarcelar, juzgar y ejecutar al inca Atahualpa en 1532.
El Océano Pacífico es el más grande y cubre un tercio de toda la superficie del globo: 181.300.000 km cuadrados. Separa Asia y Australia de América del Sur y del Norte extendiéndose desde la ANTÁRTIDA al estrecho de Bering en el norte. Su máxima profundidad es de 11.000 m en la fosa Mariana, al sur de Guam, isla controlada por los Estados Unidos.

O'CONNOR, SANDRA DAY: Jueza de la Suprema Corte de los Estados Unidos, nacida en 1930. Fue elegida senadora por el Partido Republicano por Arizona por dos períodos y fue líder de la mayoría en 1973. Sirvió en el Tribunal Superior de Phoenix y luego en el Tribunal de Apelaciones de Arizona. En 1981 fue designada jueza de la Suprema Corte del país, siendo la primera mujer que formó parte de ese fundamental organismo de la República. En 1993, el presidente Clinton designó a la segunda mujer en la historia de la Suprema Corte: Ruth Bader Guinsburg, nacida en 1933.

ODÍN: En la mitología nórdica, uno de los principales dioses. Cabalgaba un córcel mágico llamado Sleipnir y era el dios de los poetas, la sabiduría, la guerra y la agricultura. También tenía a su cargo presidir el banquete de los muertos en batalla. Era el emblema del conocimiento total y suele ser representado con un solo ojo, porque su otro ojo es el Sol.

ODISEO: En latín, Ulises. Fue el rey de Itaca, una de las islas Jónicas (hoy Theaki) y uno de los héroes de la guerra de TROYA. La *Odisea* de Homero relata sus aventuras y regreso a casa con su esposa PENÉLOPE, luego de diez años. Al principio, Odiseo/Ulises rehusó participar del ejército que atacaría Troya, pero los griegos usaron a su único hijo, Telémaco, para influir en su decisión final. En la *Ilíada* de Homero es pintado como un héroe sagaz, valiente y decidido y se le adjudica la idea del caballo de Troya.
Su mujer, Penélope, es el símbolo de la fidelidad. Presionada para que volviera a casarse porque Odiseo no retornaba de su largo viaje, ella prometió que lo haría al terminar la mortaja que estaba tejiendo para envolver el cadáver de su suegro. Pero todas las noches subrepticiamente destejía la labor del día y volvía a empezar a la mañana siguiente. Finalmente, Odiseo volvió disfrazado de mendigo, pero ella lo reconoció. Penélope lo supo no sólo por intuición femenina, sino porque él era el único que podía disparar su flecha a través de 12 aros. Su perro Argus también lo reconoció pero, conmovido, murió en el acto.

También fue reconocido por Euricleia, la antigua niñera de Odiseo por una pequeña cicatriz en su pierna dejada por el raspón de la pata de un cerdo cuando era joven.
Odiseo y Penélope, finalmente, se reunieron. Una de las diosas mitológicas de entonces prolongó la noche del reencuentro por muchas, muchas horas, para que ambos pudiesen contarse sus sueños, aventuras y ansiedades y recuperar el tiempo perdido. Lo cual fue toda una odisea.

Ofir: Semilegendaria región conocida como la Tierra del Oro. Fue emplazada en los sitios más distantes por los cronistas que se ocuparon de ella. Para Marco Polo estaba en Japón, para Cristóbal Colón en "su India", para otros en algún lugar del África. En el Antiguo Testamento, en el Libro de los Reyes, se habla de una expedición a Ofir en busca de oro.
Uno de los más conocidos y respetados antiguos viajeros árabes, Ibn Batuta, que recorrió miles de kilómetros por África y Asia, dejó asentadas sus experiencias en su libro *Viajes.*
Allí cuenta que otro viajero le había informado que "la ciudad de Sofala está a catorce días de marcha de Kulua y a un mes de Yufi y Limii, de donde se trae el polvo de oro". Para algunos investigadores, los restos de la antiquísima Ofir estarían en Zimbawe, en África Central, hoy limitando con Zambia, Mozambique y Bostwana. Todavía hoy, sus principales exportaciones minerales son el níquel y el oro.
En 1889, Cecil Rhodes inició una actividad comercial que terminó por convertirse en 1923 en el estado de Rodesia, una colonia británica con gobierno propio. En 1965 se independizó de la corona bajo el comando de Ian Smith. En 1970, el país obtuvo su total independencia proclamándose república y en 1980 cambió el nombre de Rodesia por el de Zimbawe.

Og: Rey de Basán que, de acuerdo con una antigua leyenda rabínica, era un gigante antediluviano que se salvó del diluvio subiéndose al techo del arca. Después de cruzar el Mar Rojo, Moisés avanzó contra el gigante Og, cuya cama medía 4 metros y medio de largo y 4 de ancho, según Deuteronomio (3:11). La leyenda cuenta que Og desmenuzó una montaña para atacar a los israelitas con las rocas obtenidas de la molienda, pero quedó atrapado entre tanta piedra y Moisés pudo matarlo sin mucho problema.

Olger el Danés: Uno de los grandes héroes de los romances medievales cuyas hazañas se cuentan en *Chansons de Geste,* Canción de los Hechos, poema narrativo que trata de las familias heroicas de la historia y leyenda de Francia, compuesto en distintos tiempos por distintos autores entre los siglos XI y XV. Olger era el hijo de Geoffrey, rey de Dinamarca, país del que es hoy héroe nacional (véase Hamlet).
En uno de los relatos, el hijo de Olger, Charlot, fue matado por Carlomag-

NO. En venganza, Olger mató al sobrino de Carlomagno y poco faltó para que matara al propio gran emperador. Fue desterrado y cuando regresó, defendió a Francia de los sarracenos.
Otro relato cuenta que cuando nació, vinieron a visitarlo muchas hadas y también Morgan Le Fay que lo llevó a AVALON, donde Olger permaneció por 200 años. Finalmente, retornó a Francia para luchar contra nuevos invasores.

OLIMPO: Residencia de los antiguos dioses de Grecia donde ZEUS mantenía su corte. Es una montaña de 2.895 m de altura en el límite entre Macedonia y Tesalia.

OLIVO: En la antigua Grecia el olivo era sagrado en alusión a la historia que envuelve el nombre de Atenas. Atenea es presentada con una rama de olivo. Era el símbolo de la paz y la fecundidad. Una corona de olivos era la máxima distinción al ciudadano que servía a su país y el más alto honor de los Juegos Olímpicos. También para los romanos era símbolo de grandeza.
En el Antiguo Testamento, el final del DILUVIO quedó demostrado para Noé cuando una paloma apareció en vuelo con una rama de olivo en su pico, señal de que las aguas habían bajado.
El Monte de los Olivos, al este de JERUSALÉN, está desde antiguo conectado con las ceremonias judías e íntimamente asociado con acontecimientos del Nuevo Testamento. Es allí donde JESÚS se retira para rezar, meditar y hablar con sus discípulos y es traicionado.
El olivo es un árbol tipo arbusto nativo de la región mediterránea. Puede vivir más de 1.000 años. La oliva, su fruto, es amarga y no comestible antes de ser procesada para la obtención de aceitunas.

OMAR KHAYYÁM (1045-1122): Poeta, astrónomo y matemático persa. Era muy conocido por sus trabajos sobre álgebra, hasta que Edward FitzGerald (1809-1883), escritor inglés, publicó la traducción de sus poemas en 1859. Sin embargo, la obra pasó inadvertida hasta 1890 cuando el *Rubaiyat de Omar Khayyám* alcanzó fama mundial. La obra tiene un tono jovial con un toque de melancolía.

OMBUDSMAN: Esta palabra de origen sueco fue usada por primera vez en forma oficial en 1960 y fue Nueva Zelanda el primer país anglohablante que la utilizó. Se remonta a la antigua expresión *umbothsmathr*, literalmente, el hombre de la administración. Hoy significa comisionado, oficial designado por la Legislatura, cuya misión es proteger los derechos de los ciudadanos contra las violaciones del gobierno. Suecia ha tenido este cargo desde 1809, Dinamarca desde 1955 y Noruega desde 1962. También se designaron comisionados locales para investigar las quejas del público contra las autoridades locales e independientes para Bancos, sociedades constructoras y compañías de seguros.

Once Mil vírgenes: Curiosa historia relacionada con una notable confusión lingüística. Santa Úrsula era una princesa inglesa del siglo v que organizó un peregrinaje a Roma de "once mil vírgenes". Todas habrían sido masacradas en Colonia. Otra historia, un poco más sensata, indica que hubo un viaje pero con muchísimas menos peregrinas. Una de las compañeras de Úrsula se llamaba *Undecimilla,* lo que con el paso del tiempo y las exageraciones se interpretó como *undecim millia,* once mil. Santa Úrsula se recuerda el 21 de octubre.

Oportunidad: Proviene de un término náutico del latín *ob*, hacia y *portus*, puerto, indicando vientos favorables hacia el puerto, lo que siempre era considerado positivo por los marinos.

Optimismo: Etimológicamente, esperanza por lo mejor. La palabra fue acuñada por el filósofo y matemático alemán Gottfried von Leibniz (1646-1716) que se dedicó además a las ciencias, la diplomacia y la lógica. Fue inventor de la ciencia del cálculo, rama de la matemática, contemporáneamente con Isaac Newton (1642-1727), considerado uno de los más grandes científicos de todos los tiempos, autor de la ley de gravitación universal.
Leibniz desarrolló en una de sus obras, *Monadología,* la idea de que un plan divino había creado este mundo, el mejor de todos los posibles. El constituyente básico del universo eran unas sustancias simples que él llamó "mónadas" (del griego, unidad), infinitas en número, inmateriales y organizadas jerárquicamente.

Oráculo: Del latín, *oraculum,* derivado de *orare*, suplicar, rezar. Comunicación divina dada a petición de quien la invoca y, por extensión, el lugar donde se realizaban las profecías. Los más famosos oráculos de la Antigüedad fueron el de Apolo en Delfos, sobre el Monte Parnaso en el golfo de Corinto; el de Esculapio en Epidauro, Roma; Diana en Colchis; Hércules en Atenas; Júpiter en Dodona; Marte en Tracia; Minerva en Micenas; Pan en Arcadia. En la mayoría de los templos, mujeres sentadas ofrecían las respuestas, muchas ambiguas y tan oscuras que solían ser engañosas o provocaban dudas. Por ejemplo, cuando Creso consultó al oráculo de Delfos sobre una proyectada guerra, recibió como respuesta: "Cuando Creso cruce el río Halys, se desmoronará la fuerza de un Imperio". Obviamente, Creso supuso que se refería al imperio enemigo, pero el oráculo se refería al suyo, que así cayó cuando fue derrotado por Ciro. Otra respuesta famosa es cuando se le dijo a un príncipe: "Tú marcharás regresarás nunca morirás en la guerra". Frase confusa cuyo significado depende del lugar de la pausa: "Tú marcharás, regresarás, nunca morirás en la guerra". "Tú marcharás, regresarás nunca, morirás en la guerra".

Orangután: En malayo, la expresión *orang utan* significa hombre salvaje. Quizá fue usado para quienes vivían a cielo abierto a diferencia de los que habitaban en los bosques considerados no civilizados. Los viajeros europeos tomaron la expresión para denominar a unos simios de largo pelo rojo que habitaban precisamente en los bosques.

Ordalías: En el antiguo inglés, *ordal*, juicio. En tiempos de los primitivos anglosajones existía una práctica por decisiones "sobrenaturales" para dirimir cuestiones criminales, sometiendo al acusado a pruebas físicas, convencidos como estaban de que Dios defendería al recto por milagro si fuese necesario. Algunas pruebas sugerían arrojar a supuestas brujas al curso de un río caudaloso. Si se ahogaban, era prueba irrefutable de que eran culpables de ser brujas. Si se salvaban, pues, no había duda alguna de que eran brujas. Sólo en el siglo XII se suspendieron estos juicios, aunque no para las brujas que, como se vio, siempre perdían.
Otra forma de juicio era introducir la mano del acusado en agua hirviendo y otorgarle el perdón si no salía chamuscada. Otro juicio llamada *Judicium Crucis* era parar frente a una gran cruz al acusado y al acusador. El primero que se movía perdía el juicio. Estas parodias de juicio, también llamados "juicios de Dios" en una invocación espantosa, se dirimían a veces por duelo, sorteo, fuego o hierro candente.

Orfeo: Personaje mitológico griego, hijo de Apolo y la musa Calíope. Era músico y cuenta la leyenda que cuando ejecutaba la lira producía encantamientos en las bestias salvajes, los árboles y los ríos. Se casó con la ninfa Eurídice y cuando ella murió víctima de la mordedura de una serpiente, Orfeo descendió al mundo subterráneo de los muertos dominado por Hades/Plutón y Proserpina a buscarla (véase Rapto de Proserpina). Ofrece su propia vida para que ella fuese resucitada. Los dioses, encantados con su música, acceden a que ambos dejen el inframundo. Pero les fue permitido regresar a la superficie con la condición de que ella caminara siempre detrás de Orfeo y éste no volviera su cabeza para mirarla hasta llegar al mundo de los vivos. Orfeo no pudo resistir la espera y desobedeció. Entonces ella retornó al infierno. Orfeo buscó la muerte para nuevamente reunirse con su amada.
Orfeo y Eurídice forman otra de las parejas legendarias rodeadas de infortunios y desgracias.

Orquídea: En griego, *orkhist*, testículo. La forma de la raíz de la orquídea se parecía a esos órganos y por eso fue llamada *orchis* y por deformación surgió la actual palabra. En idiomas modernos, aún permanece la forma orquitis para indicar inflamación de los testículos.

Osiris: Uno de los más importantes dioses egipcios encargado de la fertilidad, de los muertos y los reyes resurrectos. Su esposa fue Isis y su hijo Horus.

Oso y el Buey, El: En una iglesia de España, en la ruta que va de León a Oviedo, en pleno camino jacobeo hacia Santiago de Compostela, se encuentra un antiguo monasterio en el que se pueden ver las figuras de un oso y un buey en la propia entrada. Según la tradición, el lugar fue construido por un pariente del Cid Campeador a fines del siglo XI para descanso de los peregrinos.
Pero la historia se remonta a orígenes ignotos y relata que mientras se construía el complejo, los trabajadores usaban yuntas de bueyes para tirar los pesados carros que transportaban los materiales. Una noche fueron sobresaltados por los alaridos de uno de los bueyes que había sido atacado por un fiero oso que dio cuenta de su presa con presuroso apetito. Quedábale aún a la bestia alguna hambruna y decidió abastecerse del buey restante. Fue entonces atacado por los constructores que, en lugar de matarlo, aprovechando la modorra habitual tras la comida, dominaron al oso, lo maniataron y lo inmovilizaron. De allí en más, el urso plantígrado fue puesto bajo el yugo junto al buey sobreviviente y juntos empujaron cargas y cargas hasta dar por terminada la obra religiosa.
Las figuras de la entrada evocan entonces aquella curiosa pareja del folklore tradicional español.

Ostracismo: En la antigua Grecia, cuando se proponía que una persona fuese enviada al exilio, se realizaba una votación. Para efectivizarla se escribía el nombre de la persona cuestionada en un trozo de cerámica y si el nombre aparecía más veces que los trozos sin escritura, se la castigaba con el exilio. Los fragmentos eran llamados *ostrakon*, una palabra relacionada con *osteon*, hueso y *ostreon*, ostra. La ejecución del voto era *ostrakizein; ostrakismos* lo que le dio su forma moderna.

Oxford: Ciudad de Inglaterra sobre el río Támesis, sede de la mayor universidad inglesa organizada como federación de facultades. También ciudad industrial de 110.000 habitantes.
En 1167 comenzó a organizarse como universidad (*studium generale).* Las primeras facultades o colegios fueron fundados en 1249 y lentamente Oxford alcanzó el nivel de las más importantes universidades del continente europeo. Por sus claustros pasaron disertantes y maestros como Roger Bacon (1214-1294) franciscano, filósofo y científico inglés; sir Thomas More (Santo Tomás Moro 1478-1535), estadista inglés autor de *Utopía* y mártir de la Iglesia Católica Romana; Erasmo (Desiderio Erasmo 1466-1536), humanista holandés, una de las grandes figuras del Renacimiento.
La Universidad incluye la Biblioteca Bodleian, el Museo Ashmolean, el Teatro Sheldonian y la universidad para mujeres fundada en 1874 que lleva el nombre de Lady Margaret Hall.
Dentro del predio hay varias iglesias y la Catedral de Cristo data del siglo XIII.

P

P: Jeroglífico egipcio que los fenicios transformaron en *pe* y los griegos en *pi.* Los romanos le dieron su forma definitiva.

PAGANO: Del latín, *paganus,* hombre de campo, aldeano. Para un ciudadano romano, el lugar para vivir era la ciudad o las villas romanas. El *pagus* era el campo sin cultivar, sitio de incomodidades y privaciones. Quienes vivían en el *pagus* eran vistos como rústicos, peligrosos, poco cultos.
La actual acepción de la palabra significando impío, idólatra, infiel, no cristiano, es derivada del hecho de que las prácticas religiosas preexistenres al cristiansmo persistieron en las aldeas bastante tiempo después de que la Iglesia cristiana se hubiese establecido en el pueblo. También era una forma peyorativa con la que los romanos llamaban a los civiles y es posible que cuando los primeros cristianos se llamaron a sí mismo *milites Christi*, soldados de Cristo, ellos adaptaran las palabra *paganus* para sus enemigos.

PAKISTÁN: El nombre de este Estado formado en 1947, fue acuñado en 1933 por Chaudarie Rahmat Alí, estudiante de Cambridge, para representar a las unidades que deberían estar incluidas cuando llegara el momento:
P, por Punjab.
A, por los Estados fronterizos de Afghan.
K, por Kashmir.
S, por Sin.
STAN, por Baluchistán. Al mismo tiempo, el nombre puede ser entendido como "tierra de los puros", del iraní *stan*, tierra (como en Afghanistán). El nombre oficial es *Islami Jamhuriya e Pakistan,* República Islámica de Pakistán.

Situada al sur de Asia, limita con Afghanistán al norte y la India al este. Área: 803.943 km cuadrados. Población: 120.000.000. Capital: Islamabad.
Se considera a Muhamad Alí Jinnah (1876-1948) el fundador de Pakistán, quien después de la Segunda Guerra Mundial alcanzó éxito al proclamar y lograr en 1947 la creación del Estado como patria de los musulmanes hindúes.

PALACIO: De *Palatium* o *Mons Palatinum*. El Monte Palatino era una de las siete colinas de la antigua Roma. En tiempos del emperador Augusto se construyó una gran mansión que se utilizó como residencia imperial y fue llamado *Palatium*, Palacio, que luego se convirtió en genérico de toda residencia fastuosa.

PALOMA: Del latín, *columba*, similar al griego *kolumbis*. Es un ave cosmopolita de regiones templadas y tropicales que se caracteriza por su cuerpo rechoncho, pequeña cabeza y plumaje espeso. La paloma euroasiática es la progenitora de la paloma común. Suele producir un canto muy peculiar, al que se denomina arrullo. Ese sonido persistente y repetitivo corresponde a palomas y tórtolas (paloma más pequeña). De esa palabra surgen los verbos arrullar que es el acto de enamorar de las palomas y por extensión la melodía que se entona para dormir a los niños. Y el arrurú o arroró es ese canto. El tórtolo es el macho de la paloma y el plural se usa como sinónimo de enamorados.
En el arte cristiano, la paloma representa al Espíritu Santo y al alma humana. Se suelen ver saliendo de la boca de los santos a su muerte. San David es representado con una paloma sobre su hombro. San Gregorio el grande, con una paloma sobre su oreja. La paloma es además símbolo de la paz, la inocencia, el amor y la ternura.

PÁJAROS: Hay 8.600 variedades de estos vertebrados con alas y plumas, que viven en todo tipo de hábitat: desde desiertos hasta zonas tropicales e incluso polares, tienen respiración pulmonar y sangre caliente. Son animales cuyas patas delanteras se transformaron en alas para el vuelo, manteniendo las traseras para caminar y la mandíbula alargada como pico, sin dientes. Ponen huevos en nidos, los incuban y cuidan de su crías. Algunos pájaros ponen sus huevos en otros nidos para que sus pichones sean atendidos por otras madres. Se alimentan de semillas, néctar, frutas y carroña, cazan insectos y hasta presas grandes. La vista es su sentido dominante y el olfato, el más pobre.
Sus tamaños van desde el ruiseñor (6,4 cm) hasta el AVESTRUZ (2,40 m de altura). Algunas aves pueden volar miles de kilómetros y repetir sus viajes en temporadas produciendo migraciones que van de un hemisferio a otro. La MIGRACIÓN es estimulada por impulsos internos vinculados con el ciclo reproductivo y la alimentación. Las aves utilizan para su orientación factores innatos. Además, usan el Sol y las estrellas como brújulas y los accidentes geográficos como referencias.
Hay algunas aves, sin embargo, que no pueden volar: el pingüino, el avestruz, el kiwi y el ñandú.

En todos los idiomas se registran expresiones relacionadas con los pájaros siendo la más común "más vale pájaro en mano que cien volando". En italiano, se convierte en *"è meglio oggi l'uovo che domani la gallina"* (es mejor el huevo hoy, que la gallina mañana).

Al igual que en muchos peces, el propio nombre de la especie se une a otra expresión para denominar a ciertos tipos de aves: pájaro carpintero, pájaro diablo, pájaro bobo y el pájaro mosca, que mide 3 cm de largo y 5 cm de envergadura, también llamado colibrí o picaflor.

Se llama pajarita a un barrilete, a una figura de papel con forma supuesta de pájaro, al cuello de camisa con puntas bajas. Pajarota o pajarotada a una mentira o engaño. Pajarraco es pájaro grande y feo o persona desagradable.

PÁJARO AZUL: Hermosa alegoría fantástica del escritor Maurice Maeterlinck (1862-1949), autor belga que escribía en francés. Cuenta la historia de un niño y una niña, Tyltyl y Myltyl, que son enviados a recorrer el mundo por el hada Bérylune en búsqueda del pájaro azul que simbolizaba la felicidad. Tras sus andanzas, descubrieron que el pajarillo vivía precisamente en los jardines de su casa.

Maeterlinck también escribió otras obras, entre ellas el clásico *La Vida de las* ABEJAS. Recibió el Premio Nobel de Literatura en 1911.

PÁJARO BLANCO: La conciencia o el alma. Los musulmanes han preservado la antigua idea de que las almas de los justos se agrupan junto al trono de Dios como pájaros blancos, hasta el día de la resurrección.

PÁJARO DE SAN MARTÍN: Ave conocida en Francia como *l'oiseau de Saint Martin* porque hace su pasaje siempre muy cerca del 11 de noviembre, el día de San Martín de Tours.

PAMPA: Poeta hindú nacido aproximadamente en el 940, llamado *Adikavi* en lengua Kannada, significando primer poeta. El mayor trabajo de Pampa fue *Adipurana* y *Pampa-Bharata. Bharata* es al mismo tiempo el antiguo nombre de la India y el de un famoso rey.

PANACEA: Del griego, cura todo. Remedio universal. Panacea era la hija de ESCULAPIO, legendario médico griego, dios de la medicina, porque la medicina que cura es la hija del arte de curar. En la Edad Media, la búsqueda de panaceas era una de las tareas fundamentales de los alquimistas. Las leyendas dan cuenta de diversas panaceas: el ungüento de PROMETEO, que hacía al cuerpo invulnerable; el anillo de ALADINO o la MANZANA de AHMED, que curaba todos los males.

PANCRAS: San Pancras es uno de los santos patronos de los niños. Fue asesinado a los 14 años durante la persecución de cristianos realizada en tiempos del emperador romano Diocleciano (245-313). Se lo representa como un niño armado de espada en una mano y una palma en la otra.

PÁNCREAS: Etimológicamente, significa todo carne. Es una adaptación del latín *pankreas, pan,* todo y *kreas,* carne. La razón es quizá la formación homogénea de la sustancia que forma el páncreas. En inglés, a la molleja se la llama *sweetbread* que podría traducirse como pan dulce, pero en realidad proviene del antiguo *broed,* carne, y significa páncreas, usada como comida.

PANDEMONIO o PANDEMÓNIUM: Del griego, todos los demonios. En su libro *Paradise Lost, El paraíso perdido,* John Milton en 1667 bautizó con esta palabra a la capital del infierno. Del griego *pan,* todo y *daimon,* demonio.

PANDORA: La primera mujer según los antiguos griegos. Después de que PROMETEO robara el fuego de los dioses y lo entregara a los humanos para su uso, ZEUS, enfurecido, castigaría duramente a PROMETEO, pero antes decidió arrojar toda clase de miserias sobre la Tierra. Ordenó la creación de una bella mujer a quien le entregó una caja, la caja de Pandora, conteniendo toda clase de espantos y desgracias. Zeus envió a Pandora como regalo a Prometeo, quien la rechazó. Pero su hermano Epimeteo se casó con ella y abrió la caja: todos los males salieron a castigar a los seres humanos. Según la leyenda, sólo la esperanza quedó al fondo de la caja. En la literatura universal, Pandora ha sido objeto de repetido tratamiento como ejemplo de seducción o belleza fatales. En la expresión cotidiana, la caja de Pandora es un regalo que parece valioso, pero en realidad es un castigo o penuria.
J. E. Rogers en su libro *Interpretaciones de la Historia* dio un nuevo giro al concepto:
"Los favores del Gobierno son como la Caja de Pandora, con una importante diferencia: rara vez dejan la esperanza por salir".

PANFLETO: En el siglo XII circuló un poema de amor de autor anónimo llamado *Pamphilus.* Se hizo muy popular y circuló profusamente. Durante largo tiempo se usó la palabra para señalar cualquier texto menor que un libro. En español, la palabra correcta para indicar texto menor difamatorio o satírico es libelo.

PÁNICO: Literalmente, terror causado por el dios Pan. Los antiguos griegos creían que este dios se escondía en oscuros rincones y se aparecía sorpresivamente asustando a la gente. Los ruidos provocados por Pan en montañas y valles producían temores repentinos. Hay varias leyendas sobre el origen de la palabra. Una de ellas es que Baco tenía a su frente un ejército muy superior al suyo y Pan aconsejó a todos los hombres que al caer la noche gritaran al unísono. Los innumerables ecos que produjeron hicieron creer al enemigo que estaba rodeado por todos los flancos y entonces, en pánico, las tropas huyeron desconcertadas.

Panorama: La palabra fue creada por el artista irlandés Robert Barker a fines de 1780 para definir un método mediante el cual, él pintaba una escena dentro de un cilindro para provocar una perspectiva distinta. Presentó esta obra en gran tamaño en un edificio de Londres y formó la palabra con el griego *pan,* todo, y *horama,* vista.

Pantera: Durante los tiempos medievales, se suponía que este animal se comportaba amistosamente con todas las bestias, excepto con el dragón. A todos atraía cuando exhalaba un olor dulce. Sin embargo, más tarde, cuando se conocieron las reales características de la pantera, se tornó símbolo del diablo y de la alabanza hipócrita. La idea original quizá haya derivado de la creencia de que su nombre significaba *panther,* todas las bestias.

Papa: Del griego *páppas*, una manera cariñosa de decir padre. Primero se la usó para los obispos y para designar al Sumo Pontífice, el Obispo de Roma, desde el siglo V. El primero en usar el título oficialmente fue León I, el Grande, que reinó entre el 440 y 461. En tiempos de Gregorio VII, papa entre 1073 y 1785, se reservó por decreto el título para el Obispo de Roma.

Para algunos historiadores, el primer papa que cambió su nombre al asumir fue Sergio II, entre 844 y 847. Según diversas historias su nombre real era Pedro, pero supuso que sería una arrogancia llamarse Pedro II. Sin embargo, el primer caso claro e históricamente evidente fue el de Pedro, Obispo de Pavía, quien al asumir cambió su nombre por Juan XIV y reinó desde 983 hasta 984. Gregorio el Grande, que reinó entre 590 y 604, fue el primer papa en adoptar el título de *Servus Servorum Dei.* Siervo de los Siervos de Dios, tomando la frase de Jesús en San Marcos (10:44): "Y el que quiera ser el primero, que se haga servidor de todos".

El título "Vicario de Cristo" o "Vicario de Dios" fue adoptado por Inocencio III, papa entre 1198 y 1216.

Incluyendo a Juan Pablo II hay comúnmente 263 papas enumerados oficialmente y sólo la nacionalidad de dos de ellos es desconocida. Los restantes fueron 209 italianos, 15 franceses, 12 giegos, 6 alemanes, 6 sirios, 3 africanos, 3 españoles, dos dálmatas (Croacia) y uno de estos orígenes: holandés, inglés, polaco, portugués y judío (San Pedro).

Existe incluso una leyenda respecto a la papisa Juana que fue registrada por el dominicano Stephen en 1261, quien a su vez la había tomado de Jean de Mailly. Se decía que ella había nacido en Alemania de padres ingleses y que viajó a Roma después de haber vivido como monje en Atenas. Usando el nombre de Johannes Anglicus, fue elegida papa en 885 como Juan VIII. Se dice que habría muerto durante una procesión solemne cuando dio a luz un niño. El erudito calvinista David Blodel exploró el mito en 1647, el que finalmente fue demolido por el teólogo alemán Johann Joseph Ignaz von Döllinger (1799-1890). En 1886, Emmanuel Royidis publicó su novela *La papisa Juana.*

Papa: Del español, patata, batata, tomada de la lengua taino del Caribe. La *solanum tuberosum* fue introducida a Europa por los navegantes españoles. Sir Walter Raleigh (1552-1618) la llevó a Irlanda y los irlandeses la regresaron a América, a los Estados Unidos en 1719. Sir John Hawkins llevó la papa dulce del Caribe en 1565. A ésta se la llamó *ipomoea batata* y en aquellos tiempos se le suponían propiedades afrodisíacas. Shakespeare usó la forma inglesa en *Las alegres comadres de Windsor,* en 1598, cuando le hace decir a Falstaff: "Que del cielo lluevan papas", asignándole a la papa precisamente propiedades para aumentar la capacidad amatoria.

Paraíso: En el antiguo persa, lugar cerrado. Los griegos la usaron también para parque cerrado, *paradeisos,* y luego por extensión se usó para llamar al Jardín del Edén. La imagen de un jardín cerrado aparece en el Cantar de los Cantares (4:12) del rey Salomón, cuando le canta a su amada: "Huerto cerrado eres, hermana mía, novia. Esposa, huerto cerrado, fuente sellada".
En el Paraíso del Génesis: "Dios hizo germinar del suelo toda clase de árboles agradables a la vista y frutos apetitosos para comer, además del árbol de la vida y del árbol de la ciencia del bien y del mal. Un río salía del Edén para regar el jardín y de allí se dividía en cuantro brazos: Pisón, Guijón, Éufrates y Tigris".
El Dilmun era el Paraíso de los sumerios de Mesopotamia, cuya cultura floreció durante el tercer milenio a. de C. Situado donde aparece el Sol, Dilmun era la residencia de los dioses, donde no se oía el graznido de los cuervos y no existían enfermedades, tristeza ni vejez. En el poema de Gilgamesh, el héroe realiza un viaje hasta el jardín de los dioses en la cima de una montaña, donde crecen plantas con gemas y frutos de ágata (cuarzo de colores vivos) y hojas de lapizlázuli.
El gran poeta épico griego Homero describió un lugar llamado Elíseo o Campos Elíseos, donde está el fin del mundo, donde no nieva ni soplan vientos fuertes. Hesíodo, probablemente contemporáneo de Homero, menciona en su obra *Los Trabajos y los Días* un tiempo en que los seres humanos vivían felices y en paz, sin envejecer, libres de todo dolor y se alimentaban (como Adán y Eva) de los frutos de la tierra. En este mismo trabajo repleto de máximas para los agricultores, Hesíodo menciona la Isla de los Bienaventurados, la residencia de los héroes que gozan de una existencia libre de preocupaciones con todo provisto por la tierra fértil.
El Paraíso del Islam es un lugar en el cielo. Los musulmanes que sean temerosos de Dios y constantes serán recompensados en la otra vida en un jardín de fuentes y caudalosos torrentes, árboles y lugares de descanso.
Los jardines terrenales construidos por los árabes, cerrados, rectangulares y divididos en cuatro partes representando los cuatro ríos de la vida, son precisamente réplicas del paraíso del Corán con sus fuentes, perfumes florales y hermosos árboles.
Antiguas creencias, luego desarrolladas en el medioevo, sostenían que el Paraíso era un lugar bellísimo, donde la muerte y la declinación física no existían y

El Jardín del Edén, Jan Bruegel, 1568-1625.

que probablemente estuviese ubicado en una isla. Generalmente se lo situaba hacia el este y algunos mapas del siglo IX lo situaban en China. En un mapamundi del siglo XIII aparecía como una isla cerca de la India.
El propio Cristóbal Colón en su tercer viaje llegó a imaginar al mundo con forma de esfera con una punta donde se encontraba el Jardín del Edén, adonde nadie podía penetrar sin el consentimiento de Dios.
Muchos de los jardines botánicos originariamente procuraban recrear el Paraíso reuniendo en un lugar flores, plantas y árboles de todo el mundo. El jardín botánico de Oxford, fundado en 1621, fue diseñado en cuatro partes idénticas, simbolizando los cuatro ríos y los cuatro continentes: Europa, África, Asia y América (véase EDÉN).
El poeta William Morris (1834-1896) escribió *El Paraíso Terrenal* relatando las aventuras de un grupo de noruegos que buscó en vano el Paraíso para regresar finalmente, viejos y cansados, a un lugar sin nombre donde los antiguos dioses griegos eran todavía idolatrados.

PARAÍSO PERDIDO, EL: Una de las más grandes obras de la literatura, poema épico de John Milton (1608-1674) publicado en 1667. Relata la desesperación de Satanás y el resto de los ángeles caídos del Cielo cuando escuchan el rumor de que un nuevo mundo está por crearse. Llaman a un consejo para discutir las acciones a tomar y todos coinciden en enviar a Satanás en busca del nuevo mundo. Satanás viaja hasta encontrar el árbol del conocimiento, desde donde puede ver a Adán y Eva discutiendo la prohibición de Dios respecto de los frutos de ese árbol. Planea entonces su estrategia. Se convierte en una niebla y se introduce en el cuerpo de la serpiente induciendo a Eva a probar el fruto prohibido. Adán también cae tentado. Satanás regresa a los Infiernos a contar su triunfo y desde allí envían a Miguel para dirigir a la pareja culpable fuera del Paraíso.
Milton describe la Tentación. Eva, al caer en ella, pierde el Paraíso. Cuando Cristo, tentado, resiste, recupera el Paraíso.

PARAFERNALIA: En la Antigüedad cuando una mujer se casaba, sus bienes se dividían en dos partes: la dote que, entregada por el padre, se convertía en propiedad del marido y el resto. El término que nos ocupa proviene del griego *para*, al lado de, y *pherne*, dote. De allí viene el término español parafernales: los bienes de la mujer no comprendidos en la dote. Luego se convirtió en un neologismo que indica equipos, aparatos o conjunto de instrumentos y por extensión acumulación de objetos o sucesos.

PAREDES OYEN, LAS: Advertencia de que aun los secretos contados entre cuatro paredes pueden ser oídos por alguien y perder su privacidad. Se rumoreaba que algunos cuartos del Louvre tenían dispositivos que permitían escuchar lo que se hablaba en otros ambientes. Los tubos que unían las habitaciones se llamaban *auriculaires*. Para algunos resultaba imposible de entender cómo se conocían comentarios hechos en la más absoluta intimidad: obviamente, porque las paredes oían.

Parsifal: Figura mítica relacionada con el rey Arturo y también llamado Sir Percivale. Aparece como uno de los emprendedores caballeros en busca del Santo Grial, que era el vaso de esmeralda que sirvió a Jesús durante la Cena con sus discípulos y que José de Arimatea usó para recoger la sangre de Cristo de su costado herido por el centurión. Fue el padre de Lohengrin, héroe de la versión germana de la leyenda de Arturo.

Partenón: El gran templo de Atenas, dedicado a Atenea, muchas de cuyas esculturas y frisos se encuentran actualmente en el Museo Británico en la sala conocida como "Elgin Marbles". Thomas Bruce Elgin (1766-1841) estaba cumpliendo una misión diplomática para la corona inglesa, cuando consiguió y dispuso el traslado de esas piezas a Londres. Sus hijos, probablemente por la eficiente mudanza comandada por papá, consiguieron luego de su muerte tareas de privilegio: uno de ellos, James Bruce fue gobernador general de Canadá en 1847. Victor Alexander Bruce fue virrey de la India en 1894.
El templo se comenzó a construir en el 445 a. de C. y su gran realizador fue Fidias, el más grande escultor griego. Partenón significaba en griego *el lugar de las vírgenes.* Como todas las construcciones dóricas, tiene al frente la mitad de las columnas que hacia el fondo: 8 columnas de frente y 16 columnas de lado. Visto de frente da la sensación de rectitud perfecta; sin embargo, las columnas tienen una suave e imperceptible deformación para corregir la natural e inevitable redondez del ojo humano.
El templo tuvo una historia trágica y compleja. Primero fue convertido en iglesia cristiana en el siglo VI, luego en mezquita y finalmente en 1687, ocupada por los turcos, fue usado como depósito de explosivos. Durante el sitio de los venecianos, una gran parte del edificio voló por los aires. Pero afortunadamente pudo reconstruirse. Es uno de los lugares más visitados por los turistas de todo el mundo.

Parténope: Antiguo nombre de Nápoles, cuyo significado es Sirena, la que se arrojó al mar por amor a Ulises. Parténope era un antiguo asentamiento griego, luego llamado Paleópolis (ciudad vieja). Posteriores asentamientos cambiaron el nombre por Neapólis (ciudad nueva), de donde proviene el actual nombre de Nápoles.

Pascal, Blaise (1623-1662): Matemático, físico, filósofo y escritor francés. A los 17 años publicó un ensayo muy respetado sobre matemáticas. A los 21 inventó la primera calculadora digital y más tarde descubrió la ley de la presión y los principios de la prensa hidráulica. Finalmente, ingresó en un convento del movimiento jansenista, por Cornelius Jansen (1585-1638), y se convirtió en un escritor solitario. Allí desarrolló una nueva prosa para el idioma francés, con sentencias breves, variedad de ideas y precisión de estilo.

PASCUA: Del latín, *pascha,* derivada de una expresión hebrea que significaba tributo, ofrenda. Es una fiesta solemne para los judíos que rememoran la salida de Egipto, el paso del Mar Rojo y la llegada del ángel exterminador que respetó las casas de los israelitas, en tiempos de MOISÉS y después de la última PLAGA de Egipto.
También para los cristianos por la resurrección de Cristo. Ésta fue establecida por el Concilio de Nicea del año 325 y se celebra el domingo después de la luna llena que sigue al primer equinoccio (cuando los días son iguales a las noches) del año y que cae siempre entre el 21 de marzo y el 26 de abril, pudiendo variar hasta 36 días su ubicación en el calendario. También se suele usar para Navidad, EPIFANÍA y Pentecostés y para el lapso entre Navidad y Reyes.
Se llama Pascuillas al primer domingo después de Pascua. Los equinoccios ocurren dos veces por año: 21 ó 22 de marzo y 21 ó 22 de septiembre. En ese momento los dos polos de la Tierra se encuentran a idéntica distancia del Sol, por lo cual la luz solar cae por igual en ambos hemisferios.

PASIÓN: En latín, *pati* es sufrir, lo que también dio origen a paciente. Su participio pasado originó *pass,* pasión, específicamente el sufrimiento de Jesús en la cruz. Luego fue agregando a su etimología original los conceptos de atracción sexual, pena, furia, deseo vehemente.

PASQUÍN: Sátira o escrito breve de contenido político que se propone el ridículo como objetivo. Generalmente anónimo, se fija en lugares públicos. Su nombre se origina en Pasquin, un sastre o peluquero italiano del siglo XV, conocido por sus ingeniosos razonamientos. Después de su muerte, una estatua de origen desconocido fue emplazada en Piazza Navona. Como no estaba claro qué representaba la estatua pero estaba frente a la casa de Pasquin, se la llamó con su nombre. Los romanos comenzaron a fijar sus sátiras políticas, religiosas y personales en la estatua y de allí nació el nombre.

PATO RENGO: Expresión del lunfardo estadounidense que originariamente definía a quien no podía pagar sus deudas y por lo tanto debía dar rodeos para no encontrarse con los acreedores, como un pato rengo que no puede nadar y debe dar la vuelta bordeando la costa. En los últimos tiempos se aplica casi con exclusividad al Presidente de los Estados Unidos uno o dos años antes de finalizar definitivamente su mandato de cuatro u ocho años si ha sido reelegido la única vez que lo permite la Constitución. En esos últimos tramos, el verdadero poder está yendo hacia las manos del eventual futuro nuevo presidente. Y el que está en el último tramo del ejercicio es un pato rengo.

PATRICIO, SAN: Apóstol y Santo Patrono de Irlanda, cuya fecha es el 17 de marzo. Patricio no era irlandés y nació supuestamente en el 389 en un lugar llamado Bannavem, Taberniae, cuyo nombre original quizá haya sido Bannaventa Berniae. Su padre, Calpurnius, era oficial romano.
Patricio fue capturado de niño y vendido como esclavo a Irlanda. Logró escapar y esconderse en el Monasterio de Lerins. Luego recibió un llamado sobrenatural que le pedía predicar en Irlanda. Llegó a Wicklow en 432 y viajando hacia el norte, convirtió al pueblo de Ulster y luego a otros en distintas partes de Irlanda. Estableció comunidades y construyó iglesias, incluso la catedral de Armagh. Se dice que murió en 461 y que fue enterrado en Down, Ulster.
Su nombre quedó fijado en muchos lugares y unido a leyendas que cuentan sus poderes milagrosos, como haber librado a Irlanda de víboras. Se lo representa con un trébol en la mano.
La cruz de San Patricio es una X o cruz de colores diferentes de la X o cruz de San JORGE y ambas, con la de San Andrés, forman la "*UNION JACK*", la bandera del Reino Unido de Gran Bretaña e Irlanda del Norte, que comprende a Inglaterra, Gales, Escocia e Irlanda del Norte. Su fecha: 17 de marzo.

PATRÓN: Es una de las muchas palabras que descienden de *pater,* padre, como paternal, patricio, paternidad, patrimonio. La palabra patrón indicaba alguien que protege los intereses de otros, como lo haría un padre. Llegó incluso a significar santo guardián. En algunos idiomas, *patron* es el cliente.

PEDRO, SAN: Santo Patrono de los pescadores. Él mismo fue un pescador hasta convertirse en el Príncipe de los APÓSTOLES. Su día se celebra el 29 de junio. Usualmente se lo representa como un anciano de barba, vestido con ropa blanca y una túnica azul sosteniendo en su mano un libro o pergamino. Sus símbolos son las llaves y una espada.
La leyenda cuenta que fue crucificado cabeza abajo por haberlo pedido él mismo, pues no se consideraba digno de la misma muerte de Jesús. Su tumba está bajo el altar mayor de la Basílica de San Pedro y el Papa confirmó la autenticidad del santo lugar en 1968.
En Actos (12:7) se relata la milagrosa liberación de San Pedro de su encadenamiento en prisión a cargo de un ángel. En recuerdo de este episodio nació la expresión *San Pedro ad Vincula*, San Pedro en cadenas que es la dedicación de la iglesia a aquella liberación.
Las llaves cruzadas de San Pedro son la insignia del Papado. Una es de plata y la otra de oro, simbolizando el poder de las llaves, que para los creyentes son las del cielo.

PEGASO: El caballo alado de la mitología griega, símbolo del vuelo poético de la imaginación. Surgió de la sangre derramada cuando PERSEO cortó la cabeza de Medusa, una de las tres Gorgonas que tenía SERPIENTES por cabellos y convertía en piedras a quienes miraba fijamente. Belerofonte montó a Pegaso y sobre su lomo alado destruyó a la QUIMERA (véase EQUIDNA). Cuando murió Belerofonte, Pegaso fue llevado junto a los dioses.

PELÍCANO: En el arte cristiano, símbolo de la caridad y emblema de Cristo. Una vieja superstición sostenía que esta ave alimentaba a sus crías con su propia sangre. En realidad, los pelícanos disuelven y maceran la comida en las bolsas que cargan bajo sus picos y esa pasta se convierte en la comida de sus pichones. Pero las antiguas leyendas insistían sobre el tema al punto que, según esos cuentos, el pelícano macho mata a sus crías en el nido. La madre se sienta entonces sobre los pichoncitos durante tres días y derrama su sangre sobre ellos hasta que los revive.

PEN: Pen International es una organización mundial fundada en Londres en 1921 por el novelista inglés John Galsworthy (1867-1933) con el propósito de agrupar a todos los escritores del mundo. Su nombre, que significa pluma de escribir, se formó con las palabras *Poets, Playwrights, Editors, Essayists and Novelists* (Poetas, dramaturgos, editores, ensayistas y novelistas). Para ser miembro se requiere haber escrito al menos dos libros, uno de ellos de considerable distinción literaria.

PENÉLOPE: Esposa de ODISEO o Ulises. HOMERO en su *Odisea* cuenta que llevaba sólo un año de casada cuando su marido se marchó a la guerra a vivir decenas de aventuras en una ausencia que duraría diez años. Ella permaneció fiel, rechazando a sus muchos pretendientes con la promesa de que elegiría a uno de ellos cuando terminara de tejer la mortaja de su suegro. Penélope tejía de día y destejía de noche. Su tela nunca terminaba de hacerse. Abrumada por las presiones, prometió que se casaría con el hombre que fuese capaz de doblar el arco de Odiseo. Ninguno pudo. Odiseo finalmente regresó, dobló su propio arco y mató a los pretendientes.

PERI: Del persa, hada o bruja. Originariamente, un bellísimo pero malevolente espíritu de la mitología persa, responsable de cometas, ECLIPSES y otros fenómenos. Luego la palabra se aplicó a seres delicados, gentiles, bellos, protegidos por otros espíritus que cuidaban la pureza de sus pensamientos camino al cielo. Estas agradables criaturas están bajo la protección de Eblis, jefa de los ángeles caídos. A MAHOMA se le encargó la conversión de Eblis así como la de los seres humanos.

PERLA: Para los antiguos naturalistas, las perlas se formaban por gotas de lluvia que caían dentro de las ostras abiertas. La gota se endurecía por secreciones internas de la ostra. En realidad, las perlas son producto de una secreción que se va repitiendo formando una capa sobre otra hasta alcanzar considerable

dureza y grosor. Estas secreciones suelen formarse cuando los moluscos tratan de extirpar de su interior objetos extraños como granos de arena o pequeños parásitos.
Se cuenta que CLEOPATRA impresionó a Marco Antonio con un banquete tan fastuoso que dejó al conquistador sin palabras. Para completar la impresión, Cleopatra disolvió una de sus perlas en el vino y se la bebió. Hay varias historias similares donde los personajes disuelven perlas en vinagre u otras bebidas fuertes y se las toman campantes.
Los españoles llamaron a las costas venezolanas de Cumaná a Trinidad, La Costa de las Perlas y a las islas en torno, Las Islas de las Perlas, porque allí se concentraban grandes cantidades de ostras perlíferas.
Jesús en el Sermón de la Montaña (véase MARGARINA) les dijo a sus Apóstoles que predicar ante quienes no querían oír era como arrojar perlas a los cerdos. Cuando se tradujo *margarites,* perlas, del griego al español, la expresión se convirtió en "no vale la pena arrojar margaritas a los chanchos".

PERRAULT, CHARLES (1628-1703): Poeta, novelista y cuentista francés, miembro prominente de la Academia Francesa. Es muy recordado por sus relatos para niños *Cuentos de la madre ganso.* La mayoría de sus historias fue escrita para diversión de sus hijos, pero luego adquirieron fama mundial. Entre las más conocidas: *Caperucita roja, La bella durmiente del bosque, La cenicienta, El gato con botas, Barba azul, Pulgarcito.*

PERROS: Hace más de 10.000 años que los seres humanos domesticaron a los perros y los tienen a su lado. Muchos perros son, además de compañeros, trabajadores que se ocupan de la guardia y custodia, guía para no videntes, cuidado de las ovejas, control de drogas y motines, búsqueda de sobrevivientes en los terremotos.
Son mamíferos carnívoros que típicamente tienen cuerpos delgados y musculosos, cabezas largas, pequeñas patas con cinco dedos en las manos y cuatro en las patas; dientes fuertes. El olfato es su sentido más desarrollado, aunque su oído es muy agudo. Período de gestación: 49/70 días y pueden nacer uno o más cachorros (lechigadas). Se calcula que hay más de 400 razas. El San Bernardo es el más grande y puede llegar a pesar dos veces lo que un hombre. El Yorkshire es un terrier y de los más pequeños. Los perros sólo ven de cerca y no distinguen colores, pero su sentido del olfato es miles de veces mayor que el de los seres humanos.
Hay muchas frases en distintos idiomas y obras de la literatura vinculadas con los perros:
• "Los perros de la guerra", creada por Shakespeare en *Julio César.*
• "Cansado como un perro".
• "Perro que ladra no muerde".
• "No se puede enseñar nuevos trucos a un perro viejo".

La historia también nos cuenta de algunos perros famosos:

- Argus, el perro de ODISEO/Ulises, que reconoció a su amo cuando regresó después de diez años de ausencia y murió en el acto.
- Cavall, el perro preferido del rey ARTURO.
- Katmir o Fratim, el perro de MAHOMA y uno de los animales, según los musulmanes, admitido en el PARAÍSO.
- BOATSWAIN, el perro de Lord Byron.
- Diamond, el perro del sabio Isaac Newton.
- Hamlet, el de Sir Walter Scott, autor de *IVANHOE*.
- Rufus, el de Sir Winston Churchill.

Para el poeta lírico latino, Quintus Horatius Flaccus (Horacio 85-8 a. de C.) ver un perro negro con sus cachorros era un mal presagio. Y aunque el perro siempre ha sido declarado el mejor amigo del hombre, en la literatura y el cine, muchas veces el diablo ha sido simbolizado por un perro negro, con cara de pocos amigos y alguna baba rondando sus fauces.

PERRO DE AUBRY: Aubry de Montdidier fue asesinado en 1371 en los bosques de Bondy. Su perro, llamado DRAGÓN, luego de la muerte de su amo, saltaba, ladraba y amenazaba atacar al cuello de Richard de Macaire cada vez que éste aparecía. El perro con su fiereza despertó sospechas respecto de la autoría del crimen que el animal claramente señalaba. Finalmente, Richard fue sentenciado judicialmente a combatir con el perro que lo batió, infligiéndole serias heridas. Cuando agonizaba, Richard confesó haber asesinado a Aubry. Perro que ladra no muerde, pero sospecha.

PERSEO: Héroe de la mitología, antepasado de HÉRCULES/Heracles. Hijo de DÁNAE y el dios ZEUS/Júpiter quien, arrojando una lluvia de oro sobre la mujer, engendró a Perseo. La madre había sido encerrada en un subterráneo de bronce porque su padre Acrisio quería evitar todo contacto con hombres, porque un ORÁCULO le había anticipado que el hijo de Dánae lo mataría. Un día Acrisio oyó el gemido de un niño y comprendió que Dánae pese a todo había concebido un hijo. Acrisio mató a la nodriza y encerró a madre e hijo en un cofre y los arrojó al mar. Luego fueron recogidos y protegidos por un rey. En una de sus aventuras Perseo debía enfrentar a las Gorgonas (véase EQUIDNA) en procura de la cabeza de la Medusa. Las Gorgonas eran monstruos cuyos cuellos estaban protegidos por escamas de dragón y tenían colmillos de jabalí, manos de bronce y alas de oro. Su mirada era tan poderosa que convertían en piedra a quienes miraban. Perseo decidió enfrentar a Medusa, una de las Gorgonas, porque era la única mortal. Se elevó con sus sandalias aladas y decapitó al monstruo (véase ATLAS).

PETER PAN: El muchacho que no quería crecer. Obra del autor escocés Sir James Matthew Barrie (1860-1937). Es la historia de un jovencito que un día cayó de la cuna y fue llevado por las hadas a la Tierra del Nunca-Nunca, lugar donde los menores no crecen. Allí aprendió a volar y se hizo amigo del hada Campanita. Al volver a Londres, su ciudad, Peter Pan lleva a su tierra mágica a tres hermanos de la familiar Darling, quienes deciden volver a la Tierra, pero Wendy, la mayor, promete regresar cada primavera. Originariamente pensada como obra de teatro, el papel de Peter Pan tanto en la escena como en el cine, ha sido encarnado por mujeres.

PETIRROJO: Pájaro cantor que según la tradición, cuando Jesús iba camino del CALVARIO, con su piquito sacó una de las espinas de Su corona procurando aliviar Su sufrimiento. La sangre que brotó de la herida pintó para siempre el pecho del pajarito. Otra leyenda relata que el petirrojo cubrió el cuerpo de Cristo con hojas y al hacerlo, su pecho se pintó con la sangre de Jesús (véase CIGÜEÑA).

PETRA: En agosto de 1812, un joven explorador suizo, Johann Burchkardt, estando al sur del Mar Muerto, encontró unas tribus árabes que le mencionaron un valle aislado conocido como *Uadi Musa,* El Valle de Moisés. Cuando Burckhardt llegó al sitio que le habían indicado, sus ojos se negaron a creer lo que veían: una antigua ciudad tallada en piedra arenisca de enormes dimensiones en el medio del desierto. Esta ciudad de los nabateos se llamó Petra, piedra o roca. Los nabateos eran una tribu árabe que había poblado el lugar desde el siglo IV a. de C. donde permanecieron por más de 700 años. Aunque los europeos conocían su existencia por referencias de antiguos historiadores, la ciudad nunca había sido localizada. La riqueza de Petra se expresa en las grandiosas fachadas de sus tumbas recortadas en las rocas. La más extraordinaria es la obra llamada Las Cuatro Tumbas, la primera de las cuales es la de Urn, cuyo frente tiene cuatro columnas que flanquean la entrada a una enorme cámara de 17 metros. Luego, la Tumba de la Seda, llamada así por sus colores rojo, rosa, blanco y gris. La Tumba del Palacio semeja un palacio romano. La cuarta es la Tumba Corintia.
Aunque hoy parece una ciudad de tumbas monumentales, alguna vez Petra estuvo repleta de tiendas, casas y fuentes, cuyas aguas eran traídas de los arroyos en las afueras de la ciudad mediante canales.

PETRÓLEO: Era una sustancia gelatinosa y negra que emanaba de la tierra y se desplazaba con pesada lentitud y misterio. En el año 3000 a. de C. existía un yacimiento de betún cerca de la ciudad de Bagdad. El asfalto que de allí se derivaba servía para hacer precarias carreteras, unir ladrillos o levantar muros. Junto con los gases que acompañaban sus exteriorizaciones, se encendían extrañas lumbres que desarrollaron en su torno el eterno culto al fuego.
Para los asirios del siglo IX a. de C. los escapes de gas marcaban el sitio donde salía, de las rocas, la voz de los dioses. El líquido inflamable, misterioso y sin utilidad práctica alguna para los antiguos, fue llamado *naphta* por los babilo-

nios, significando "cosa que arde". Luego se emplearon mezclas que contenían betún para calafatear barcos, para impermeabilizar techos e incluso afirmar calzadas y también como medicamento.
Los gases inflamables y los afloramientos de Bakú habían sido descriptos por MARCO POLO. Al encenderse con facilidad, fue llamado "*oleum incendiarum*". Pero antes de recibirse de petróleo, apenas si alcanzó el grado de querosén o queroseno, unión de las palabras griegas *keros,* cera y *elaion,* aceite. Su utilización moderna deriva, en realidad, de la búsqueda de sal. A principios de 1800 alguien descubrió que en China, desde hacía mil años, se utilizaban taladros para perforar la tierra en busca de sal. Los buscadores de petróleo, que en realidad buscaban querosén refinando petróleo, dejaron de cavar y perforaron. El negocio que estaban generando era la iluminación. A nadie por entonces se le habría ocurrido que vendría la electricidad y que el petróleo luego se convertiría en el oro negro de las modernas sociedades.
El primer pozo formal, curiosamente, apareció en 1857, en una minúscula, pobre y escondida ciudad de las montañas de Pensilvania: Titusville. Con la aparición de la industria automotriz masiva con motores de combustión nacieron nuevos imperios continentales.
Hoy el petróleo reside en algunos países de la antigua Unión Soviética, Arabia Saudita, Irak, Venezuela, China, Nigeria, México, Libia, Kuwait, los Emiratos Árabes Unidos.

PEZ: En tiempos de Cristo, la figura del pez se usó como símbolo de los cristianos porque con las letras griegas de la palabra *ikhtius,* pez (de allí nace ictiología, el estudio de los peces) formaron una sigla de la expresión Jesús Cristo, Hijo de Dios, Salvador: *Iesous Khristos Theous Hyios Soter.* Se la encontraba en sellos, anillos, lápidas de los primeros tiempos del cristianismo y se la supuso de místicos poderes.
El pez es un animal acuático vertebrado de sangre fría caracterizado por sus aletas, branquias para la respiración, cuerpo cubierto casi siempre por escamas y corazón de dos cavidades. Los peces son la forma más antigua de la vida vertebrada, cuya aparición se remonta a 450 millones de años. Se reproducen sexualmente y la fertilización puede ser externa o interna. Los huevos pueden desarrollarse en el agua o en el interior de la hembra, según las especies. Alrededor del 75% de los peces vive en el mar. El resto son especies de agua dulce que viven en lagos, ríos o lagunas. Algunos pocos peces, como el salmón o la anguila, cumplen su ciclo de vida en hábitat de agua salada o dulce. Hay 22.000 especies de peces óseos y ellos representan el 40% de todos los vertebrados vivientes.
La propia palabra "pez" sirve para denominar algunas de las especies: pez espada, pez martillo (especie de tiburón), pez mujer (manatí), pez volante, pez sierra, pez luna y otros.
En español, también se llama "pez" a una sustancia blanca, pegajosa y resinosa que se obtiene de los pinos y los abetos.

También se usa para formar diversas expresiones idiomáticas como "pez gordo" (persona importante); "como pez en el agua"; "estar pez" (expresión española para indicar ignorancia o desconocer un tema).

Piedra Filosofal: Sustancia hipotética que, de acuerdo con los alquimistas, convertía los metales en oro. Muchos sostenían que esta piedra estaba compuesta del más puro sulfuro y mercurio.
La búsqueda de esta maravilla se realizó a través de múltiples experimentos que echaron las bases de la moderna química.
Así se cuenta que Roger Bacon (1214-1292) encontró la fórmula de la pólvora. Jean Baptiste van Helmont (1579-1644), la naturaleza del gas. Johann Friedrich Böttger (1682-1719), la fórmula para la fabricación de la porcelana de Dresden.
Según las más primitivas leyendas, a Noé se le encomendó colgar la piedra filosofal en lo alto del Arca para iluminar a las criaturas vivientes y su equivalente Deucalión la llevaba en una bolsa sobre su espalda, pero la dejó escapar y la perdió.

Pigmalión: En la mitología griega, rey de Chipre que se enamoró de una estatua de la diosa Afrodita. El poeta romano Ovidio desarrolló otra versión en su obra *Metamorfosis* del siglo I, en la que Pigmalión es un escultor que talla una estatua de marfil representando a su ideal de mujer. Terminada la obra, se enamora de ella. La diosa Afrodita/Venus entonces convierte a la estatua en una mujer real. Posteriormente, la historia se renueva y modifica. La estatua incluso tiene nombre: Galatea. La romántica leyenda fue utilizada por muchos autores, destacándose la de George Bernard Shaw (1856-1950), el poeta irlandés que ganó el Premio Nobel de Literatura en 1925.
La famosa comedia musical *My Fair Lady* de Lerner y Loewe, de 1956, está precisamente basada en el libro de Shaw. La historia relata las experiencias de un profesor de inglés que enseña a hablar y actuar con nobleza a una niña florista pobre y humilde, puliendo sus costumbres y moldeándola a sus deseos, de la que inevitablemente se enamora.

Pigmeos: Desde Homero en adelante, muchos autores clásicos usaron esta expresión para definir a una raza de enanos que supuestamente vivía en Etiopía, otras partes de África o India. El nombre viene del griego *pugme,* la distancia que va desde el codo a los nudillos. La leyenda relata que cultivaban el maíz y lo cortaban con pequeñas hachas. Periódicamente luchaban contra avestruces que se ensañaban con ellos. Cuando Hércules los visitó en una de sus andanzas, los pigmeos treparon con dificultad hasta su copa y bebieron de ella. Cuando Hércules dormía, los pigmeos treparon ahora sobre él, ataron su mano derecha con dos ejércitos y su mano izquierda con otros tantos, pero no lograron inmovilizarlo y entonces Hércules los atrapó dentro de la piel del león de Nemea y se los llevó a Euristeo, quien le había encargado las famosas doce tareas.

En *Las aventuras de* GULLIVER, Jonathan Swift debió de haberse inspirado en estas antiguas historias cuando relata la forma en que los pequeños maniatan a Gulliver.

PINOCHO: El libro llamado *Pinocho: las aventuras de un títere,* fue escrito por el italiano Carlo Collodi (verdadero nombre Carlo Lorenzini). Apareció en 1881 en el *Giornale dei Bambini,* primero en episodios y luego como libro.
Cuenta la historia de un carpintero que encuentra un trozo de madera que reía y lloraba como un niño y se lo da a su amigo Gepetto, quien talla en la madera un títere que luego adquiere vida y comienza a actuar como un niño que suele enfrentar difíciles trances de todos los cuales extrae moralejas y lecciones. La historia relata que cada vez que Pinocho mentía, le crecía la nariz de madera y cuando decía la verdad, se reducía.
Un hada buena, finalmente, concede a Pinocho la posibilidad de ser un niño de verdad y convierte a Gepetto en su padre. El nombre de Pinocho viene de pino.

PIRÁMIDES: Las pirámides egipcias fueron construidas alrededor del 3000 y 2200 a. de C., aunque algunos eruditos suponen mucha mayor antigüedad e incluso las relacionan con una antigua civilización perdida sin rastros. Fueron monumentos funerarios destinados a preservar las momias de sus faraones. Sus antecedentes serían las mastabas y los ZIGURATS. Entre las más famosas, están la gran pirámide de Giza o *Gizeh* de la cuarta Dinastía egipcia y la Pirámide de Keops o *Khufu*, que cubría una superficie de 5,3 hectáreas y alcanzaba una altura de 147 metros.
El carácter de la arquitectura egipcia estuvo directamente influido por las condiciones climáticas y geológicas del valle del río Nilo. La visión del desierto plano, de horizonte lejano y aparentemente inalcanzable, creaba una sensación de confinamiento histórico. Para muchos analistas, ésa podría ser una de las causas de buscar las alturas desde donde divisar mejor el horizonte o estar más cerca de los dioses o quizá, ofrecerles un lugar para que los seres sobrenaturales vinieran a posarse.
Las pirámides mayas fueron levantadas casi tres mil años más tarde. Aunque ambas contenían tumbas en sus interiores, las pirámides mayas fueron utilizadas como altares para ceremonias y se llegaba a sus puntas truncas usando escalones de altura pronunciada. Hay quienes ven extrañas similitudes entre las culturas mayas y egipcias e incluso las asocian a través de antiquísimas culturas superiores que las habrían instruido y luego desaparecido sin dejar rastros y otros suponen que los continentes estuvieron unidos (véase DERIVA CONTINENTAL y GONDWANA) permitiendo las transferencias de seres vivos, culturas y tecnologías.
Por eso algunos autores arriesgan que no hay forma de probar que las pirámides egipcias "sólo" tengan 3.000 años de antigüedad y que bien podrían remontarse a varios milenios más de los que aquellos misteriosos colonizadores de otras galaxias se ocuparon de borrar todo vestigio.

Piróscafo: Los iniciadores del barco impulsado a vapor fueron los franceses, quienes, en 1775, aprobaron una máquina con un cilindro de unos 20 centímetros, montada en un barco que navegaba por el Sena, pero no contaba con suficiente potencia. En 1783, el marqués Jouffroy d'Abbans, tras una serie de intentos previos, remontó con éxito un sector del río Saona, cerca de Lyon, en un vapor de 182 toneladas dotado de una rueda de paletas, cuyo nombre era *Pyroscaphe* (del griego *pyro*, fuego y *scophe*, barco). La palabra ingresó al español como piróscafo para denominar a los primeros barcos de vapor y, al idioma popular, para definir a cualquier máquina o aparato estrafalario o pasado de moda.

Pisón, La Justicia de: Séneca (Lucio Anneo 4-65), filósofo hispanolatino nacido en Córdoba, España, cuenta que Pisón condenó a un hombre a muerte por asesinato apoyándose en pruebas endebles. Cuando la ejecución se iba a concretar, el supuestamente asesinado apareció. El centurión que tenía a su cargo hacer cumplir la sentencia de muerte, rápidamente llevó a los dos hombres ante Pisón, explicándole el dilema que se había presentado.
Pisón entonces condenó a muerte a los tres: acusado, "asesinado" y centurión al grito de *Fiat justitia*, que se haga justicia.
Según explicó Pisón, el condenado debía morir porque ya había sido condenado. El centurión porque no había cumplido las órdenes. Y el tercero porque había sido el causante de la muerte de dos hombres inocentes.
Todo indicaría que Pisón luego durmió tranquilo y legó a la historia sólo este relato dramático y pavoroso de lo que puede el poder absoluto: convertir a la justicia en un grotesco crimen.

Pitcairn, Islas: Dependencia británica que comprende un grupo de islas volcánicas en el Pacífico sur, al este de la Polinesia Francesa, cerca del Trópico de Capricornio. Una romántica historia envuelve a sus habitantes. En 1789, los marineros del barco inglés *HSM* (*His/Her Majesty's Ship* - Barco de Su Majestad) *Bounty* se amotinaron ante la cruel y despiadada conducción del capitán de la nave, William Bligh (1754-1817). Dejaron al capitán y a sus oficiales fieles en un bote salvavidas y ellos navegaron hasta recalar en una de esas islas junto a mujeres tahitianas. Sus descendientes viven hoy allí y continúan hablando inglés. En 1991 sólo había 61 habitantes.
El capitán Bligh y 18 tripulantes realizaron un extraordinario viaje de 3.618 millas náuticas hasta alcanzar Timor, cerca de Java. Luego fue ascendido hasta el grado de almirante y designado gobernador de *New South Wales* (Nueva Gales del Sur) al sudeste de Australia en el Océano Pacífico.

Plagas de Egipto: El libro Éxodo del Antiguo Testamento relata cómo Dios impuso a los egipcios diez plagas para persuadir al Faraón de liberar a Su pueblo retenido en cautividad. Las plagas:

1) Las aguas del Nilo se convirtieron en sangre.
2) Hordas de ranas cubrieron la tierra.
3) El polvo se convirtió en nubes de mosquitos.
4) Nubes de tábanos infestaron la tierra.
5) El ganado cayó muerto.
6) La gente se cubrió de forúnculos.
7) El cielo se oscureció por las langostas.
8) Las tinieblas cubrieron la tierra por tres días.
9) Rayos y granizos destruyeron las cosechas.
10) Los primogénitos contrajeron la peste y murieron.

PLANETA: Del griego, *planetos,* un derivado de *planasthai,* moverse sin rumbo fijo. Se aplicó a todos los cuerpos celestes que parecían moverse entre las estrellas que estaban fijas.

El Sistema Solar:

• **Sol**: 1.400.000 km de diámetro. Temperatura: 5.500° centígrados en la superficie. El Sol es una estrella que ocupa el centro del sistema que lleva su nombre. Es un horno nuclear rotatorio de hidrógeno y gases de helio que producen y distribuyen energía de manera constante. Esta energía provee calor a la Tierra y sus habitantes.

• **Mercurio**: 4.878 km de diámetro. Distancia media al Sol: 57.900.000 km. Temperatura: más de 430° durante el día y 170° bajo 0° durante la noche. Color: gris. Es el planeta más cercano al Sol. Su superficie es similar a la de la Luna. Se supone que las erupciones volcánicas y modificaciones de su corteza concluyeron hace 3.000 millones de años. Mercurio es considerado un planeta muerto, con atmósfera carente de oxígeno.

• **Venus**: Diámetro: 12.100 km. Distancia media al Sol: 108.200.000 km. Temperatura en la superficie: 480°. Color: amarillo, naranja, marrón. Venus tiene el tamaño aproximado de la TIERRA y algunos le llaman el mellizo de la Tierra. El RADAR ha penetrado las gruesas capas de nubes sulfurosas de Venus y ha podido determinar una superficie con cráteres y un gran volcán activo. Siempre está nublado en Venus. Desde la superficie del planeta es casi imposible distinguir el cielo o el resto del universo.

• **Luna**: Diámetro: 3.480 km. Distancia media a la TIERRA: 384.402 km. Temperatura: 100° en la cara que mira al Sol. Color: gris con tonos verdosos, blancos y amarillos. La Luna es el satélite natural del planeta Tierra. Después de la histórica misión Apolo II en julio de 1969, se convirtió en el único cuerpo celeste, además de la Tierra, sobre el que el ser humano ha caminado. La superficie de la Luna no tiene aire ni agua ni vida.

• **TIERRA**: Diámetro de polo a polo a través del centro de la Tierra: 12.756 km. Circunferencia alrededor del ecuador: 40.070 km. Distancia media al Sol: 149.600.000 km. Temperatura promedio: 15°. La tierra es el planeta de los OCÉANOS, el único conocido que tiene atmósfera que permite la vida. Es una

esfera sólida con un núcleo metálico. La Tierra tiene láminas de corteza en movimiento y volcanes activos, por lo que está en constante cambio.
Área ocupada por agua: 361 millones de km cuadrados
Área ocupada por territorio: 149 millones de km cuadrados
Punto más alto: Monte Everest, Asia, 8.848 m
Río más largo: NILO, 6.695 km
Desierto más grande: Sahara, 9.100.000 km cuadrados
Océano más grande: Pacífico, 166 millones de km cuadrados
• **Marte**: Diámetro: 6.787 km. Distancia media al Sol: 227.900.000 km. Temperatura: más de 170° durante el día y menos de 73° durante la noche. Color: marrón rojizo. Se describe a Marte como el planeta rojo. Tiene polos de agua y óxido de carbono y muchos cañones que pueden haber sido antiguos ríos que horadaron su superficie. En 1976, el *Viking* se posó en Marte. La información que enviaron los robots analíticos indicó que no hay signos de materia viviente.
• **Cinturón de asteroides**: Diámetros: pueden variar de 2,5 a 2,600 km. Colores: azules, marrones y grises. Los asteroides orbitan entre Marte y Júpiter. Se estima que hay entre 44.000 y 100.000 asteroides. Los tres mayores son Ceres, Pallas y Vesta. Hay muchas teorías en torno a los asteroides. Una de ellas indica que serían restos de planetas resultantes de antiguas explosiones. Otra teoría es que son piezas sueltas que nunca lograron concentrarse y consolidarse para formar otro planeta. Generalmente, se considera que si los asteroides se reunieran, no superarían el tamaño de la Luna.
• **Lunas de Júpiter**: Hay 16 lunas que orbitan alrededor de Júpiter. Las mayores son Europa, Ganímedes y Calisto. La segunda es más grande que el planeta Júpiter.
• **Júpiter**: Diámetro: 142.800 km. Distancia media al Sol: 778.300.000 km. Temperatura: 130°. Color: rojo, marrón, bandas blancas. Es el planeta gigante, un décimo el tamaño del Sol y el más grande del sistema. Este planeta rota rápidamente completando una rotación en 10 horas. Su superficie está compuesta de gases y no es sólida. Lo que se puede ver es una enorme mancha roja descubierta hace más de 300 años.
• **Titán**: La luna más grande de Saturno. Diámetro: 5.800 km. Se encuentra a 1.600.000 km sobre la capa de nubes de Saturno. Temperatura: desconocida. Color: marrón rojizo. Titán es más grande que Mercurio y Plutón.
• **Saturno**: Diámetro: 120.200 km. Sus aros: 275.200 km. Distancia media al Sol: 1.427.000.000 km. Temperatura: menos de 185° bajo sus nubes. Color: amarillo con bandas blancas y marrones. Los anillos son blancos, marrones y grises. Visualmente, Saturno es el planeta más atractivo. Además de sus 17 lunas, tiene anillos formados por infinita cantidad de partículas de hielo que orbitan como pequeñas lunas. Saturno es el segundo planeta en tamaño. Al igual que Júpiter, tiene una superficie gaseosa muy fría.
• **Urano**: Diámetro: 50.800 km. Distancia media al Sol: 2.870.000.000 km. Temperatura: menos de 125°. Color: celeste con nubes amarillas. Urano es el

tercer planeta en tamaño. Es el único planeta que rota casi verticalmente a 98° de su eje. También tiene una serie de anillos. Así como la Tierra completa su giro alrededor del Sol una vez por año, Urano necesita 84 años para completar su traslación. Tiene 15 lunas.

- **Neptuno**: Diámetro: 48.600 km. Distancia media al Sol: 4.497.000.000 km. Temperatura: menos de 220°. Color: celeste con nubes amarillas y blancas. Neptuno es llamado el mellizo de Urano por sus similares tamaños. Su atmósfera es muy fría, compuesta principalmente de metano. En 1989 el Voyager II se aproximó a Neptuno y logró fotografiar su superficie. Se descubrió que tiene 3 anillos y 8 lunas. La más grande de sus lunas es Tritón, que tiene el tamaño de la Luna de la Tierra.
- **Plutón**: Diámetro: 3.000 km. Distancia media al Sol: 5.900.000.000 km. Temperatura: menos de 230°. Color: gris pálido, amarillo y blanco. Es el planeta más alejado del Sol. Es el más pequeño de todos, incluso que la Luna. Parece también ser el más frío y se lo describe como una bola de metano y agua mezclados con rocas. Entre Plutón y su luna no hay más que espacio, por millones y millones de kilómetros.
- **Cometas**: Color: gris, azul y marrón. Los cometas están formados por pequeñas partículas de hielo y gases. Pueden ser vistos cuando pasan cerca del Sol. Hay dos tipos de cometas: los de períodos cortos y los largos. Los que se mueven alrededor del Sol y pueden ser vistos en períodos que van hasta los 100 años son los cortos. El más popular y conocido es el COMETA HALLEY, que aparece a la vista cada 76 años desde la remota Antigüedad. La última vez fue en 1986. Los cometas largos se mueven a la vista de la Tierra y no retornan hasta pasados cientos e incluso millones de años.

PLUS ULTRA: Estas palabras figuran en el escudo de armas de España. Originariamente era *nec plus ultra,* así de lejos y no más lejos. Aludía a los Pilares de Hércules, el *nec plus ultra* del mundo, donde todo se terminaba, lo más lejos alcanzable. Sin embargo, luego del descubrimiento (o encuentro) de América, Carlos V, al heredar la corona de Castilla y Aragón y todas las posesiones americanas, quitó el *nec* y dejó el *plus ultra,* implicando que España podía ir aún más lejos.

POCAHONTAS: Joven india, hija de Powhatan, cacique de las tribus de Virginia, en los Estados Unidos. Cuenta la historia que ella salvó al capitán John Smith (1580-1631) cuando su padre el cacique estaba a punto de ejecutarlo. Más tarde, Pocahontas se casó con John Rolfe, el primer inglés que había plantado y cultivado tabaco por esas tierras. En 1616, ella viajó a Inglaterra con su marido y su hijito para ser presentada a James I y la Reina. Pocahontas muere el 21 de marzo de 1617 cuando se aprestaba a retornar a su suelo, cuando sólo tenía 22 años. Su sepultura está en la Iglesia de St. George en Londres.

POEMA: Literalmente, algo que se ha creado. Del griego, *poema,* un derivado de *poeín,* hacer, crear. Del mismo verbo griego derivó *poetes,* poeta.

Polifemo: Extraordinaria historia de la mitología griega en la que Polifemo era el más famoso de los cíclopes (gigantes de un solo ojo). Cuando Odiseo apareció en las costas de Sicilia, cayó, junto con 12 de sus hombres, en las garras de Polifemo, que los encerró en una cueva bloqueando la entrada con enormes rocas. Odiseo logró finalmente darle de beber a Polifemo hasta que el gigante se emborrachó y cayó rendido. Odiseo entonces incrustó una madera quemante en el único ojo del monstruo, dejándolo ciego. Odiseo y seis de sus amigos lograron huir dejando atrás al resto del grupo que ya había sido devorado por el enorme enemigo.

Polo, Marco: Nació en 1254, probablemente en Venecia o Curzola, la antigua Venecia dálmata, hoy Croacia. Murió en Venecia el 8 de enero de 1324. Mercader, comerciante, aventurero y viajero de nota. Recorrió Asia desde 1271 al 95, llevando cartas de presentación del papa Gregorio X a Kublai Kan (1215-1294), emperador mongol nieto de Gengis Kan. Permaneció 24 años en Oriente, particularmente en China y allí editó *Il Milione, El millón,* conocido luego como *Los viajes de Marco Polo,* que se convirtió en un clásico de la geografía. Esta historia fue dictada por Marco Polo en la cárcel —luego de haber sido atrapado por los genoveses— a un prisionero llamado Rusticiano, que era escritor de romances. Aunque nunca quedó totalmente en claro cuáles eran las partes registradas con verismo histórico y cuáles las fantasías imaginadas por el viajero o su intérprete, la obra abrió un nuevo panorama sobre la imagen que Europa tenía de Asia y seguramente despertó espíritus inquietos y aventureros sobre la posibilidad de alcanzar lo remoto.
Marco Polo bautizó con el nombre de *porcellana* a la exquisita loza impermeable y traslúcida de los chinos, porque le recordaba el interior de unas conchillas marinas. El idioma inglés llama a la porcelana *china.*

Poltergeist: Fantasma o espíritu ruidoso, supuestamente responsable de sonidos y actividades inexplicables. Tales ruidos a menudo ocurren durante las sesiones de espiritismo y probarían la presencia de seres sobrenaturales (o alguien real atrás de la puerta).
En 1882 se fundó en Londres la Sociedad de Investigación Física que buscaba distinguir los fenómenos psíquicos del espiritismo e investigar a los médium y sus actividades. La sociedad estudió la escritura automática, la levitación y diversos informes de formas físicas y sonoras de fantasmas. Modernos experimentos desarrollados en la Universidad de Duke, Estados Unidos, Inglaterra y Rusia, se han concentrado principalmente en las percepciones extrasensoriales y la psicokinesis (influencia mental sobre objetos físicos). Hay enormes divergencias entre los científicos respecto de estos fenómenos rechazados en muchos casos por la explotación comercial y casi circense que algunos hacen de ellos.

Poplín: Literalmente, la ropa del papa. Viene del italiano *papalina*, y del francés, *papeline.* Se usó para denominar a la ropa papal, que originariamente se fabricaba en Avignon, sede de los papas desde 1309 a 1377.

Potala: Desde el siglo XVII y durante más de trescientos años, este gran palacio y fortaleza fue la residencia de los Dalai Lama, líderes espirituales y gobernantes de Tíbet, sudoeste de China. Su capital, Lhasa, es la sede de este maravilloso laberinto de habitaciones, corredores, escalinatas, galerías y 200.000 estatuas. Por todos lados cuelgan suntuosas cortinas de seda de múltiples colores y pinturas que adornan las paredes. Durante mucho tiempo nadie pudo visitar o tan siquiera ver Potala, pues la cadena de montañas que rodeaba el majestuoso conjunto de edificios desalentaba cualquier expedición. Sólo en 1923, una exploradora francesa, Alexandra David-Neel, fue la primera occidental en llegar a esas comarcas y tuvo a su cargo la descripción de Potala adonde llegó tras meses de marcha: "...la repentina visión del palacio a la distancia provoca una profunda impresión con sus techos dorados, destacados sobre el cielo azul claro, de donde parecían emanar chispas de luz, como si toda la estructura estuviese coronada por las llamas".

Según una creencia popular tibetana, el Potala, que lleva el nombre de una montaña sagrada de la India, surgió de manera sobrenatural en una sola noche. Ya no se hacen palacios así, porque Potala fue obra de los dioses, irrepetible e inimitable.

Los datos históricos indican que todo comenzó en el siglo VII cuando Songsten Gampo, rey guerrero de Tíbet, comenzó la construcción de un palacio en la Colina Roja. Todo fue destruido, reconstruido y vuelto a destruir. El actual palacio se remonta al reinado del quinto Dalai Lama, Lobsang Gyatso (1617-1682).

Precoz: Del latín, *praecoquere,* literalmente precocido. Se extendió su uso a *praecox,* maduración temprana.

Princesa y la Arveja, La: Cuento de Hans Christian Andersen (1805-1875). La historia relata que un príncipe quería casarse con la más auténtica de las princesas. Para asegurarse, su madre puso una arveja bajo una pila de colchones y ordenó que cada joven que se presentara para la boda se echara sobre ellos. Sólo una manifestó incomodidad y molestias por la presencia de algo extraño bajo los colchones. Para la reina madre, ésa fue la prueba de que se trataba de una auténtica princesa, tan delicada y sensible que pudo sentir aquella insignificancia enterrada bajo una pila de colchones.

Profano: Del latín, profanus, literalmente, fuera del templo.

Profeta: Del griego *prophete,* del latín, *propheta.* Literalmente, el que habla por otro, vocero, intérprete. En la Bibilia, considerados líderes religiosos de Israel,

particularmente en el período de los reyes de Babilonia y del cautiverio. El profeta se consideraba inspirado por Dios para guiar al pueblo elegido. Los profetas mayores fueron Isaías, Jeremías, Ezequiel y Daniel.
Los profetas menores fueron Hosea, Joel, Amos, Obadías, Jonás, Micas, Nahum, Habakuk, Zefanías, Haggai, Zacarías y Malachi. Otros personajes fundamentales recibieron el título de profetas: Moisés y Elías. Una creencia cristiana indica que el Espíritu Santo habló a través de los profetas. Algunos protestantes han remarcado sus "expresiones inspiradas y su conducta".
Para los musulmanes Mahoma es último y el más grande de los profetas.

Profiláctico: Del griego, *prophulaktikós*, literalmente, mantenerse en guardia frente a un lugar, tomar precauciones.

Prometeo: Uno de los titanes de la mitología griega. Una de las leyendas que envuelve su imagen lo hace aparecer robando el fuego de los dioses para darlo a los hombres, quienes así aprendieron muchas ciencias y artes. Zeus, el máximo, lo castigó por su rebeldía enviando a Pandora con un cofre plagado de maldiciones y encadenó a Prometeo a una montaña, donde un águila le arrancaba las entrañas durante el día. Éstas se reconstituían durante la noche y por la mañana, regresaba el ave de presa para continuar su terrible misión. Prometeo ha sido héroe de numerosas obras desde Esquilo (525-456 a. de C.) en adelante: Bocaccio, Calderón de la Barca, Goethe, Shelley y otros que hicieron relatos inspirados en el extremo enfrentamiento que un personaje puede encarar: desafiar a los máximos poderes sin temor a las consecuencias.
La historia de la rebeldía contra los más elevados poderes es una constante en muchas mitologías. En Oceanía, Sida o Sosom, era un personaje contestatario que enseñaba a la gente a hablar, le proveía vegetales y llenaba los mares de peces y lo hacía por su cuenta, sin autorización divina.
En algunas sociedades tribales del Amazonas, se cuenta le leyenda de un tiempo en que las gentes no conocían el fuego y comían carnes crudas. Un joven del grupo es raptado y llevado a la selva donde subrepticiamente descubre otra sociedad que cocinaba al fuego vivo sus alimentos. El joven roba una rama encendida y regresa al mundo de los suyos con la novedad del fuego descubierto.
Los indios cherokee, una de las tribus más importante de Norte América, cuentan la leyenda de los pájaros y las serpientes que tratan de obtener el fuego escondido por los dioses en un altísimo y frondoso árbol plantado en una remota isla. Finalmente, la mujer araña consigue robar una brasa y llevar fuego a la humanidad.

Proverbios: Libro del Antiguo Testamento que reúne una importante colección de refranes, máximas, enigmas, alegorías, en su mayoría bajo la autoridad de "Salomón hijo de David, rey de Israel". La tradición consideraba a Salomón como un sabio maravilloso que habría dejado más de tres mil máximas. Dentro de la variedad que presenta, la más común es el aforismo, dicho breve y agudo, que encierra una verdad útil para la vida. En muchas ocasiones es distinguible la influencia griega, egipcia y oriental. En cuanto se revisan los proverbios se descubre la influencia que han tenido sobre escritores, poetas y refraneros populares, pues muchos de los dichos habituales tienen sus raíces en estas máximas.

En la introducción aparece esta sentencia: "Para conocer la sabiduría y la instrucción, para entender las palabras profundas, para obtener una instrucción esmerada —justicia, equidad, rectitud—, para dar perspicacia a los incautos y al joven ciencia y reflexión... que escuche el sabio y acrecentará su saber y el inteligente adquirirá el arte de dirigir" (véase EXPRESIONES).

Algunos ejemplos:

- "No sólo de pan vive el hombre".
- "No seas sabio a tus propios ojos".
- "No envidies al hombre violento ni elijas ninguno de sus caminos".
- "Fíjate en la HORMIGA, perezoso, observa sus costumbres y aprende a ser sabio".
- "Hay seis cosas que detesta el Señor y siete que son para Él una abominación: los ojos altaneros, la lengua mentirosa, las manos que derraman sangre inocente, el corazón que trama proyectos malignos, los pies rápidos para correr hacia el mal, el falso testigo que profiere mentiras y el que siembra discordia entre hermanos".
- "Tesoros mal adquiridos no sirven de nada".
- "El que junta en verano es un precavido. El que duerme en la cosecha es despreciable".
- "Donde abundan las palabras nunca falta el pecado".
- "La esperanza de los justos es alegre".
- "Anillo de oro en la trompa de un cerdo, es como la mujer hermosa sin justo juicio".
- "El que perturba su propia casa heredará el viento".
- "El que vigila su boca protege su vida".
- "El que oprime al débil ultraja a su Creador".
- "El camino del perezoso es como un cerco de espinas".
- "Corona de gloria son los cabellos blancos".
- "Hasta el necio, si calla, puede pasar por sabio".
- "La fortuna multiplica los amigos".
- "Vale más el buen nombre que las muchas riquezas".
- "Más vale un sabio que un hombre fuerte. Y un hombre instruido más que uno vigoroso. La guerra se gana con estrategia. La victoria, con el número de consejeros".
- "Sin leña se apaga el fuego".
- "El malvado huye sin que nadie lo persiga".
- "Con el derecho, un rey da estabilidad al país. El que lo abruma con impuestos, lo arruina".
- "Si el jefe se deja llevar por las habladurías, sus servidores se vuelven malvados".

Los peces grandes devoran a los pequeños, Pieter Bruegel, el viejo, 1557.

PUERIL: En latín, *puer*, niño. El adjetivo, *puerilis*, como un niño, se tornó negativo, indicando un comportamiento frívolo, insignificante.

PULGA, EL SALTO DE LA: Alguna vez alguien se tomó el trabajo de calcular que si un ser humano pudiese saltar como una pulga, teniendo en cuenta proporciones y peso, alcanzaría a sobrepasar la Basílica de San Pedro, cuya altura es de 111,30 m. Según Aristófanes (448-388 a. de C.), en su obra, *Las nubes*, hubo una vez en que Sócrates (469-399 a. de C.) con uno de sus discípulos midieron cuántas veces su propio largo cubría el salto de una pulga. Según parece tomaron las marcas de las patas en cera, calcularon el largo del cuerpo y luego midieron un salto. Y así, multiplicando, llegaron a encontrar la solución. Inmediatamente sobrevino la pregunta: "¿Y ahora qué...?".

PUNT: La secreta tierra de los dioses de los antiguos egipcios, país distante del que provenían las especias. En los altares egipcios se quemaba habitualmente mirra e incienso como homenaje a los dioses. No ha quedado registro de los tiempos inmemoriales en que comenzó este ritual, pero los productos pasaban por muchas manos antes de llegar a su destino final. Se fueron encareciendo de tal manera que finalmente un faraón decidió la excursión a Punt. Aunque no se sabe el lugar exacto del emplazamiento de Punt, se la supone en Eritrea o Somalía, en los alrededores del cuerno de África o sobre el sur de la Península Arábiga. Punt representaba la región de la mejor madera, de la mirra, el incienso y otras especias codiciadas, así como ébano, marfil, oro, maderas fragantes, goma, cosméticos, monos de cola larga, galgos, pieles de leopardo.

PUPILO: Del latín, *papus,* muchacho, *papa,* muchacha. El naturalista sueco Carolus Linneo (1707-1778) tomó la expresión para aplicarla a *chrysalises,* crisálida, criatura sin desarrollo. La forma diminutiva, *pupilus* y *pupilla*, significó huérfanos. Más tarde, la persona a la que se le enseña. La expresión pupila, por abertura del iris, se originó en latín *pupilla,* muñeca. La explicación era que cuando alguien se acerca mucho a otra persona, ve reflejado su propio rostro en el ojo al frente, "como si fuera una pequeña muñeca".

Q: Para los fenicios era *qoph.* En las lenguas romances y en el inglés, la q es seguida por u al igual que en casi todos los idiomas, salvo el árabe.

QUAKER: Palabra inglesa traducida al español como cuáquero. Es el nombre popular de la Sociedad de Amigos, un grupo religioso que no tiene un credo definido ni ministros regulares. Fue fundada por George Fox (1624-1691) y su apelativo proviene del hecho de que el propio fundador sostuvo que alguien los había definido como "quakers" porque temblaban ante la palabra de Dios. Es interesante destacar que el verbo "quake" es precisamente el que interviene en "earthquake" terremoto, cuando la tierra "tiembla".

QUESO: Thomas Tusser en 1573, en su libro *Quinientos puntos de un buen queso,* escribió algunas de las condiciones indispensables para consagrar un buen queso. A saber:
1) No debe ser como la mujer de Lot, pura sal.
2) No debe tener tantos ojos como ARGOS.
3) No debe estar hinchado como la boca de un gaitero.
4) No debe ser pobre como Lázaro.
5) Ni triste y melancólico como María Magdalena.

QUETZALCOATL: Dios de los aztecas y toltecas, su nombre significa SERPIENTE emplumada. Asociado con la fertilidad del suelo y con la estrella vespertina (Venus). Para muchos fue un personaje histórico deificado que enseñó a su pueblo la agricultura, el trabajo de los metales, las artes, el CALENDARIO, y predicó una religión de amor y resignación. Su opuesto era Tezcatlipoca, el dios de la oscuridad o el cielo nocturno. Otro de sus rivales era Huitzilopochtli, *el ruiseñor adivino*, feroz dios de la guerra. Ellos representaban, una vez más en la historia, las fuerzas del bien y del mal en constante lucha. El creador y el destructor. El artista y el devastador.

Existía la creencia de que éste había enviado a Quetzalcoatl al exilio, pero una profecía marcaba que regresaría y su aspecto supuesto era piel clara y barba. Sobre su muerte existen distintas leyendas. Una relata que él mismo levantó su propia pira en la que se quemó. Las llamas se convirtieron en pájaros quetzal (ave trepadora tropical de plumaje suave, verde tornasolado y rojo. El quetzal figura en el escudo de Guatemala). De las cenizas de Quetzalcoatl surgió una estrella que se elevó al cielo (Venus).

Según otra historia, se lanzó al Atlántico en una balsa construida por serpientes entrelazadas, pero antes envió a Cholula (véase TEOTIHUACÁN) emisarios con la promesa de que un día volvería en esa balsa desde la dirección del sol naciente.

Fácil es comprender cómo reaccionaron los aztecas cuando aparecieron las extrañas embarcaciones, de tamaño sobrenatural y apariencia fantasmagórica, desde el este, por el "agua celestial", desde la dirección del Sol y de la estrella de la mañana. No supieron hasta que fue tarde que eran los conquistadores comandados por Hernán Cortés en 1519, que además de ser de raza desconocida, vestían de manera muy extraña y eran acompañados por seres fenomenales.

El rey azteca Moctezuma II se convenció rápidamente de que el español era la encarnación de su dios, pues lucía muy parecido, a lo que sumó la pólvora y la mostruosa, fantasmagórica y alucinante aparición del CABALLO, hasta entonces nunca visto por los habitantes de aquel fantástico imperio instalado en TENOCHTITLÁN, México. Además del aspecto del caballo, lo que alucinaba a los nativos era que un cuerpo viviente se desprendiera de otro cuerpo viviente al desmontar el jinete.

La desunión de las tribus aztecas agobiadas por los impuestos y sacrificios humanos organizados, donde a veces miles de jóvenes esperaban en filas kilométricas su turno para ser sacrificadas por los aztecas, la conversión de Moctezuma en dios a quien no podía mirarse a los ojos y las enfermedades nuevas que sus organismos no pudieron soportar, minaron la fortaleza del pueblo y fueron dominados por los conquistadores que, a su vez, no ahorraron castigo y crimen.

Además, los antiguos códices anticipaban dramáticos finales como la profecía conocida como "Chilam Balam", un grupo de textos místicos y profecías donde se leía que debían prepararse para "la llegada del gemelo del cielo que castraría al Sol, trayendo la noche, la tristeza y el dolor". Estaba llegando el quinto sol (véase CALENDARIO).

La historia de los pueblos mayas y aztecas (véase VIRACOCHA) ofrece algunas de las más grandiosas fantasías del género humano: ciudades enormes, diseñadas con prolijidad y sentido urbanístico, gigantescos monumentos, canales, ciudades construidas sobre lagos, mercados fastuosos con cientos de productos diferentes, artesanías, telas, orfebrería y el dominio de algunas ciencias, como la astronomía, la agricultura, la conservación de alimentos. Conmueven al estudioso y produce honda angustia la trágica y otras veces misteriosa fortuna corrida por estos pueblos que explotaban sus tierras hasta el exceso agotando y destruyendo el lugar donde vivían y fueron aniquilados por culturas extrañas e invasivas que incluso llegaron a ocultar deliberadamente lo que estas civilizaciones habían logrado.

Quetzalcoatl

QUIJOTE, DON: Personaje central de la más grande obra de la lengua española de Miguel de CERVANTES Saavedra, también llamado "El Caballero de la Triste Figura". En el Capítulo Primero, así se lo describe:

"En un lugar de la Mancha, de cuyo nombre no quiero acordarme, no ha mucho tiempo que vivía un hidalgo de los de lanza en astillero, adarga (escudo de cuero) antigua, rocín flaco y galgo corredor".

Más adelante:

"Se enfrascó tanto en la lectura de libros de caballería, en especial AMADÍS DE GAULA, que se le pasaban las noches leyendo de claro en claro y los días de turbio en turbio, y así, del poco dormir y del mucho leer, se le secó el cerebro de manera que vino a perder el juicio. Llenósele la fantasía de todo aquello que leía en los libros, así de encantamientos como de pendencias, batallas, desafíos, heridas, requiebros, amores, tormentas y disparates imposibles. Y asentósele de tal modo en la imaginación que eran verdad todas aquellas soñadas invenciones, que para él no había otra historia más cierta en el mundo".

"En efecto, rematado ya su juicio, vino a dar en el más extraño pensamiento que jamás dio loco en el mundo: hacerse caballero andante, irse por todo el mundo con sus armas y caballo a buscar las aventuras, deshaciendo todo género de agravios y poniéndose en ocasiones y peligros donde, acabándolos, cobrase eterno nombre y fama".

Tras aventuras múltiples, todas acabadas con mala fortuna, sus andares por los caminos de España y sus discursos plenos de encantamientos y fantásticos devaneos, la obra concluye con el reencuentro del personaje consigo mismo, con su yo anterior, el devenido caballero de loco a cuerdo: Alonso Quijano, el Bueno. Y viendo que llegaba su hora, el autor escribe:

"Como las cosas humanas no son eternas, yendo siempre en declinación de sus principios hasta llegar a su último fin, y como la vida de don Quijote no tuviese privilegio del cielo para detener el curso de la suya, llegó su fin y acabamiento. Ya fuese de la melancolía que le causaba el verse vencido o ya por disposición del cielo que así lo ordenaba, se le arraigó una calentura..."

Abomina entonces de los libros de caballería, dicta su testamento, confiesa, y el escribano asienta: "entre compasiones y lágrimas de los que allí se hallaron, dio su espíritu: quiero decir que se murió". Su fiel escudero, SANCHO PANZA, su amada doncella DULCINEA DEL TOBOSO y su corcel lastimoso y persistente, ROCINANTE, y el Caballero de la Triste Figura entraron en la historia de las más bellas letras. Y en su epitafio reza:

"Yace aquí el Higaldo fuerte
Que a tanto extremo llegó.
De valiente, que se advierte
Que la muerte no triunfó
De su vida con su muerte.
Tuvo a todo el mundo en poco;
Fue el espantajo y el COCO

Del mundo en tal coyuntura,
Que acreditó su ventura:
Morir cuerdo y vivir loco".

Quimera: Monstruo fabuloso. Según Homero, la quimera tenía cabeza de león, cuerpo de cabra y cola de dragón. Había nacido en Licia, donde fue enviado Belerofonte para ser castigado por la muerte de su hermano. La pena que le dio el rey fue una serie casi imposible de tareas entre las cuales estaba la de combatir contra la quimera, seguro como estaba el monarca de la imbatibilidad de

Ilustración de Don Quijote, Gustave Doré.

la fiera. Pero Belerofonte montó al caballo volador, PEGASO, y liquidó a la quimera. Según la leyenda, luego de esta hazaña se casó con la hija del rey y le sucedió en el trono, aunque otros insisten en que intentó cabalgar con su alado corcel hacia el Monte Olimpo, sede de los dioses, y por semejante atrevimiento fue dejado ciego e inválido.

QUINTAESENCIA: Para los antiguos sabios, las cuatro esencias fundamentales eran la tierra, el aire, el fuego y el agua. Los pitagóricos agregaron una quinta esencia. La quinta esencia era supuestamente más alta y etérea, más sutil y pura que el fuego, con un movimiento ascendente que le permitía llegar al cielo y formar las estrellas. Aristóteles la llamó *aither,* éter. Mucho más tarde el concepto vino a significar la más perfecta característica de las cosas. Horacio (Quinto Horacio Flaco, 65-8 a. de C.), poeta latino, decía que "los besos de Venus estaban impregnados con la quintaesencia de su propio néctar".

QUORUM: En latín, originariamente, personas de experiencia que era necesarias para decidir en ciertas contiendas legales. Ese requerimiento se expresaba *quorum vos.* A partir del siglo VII se comenzó a usar como el número necesario de personas para poder iniciar la sesión de los cuerpos colegiados.

R

R: Los fenicios adaptaron un jeroglífico egipcio y lo convirtieron en *resh.* Los griegos lo llamaron *ro* y los romanos le dieron su forma actual. En algunos idiomas se la llama la letra de los perros o los gruñidos, pues supuestamente es el sonido que emiten los animales cuando gruñen o ladran. La letra aparece también en las recetas médicas, porque era el símbolo de Júpiter, bajo cuya protección se encuentran todas las artes de curar.

RABINO: Título que significa "mi maestro" y que se otorga a los líderes religiosos judíos. Persona calificada a través del estudio de la Biblia Hebrea y del TALMUD para ser el principal líder religioso de una congregación judía y la persona responsable por la educación del grupo y su guía espiritual. En la moderna ISRAEL existe un consejo rabínico con dos rabinos jefes, uno representando a la tradición sefardí y otro al rito ashkenazi.

RADAR: Aunque la expresión se usa como una palabra, su origen es una sigla para *radio detection and ranging,* cuyo concepto es detectar la dirección y distancia de naves, aviones, objetos fijos, voladores, terrestres o marítimos mediante la utilización de microondas que al chocar contra el objetivo devuelven una señal que es detectada por el emisor. Su primer desarrollo se debió a los experimentos de Sir Robert Watson-Watt en 1934.

RAGNAROK: El crepúsculo de los dioses de la mitología escandinava, *Götterdämmerung,* del antiguo noruego *ragnarökkr,* dioses y *rökkr,* crepúsculo. El día del fin, cuando el viejo mundo y todos sus habitantes son aniquilados. De allí nace el nuevo mundo, un mundo en paz y la era dorada del universo.

Rahu: Del sánscrito, ECLIPSE. Demonio que, de acuerdo con la leyenda hindú, provoca los eclipses. Un día tomó el néctar de la inmortalidad, pero fue descubierto por la Luna y el Sol, quienes informaron del hecho a Vishnú o Visnú, segundo término de la Trinidad brahmánica, la máxima deidad conservadora del mundo. Visnú cortó la cabeza de Rahu, quien sin embargo ya había tomado algo del néctar, por lo que su cabeza se tornó inmortal. De ahí en más, persiguió al Sol y a la Luna y cuando los capturaba provocaba los eclipses.

Ramadán: Noveno mes del año islámico dedicado al ayuno. Conmemora la victoria de los musulmanes en la Batalla de Bard en Ramadán, disputada el 15 de marzo de 624, donde unos pocos musulmanes seguidores de MAHOMA derrotaron a una caravana de ricos personajes de la Meca que ansiaban aniquilar la naciente nueva fe. El Profeta interpretó la victoria como una señal Divina y marcó un punto de inflexión en la influencia del ISLAM en el mundo árabe.
En poco menos de diez años, un pequeño grupo de leales a Mahoma lo convirtió en el líder del mundo árabe.
Tradicionalmente, el día 27 del Ramadán es considerado el momento en que el profeta Mahoma comenzó a recibir las revelaciones que luego se convertirían en el CORÁN.
A lo largo del Ramadán, los creyentes deben abstenerse de comer, beber y tener relaciones sexuales entre el alba y el crepúsculo. Se los convoca a leer todo el Corán rememorando la noche en que Mahoma recibió su primera revelación de Alá a través del arcángel GABRIEL.

Ramanujan, Srinivasa (1889-1920): Matemático hindú, notable autodidacto en matemática pura. Un caso extraordinario de una mente totalmente preparada para resolver los más difíciles problemas matemáticos a través de todo tipo de complicadas ecuaciones. Hizo originales aportes a las teorías de la función y de los números, siendo prácticamente un neófito en una materia tan abstracta y complicada. Inspiró la película *En busca del destino* que ganó el Oscar al Mejor Guión Original en 1997 con Matt Damon (autor del guión) y Robin Williams (Oscar al Mejor Actor de Reparto).

Rambo: Un veterano de la guerra de Vietnam, personaje principal del libro de David Morrell, *First Blood, Primera sangre,* publicado en 1971. Luego de aparecer como víctima inocente y perseguido por la autoridad local, Rambo se enfrenta a toda la Guardia de Seguridad Nacional y con su esfuerzo personal y despiadado liquida a cientos de personas, destruye un pueblo y decenas de vehículos. En 1982 se presentó una película con Sylvester Stallone, seguida por secuencias en 1985 y 1988. La palabra se convirtió en una expresión popular y el propio presidente Reagan, cuadragésimo presidente de los Estados Unidos entre 1981 y 1988, ponderó la película. Rambo fue entonces usado como sobrenombre del propio Reagan a causa de su política de intervenciones militares fuera de su país. Hoy es una expresión que se usa peyorativamente para definir a cualquier persona que abusa de armas, poderes y fuerzas.

Ramón Nonato, San: En el siglo XIII, Pedro Nolasco, un nativo de Languedoc, Francia, fundó una sociedad secreta cuyo objetivo era rescatar cristianos raptados por los MOROS. Entre sus seguidores figuraba un catalán de nombre Ramón, cuya madre había muerto antes de que él naciera. El infante debió ser extraído de emergencia por cesárea y por ello le dieron por sobrenombre *Nonatus*, Nonato. Cuando Nolasco dejó su cargo de jefe del grupo, asumió Ramón, quien marchó a Argelia a liberar cristianos portando una enorme suma de dinero para pagar los rescates. Cuando se le terminó el dinero, en lugar de marcharse, se quedó, entregándose a cambio de algunos cristianos esclavos que aún restaban. Los moros se enfurecieron cuando descubrieron que Ramón había convertido a algunos de los suyos y lo sometieron a rigurosos castigos apaleándolo en la vía pública. Finalmente, el propio Pedro Nolasco trajo el rescate para salvar a Ramón. El papa Gregorio IX lo hizo cardenal y lo convocó a Roma, pero Ramón apenas llegó a Cardona, cerca de Barcelona, donde murió a los 36 años. Hoy se lo recuerda como San Ramón Nonato y es el patrono de las embarazadas, celebrándose su día el 31 de agosto.

Ranas: Los parisinos suelen ser llamados "ranas o ranitas" por los ingleses (*Frogs or froggies*), a causa de la heráldica de la ciudad que exhibía tres ranas. Una expresión común en Versalles a fines del 1700 era "*Qu'en disent les grenouilles?*" que podría traducirse como "¿Qué se dice en París?", aunque se refiere a las ranas. Aunque no hay un origen preciso, los lingüistas con humor han creído encontrarlo en alguna denominación dada a la ciudad por los romanos, LUTETIA, tierra de lodo, hábitat natural de las ranas o quizá en la costumbre francesa de comer patas de rana, preferencia que siempre provocó mucha risa en los ingleses, aunque se tratara precisamente de ranas comestibles.

Rapto de las Sabinas, El: Leyenda que se conecta con la fundación de Roma (véase RÓMULO Y REMO). Cuando Rómulo encontró que no tenía en su grupo suficientes mujeres para todos sus seguidores, invitó a los hombres de las tribus vecinas a un festival. Los jóvenes romanos de Rómulo, aprovechando la ausencia de hombres en aquellos campos pues habían marchado a la fiesta por ellos organizada, asaltaron el territorio de los sabinos y se llevaron a cuanta mujer encontraron. El incidente ha sido descrito frecuentemente en el arte y la pintura. La obra maestra de Peter Paul Rubens (1577-1640), pintor flamenco del siglo XVII, exhibida en la National Gallery de Londres, es uno de los mejores ejemplos conocidos.

Rapto de Proserpina, El: Proserpina era hija de Júpiter y Ceres. Plutón reinaba en el mundo subterráneo que vigilaba el perro CERBERO de tres cabe-

zas. CUPIDO clava sus flechas en Plutón quien, enamorado, rapta a Proserpina y la lleva a los infiernos. La madre de la joven, Ceres, diosa de la TIERRA, la fertilización y la agricultura, ambula por todo el mundo en busca de su hija. Una NINFA le informa del paradero de Proserpina y Ceres pide ayuda al máximo Júpiter.
Proserpina estaba feliz con su amor. Pero la tristeza de Ceres interrumpe las cosechas. El máximo dios establece entonces que Proserpina pase una parte del año con su madre, lo que originó las estaciones del año, según la alegría o tristeza de Ceres.
Peter Paul Rubens (1577-1640) creó una maravillosa pintura en 1636 que hoy se exhibe en el Museo del Prado en Madrid.

RASTAFARIANISMO: Religión creada en las Indias Orientales por Marcos Garvey (1887-1940). Garvey, que había nacido en Jamaica, era un propulsor del nacionalismo afroamericano. En 1914 fundó la Asociación Universal de Mejoramiento del Negro, promocionando la unión global de los negros y la exaltación de la herencia afro. Rechazó toda forma de integración donde los negros fueran minoría y urgió la idea de "regresamos al África". Profetizó que los seres de piel oscura regresarían al África para establecer allí un gobierno negro. En 1925 fue enjuiciado por supuesta malversación de los fondos que administraba y deportado a Jamaica, donde murió en la oscuridad.
El nombre que dio a su religión tiene su origen.
En 1896, el emperador de Etiopía, Menelik (1844-1913) impidió y derrotó la invasión italiana en Aduwa estableciendo la independencia de Etiopía y conquistando grandes territorios. Cuando Haile Selassie (1891-1975), emperador de Etiopía desde 1930 al 74, descendiente del emperador Menelik, tomó el poder fue llamado *Ras Tafari*, significando el León de Judea. Esto dio origen al cumplimiento de aquella profecía. Los rastafarianos le adjudicaban a Selassie ser la reencarnación de Dios y otros lo consideraban un profeta. El grupo se extendió: usaban *ganja*, marihuana, no tenían iglesias, no se cortaban el pelo y se identificaban como el pueblo elegido, siendo Etiopía la tierra prometida. Usaban un idioma peculiar una de cuyas particularidades era la inexistencia de la palabra "nosotros", reemplazada por "yo y yo" para exaltar la unidad del grupo. Algunos creen advertir en la música *reggae* influencias del rastafarianismo, que se calcula tiene unos 200.000 seguidores en el mundo.

RATAS: Para los egipcios y los frigios, las ratas eran sagradas. Los egipcios creían que las ratas simbolizaban la destrucción absoluta y el juicio sabio. Los frigios decían que las ratas elegían sólo el mejor pan.
En su *Historia natural*, Plinio (23-79), naturalista romano, en el primer siglo de nuestra era, escribió que los romanos presagiaban a partir de las ratas y una rata blanca era un buen presagio. Un antiguo dicho de los marineros era que

las ratas abandonaban un barco cuando los animales intuían que ése sería el último viaje de la nave.
La rata es un mamífero roedor. El ratón también, pero es más pequeño.

Rebelde: Etimológicamente, el que habiendo sido derrotado, inicia nuevamente la guerra. Del latín, *re* y *bellum,* guerra. De esta última provienen belicoso, beligerante.

Récord: Del latín, *cor,* corazón. Básicamente: recordar con el corazón. Primero se usó extensivamente como forma de registrar, guardar memoria y luego indicando que ciertos hechos superiores debieran ser guardados y registrados, como las máximas hazañas deportivas (véase Guinness).

Réctor: Del latín, *réctor,* gobernador, un derivado de *reger,* fijar las reglas, establecer las normas.

Reina: La esposa del rey. Soberana por derecho propio. La palabra define no solamente a quien ostenta un trono, sino que se ha convertido en definición de múltiples conceptos:
• Abeja reina.
• Reina madre.
• Reina del crimen: Agatha Christie (1891-1976), la famosa autora de cuentos policiales, título que luego heredó P. D. James, también autora del género cuyo verdadero nombre es Phyllis Dorothy James, nacida en Oxford en 1920.
• Reina de los Cielos: La Virgen María.
• Reina: Pieza del ajedrez.
• Reina Luisa: Flor cubana.

Reina de las Hadas, La: Romance alegórico de Edmund Spenser (1552-1599), poeta inglés, que originariamente iba a estar compuesto de 12 volúmenes, cada uno de los cuales estaría dedicado a las 12 virtudes, pero sólo 6 llegaron a completarse. El primero se publicó en 1590. Relata las aventuras de varios caballeros que personificaban diferentes virtudes. Sir Artegal, caballero de la Justicia. Sir Calidore, caballero de la Cortesía. Todos los caballeros pertenecían a la corte de la reina Gloriana, supuestamente la imagen de Isabel I (1533-1603), reina de Inglaterra, hija de Enrique VIII (1491-1547) y Ana Bolena y que fuese declarada ilegítima luego de la ejecución de su madre ordenada por su padre. En 1554, el Parlamento la restableció en el trono.

Reloj de Sol de Ajaz: El único instrumento para la medición del tiempo mencionado en la Biblia en 2 Reyes (20:9) y en Isaías (38:8): "¿La sombra debe avanzar diez grados o retroceder diez grados?" Ezequías respondió: "Es fácil para la sombra avanzar diez grados, pero no que los retroceda. El profeta

Isaías invocó al Señor y Él hizo que la sombra retrocediera los diez grados que había avanzado en el reloj de sol de Ajaz". El milagro era que la Tierra había retrocedido física y temporalmente. El reloj de Ajaz seguramente había sido traído desde Asiria.

Reptiles: Alrededor de 6.000 especies de vertebrados distribuidos por todo el mundo. Son animales de sangre fría. Muchos ponen huevos sobre la tierra. Algunas especies, particularmente las serpientes, llevan sus huevos en el cuerpo y dan a luz crías vivas. Su piel es seca y cubierta con escamas. Sus extremidades están pobremente desarrolladas o directamente no existen. Los reptiles con patas tienen cinco dedos en cada una. Pueden medir desde 5 cm a 9 m. Los cocodrilos, lagartos, TORTUGAS, víboras, gaviales (cocodrilo de la India), son algunos de los más conocidos. La herpetología es el estudio de los reptiles.

Revolución Industrial: Un término popularizado por Arnold Toynbee (1889-1975), historiador inglés, autor del monumental *Estudio de la Historia.* En 1884 dictó una serie de conferencias bajo el título "Conferencias sobre la Revolución Industrial en la Inglaterra del siglo XVIII". La expresión había sido usada por observadores franceses un siglo antes, pero no había alcanzado difusión. Marca una serie de importantes cambios tecnológicos y económicos que produjeron trascendentes sucesos políticos, sociales y económicos, particularmente en Inglaterra, cambiando su fundamento rural por una sociedad urbana e industrializada. Uno de los primeros precedentes se registró el 26 de marzo de 1733, cuando en una oficina de patentes John Kay registró una "nueva lanzadera para el mejor y más preciso tejido de los paños anchos". Se trataba de la luego famosa "lanzadera volante" que permitía tejer el hilo de la trama de un extremo al otro del instrumento, confeccionando piezas de anchura superior a los brazos humanos abiertos. En lugar de dos trabajadores, ahora sólo se requería uno y se ganaba tiempo y precisión. Pasados los siglos otras máquinas y otros instrumentos reducirían paulatinamente la necesidad de mano de obra, paralelamente con un aumento de la población, creándose entonces una nueva y dramática revolución: la del desempleo por exceso de eficiencia y defectos de conciencia.

Habitualmente y con alguna amplitud se asignan los años 1750 y 1780 como los del principio del proceso y entre 1830 y 1850 su fin. En 1811 un grupo de obreros comandados por Ned Ludd o *King Ludd,* rey Ludd, como lo llamaban, en Nottinghamshire, Inglaterra, aterrorizados por la posibilidad de que las máquinas terminaran por reemplazar a los trabajadores o reducir al mínimo los salarios, organizaron grupos que destrozaban las máquinas textiles. Fueron procesados, encarcelados e incluso algunos de ellos ahorcados. La figura de Ludd alcanzó ribetes legendarios y creó una nueva palabra en inglés: *Luddites*, que definía a sus seguidores.

El lenguaje cotidiano asumió el concepto extendiéndolo a toda persona u organización opuesta a la excesiva industrialización o nuevas tecnologías.

Rey de los Monos: Tarzán. Personaje creado por Edgar Rice Bourroughs (1875-1950) en 1912. Tarzán fue criado por los gorilas y en decenas de historietas, novelas y películas, rescata damiselas, convive con animales salvajes, a veces trompeándolos con fiereza, descubre civilizaciones perdidas, derrota a pérfidos espías y explotadores. Su nombre proviene del idioma de los monos inventado por Bourroughs, donde *tar* es blanco, *zan*, piel; *tantor*, elefante; *mangani*, grandes monos; *gomangani*, hombres negros; *tarmangani*, hombres blancos. El nombre Tarzán lo decide su madre adoptiva, la gorila Kala. La pareja de Tarzán era Sheena, cuyo verdadero nombre era Janet Ames. Ella es también una niña abandonada criada por una tribu africana que le enseñó artes marciales y habilidades mágicas. Jane, sin embargo, no fue creada por el autor de Tarzán, sino por Will Eisner para la revista de dibujos *Jumbo Comics* e hizo su debut en 1938.

Reynard el Zorro: Historia épica medieval escrita entre 1175 y 1250 satirizando la vida y hechos de las sociedades francesas, holandesas y alemanas, según la literatura contemporánea de esos países. Reynard el zorro envía a la reina una bola de cristal que supuestamente revelaba hechos que estaban sucediendo en otras partes por lejanas que fuesen o informaba sobre cualquier tema que su poseedor deseare saber. También envió un peine hecho de hueso de pantera, un perfume de irresistible aroma y un anillo con piedras de tres colores: rojo, blanco y verde. La piedra roja convertía la noche en día; la blanca, curaba todos los males y la verde tornaba invisible a quien lo usare.
El zorro Reynard era un bicho feroz... de imaginación, porque finalmente ninguna de esas cosas extraordinarias existieron fuera de su cabeza hirviente, que así describía las estupideces de los cortesanos al manipular deleitados estos obsequios que tenían "propiedades milagrosas" y caer totalmente engañados, no sólo por su ingenuidad, sino además por una cuota indispensable de perversidad y ambición desmedida.

Rigoletto: Ópera melodramática en tres actos de Giuseppe Verdi (1813-1901), el principal compositor de ópera italiano. Libreto de Francesco María Piave, basado en la tragedia *Le roi s'amuse*, *El rey se divierte*, de Victor Hugo.
El duque de Mantua y su bufón, Rigoletto, que era jorobado, son insultados por Monterone, a cuya hija ha seducido el duque. El insaciable duque también desea a Gilda, sin saber que es hija de Rigoletto. Los cortesanos que sentían celos de Rigoletto por su proximidad al duque lo engañan de forma tal que el duque pueda raptar a Gilda. Ella se entrega al noble pero Rigoletto trama su venganza y contrata los servicios de un asesino profesional, Sparafucile, cuya hermana Maddalena lo convence de que perdone la vida del duque si antes de medianoche entra en su posada alguien a quien pudiese matar en su lugar. Gilda oye la conversación y sacrifica su propia vida para salvar la de su amante. Rigoletto va en busca del cadáver del duque, pero lo oye en el piso de arriba

cantando la famosa aria *La donna è mobile.* Extrañado, abre el saco y para su terror, encuentra a su hija. El nombre Rigoletto es diminutivo de Arrigo, forma vernacular de Enrico.

Rincón de los Poetas: Extremo sur de la Abadía de Westminster, Londres. Así llamó al lugar Oliver Goldsmith (1730-1774), autor irlandés, que pertenecía al círculo de Samuel Johnson (1709-1784), líder de la escuela literaria y quien definió un gran período de la literatura inglesa.
Goldsmith llamó Rincón de los Poetas a esa parte de la abadía porque allí estaba la tumba de Geoffrey Chaucer (1340-1400), uno de los primeros poetas ingleses, autor de la obra maestra *Los cuentos de Canterbury,* uno de los mayores poemas de la literatura que relata en 17.000 líneas el viaje de unos peregrinos cada uno contando su historia.
Anteriormente, Joseph Addison (1672-1719), un ensayista, poeta y estadista inglés, había escrito sobre ese rincón poético, diciendo: "He encontrado allí poetas que no tienen monumentos y monumentos que no tienen poetas".
Después en ese lugar se ordenaron las tumbas de Edmund Spenser, Samuel Johnson, Charles Dickens, Robert Browning, Lord Tennyson, Rudyard Kipling, entre otros. Incluso se levantaron muchos monumentos o memoriales a poetas que no están enterrados allí. Jospeh Addison, notablemente, fue sepultado en la capilla de Enrique VII.

Rinoceronte: Literalmente, nariz-cuerno, del griego, *rhinos,*nariz; *keras,* cuernos. Son mamíferos vegetarianos de gran tamaño, 4 m de largo y 2 m de ancho. Piel gruesa. El rinoceronte africano tiene dos cuernos, que se forman por coagulación y pelos. El de Asia, sólo uno. Se los llama mamíferos perisodáctilos, porque son ungulados imparidígitos, esto es que tienen casco o pezuña con cantidad impar de dedos. Son animales solitarios e impredecibles, que se alimentan de noche y descansan de día. Han sido brutalmente cazados en busca de sus cuernos a los que se les atribuyó poderes afrodisíacos, y algunas de sus especies están en extinción.

Riña de Gallos: Tanto los griegos como los romanos sentían atractivo por la riña de GALLOS. A mediados del siglo XIX comenzó a ser prohibida en casi todo el mundo, aunque en algunos países aún hoy se sigue practicando en escenarios públicos con gallos especialmente preparados para la contienda, equipados con púas adheridas a sus patas. Los combates con apuestas se realizan en estadios de importante taquilla. El espectáculo es espantoso, pero el boxeo es entre humanos y ahí está, tan campante. Igual que la riña en casi todo, pero con guantes y por televisión.

Roble: En la Antigüedad, el roble era sagrado para el dios del trueno porque se decía que estos árboles eran más propensos a los rayos que cualquier otro.

Los DRUIDAS tenían veneración por el roble y las grandes murallas dependían básicamente de su madera. La fortaleza y durabilidad de la madera, así como la longevidad del propio árbol, le han dado al roble especial significación y en algunos idiomas se le llama el monarca de los bosques. Hay un viejo poema que actúa como informe meteorológico, refiriendo la aparición de las primeras hojas de los árboles: "Si el roble lo hace antes que el fresno, apenas sentirás el chapoteo".

ROBIN HOOD: Personaje legendario y poético cantado en baladas en los siglos XIV y XV, pintado como un aventurero de los bosques de Sherwood en Nottinghamshire y Barnsdale, Yorkshire, Inglaterra. Aparecía robando y aun matando a quienes representaban el poder de esos tiempos y protegía a los pobres y desvalidos. Entre sus compañeros estaban el pequeño John, Will y el monje Tuck. Aunque para muchos historiadores Robin Hood no fue un personaje real, las baladas contenían mucha información cierta de la historia de la Inglaterra medieval. Su creador ha quedado oculto en la historia. Pero en tiempos modernos, el personaje ha sido usado para películas, libros, cuentos infantiles, programas de televisión y operetas.

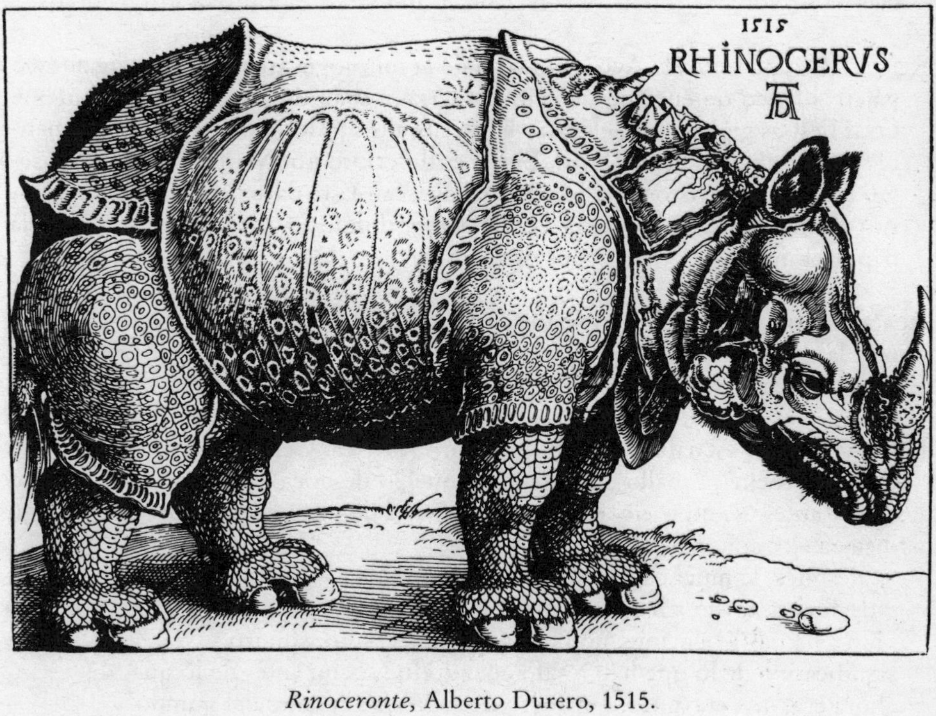

Rinoceronte, Alberto Durero, 1515.

ROBINSON CRUSOE: Personaje creado por DANIEL DEFOE (1660-1761) en su novela publicada en 1719. El título completo del libro es *Vida y sorprendentes aventuras de Robinson Crusoe, de York, marinero que vivió ocho y veinte años, solo, en una isla deshabitada en la costa de América, cerca de la desembocadura del río Oroonoque, habiendo sido arrojado a la playa luego de un naufragio, donde todos perecieron menos él. Con el relato de cómo al fin fue devuelto por los piratas. Contado por él mismo.*
A partir del título se descubre la intención satírica e irónica del autor que en la obra hace un análisis de la naturaleza humana de la criatura social en tiempos del puritanismo. Defoe probablemente se basó en las aventuras del marinero escocés Alexander Selkirk que, a su pedido, fue dejado en una isla desierta en 1740 luego de haber mantenido una disputa con el capitán de su nave. Estuvo allí cinco años. Defoe además insertó en su novela un personaje inesperado, nativo de la isla, a quien Crusoe llamaría *Friday,* Viernes, por el día en que lo encontró.

ROBOT: Palabra creada por el dramaturgo checo Karel Capek (1890-1938) en su obra *R.U.R* (*Rossum's Universal Robots*). En checo, la palabra *robota* significa trabajo compulsivo. (Véase GOLEM.)
Se llamó entonces "robots" a ciertos personajes mecánicos a quienes su creador les haría hacer todo tipo de tareas. Pero como ha ocurrido asiduamente en la ciencia ficción, los robots se volvieron contra sus creadores, destruyéndolos.

ROC: Del árabe *rukhkh.* Ave legendaria de la mitología árabe. Era un gigantesco pájaro blanco de enorme tamaño y fuerza, capaz de transportar elefantes y otras bestias gigantescas, elevarse hasta sus altos nidos y devorarlos juntamente con sus voraces pichoncitos. El roc es descripto por Marco Polo, quien aseguraba haberlos visto en la isla de Madagascar. Este pájaro de interesante apetito también aparece en *Simbad el marino,* donde transporta su barco con la tripulación hasta el valle de los diamantes.

ROCA: Símbolo de solidez y fortaleza. Ya en la Biblia, en San Mateo (16:18), aparece la expresión: "Tú eres PEDRO y sobre esta roca construiré mi Iglesia". En griego, Pedro viene de *petros,* piedra (véase APÓSTOL).

ROCINANTE: El escuálido caballo de Don QUIJOTE. Cervantes creó su nombre usando "rocín", caballo de trabajo y jamelgo de poca alzada y "ante". Quiso decir "antes era un rocín": ahora es un corcel de maravillas. El propio autor lo dice en el Capítulo VI:
"...después de muchos nombres que formó, borró y quitó, añadió y deshizo y tornó a hacer en su memoria e imaginación, al fin le vino a llamar Rocinante, nombre a su parecer alto, sonoro y significativo de lo que había sido cuando fue rocín, antes de lo que ahora era, que era antes y primero de todos los rocines del mundo".

Rodrigo, Joaquín (1891-1999): Uno de los más populares y controvertidos compositores españoles, autor del mundialmente célebre *Concierto de Aranjuez,* una obra musical descriptiva, claro ejemplo de nacionalismo y romanticismo musical. Lo extraordinario del caso es que Rodrigo quedó ciego a los tres años a causa de una difteria y comenzó a estudiar música mediante el sistema Braille. En 1941 escribió su tan renombrado *Concierto de Aranjuez,* considerada la obra más interpretada y escuchada del siglo, aunque no suele ser muy programada en España. Rodrigo no pudo despegarse de haber sido considerado músico del franquismo, lo que tendió una sombra sobre su prestigio nacional. Escribió más de 300 composiciones. Una de sus últimas fue *Líricas castellanas,* dedicada a la reina Sofía de España.

Rolando: Héroe francés del romance épico medieval *Canción de Rolando* del siglo XI. Rolando era uno de los paladines del emperador CARLOMAGNO, que fue muerto cuando la retaguardia de su ejército regresaba de España y cayó en una emboscada que tendieron los vascos en los Pirineos. La leyenda convierte a Rolando en un par de Carlomagno y su sobrino, transformando a los vascos en sarracenos (nombre que daban los cristianos de la Edad Media a los musulmanes). El poema está relatado en forma vívida, llena de acción y con un espíritu de guerra y batalla constante. Rolando también es el héroe de *Chansons de Geste,* poemas épicos de la Francia medieval escritos a lo largo de los siglos XII y XIII. Una leyenda cuenta que Rolando habría muerto de inanición y sed, después de la matanza del desfiladero de Roncesvalles. Fue enterrado en Blayes, en la iglesia de San Raimundo.

Roldán: Figura similar o derivada del ROLANDO de Carlomagno. Para los vascos, su nombre es Errolán. Se cuenta que era un GIGANTE de importantes proporciones, pero que no hacía alardes de su tamaño y fortaleza y vivía en cambio tranquilamente en la sierra, donde se alimentaba de la caza y la pesca. Era el último de su especie. Cierta tarde, al ir en busca de agua, tropezó con una bellísima muchacha de la que Roldán se enamoró perdidamente. Con el tiempo le propuso matrimonio y se unieron y pese a las diferencias de talle, vivieron felices.

Cierta vez que regresaba a su hogar, se le cruzó un extraño vestido de negro quien le dijo que corriera presuroso a su morada, porque su mujer estaba enferma y condenada a morir al ocultarse el Sol. Corrió desesperado Roldán saltando sobre rocas y ríos, para comprobar que su amada estaba muy enferma y el Sol se ocultaba ya tras las colinas. Angustiado tomó a la mujer entre sus brazos y subió a la cima del monte arrancando piedras y rocas para demorar el ocultamiento del Sol. En su último esfuerzo desesperado pateó con furia inusitada un pedazo de la sierra que voló hacia la bahía de Benidorm hasta medio hundirse en el agua, siendo hoy la pequeña isla que puede verse desde la costa. Si se mira a los montes, se apreciará la gigantesca brecha que Roldán provocó en la sierra. Pero todo fue inútil. Ella murió. Roldán la llevó en sus brazos hasta la islita que él había creado con su puntapié desaforado y abrazado al promontorio se dejó ahogar por las aguas y las penas.

Rollos del Mar Muerto: Manuscritos y papiros descubiertos a partir de 1947 en cavernas y ruinas alrededor del Mar Muerto, principalmente cerca de Qumram, antiguo poblado al noroeste de las costas del mar. Estos documentos guardados en recipientes de alfarería, escritos o copiados en hebreo y arameo, la mayoría entre los años 100 a. de C. y 50 de nuestra era, son de importancia para los eruditos porque proveen importante información sobre las relaciones entre el primitivo cristianismo y el judaísmo. Incluyen gran parte del Antiguo Testamento, muchos trabajos apócrifos, comentarios bíblicos y documentos que echan luz sobre la historia de aquellos tiempos. Uno de los más importantes es el *Libro de Isaías,* por lo menos mil años más antiguo que cualquier otro manuscrito hebreo conocido hasta aquellos tiempos. Otro documento trascendente es el *Manual de disciplina* para una comunidad ascética (dedicada a los ejercicios piadosos), identificada como una secta judía que dominaba la agricultura.

Roma: La más grande de las ciudades de la Antigüedad fundada en el 753 a. de C. por Rómulo, de donde proviene su nombre. Algunos estudiosos, sin embargo, sostienen que en realidad el origen de roma es *Ruma*, el antiguo nombre del río Tíber. Otros, que proviene del etrusco *home*, fortaleza. Esta última idea encuentra asidero ante el otro nombre primitivo de Roma, *Valentia*, del latín *valens,* fuerte, fuerza.

Cuenta la historia que en aquel año 753 a. de C. gobernaba una extraña monarquía de siete reyes sobre latinos, sabinos y etruscos.

Algunos proverbios relacionan a Roma con diversos fenómenos humanos: "Roma no se hizo en un día", nada se consigue sin esfuerzo, paciencia y perseverancia. "Todos los caminos llevan a Roma": relacionado con la red de carreteras que los romanos construyeron a medida que extendían su imperio.

Romance: En el latín vulgar, *romanice,* era la lengua local, descendiente del latín. Dio lugar a *romanicus* por Roma, el lenguaje de los romanos. Este dialecto se usó principalmente para contar historias de caballería, aventuras, dando lugar al término romance: un galicismo por novela y por extensión aventura amorosa o estado de enamoramiento. Las lenguas romances son habladas por españoles, franceses, portugueses, italianos, rumanos y catalanes.

"Hablar en romance" es sinónimo de hablar castellano y de hablar claramente. También se llama romance a una forma poética que repite asonancias al fin de los verbos pares y ninguna rima en los versos impares. Un romancero es quien canta romances o la colección de romances o versos.

El romanche o rético es un idioma latino que se habla en algunas partes de Suiza y al norte de Italia.

El romanticismo es un movimiento literario y artístico, surgido a fines del si-

glo XVIII como oposición al clasicismo y al racionalismo filosófico. Inspirado en parte en las ideas igualitarias y libertarias de la Revolución Francesa, los románticos creían en la necesidad de retornar a la naturaleza y a la bondad innata de los seres humanos, la individualidad, la imaginación, el heroísmo, exaltando los sentidos y las emociones sobre la razón y el intelecto.
Sus principales cultores fueron:
• William Wordsworth (1770-1850), poeta inglés graduado en Cambridge.
• Samuel Taylor Coleridge (1772-1834), poeta inglés, fundador de una comunidad utópica en los Estados Unidos que no prosperó. Con Wordsworth escribieron *Baladas Líricas* cuyos experimentos con el lenguaje y el tratamiento general echaron las bases del romanticismo inglés.
• George Gordon Noel Byron, 6º Barón Byron (1788-1824), uno de los grandes románticos de todos los tiempos. Nació con un pie defectuoso y se convirtió en un hombre reticente, elegante y querido, pero presuntuoso. Se casó con Anne Isabella Milbanke. Vivió en Venecia. Mantuvo decenas de amores ocultos y finalmente murió peleando por la independencia de Grecia. Su obra maestra fue DON JUAN.
• Percy Shelley (1792-1822), poeta inglés que, estudiando en Oxford, publicó *De la necesidad del ateísmo* y fue expulsado de la Universidad. Murió ahogado mientras navegaba.
• John Keats (1795-1821), uno de los grandes poetas ingleses. Abandonó sus prácticas de cirugía por la poesía. Murió tuberculoso en Italia a los 25 años.
• Uno de los precursores fue Jean-Jacques Rousseau (1712-1778), filósofo y politicólogo francés, nacido en Ginebra. Fue inspirador de figuras tales como Kant, Tolstoi, Robespierre, los revolucionarios franceses; su *Contrato Social* tuvo amplia difusión entre los políticos intelectuales sudamericanos.
Otros románticos fueron:
• Friedrich von Schiller (1759-1805), dramaturgo, historiador y poeta alemán, una de las grandes figuras de la literatura germana sólo superado por Goethe.
• Heinrich Heine (1797-1856), poeta alemán, cuyos libros de poemas y sus relatos de viaje le dieron fama mundial. Se radicó en París y fue corresponsal de un diario alemán. Los compositores Schumann, Schubert, Mendelssohn, Chopin y Liszt y otros usaron más de 3.000 de sus poemas como inspiración para su música.

ROMEO Y JULIETA: Tragedia de William Shakespeare sobre las desventuras de una pareja de enamorados que sufre la terrible enemistad de sus familias: *Montague and Capulet,* Montescos y Capuletos, en la ciudad de Verona, Italia. La muerte de ambos cierra la historia de amor más conocida de la Tierra. En una de las líneas más sentidas, Julieta dice: “Romeo, Romeo, ¿por qué eres Romeo?” haciendo referencia al nombre que obligaba a la separación de ambos. Las líneas siguientes de respuesta se han convertido en uno de los clásicos de la lengua:
“¿Acaso lo que llamamos rosa, tendría un aroma tan dulce
si lo llamáramos por cualquier otro nombre?”.

Todo indica que Shakespeare basó su obra en un largo poema narrativo de un autor inglés que murió en 1563, Arthur Broke o Brooke, quien, a su vez, se había apoyado en la traducción francesa de un cuento del italiano Matteo Bandello (1485-1561).
Shakespeare reformuló la historia. La sitúa en Verona durante el mes de julio. En un baile de máscaras se conocen Romeo Montesco y Julieta Capuleto, quienes se sienten inmediatamente atraídos. Romeo le declara su amor cuando la visita en el balcón de la casa familiar. Pero siendo conscientes del odio que separa a las dos familias nobles, eligen casarse en secreto ante el sacerdote Lorenzo. Luego, en una lucha personal, uno de los Capuletos mata a un amigo de Romeo y éste a su vez, da muerte al matador. Romeo es obligado por su familia a ocultarse en Mantua. El padre de Julieta, que desconoce la boda secreta, quiere obligar a su hija a casarse con el conde Paris. Julieta visita al sacerdote pidiéndole consejo, pues ni quiere ni puede romper su voto matrimonial. El religioso le da entonces una poción que produce en las personas la apariencia de la muerte sedándolas profundamente. De tal forma, piensa el sacerdote, Romeo vendrá en su rescate. Ella toma el engendro. Romeo regresa a Verona al tener noticias de la muerte de Julieta y, lleno de odio, mata a Paris. Luego encuentra a Julieta "muerta". Incapaz de soportar tanto dolor, Romeo le da un último beso y toma él sí un veneno real. Cuando Julieta se recupera del letargo y comprueba la muerte de Romeo, ella también se suicida. Tras la terrible tragedia de muertes y odios rodeando el amor imposible y eterno, las familias superan las distancias y se reconcilian. *Romeo y Julieta* ha sido llevado al cine, al teatro, a la danza, se han compuesto sinfonías, conciertos, poemas sinfónicos, ballets y se han producido centenas de pinturas y esculturas.

RÓMULO Y REMO: Según una antiquísima tradición, los fundadores de ROMA, descendientes, según VIRGILIO, del troyano Eneas.
Hijos de Marte y Rhea Silvia, hija de Numitor, rey de Alba Longa. Éste fue depuesto por su hermano Amulius, quien obligó a Rhea a ser virgen de por vida para evitar que engendrara hijos que pudiesen reclamar alguna vez su trono mal habido. Rhea sin embargo concibió con el dios Marte y tuvo mellizos: Rómulo y Remo. Amulius ordenó que los niños fuesen ahogados en el río Tíber, pero el recipiente donde fueron alojados flotó y los llevó hasta la orilla cerca de una higuera. Totalmente solos e indefensos, las dos criaturas fueron amamantadas y protegidas por una loba y un pájaro carpintero, ambos animales sagrados para Marte. Luego fueron encontrados por el pastor Faustulus. Los dos niños crecieron y se convirtieron en jóvenes aventureros. Cuando adultos retornaron a su poblado, mataron a Amulius y repusieron a su abuelo en el trono que había perdido. Fundaron la ciudad que sería Roma y construyeron una muralla para protección de los habitantes con la prohibición de que nadie la violara en ningún sentido. Remo sin embargo la saltó y fue castigado con la muerte por su propio hermano (nuevamente la repetida historia de los

hermanos enfrentados con final trágico). Rómulo consolidó su poder y la ciudad fundada se llamó Roma en su honor.

Ruedas y Carruajes: Algunas muy antiguas civilizaciones conocieron la rueda pero no la aplicaron al transporte. Egipcios y aztecas, por ejemplo, tenían juguetes con ruedas, pero no carruajes. Las evidencias parecerían demostrar que la rueda fue inventada en el valle de los ríos Éufrates y Tigris por los sumerios, alrededor del 3500 a. de C. El descubrimiento de semejante adelanto tecnológico estuvo asociado con la agricultura, el sobrante de productos, la necesidad de traslado de los mismos y la participación de animales de tiro como el caballo, el buey o el asno, ya amansados y al servicio del género humano.
La primerísima evidencia es una tablilla arqueológica de arcilla de la antigua Erech, en la Mesopotamia, donde se puede ver un vehículo con ruedas sólidas. También hubo transporte con ruedas en Asia Central, al norte de Siria por los años 2500 a. de C. y en China en el 1500 a. de C. Los romanos tuvieron vehículos de diverso tipo: de dos ruedas (*carpentum y cisium*) y de cuatro ruedas (*carruca).*
Uno de los carros más antiguos está en el Museo Nacional de Copenhagen. Perteneció a los CELTAS y corresponde al siglo I de la Era Cristiana. Estaba hecho de madera, tenía cuatro ruedas con núcleos y rayos.
Según la MITOLOGÍA GRIEGA, el carruaje fue inventado por un ser que tenía pies de dragón, precisamente para ocultar sus extremidades. Otros dioses o personajes mitológicos que usaron carruajes fueron:

- Baco: tirado por panteras.
- Ceres: por dragones alados.
- Cibeles: por leones (véase HIPÓMENES Y ATALANTA).
- DIANA: por ciervos.
- Juno: por pavos reales.
- Neptuno: por caballos marinos.
- Plutón: por caballos negros.
- VENUS: por palomas.

Rugby: Este deporte toma su nombre de la Rugby School, una de las escuelas públicas más famosas de Inglaterra, fundada en 1567 en la ciudad de Rugby, Warwickshire, con una población actual de aproximadamente 85.000 personas. Un tarde de 1823, mientras los alumnos jugaban al fútbol tradicional, uno de ellos, William Webb Ellis (1805-1872), tomó la pelota con las manos y comenzó una carrera que culminaría con uno de los deportes más populares de Europa, Nueva Zelanda, Oceanía, Sudáfrica y la Argentina. Originariamente, se organizó en dos grupos: Rugby Union para amateurs y 15 jugadores por equipo y Rugby League con 13 jugadores profesionales.

Ruiseñor: Una de las terribles historias de la mitología griega, llena de crueldad y sadismo. Tereo, rey de Tracia, invitó a Filomela a visitar a su esposa, Procne, hermana de Filomela. Cuando ésta llegó, Tereo la violó y para impedir que ella pudiese contar lo sucedido, Tereo le cortó la lengua. Tereo regresó junto a su mujer, Procne, y le dijo que Filomela estaba muerta. Pero ella había logrado bordar en una manta la atrocidad cometida por su cuñado. Procne, cuando se enteró, cocinó a su hijo y lo sirvió para alimento de Tereo. Cuando los dioses se enteraron de estas locuras, decidieron separarlos del grupo humano y convirtieron a los protagonistas en tres pájaros. Tereo, naturalmente, fue hecho un halcón, rapiñoso y malvado. Su esposa, Procne, una golondrina. Y Filomela un ruiseñor. Hasta nuestros días, el idioma español registra la palabra filomela como ruiseñor y es preferida por los poetas para definir al pajarillo de escaso tamaño y bello canto.

S: Un jeroglífico egipcio que significaba jardín inundado dio origen a esta letra que pasó al griego como *sigma*.

SÁBBAT: Séptimo día de la semana, día sagrado de descanso. Para los judíos abarca desde el crepúsculo del viernes hasta el crepúsculo del sábado.

SACARINA: Esta palabra y azúcar tienen la misma raíz árabe. Es una sustancia mineral obtenida de la brea mineral y se calcula que puede endulzar 300 veces más que el azúcar.
En el latín, *saccharum*, indicaba azúcar o dulce. El adjetivo inglés *saccharine* quiere decir, en una de sus acepciones, excesivamente dulce. En español, sacaroideo es un adjetivo que remite a algo que tiene aspecto de azúcar. La sacarosa es toda sustancia análoga al azúcar.
Sacarífero es lo que produce azúcar y sacarificar, en química, es convertir en azúcar. Aprovechando todas estas implicaciones, que se repiten en otros idiomas, el químico alemán Fahlberg en 1870 utilizó el concepto azucarado de la palabra para denominar esta sustancia edulcorante que él inventó.

SACRAMENTO: Del latín *sacramentum*, originariamente un juramento militar que debían cumplir los soldados romanos asegurando que no habrían de desertar, dar la espalda al enemigo o abandonar a su comandante. Aunque su uso continuó durante tiempos cristianos, la expresión se convirtió en misterio sagrado. Por ello se aplica al bautismo, confirmación, la eucaristía, penitencia, ordenamiento, matrimonio y extremaunción.

Saga: Nombre de las leyendas de la antigua Escandinavia (Noruega, Suecia, Dinamarca, Finlandia, Islandia y las Islas Faeroe).
Género literario en prosa narrativa, generalmente en episodios y personajes legendarios que han sido registrados principalmente en Islandia durante los siglos XII y XIII. La palabra proviene de *segia*, lo que es dicho o ha sido contado, reflejando la importancia que se daba a la tradición oral. En la mayoría de las sagas aparecen conflictos humanos, tragedias, luchas de sangre, venganzas y lealtades. *Sagaman* es el narrador de sagas. En los tiempos modernos se ha utilizado la expresión saga para denominar historias familiares o clanes, de larga extensión y múltiples personajes y capítulos.
En la tumba de Jorge Luis Borges (1899-1986), en el cementerio de la ciudad de Ginebra, Suiza, la lápida tiene una inscripción cuyo texto habría sido tomado de una saga noruega del siglo XIII que Borges relató en uno de sus libros. El texto refleja las tres noches que Sigfrido pasó con Brunilda donde, para no tocarla, puso su espada entre ambos.

Sagas Islandesas: Prosa heroica narrativa escrita durante el siglo XIII, acerca de las familias que vivían en Islandia entre el 930 y el 1030. Son una contribución única a la literatura occidental y son mucho más avanzadas que cualquier literatura medieval en su realismo, estilo, objetivo, descripción de los personajes y dignidad trágica. La unidad artística, largo y complejidad de la obra han convencido a muchos estudiosos de que fue elaborada por autores individuales, aunque la teoría de la composición oral aún tiene sus adherentes. Una de las más notables fue *Fosbraeda*, la saga de los hermanos de sangre, que describe a dos héroes opuestos. Uno, poeta y amante; el otro, cruel y asesino. Cientos de diferentes dramas y circunstancias rodean a las sagas, la mayoría de las cuales trata de la justicia, una virtud primaria, superior al coraje.

Sagres: El cabo de Sagres en la costa Vicentina al sudoeste de Algarve, Portugal, era llamado por los antiguos *Promontorium Sacrum.* Alguna vez considerado el fin del mundo, este bello lugar se extiende como una cuña en el Océano Atlántico infinito. Sagres fue durante mucho tiempo el último puerto de abrigo para la navegación. En 779, siguiendo la tradición religiosa de este paraje, se supone que allí fueron llevados los restos de San Vicente, mártir de Zaragoza, Aragón, España. Aunque el extremo más occidental de Europa es Danmon Head, Irlanda, para los continentales del pasado era Finisterre en Galicia, luego superado por Cabo das Rocas en Portugal, también un lugar de sobrecogedora belleza al que los poetas consideraban "el fin de la tierra y el principio del mar".

Salamandra: En la actualidad se da ese nombre a un animal anfibio de larga cola, como el lagarto. Pero en la Antigüedad era un monstruo mítico similar a los lagartos que podía vivir en el fuego, al que contenía con el frío de su cuerpo. Su nombre fue adoptado para todos los seres a quienes eventualmente el fue-

Salamandra

go no perturbaría: los GNOMOS en la tierra, las sílfides en el aire y las ondinas en el agua. También se designaba con ese nombre a estufas familiares que se alimentaban con leños.

SALARIO: De la palabra latina con la que se designaba el pago hecho a los soldados romanos para que compraran sal (véase PETRÓLEO). En aquellos tiempos la sal era un producto de mucho valor por el que incluso se entablaban batallas. Así el término pasó a los nuevos idiomas como el pago periódico por trabajar.

SALOMÉ: Aunque en la Biblia no aparece identificada por su nombre, fue la hija de Herodes a quien encantaba con sus danzas y así lograba que él asintiera a todos sus deseos. La tradición indica que ella y su madre Herodías convencieron a Herodes de ajusticiar a SAN JUAN el Bautista decapitándolo y entregando su cabeza en una bandeja a las terribles mujeres. San Juan fue un profeta judío que anticipó la llegada de JESÚS. Hijo de Zacarías y de Isabel, prima de la VIRGEN MARÍA. Predicaba en el Jordán bautizando a la gente e incluso lo hizo con Jesús a quien llamaba el Hijo de Dios.

SANCHO PANZA: El escudero de Don QUIJOTE, la magistral obra de CERVANTES. El propio autor así lo describe:
"En este tiempo, solicitó don Quijote a un labrador vecino suyo, hombre de bien (si es que ese título se puede dar al que es pobre) pero de muy poca sal en

la mollera. Tanto le dijo, tanto lo persuadió y prometió, que el pobre villano (de la villa) se determinó salirse con él y servirle de escudero. Decíale, entre otras cosas, don Quijote que se dispusiese a ir con él de buena gana, porque tal vez le podía aventurar que ganase, en un quítame de allá esas pajas, una ínsula y le dejase a él por gobernador della. Con estas promesas, Sancho Panza, que así se llamaba el labrador, dejó su mujer e hijos y asentó por escudero de su vecino" (Capítulo VII - *Don Quijote de la Mancha*).

SAN MICHEL, MONTE DE: VICTOR HUGO (1802-1885), uno de los grandes poetas, ensayista y dramaturgo francés, describió al Monte San Michel: "El Monte St. Michel es para Francia lo que la Gran Pirámide es para Egipto". En un rincón del sudoeste de Normandía, Francia, se encuentra una pequeña isla conectada a tierra firme por una calzada. Allí se yergue el fantástico peñasco adornado de edificios monásticos, terrazas, jardines, fortificaciones y que eleva a los cielos como una aguja milagrosa la estatua dorada del arcángel Miguel. Según la leyenda, a principios del siglo VIII, San Auberto, obispo de Avranches, fue visitado en su sueño por el arcángel Miguel, quien le ordenó construir un oratorio en una gran roca aislada.
Como el obispo tuvo dudas de su sueño, invocó al ángel, quien se le presentó dos veces más y repitió la orden, la última ocasión dándole un golpecito en la cabeza. Allí nomás se lanzó el sacerdote manos a la obra y eligió el *Mont Tomb* (Monte Tumba) lugar que había sido un cementerio CELTA. Los sacerdotes celtas, los DRUIDAS, usaban el peñón como centro de adoración del Sol. San Auberto terminó con el Sol y lo sustituyó por San Miguel, jefe de los ejércitos celestes. Se ha convertido quizá en el monumento edilicio más famoso de Francia después de Versalles.
Uno de los problemas que ha aquejado al lugar es que la calzada que lleva a los peregrinos desde el continente a la isla está muy cerca del nivel del mar y las mareas se han llevado muchas vidas.

SANSÓN: Hombre de fuerza extraordinaria, héroe de los antiguos hebreos que en una ocasión mató a mil hombres con la quijada de un asno. Su fuerza provenía de su juramento de que jamás se cortaría el pelo. Pero Dalila conoció su secreto y cortó sus cabellos, entregándolo a sus enemigos, que lo cegaron. A medida que su pelo volvía a crecer, Sansón recuperó sus fuerzas, pero ya entonces era exhibido en las plazas públicas como un fenómeno. Una tarde, hastiado de las humillaciones y recuperadas sus fuerzas, empujó las grandes columnas del templo provocando su destrucción, la muerte de sus captores y terminando con su propia vida.

SANTA CLAUS: Los antiguos cristianos veneraban a San Nicolás por su ayuda a los navegantes en las tormentas, su defensa de los niños y su generosidad con los pobres. Su leyenda recorrió toda Europa, principalmente como la figura que hacía regalos. Fue así reemplazando a otros personajes paganos que también eran conocidos por esa peculiaridad, tales como BEFANA para los romanos o BERCHTA o Knecht Ruprecht para los alemanes.

El santo de origen turco fue ocupando posiciones de respeto y consideración y su nombre fue traducido al alemán como *Sankt Nikolaus* y al holandés *Sinter Klaas*. San Nicolás es el Santo Patrono de Rusia. También fue considerado santo por los prestamistas por las tres bolas que identificaban sus oficinas y que el santo convirtió en tres bolsas de oro que entregó a las hijas de un hombre muy pobre que no podía pagar las dotes. Es patrono de los niños y de los marineros.

Aunque se conoce muy poco de su historia, se dice que fue obispo de Licia, antigua región al sudoeste de Asia Menor a principios del siglo IV.

Su día se celebra el 6 de diciembre y es representado cargando tres monederos con oro, tres bolas de oro, acompañado de tres niños.

Su leyenda tuvo muchos matices: para algunos recorría el cielo a caballo, para otros viajaba con el ENANO Black Peter, cuya tarea era castigar a los niños que se portaban mal. En otros países el personaje de los regalos suele tener nombres tales como *Julenisse* en Escandinavia, *Father Christmas* en Inglaterra o *Pere Noel*, en Francia. Y ése es el origen del también conocido equivalente Papá Noel.

Estampa victoriana de Santa Claus.

Cuando los inmigrantes holandeses llegaron a lo que luego sería Nueva York, el nombre comenzó a deformarse de Sinter Klaas a Santa Claus. En 1773, apareció por primera vez su nombre en la prensa, pero como St. A Claus. En 1809, el escritor norteamericano Washington Irving publicó con el seudónimo de Diedrich Knickerbocker, su *History of New York*, *Historia de Nueva York*. Allí comentó la llegada del Santo en el día de San Nicolás que es el 6 de diciembre. Su forma más americanizada la tomó en 1823 en un poema llamado "*A Visit From Saint Nicholas*", Una visita de San Nicolás, luego conocido como "*The Night Before Christmas*", La noche antes de Navidad, del escritor Clement Clarke Moore (1779-1863), donde aparecen los renos; Santa Claus ríe, gesticula y sale y entra de las chimeneas convertido en enanito.
Desde entonces se mezclan las figuras de San Nicolás, santo patrono de las Navidades y Santa Claus, el tierno personaje mítico.
La celebración de la Navidad en el mundo occidental se afincó en el 317 cuando el emperador Constantino fue bautizado, produciendo la unión de la Iglesia y la Corona. En el 354, el obispo Liberius de Roma indicó que no sólo debía conmemorarse la muerte de Cristo, sino su nacimiento. Y San Francisco de Asís fue quien popularizó el pesebre a partir de su celebración en 1223, en Greccio, Italia, donde usó figuras de madera representando a María, José, el Niño, los animales y los pastores.
Más tarde, el ilustrador Thomas Nast, entre 1860 y 1880, dibujó para la revista *Harper's* un Santa Claus rubicundo, imaginó su taller en el Polo Norte y supuso una lista de los niños buenos y malos que él personalmente elaboraba. En 1931, Coca-Cola utilizó esa versión que ahora es famosa mundialmente, en una campaña publicitaria ilustrada por el dibujante Haddon Sundblom, pero con la peculiaridad de que por primera vez se mostraba a Santa Claus en tamaño real y de la altura de una persona concreta. En los Estados Unidos, Santa Claus ocupó un lugar de tanta fuerza popular que fue usado en muchas campañas publicitarias, películas, canciones, shows y se difundió mundialmente. Muchos críticos ven en esa figura, cuyas visitas a la Tierra se corrieron al 24 de diciembre, un monumental episodio comercial y los defensores reivindican la imagen de un santo bondadoso, generoso y símbolo del amor. Hace algunos años un aviso gráfico, publicado el 24 de diciembre en los Estados Unidos mostraba las imágenes de Jesús y Santa Claus, con un gran título que decía:
AL FIN Y AL CABO, ¿A QUIÉN RECUERDAN HOY?
El mensaje pertenecía a una fuerte congregación religiosa norteamericana.

SANTA SOFÍA: Iglesia bizantina de Estambul, al noroeste de Turquía sobre el estrecho de Bósforo, construida por orden del emperador Justiniano en el siglo VI de la era cristiana. Es la catedral metropolitana de la Iglesia Ortodoxa. En realidad no fue dedicada a una santa llamada Sofía sino a *Logos*, el verbo de Dios, segunda persona de la Trinidad, llamada *Hagia Sophia*, sabiduría sagrada. Su interior cubre una superficie de más de 8.000 m cuadrados. Fue emplazada en el 532 sobre una de las colinas de la entonces Constantinopla, ciudad cosmopolita situada en el cruce de caminos entre Asia y Europa, antes conocida como Bizancio, por su legendario fundador Bizas. En el año 330 el emperador Constantino el Grande le cambió el nombre a la ciudad y la convirtió en capital del Imperio Romano.

Para construir la iglesia se importaron materiales, escultores, carpinteros, albañiles y mosaiquistas y el techo fue cubierto de láminas de oro para que su luz reflejara a todo el universo.

En 1453 Constantinopla cayó en manos de los turcos otomanos y Santa Sofía fue convertida en mezquita y sus mosaicos cubiertos de yeso. Finalmente, en 1934, Kemal Ataturk (Mustafá Kemal Pasha, 1881-1938), líder político turco, fundador de la moderna Turquía y primer presidente de su país, la convirtió en museo.

El historiador bizantino Procopio, probablemente nacido el año 510, escribió sobre Santa Sofía: "Cualquiera que entre aquí para rendir culto siente inmediatamente que no fue el poder o la capacidad humana, sino el favor de Dios, lo que permitió esta obra".

San Vito, El Baile: En la Alemania del siglo XVII se creía que se lograba buena salud para todo el año, si se bailaba frente a la estatua de San Vito el día de su festividad, el 15 de junio.

San Vito era siciliano y se convirtió secretamente en cristiano cuando tenía apenas 7 años. Su tutor lo acompañaba por toda Sicilia mientras el jovencito desparramaba milagros. Más tarde fue sometido a torturas, muchas de las cuales él disimuló con otros milagros, como cuando arrojado a un foso con un león, la bestia lo lamió con ternura (véase ANDROCLES Y EL LEÓN).

Cuando murió, sus restos fueron llevados primero a París y luego a Alemania. Se le atribuían extraordinarias capacidades curativas y por eso mucha gente oraba frente a su tumba, especialmente los epilépticos. San Vito se convirtió en el Santo Protector de los epilépticos y de los que sufrían corea, una antigua enfermedad también llamada "Baile San Vito".

Según la leyenda, murió por la mordedura de un perro o una serpiente. En algunos países se lo invoca como Santo Patrono de bailarines y actores.

Sarcasmo: En griego, *sarx* significaba carne. Su uso se extendió indicando morderse los labios, arrancar la piel y finalmente hacer comentarios cortantes.

Sardónico: Se suele llamar risa sardónica a la que se emite con un gesto de burla o ironía. Tiene su historia: la *herba sardonia,* llamada así por los sardis del Asia Menor, es tan ácida que produce movimientos compulsivos de los nervios de la cara, imitando un gesto agrio. Sin embargo, otros atribuyen la palabra al griego *sardanios*, perteneciente a Cerdeña, risa amarga.

Satélite: El origen de esta palabra se remonta a los etruscos y luego al francés. Significa acompañante, escolta. En 1665, el astrónomo Johannes Kepler aplicó la palabra a las lunas de Júpiter.

Satin: Como muchas otras telas, su nombre se origina en el lugar de fabricación (véase Denim y Jean). Los árabes le llamaron *zaituni,* queriendo indicar Tseutung, un antiguo puerto de la China, de donde la tela provenía.

Sátiro: Dioses o demonios del bosque que asistían a Baco/Dionisos en sus correrías. Como a los faunos, se los representaba con patas, cuernos y orejas de cabra o de caballo, cuerpo de hombre y cola de caballo. Eran muy lascivos con su miembro viril constantemene erecto. Eran los azotes de doncellas, ninfas y ménades (del griego *mainas*, furiosas), las sacerdotisas de Baco y por extensión, mujeres disolutas.

Saudi Arabia: Reino al sudoeste de Asia fundado en 1932 por el líder musulmán Ibn Saud (1880-1953) y de quien tomó el nombre. Hay una curiosa relación que establece que, en árabe, la palabra *saud*, significa buena fortuna o felicidad. Y es pura coincidencia que gran parte de la Península Arábiga haya sido conocida en tiempos de los romanos como *Arabia Felix,* Arabia la afortunada.

Secular: Del latín, *saeculum,* edad, generación. Se usaba en los textos cristianos para indicar mundo temporal, por oposición a mundo espiritual. El significado de no religioso comenzó a aplicarse más tarde, al igual de lo que sucede cada siglo o que dura un siglo. En otra acepción es sinónimo de antiguo. También se usa como laico, profano.

Seda: Fibra que produce el gusano de seda al elaborar su capullo y nombre que se da a la tela producida en la industria textil. La leyenda relata que la sericultura comenzó en China en el 2700 a. de C. En esos tiempos se permitía la exportación de seda en crudo, pero la exportación de los huevos de los gusanos se penaba con la muerte.

En el año 550 de nuestra era, sin embargo, huevos de gusanos de seda y semillas de morera (el árbol del que el gusano se alimenta) fueron contrabandeados a Constantinopla que, a partir de entonces, adquirió fama por sus telas.

En el siglo VIII los moros llevaron la industria a España y Sicilia donde se desarrollaron notables telares de altísima calidad. Italia alcanzó niveles superiores en Lucca, Florencia y Venecia. Luego Lyon, Francia, de donde los franceses la llevaron a Inglaterra y la seda se aposentó cerca de Londres.

El gusano más afamado es el Bombyx Mori asiático que se alimenta de hojas de la morera. Los gusanos de la India y China se alimentan de hojas de roble y producen una seda más salvaje.

Sátiro, ilustración de Gustave Doré.

Semíramis: En la mitología asiria, reina y diosa, esposa de Ninus, fundador de Nínive. Hija de una diosa PEZ y del dios de la sabiduría, fue criada por palomas. Después de la muerte de Ninus, gobernó sola. Fundó la ciudad de Babilonia, mandó construir sus famosos JARDINES COLGANTES, una de las maravillas de la Antigüedad y condujo ejércitos victoriosos contra numerosos enemigos. Finalmente, ante la oposición de su hijo, adoptó la forma de una paloma y desapareció volando.

Sermón: En latín, *sermó,* es simplemente hablar, conversación, discurso. Luego se convirtió en mensaje dado desde un púlpito sobre un tema religioso.

Serpiente: Del latín, *serpens, serpere,* arrastrarse. Esta palabra es muy cercana a la griega *hérpein*, que significaba lo mismo. Dio origen a *herpes*, la enfermedad que se arrastra, pues es una erupción cutánea que se manifiesta con granitos muy apiñados que se van desplazando. El concepto tiene que ver con la forma de desplazamiento de los insectos en forma casi imperceptible. Además, herpetología es el estudio de los REPTILES. Y reptar, la forma de movilizarse de los reptiles.
Este animal tiene una curiosa historia de simbolismos. Según Plutarco (46-120) era una deidad porque se alimentaba de su propio cuerpo, como un dios del que todo emerge. También fue considerado emblema de la eternidad porque al poner la cola en su boca formaba el círculo de lo permanente. Emblema de la renovación y el arte de curar porque se decía que, al llegar a vieja, la serpiente raspaba su cuerpo entre dos rocas, renovando completamente su piel. Y su mirada era considerada infinita porque no tiene párpados.
Para ESCULAPIO, dios griego de la medicina, hijo de Apolo, la serpiente era sagrada porque descubría las hierbas curativas y se la esculpía frente a los templos como guardiana de los altares.
Según Plinio (23-79), naturalista latino, el huevo de serpiente era maravilloso y se formaba por la labor conjunta de siete serpientes, las que con sus soplidos lo mantenían suspenso en el aire. Si alguien lograba apoderarse del huevo, debía huir a toda carrera porque se jugaba la vida, pero si lograba escapar prevalecería en toda contienda y sería cortejado por los poderosos.
En el Evangelio según San Mateo (10:16): “Sed prudente como las serpientes y sencillos como las palomas”.
En Génesis (3:1): “La serpiente era el más astuto de los animales de campo que hiciera Dios”.
Luego es convertida en símbolo del diablo al provocar la tentación de Adán y Eva: “¡No moriréis! Antes bien, sabe Dios que en el momento en que comáis se abrirán vuestros ojos y seréis como dioses, conocedores del bien y el mal”, dice el animal al tender su trampa seductora ante los dos primeros seres del PARAÍSO.
En el arte cristiano aparecen con serpientes Santa Cecilia, Santa Eufemia, San Patricio y muchos otros santos, pero los reptiles siempre aplastados como Satanás derrotado.

Entre los cientos de historias de serpientes, una relata que cuando se siente atacada, puede tragarse a sus crías, mantenerlas dentro de su cuerpo hasta ponerlas a salvo, donde las regurgita amorosamente.

Para aztecas y toltecas, su dios fundamental QUETZALCOATL era representado por una serpiente emplumada, el significado de su nombre.

En el antiguo Oriente, si una víbora entraba en una casa, se buscaba a un encantador de serpientes para atraerla, meterla en una bolsa y alejarla. La leyenda dice que cuando esto estaba por ocurrir, el reptil ponía una de sus orejas sobre el suelo y con la punta de su cola tapaba la otra y así evitaba escuchar el sonido. En la Biblia, Salmos (58:4), hay una curiosa expresión que se relaciona con esta leyenda: "Sordos como el áspid que se tapa el oído para no oír la voz de los encantadores".

Su mayor enemigo es la CIGÜEÑA, según se cuenta, porque las mata con la mirada.

SERPIENTE ARCO IRIS: Según las leyendas de los aborígenes australianos, un espíritu creativo, a veces hombre, a veces mujer. Tiene la forma de una gigantesca serpiente rodeada del arco iris, asociada a la fertilidad y el agua. En algunas regiones es conocida como *Ngaljod* y considerada la responsable de los monzones y las inundaciones.

Ilustración de Gustave Doré.

Serpiente Marina: Monstruo que se supone habita los fondos de los mares. Informes aparecen de tiempo en tiempo sobre este "ocni", objeto acuático no identificado, pero nunca nadie ha podido probar su existencia. Sólo en la imaginación febril de muchos. ¿No sería acaso suficiente?

Shaka (1787-1828): Jefe africano, fundador del imperio zulú. A la muerte de su padre, Senzangakoma, en 1816, cambió el equipamento de su ejército: las débiles lanzas por instrumentos guerreros de hierro fundido. Dividió sus regimientos en cuatro grupos: el pecho, el grupo más fuerte; dos cuernos, que envolvían y rodeaban al enemigo, y los leones, como el grupo de reserva. Shaka fue asesinado por dos de sus medios hermanos.
Su nombre tenía un extraño significado: escarabajo intestinal, por el hecho de que su madre, Nandi, una princesa huérfana, había quedado embarazada sin estar oficialmente casada. El verdadero insecto llamado escarabajo intestinal tenía el poder de interrumpir los períodos menstruales.

Shakespeare, William (1564-1616): Escritor y poeta considerado el más grande de la lengua inglesa. Aunque muchos supuestos rodean la temprana vida de Shakespeare, se da por aceptado que nació en Stratford-upon-Avon, Warwickshire, Inglaterra, tercero de 8 hermanos. Fue aprendiz de carnicero para contribuir a la mala situación económica de sus padres. Según otros relatos fue maestro de escuela. En 1582 se casó con Anne Hathaway, supuestamente varios años mayor que él.
Tuvieron una hija en 1583 y mellizos —una niña y un varón— en 1585. El varón no sobrevivió. La publicación de dos narraciones eróticas en 1593, *Venus and Adonis* y *The Rape of Lucrece, El rapto de Lucrecia,* y *Sonets, Sonetos,* establecieron su prestigio.
La vida en Londres le posibilitó cierta holgura económica y sus obras se representaban en la Corte. En 1608, volvió a la ciudad natal con su familia, a una casa que llamó Hew Place. Se convirtió en un ciudadano notable y reconocido.
En 1769, Herbert Lawrence fue el primero en lanzar la teoría de que no era posible que Shakespeare hubiese escrito el caudal de obras que se le atribuyen porque —dijo— no tenía ni la capacidad ni la cultura necesarias. Posteriormente, en 1857, William Henry Smith sugirió que el único escritor que tenía la capacidad para desarrollar semejante obra era Francis Bacon (1561-1626), escritor, filósofo y ensayista inglés. Esta teoría dio origen a una verdadera cruzada de investigadores que creyeron encontrar diversos indicios que culminaron con la obra de sir Edwin Durning Lawrence, *Bacon en Shakespeare,* publicada en 1910. Otros analistas sostuvieron que las obras del bardo debieron de haber sido escritas por, al menos, siete escritores distintos y hasta que su nombre era una creación ingeniosa basada en "*shake the spear*" (sacude la lanza).
Para otros el verdadero escritor de toda aquella obra fue Christopher Marlowe (1564-1593), contemporáneo de Shakespeare, dramaturgo y poeta inglés

que escribió sobre temas heroicos presentando grandes personajes dramáticos destruidos por sus pasiones y ambiciones. Habiendo nacido el mismo año que el Gran Bardo, muchos historiadores le confieren el honor de haber abierto el sendero para Shakespeare en contraposición de aquellos que lo suponen el único de ambos. Entre sus obras más famosas, figuran *Tamburlaine el grande, Doctor Faustus, El judío de Malta, Eduardo II* y *Hero y Leandro.*

Otros exponen una terrible disputa entre ambos poetas excitada por los celos profesionales.

De una u otra forma, William Shakespeare es el único que la historia ha conservado y elegido para exhibirlo como el maestro indiscutible de la lengua inglesa. Incluso, cuando los ingleses quieren destacar la obra o la personalidad de algún erudito, suelen usar la expresión "el Shakespeare español" para el dramaturgo español Pedro Calderón de la Barca (1600-1681), una de las máximas figuras de las letras españolas autor de más de 100 obras de teatro, 70 autos sacramentales (obras religiosas de un acto), aventuras de capa y espada y dramas como el *El alcalde de Zalamea* y la imperecedera *La vida es sueño.*

Ilustración de Jan Tschichold para portada del libro
The Tragedy of Macbeth, 1950.

Entre las obras inmortales de Shakesperare figuran: *Hamlet, Julio César, King Lear, Macbeth, El Mercader de Venecia, Sueño de una Noche de Verano, La Fierecilla Domada, Othello, Las Alegres Comadres de Windsor, Antonio y Cleopatra, Enrique VIII.*
Murió el 16 de abril de 1616 (el mismo día, mes y año que murió Cervantes, el máximo escritor de la lengua española) y sus restos reposan en la Iglesia de Stratford.

Shangri La: En la obra del novelista inglés James Hilton (1900-1954), *Horizontes perdidos,* publicada en 1933, un templo budista que los lamas ocultaban en la alta montaña y donde el tiempo no pasaba y sus habitantes eran eternos, siempre jóvenes. Hilton también fue el autor de la famosa *Adiós, Mr. Chips.*

Shin Itzagone: Legendario alquimista hindú que un trágico día se arrancó los ojos creyendo que había fracasado en su intento por conseguir la piedra mágica que transformara el metal en oro. Sin embargo, con la ayuda de esa piedra recuperó la vista al lograr instalarse un ojo de cabra y otro de toro.

Shinto: Antigua religión nativa del Japón, practicada hasta nuestros días como un conjunto de rituales y costumbres tradicionales que indican reverencia a los ancestros, celebración de festivales populares y peregrinaciones a los lugares sagrados donde se supone habitan los bienhechores seres sobrenaturales o deidades, llamados *Kami.* Las creencias del shinto se han transmitido oralmente desde mucho antes que la escritura china fuese incorporada al japonés en el siglo V. Sus tres libros fundamentales, *Kojiki, Nihongi y Yengishiki,* describen el desarrollo de la religión a partir de la adoración de las fuerzas y formas de la naturaleza hacia un politeísmo donde las concepciones espirituales ocupan sólo un pequeño lugar. La más venerada de sus deidades era la diosa sol, *Ama Terasu-o-mi-kami,* considerada ancestro de los emperadores del Japón, cada uno de los cuales era sacerdote supremo por derecho divino.
Después de la Segunda Guerra Mundial, la parte del shinto controlada por el Estado se derrumbó y terminó la divinidad del entonces emperador Hirohito, en 1946.
No contiene sistema dogmático ni establece códigos de moral y, aunque recibió influencias del budismo y el confucianismo, consiste casi enteramente en el recitado de plegarias, danzas y ofrendas.

Shoemaker, Eugene: Astrónomo y geólogo norteamericano que falleció el 18 de julio de 1997 en un accidente de auto. Durante gran parte de su vida se dedicó a la investigación espacial y con su esposa descubrieron 20 cometas y 800 asteroides. Poco tiempo antes de morir, confesó a sus amigos que siempre había soñado con ser uno de los astronautas que viajara a la Luna, aspiración que nunca pudo cumplir pese a haber estado muy cercano a las decisiones. Finalmente, el investigador logró su sueño pero *post mortem,* cuando el satélite lunar *Prospector* que llevaba sus cenizas fue estrellado contra el suelo lunar impulsado desde las plataformas terrestres. La misión sin retorno no sólo depositó los restos de Shoemaker en la Luna sino que mediante telescopios espaciales se estudiaron las partículas desprendidas por el impacto en busca de vestigios de agua. Fue el primer humano en ser, si no enterrado, lunizado en el satélite natural de la Tierra.

SHWEDAGON, PAGODA DE: En lo alto de una colina en Yangon (antigua Rangún), capital de Myanmar o Burma, se alza una espectacular cúpula semejante a una campanilla de oro, pero de 100 m de altura. Abarca 5,6 hectáreas y es una pagoda o templo de los dioses construida con exquisito gusto como un conjunto de estructuras y figuras extrañas: GRIFOS, ESFINGES, DRAGONES, LEONES, ELEFANTES, en rojos y verdes de fantástico brillo.
En el siglo XVI, un viajero europeo contaba que Shwedagon, era "de una prodigiosa enormidad completamente cubierta de oro..."
Ruyard Kipling (1865-1936), el autor inglés nacido en la India, ganador del Premio Nobel de Literatura en 1907 y que se especializó en temas hindúes en obras como *Mandalay, Gunga Din, El libro de la jungla, Kim,* trescientos años después de aquel comentario, escribió el suyo lleno de sorpresas y exaltaciones, haciendo descripciones de un notable colorido: "Lagos artificiales, colores brillantes, lila, rosa, bermellón, lapislázuli y rojo sangre, bajo un intenso sol que lo difumina y modifica todo. Entonces, un dorado misterio se elevó sobre el horizonte: un hermoso y deslumbrante prodigio que refulgía al sol, cuya forma no era ni la de una cúpula árabe ni la de un capitel hindú".
Shwedagon es uno de los emplazamientos más sagrados del mundo. Cuenta la leyenda que su cúpula de oro guarda las reliquias de los cuatro Budas que hasta ahora han aparecido sobre la Tierra. Entre ellas, ocho cabellos de Buda, el fundador del budismo que fue Siddharta Gautama (563-483 a. de C.), nacido al sur del Nepal, llamado Buda, el iluminado.
La historia relata que dos jóvenes hermanos, mercaderes ambulantes, encontraron al joven Gautama al norte de la India, poco después que éste hubiese alcanzado la Iluminación. Buda les entregó ocho de sus cabellos para que los guardaran. Los jóvenes fueron asaltados y robados cuatro de esos cabellos. Sin embargo, al llegar a su casa, en la actual Yangon, descubrieron que los cuatro cabellos supuestamente robados estaban dentro de un cofre. Tras este descubrimiento un torrente de luz iluminó brillantemente los cabellos, los ciegos volvieron a ver, los sordos a oír y los mudos a hablar, la tierra tembló, se vieron relámpagos y cayeron joyas del cielo. Allí dio comienzo la construcción de las pagodas, una sobre otra en la colina.
Se relata que muchas veces hubo ladrones que intentaron profanar y robar la pagoda, pero que invariablemente al llegar frente a ella, quedaban tan deslumbrados con la belleza, que los espíritus guardianes de la pagoda aprovechaban para atacarlos y matarlos.

Shwedagon no es sólo un monumento sacro ni un lugar de culto sino centro de peregrinajes, donde los monjes budistas eligen meditar, así como punto de encuentro para estudiantes, hombres de negocios y viajeros que llevan ofrendas. El escritor inglés Somerset Maughman (1874-1965), autor inglés de *La Luna y seis peniques* (La vida del pintor francés Paul Gauguin) y *Al filo de la navaja*, describió así el lugar: "Por doquier los templos y las pagodas se apiñaban confundiéndose con los árboles de la jungla. Y de repente, surgiendo de entre ellos como un gran navío, rodeado de barcazas, se elevó, oscura, severa, espléndida, Shwedagon. Con sus destellos de oro, como una repentina esperanza en la oscura noche del alma".

SIAM: Antiguo reino que hoy se llama Tailandia, cuya capital es Bangkok. La capital es el centro de la actividad industrial y comercial, gran emporio del comercio de joyas, sitio del Gran Palacio amurallado y más de 400 templos budistas. Es la capital desde 1782. Antes lo era Thon Buri. Una extraordinaria historia ha recorrido el mundo en forma de película u obra de teatro: *Ana y el Rey de Siam.* Aunque todo pareciera indicar una obra de ficción, en realidad la historia está basada en un episodio de la vida real de Anna Leonowens, una maestra inglesa que en 1862 viajó a la corte del rey Mongkut para trabajar como institutriz de los muchos hijos del monarca. Mongkut reinó durante 44 años y con sus esposas y concubinas habría concebido 82 hijos con 35 madres distintas y disponía de un HARÉN de 100 mujeres.
Mongkut accedió al trono en 1851 y dio inicio a una serie de medidas de apertura hacia Occidente y terminó con la antigua costumbre de no tocar ni mirar a los ojos del rey. Allí nació su interés por atraer a la Corte a una maestra inglesa, Anna, quien al regresar a Inglaterra en 1867, escribió el libro que luego alcanzaría fama mundial con el personaje estereotipado y casi absurdo interpretado por Yul Brynner.
El monarca de Tailandia, rey Bhumibol Adulyadej, a fines del siglo XX, es descendiente directo de aquél.

SIAMESES, HERMANOS: Gemelos idénticos unidos físicamente. El nombre se originó cuando dos niños, Eng y Chang, nacidos en 1811 en SIAM (hoy Tailandia) de padres chinos, unidos a la altura de la cintura, fueron vendidos por su madre a P. T. Barnum (Phyneas Taylor Barnum) que los exhibió en Europa y los Estados Unidos, donde finalmente se establecieron. Se casaron con dos hermanas y tuvieron descendencia. Murieron en 1874 con diferencia de dos horas y media.
Phineas Taylor Barbum (1810-1891) fue un hombre dedicado a los más extravagantes espectáculos públicos a partir de su Museo Americano en Nueva York, donde exhibía todo tipo de extrañezas, preferiblemente humanas, alimentando el morbo de aquellos tiempos. Quizás el que más fama y fortuna le procuró haya sido el *General Tom Thumb* (General Pulgarcito) y los citados

hermanos siameses (véase JUMBO). Ampliando sus actividades y buscando situarse en un nivel más respetable, Barnum contrató a la famosa cantante sueca de ópera, Genny Lind, con quien realizó una gran gira por los Estados Unidos, donde llegó a vender las entradas para sus recitales en subasta pública al mejor postor. Su carrera alcanzó el pináculo con su circo de tres pistas, "El Espectáculo Más Grande del Mundo". Las técnicas publicitarias de Barnum fueron objeto de estudio en los principios de la actividad (como sus campañas de intriga gráfica) o las promociones callejeras con regalos y desfiles y si se revisan sus acciones se podrán ver adelantos de muchas de las tentaciones, promesas y apetitos varios y surtidos que se ofrecen y despiertan hoy a los potenciales consumidores.

SIBARITA: *Sibaris* era una colonia griega al sur de Italia. Fue centro de intercambio comercial y sus habitantes, gente de recursos y riquezas, dados por tanto a una vida indulgente llena de placeres y lujos. Por extensión, *sibarites* fue sinónimo de quienes buscan el placer.

SIC: Expresión latina que se usa inmediatamente después de una frase o palabra inhabitual o mal escrita para indicar que así fue exactamente como estaba o fue dicha en el original. Se procura llamar la atención respecto del error que no quiere adjudicarse el editor o autor y se advierte a los lectores que es textualmente como se manifestaron quienes usaron esa palabra.

SIETE: Considerado un número sagrado o místico. Como una de las formas de componerlo es sumando 4 y 3 su imagen se agiganta porque ésos son dos números afortunados, según los pitagóricos. Entre los babilonios y los egipcios y otros pueblos de la Antigüedad, había 7 planetas sagrados y el verbo hebreo maldecir es caer bajo la influencia de las 7 cosas.

También son siete las corderas que ABRAHAM aparta del rebaño en Berseba, Génesis (21:28) y Heródoto describía el juramento cinco siglos a. de C. cuando siete piedras eran frotadas con sangre.

La Creación llevó 7 días.

Cuando Dios obliga a Caín a andar errante y vagabundo, previene a quienes osaren matarlo que, en ese caso, Caín será vengado 7 veces.

Son 7 los días de la semana, los PECADOS CAPITALES, las virtudes y el séptimo hijo tenía un significado especial.

Entre los hebreos cada 7 años se conmemoraba un año sabático y 7 veces 7 años era el jubileo.

La Biblia habla de las 7 iglesias de Asia, los 7 candelabros, las 7 estrellas, 7 trompetas, 7 espíritus ante el trono de Dios.

Los siete regalos del Espíritu son consejo, temor al Señor, fortaleza, piedad, comprensión, sabiduría y conocimiento.

Además, los siete colores del rayo luminoso o espectro solar, las siete notas musicales, las siete maravillas del mundo y el séptimo día del descanso y la eternidad.

Los japoneses reconocen 7 dioses de la buena suerte. Los dioses de la música (*Benten*), de la guerra (*Bishamon*), de la abundancia (*Daikoku*), del comercio (*Ebisu*), de la longevidad que eran dos (*Fukurokuju* y *Jurojin*) y el dios de la jovialidad (*Hotei*).

Para los musulmanes hay 7 cielos (véase BORAK). Roma tiene 7 colinas. Y fueron 7 las maravillas del mundo.

Los alquimistas reconocían 7 planetas con 7 cielos y los 7 metales: oro, Apolo o el Sol; plata, Diana o la Luna; azogue o mercurio, por Mercurio; cobre por Venus; hierro por Marte; estaño por Júpiter y plomo por Saturno.

Y aunque hay muchos otros ejemplos, vale concluir este capítulo señalando otra expresión complicada: la picazón del séptimo año.

SIETE PECADOS CAPITALES: Pecados originariamente identificados durante la primitiva historia del cristianismo y agrupados en el siglo VI por San Gregorio el Grande. El catálogo tradicional de los siete pecados es:

1) Vanagloria u orgullo.
2) Codicia.
3) Lujuria, entendida como deseo sexual exagerado e ilícito.
4) Envidia.
5) Gula, que usualmente incluye embriaguez.
6) Ira.
7) Pereza.

La discusión clásica sobre el tema está en la *Suma teológica*, del filósofo y teólogo italiano, Santo Tomás de Aquino (1225-1274), doctor de la Iglesia, también conocido como Doctor Angélico.

SIMBAD EL MARINO: Héroe de una de las historias de *LAS MIL Y UNA NOCHES*. Simbad significa Viajero por el Sind, nombre de una provincia de la India. El origen de la historia es desconocido pero pertenecía al folklore árabe. El cuento relata que un trabajador muy pobre, sentado a la sombra de un hermoso palacio, expresaba sus quejas por los bienes y riquezas que tenía el dueño de ese palacio, que era precisamente, Simbad.

Éste le invitó a entrar y le relató sus siete difíciles viajes, sus aventuras como explorador, mercader, marino valiente y audaz. Simbad contó con detalles sus hazañas y sacrificios que le permitieron acumular lo que poseía, hasta que el quejoso comprendió y aceptó la razón de sus riquezas, que entonces Simbad le permitió compartir, convirtiéndose ambos en grandes amigos de por vida.

SINECURA: Su significado original era sin cura, referido al servicio eclesiástico que no incluía la cura de las almas, sólo su confort espiritual. Luego se extendió a todo tipo de empleo que requiriese poco trabajo.

Sirenas: Personajes de la mitología griega, ninfas con cuerpo de ave y cara de mujer. Con el paso del tiempo y por su permanente relación con el mar, se les asignó cuerpo de pez y torso de mujer de largas cabelleras. Según la leyenda, vivían en una isla rocosa y tenían la voz plena de encanto y seducción. Cuando entonaban canciones, los marineros se sentían atraídos de tal manera insuperable que se abandonaban a las corrientes hasta encallar. De allí proviene la expresión "canto de las sirenas" asignada a toda atracción poderosa, no necesariamente positiva.

La palabra sirena es además un artefacto sonoro, llamado sirena, destinado a llamar la atención de las personas, inventado en 1819 por el francés Charles Cagniard de la Tour (1777-1859). Producía notas o sonidos musicales. Fue adoptado usando una o dos notas, para advertir ataques aéreos durante la Segunda Guerra Mundial. Antes de la televisión, los grandes diarios tenían en sus techos sirenas que hacían sonar cuando se producían noticias extraordinarias y ese sonido que se escuchaba en todo el centro de la ciudad provocaba precisamente el agolpamiento de los ciudadanos frente al diario para ente-

Sirenas, miniatura del libro del *Bestiario*, Inglaterra, finales del siglo XII.

rarse de las novedades, atraídos por el agudo sonido y la certeza de una noticia extraordinaria.

En la *Odisea,* su héroe principal, Odiseo/Ulises, debió sellar con cera los oídos de sus marineros y mandó que le ataran al mástil de su embarcación, dando órdenes de que nadie lo liberara aunque él terminase rogando u ordenando que lo hicieran. Sólo así ODISEO pudo superar el canto de las sirenas y llegar seguro a otros puertos.

Pasados los siglos, las fabulosas sirenas cambiaron su imagen y se tornaron bondadosas y enamoradizas y las sirenas de los diarios callaron mustias y vencidas por otros cantos instantáneos.

En muchos folklores regionales aparecen las encantadoras figuras femeninas emergentes del agua, adonde suelen llevarse a enamorados costeros que caen subyugados por sus atributos. En muchos casos, los cautivados son transportados al fondo de lagos donde se encuentran con palacios luminosos, cuevas repletas de encantos y la capacidad de sobrevivir bajo el agua de la mano de su acuática consorte. Muchos habitantes terrestres cercanos a estos lagos supuestamente habitados por ninfas prodigiosas que se habrían llevado consigo amores locales, aseguran que ciertas noches especiales se suelen oír gritos y cantos provenientes del fondo de las aguas como si estuviesen de plenos festejos.

La *xana* es la versión asturiana de la ninfa de río o agua dulce, que vive alejada del mar. No se les conoce forma masculina, aunque tienen hijos, los *xaninos*, a los que suelen introducir sigilosamente mediante engaños al mundo de los humanos para que crezcan fuertes y luego ellas mismas los recuperan retornándolos a su hábitat natural.

En Cataluña, corre la historia de *La Donna D'aigua*, una extraña mujer que apareció repentinamente ante un poderoso caballero presentándose como la mujer del agua, pero prohibiendo que su nombre fuese pronunciado jamás. Llegó a casarse con el hidalgo, tuvieron hijos, pero un día, al no cumplirse con el silencio sobre su nombre, se marchó dejando a su esposo sumido en desesperada angustia, de la que nunca se recuperó. La Dama del Agua aparentemente retornaba por las noches para atender, cuidar y arropar a sus hijos, pero sólo ellos volvieron a verla alguna que otra vez. Y se convirtió en leyenda.

Algunas historias sostienen que la imagen de las sirenas mitad mujer y mitad pez surgió de algunos marineros cuando veían a los manatís, PEZ mujer o vacas marinas, mamíferos marinos herbívoros americanos que llegan a medir cinco metros de largo y cuyas cabezas tenían para ellos reminiscencias humanas. Estos animales suelen amamantar a sus crías apretándolas contra sus pechos con una de sus aletas. Pero sin son molestados se zambullen y mueven sus colas con violencia. En el estado de la Florida, los *manatees* están bajo severa protección.

Se llama "guante de sirena" a la más grande esponja que se puede hallar en aguas de mar, la *halichondria palmata,* así llamada porque tiene forma de una mano abierta. La sirena Merrow, del irlandés *murbhach,* tiene según los marineros la capacidad de anunciar las tormentas.

Siroco: Viento que sopla en el Sur de Europa proveniente del Norte de África. Del árabe, *sharaqa,* palabra que alude al lugar donde nace el Sol.

Soldado: La línea etimológica conecta con pago, indicando soldado mercenario. En latín, *soldius* fue usado para una moneda de oro y en el antiguo francés *soulde* significaba paga. En español, soldada es sueldo, haber del soldado.

Soldado Desconocido: Al final de la Primera Guerra Mundial, el cuerpo de un soldado británico irreconocible, desconocido, fue traído a Inglaterra y enterrado entre los reyes en la Abadía de Westminster el 14 de noviembre de 1920. La inscripción en la placa dice: "Aquí se conmemoran las multitudes que durante la gran guerra de 1914-1918 dieron lo máximo que un hombre puede dar: la vida misma". Otras tumbas similares se levantaron en el Arco de Triunfo en París, en el cementerio de Arlington en Washington, en Unter den Linden, Berlín, y en las murallas del Kremlin en Moscú.

Sol de Medianoche, Tierra del : Territorios que se extienden al norte del Círculo Polar Ártico y que mantienen la luz del Sol casi todo el día durante el verano. En la práctica esto significa las regiones al norte de Noruega, Suecia, Finlandia y casi toda Laponia. Una vieja historia cuenta que al preguntársele a un habitante de esas latitudes si tuvieron un buen verano, la respuesta, luego de haberla pensado, fue: "¡Oh! Sí, un miércoles".

Sol Naciente, Tierra del: Japón. El título es una forma del nombre original del país, *Nipón,* que literalmente significa "el origen del Sol". La alusión es a la ubicación geográfica del Japón con respecto a China. Originariamente la bandera japonesa simbolizaba precisamente el Sol naciente rojo pleno de rayos luminosos.

s.o.s.: Señal del Código Morse usada por los barcos en situación delicada o en requerimiento de ayuda inmediata. Cualquier pedido de ayuda se define como un s.o.s. Las letras fueron elegidas por conveniencia y simplicidad y no son la abreviatura de la expresión que desde hace mucho ha estado conectada con la sigla: Save Our Ship (salven nuestro barco). Otros más místicos la traducían como Save Our Souls (salven nuestras almas).

Spaghetti: Del italiano, *spaghetto,* diminutivo de *spago,* cuerda. Algunos italianos exagerados cuando quieren su pasta bien al dente, usan la expresión "como cuerda de violín".

Stone, Lucy (1818-1893): Líder feminista de los Estados Unidos, creadora de los movimientos de liberación de la mujer, nacida en Brookfield, Massachusetts. En 1870, fundó el órgano oficial de las Mujeres Sufragistas. Después de su casamiento con Henry Brown Blackwell (1825-1909), se llamaba a sí misma señora Stone. Es importante considerar que en aquellos tiempos y hasta hace relativamente muy poco, en los Estados Unidos, las mujeres casadas perdían prácticamente su identidad y eran habitualmente llamadas señora del señor tal, por ejemplo Mrs. John Smith. La decisión de Lucy la convirtió en sinónimo de las mujeres que decidían llamarse con su nombre sin hacer mención al de su marido. A su muerte, su hija, Alice Stone Blackwell (1857-1950), usando los apellidos de mamá y papá, siguió con la publicación y en 1921 se formó la Liga Lucy Stone por los derechos de la mujer.

STONEHENGE: El más famoso monumento prehistórico de Gran Bretaña, aunque sólo ocupa un pequeño lugar. Círculo de piedras erectas sobre la llanura de Salisbury, que podría traducirse como "horca de piedra" y cuyo origen no puede precisarse. Cuando los romanos llegaron a las islas británicas ya era un extraño monumento de la Antigüedad, en esas tierras que los romanos llamaban simplemente Britannia. Quizá estas extrañas formaciones pétreas hayan sido erigidas hace más de 4.000 años. El primer testimonio escrito aparece en Geoffrey de Monmouth (1100-1154) (véase ARTURO, EXCALIBUR y FATA MORGANA), escritor inglés, autor de la obra en latín *Historia Regum Britanniae*, supuesta crónica de los reyes de Inglaterra y fuente principal de las leyendas arturianas, al haber logrado el primer relato coherente de la legendaria vida del rey Arturo. Precisamente, este autor se refiere a las piedras como "danza de los gigantes", significando quizá que el conjunto sólo pudo ser construido por gigantes... o magos. Relata entonces que las piedras fueron llevadas desde Irlanda por el mago Merlín para conmemorar un entierro masivo de bretones.
La crónica más cercana a la realidad indicaría que las 80 piedras que pesan 4 toneladas cada una habrían sido movidas por trineos y carros con ruedas hasta la costa galesa. Colocadas sobre balsas fueron remontadas río arriba por el Severn y luego por otros ríos interiores hasta el lugar donde fueron finalmente emplazadas. Es probable que esa zona estuviese poblada por seres de la edad de bronce que quizá hayan sido precursores de los CELTAS y aunque no hay pruebas concretas, algunos los asocian a los DRUIDAS, misteriosos personajes que realizaban sacrificios con animales y a lo mejor, con humanos. John Aubrey (1626-1697), estudioso de la Antigüedad, vinculó a Stonehenge con los druidas, aunque el monumento de piedra es anterior en unos dos mil años a los tiempos reales de los druidas.
Stonehenge fue probablemente un espacio ritual, un templo, una tumba o un lugar de reunión para festivales, aunque hay quienes sostienen que ver la puesta o salida del Sol cerca del enorme túmulo produce sobrecogimiento y la sensación de que, además, debió haber tenido algún motivo estelar.

SUPERMAN: La palabra fue introducida al inglés en 1903 por George Bernard Shaw (1856-1950) ganador del Premio Nobel de Literatura en 1925. Autor de numerosas obras como *Pigmalión,* que fuera la base de la comedia *My Fair Lady*, *Juana de Arco, Androcles y el León.* La obra de referencia fue *Man and Superman.* La expresión fue traducida literalmente al alemán como *übermensch* por el filósofo Federico Nietzsche (1844-1900) para dar origen al concepto racista de seres superiores.

En los Estados Unidos, en 1930 apareció uno de sus héroes de ficción más populares, Superman, capaz de volar, mover montañas, atravesar con su vista cualquier obstáculo, sirviendo sólo a los buenos, creado por dos jóvenes dibujantes Jerome Siegel y John Schuster. Superman era un refugiado del planeta Krypton y su doble personalidad era un periodista tímido e introvertido llamado Clark Kent. Su enorme popularidad basada en su poder extraordinario dio luego origen a otras palabras como supermujer, superimpuesto, superstar.

T: Los fenicios convirtieron un jeroglífico egipcio en *taw*, que era la última letra de su alfabeto. Los griegos la tornaron *tau* y los romanos en *te*.

Tabaco: Se origina en una palabra del Caribe, *tabaco*. Tanto podría ser la hoja enrollada o una pipa. De allí ingresó en el español y luego en casi todos los idiomas. El uso del tabaco aspirado parece haberse iniciado en América en tiempos precolombinos. Fue introducido en España primero como una PANACEA y más tarde como el ahora conocido cigarrillo o cigarro, que habría de producir un fenómeno económico mayor que el del oro americano. Fue Walter Raleigh (1554-1618), explorador inglés y uno de los favoritos de la reina Isabel, quien comenzó la exportación de tabaco a toda Europa, desde las tierras de Virginia, cuyo nombre se originó en la idea, probablemente ingenua, de que la Reina era virgen. Allí nace el luego famoso tabaco Virginia de Norte América.
El propio Raleigh inició en 1595 una expedición por el río Orinoco en busca de EL DORADO, donde jamás llegó. Su fortuna cayó en desgracia cuando asumió el rey James I, quien lo consideraba su enemigo. El introductor del cigarrillo fue condenado a prisión en la Torre de Londres bajo cargos de traición. En 1616 fue liberado y nuevamente marchó a América, otra vez al Orinoco, otra vez tras el oro. Y otra vez fracasó en el intento. Al regresar a Inglaterra sin fortuna, sin fuerzas y sin amigos, fue ejecutado bajo los mismos cargos originales.
En sus ratos libres, Raleigh escribió poesía, ensayos políticos y tratados filosóficos y asociado con Christopher Marlowe (1564-1593), dramaturgo y poeta inglés (véase SHAKESPEARE), y George Chapman (1559-1634), dramaturgo inglés traductor de la *ILÍADA* y la *ODISEA* de HOMERO, formaron el grupo poético llamado "*school of night*", que ganó reputación por su ateísmo.

TABLOID: En 1884, la empresa Burroughs, Wellcome and Company registró la marca *tabloid* para unas pastillas de medicina concentradas. Era una alteración de *tables*, tabletas. El concepto de condensado se extendió a los diarios cuyo formato era más pequeño, es decir, condensado. En algunos países de habla inglesa, la palabra tabloid además de definir el formato del diario es sinónimo de sensacionalismo y escándalo.

TABITÁ: En el Nuevo TESTAMENTO, Hechos de los APÓSTOLES (9:40) se menciona a una mujer llamada Tabitá, cuyo nombre en arameo significaba PALOMA. En griego, era Dorcas, significando gacela. Esta mujer pasaba sus días haciendo el bien y repartiendo abundantes limosnas. Pero enfermó y murió. Alguien mandó llamar a PEDRO (véase APÓSTOL, BIBLIA y ROCA), el más prominente de los doce discípulos de Jesús, quien, cuando llegó, encontró a muchas mujeres llorando por Tabitá mientras le mostraban las túnicas y abrigos que ella les había hecho y regalado. Pedro ordenó a todos salir de la habitación y comenzó a orar. Luego dijo: "Levántate, Tabitá". Ella abrió los ojos y se incorporó. Pedro llamó a los hermanos y las mujeres y se la devolvió con vida.

TABÚ: Palabra originada en la Polinesia, grupo de islas en el PACÍFICO sur, cuyas principales son Hawaii, Tonga, Samoa, Tahití, Marquesas, Tuamotu, Gambier e islas de la Sociedad. En esas regiones se hablan varios idiomas derivados del malayo-polinesio. La palabra tabú significa algo que está prohibido y refiere la prohibición a personas, cosas o animales o la mención de ciertas palabras. Por ejemplo, un templo es tabú. Por lo tanto, alguien que violase un templo y todos los que estuviesen relacionados con esa persona, se tornarían tabú.
El capitán James Cook (1728-1779), explorador naval inglés, llegó en su barco *Endeavor* a Tahití en 1769, navegó en torno a Nueva Zelanda y alcanzó AUSTRALIA, a la que llamó Nueva Gales del Sur. Cuando Cook intentó establecer un observatorio astronómico en una de las islas, fue declarado tabú por los habitantes.
La idea del tabú es peculiar, pero no exclusiva de la Polinesia. También se encuentra en los antiguos anales egipcios, judíos y de otras creencias.

TAICÚN: También se usa Shogún. Señores feudales del Japón que desde 1186 hasta la revolución de 1868 gobernaron el país, dominando incluso a los emperadores o mikados.

TAJ MAHAL: Mauselo de mármol, a orillas del río Yamuna, en Agra, al norte de India, considerado uno de los más bellos edificios del mundo. El emperador Sha Yahan ordenó su construcción en 1629 luego de la muerte de su esposa, *Muntaz-i Mahal*. Diseñado por un arquitecto turco, se construyó entre 1630 y 1648 dentro de un jardín amurallado frente a una piscina oblonga (más larga que ancha). La pared frontal de mármol tiene incrustaciones de piedras se-

mipreciosas, diseños florales y arabescos. La cúpula tiene 24,4 metros de altura y 15,2 metros de diámetro interior.
La leyenda cuenta que el sha Yahan conoció a su futura esposa, entonces llamada Arjumand Banu, cuando ella vendía pequeñas cosas en un bazar. Y quedó preso de sus encantos. No demoró en conquistarla o tomarla. Su casamiento se realizó en 1612. La joven tenía entonces 19 años y recibió su nuevo nombre: *Muntaz-i Mahal,* la elegida del palacio.
La relación entre ambos fue plena de amor, compañerismo y confianza. Ella lo ayudaba a tomar decisiones que él presuroso consultaba e incluso la joven lo acompañaba en sus incursiones militares. Durante una de esas campañas, Muntaz-i se preparó para dar a luz a su décimocuarto hijo. De los anteriores, sólo siete sobrevivían. Pero en la madrugada del 7 de junio de 1631, murió después del nacimiento. Yahan quedó desconsolado, lloraba en público, abandonó las campañas militares, sus cabellos se tornaron totalmente blancos. Llevó luto durante dos años. Aparentemente encontró consuelo en la construcción del mausoleo en el que trabajaron 20.000 artesanos durante 22 años. El mármol blanco que da personalidad a la obra fue transportado a lomo de elefante de la cantera de Johpur y se usaron piedras preciosas del país, lapislázuli de Sri Lanka, malaquita de Rusia, turquesa del Tíbet.
Rudyard Kipling (1865-1936), autor inglés, nacido en la India y famoso por sus obras con relatos sobre la vida hindú y una visión romántica del imperialismo inglés, definió al Taj Mahal: "La encarnación de todas las cosas puras, todas las cosas santas y todas las cosas infelices. Ése es el misterio del edificio".

TALISMÁN: Del árabe, *tilsam* y del griego, *télesmon*, objeto consagrado, ritual. De allí se extendió a todo objeto que otorga suerte.

TALMUD: Palabra del arameo derivada del hebreo que significa enseñanza, instrucción. Es un cuerpo de leyes civiles y religiosas judías y la interpretación de su significado. El estudio del Talmud es fundamental para la fe ortodoxa judía. Es una compilación de las leyes trasmitidas oralmente por los judíos y diferente de las Escrituras o leyes escritas. Está dividida en *Mishna*, el texto de la ley oral transmitida desde tiempo de MOISÉS, probablemente nacido en Egipto en el siglo XIII a. de C., y el *Gemara,* comentarios e interpretaciones sobre el anterior, probablemente del año 500. La parte legal del Talmud se conoce como *Halakah.* Las leyendas y anécdotas constituyen el *Aggada.*
Se conoce un Talmud babilónico que era tres veces más voluminoso que el Talmud palestino. Este último fue completado a mediados del siglo IV. Después del Antiguo TESTAMENTO de la Biblia, el Talmud es la obra más influyente de la vida judía.

TAMAÑOS:
- El más grande entre todos los animales: la BALLENA azul, 33 m, 209 toneladas.
- El animal terrestre más grande: ELEFANTE africano, 3,90 m de alto, 8 toneladas.

- El animal más alto: la JIRAFA, 5,70 m de altura.
- El reptil más grande: COCODRILO, 4,80 m y 565 kilos.
- La víbora más larga: la anaconda, de 5 a 10 m y 250 kilos. El pitón reticulado, 9 metros.
- El ave más grande: AVESTRUZ, 2,70 m y 174 kilos.

TANNHÄUSER: Poeta lírico o *minnesinger*, poetas músicos alemanes de los siglos XII al XIV, así llamados porque el tema de sus canciones era el *Minnesang*, canción de amor cortés. Tannhäusser era uno de ellos y llevaba una vida andariega y se cuenta que incluso habría visitado el lejano Este. Este hecho insólito para aquellos tiempos más su poema *Busslied*, canción de arrepentimiento, y el carácter global de sus poemas dieron pie a la leyenda en torno a su persona. En una de las baladas que lo recuerdan, se relata de sus amores con Venus en una tierra mágica a la que llegó a través de una caverna subterránea. Desde allí visitó al papa Urbano IV para pedir su absolución. El Papa le contestó: "No, tú no puedes esperar absolución como tampoco puede esperar florecer mi seco cayado". Tannhäuser parte desesperado, pero a los tres días de su partida el cayado papal comenzó a florecer. El Papa mandó tras Tannhäuser en todas las direcciones posibles, pero no pudieron encontrar al caballero porque buscando misericordia, no había encontrado mejor amparo que retornar a los brazos de Venus por más subterránea que fuera la visita.
Cayado viene del latín *caia*, báculo, palo. Es el palo de los pastores y el de los obispos que son pastores de su grey o rebaño. Al mismo tiempo que es un símbolo modesto, también representa el poder episcopal.
Richard Wagner (1813-1883), compositor alemán, escribió su ópera basada en el personaje bajo el título *Tannhäuser und der Sängerkrieg auf der Wartburg*, *Tannhäuser y el Concurso de Canto de Wartburg*.

TÁNTALO: Según una leyenda griega, Tántalo era un rey que gozaba de los favores de los dioses. Pero cometió uno de los más graves pecados: reveló a los humanos algunos de los secretos aprendidos en los cielos. Entre muchos castigos, la memoria popular recuerda la frase hecha "el suplicio de Tántalo". El castigo de los dioses fue mantenerlo parado en una corriente de agua que se alejaba de él tan pronto intentaba beberla. Sobre su cabeza colgaban los más exquisitos frutos que volaban por el viento cuando el torturado procuraba su sustento. Otras historias sobre la causa de tan complicado castigo refieren que Tántalo ofendió a los dioses porque los invitó a comer y sirvió a su propio hijo. Otra relata que robó el néctar y la ambrosía de los dioses y la repartió entre sus amigos. Hoy la expresión "el suplicio de Tántalo" define tener la posibilidad cercana y no alcanzada, querer y no poder, ser tentado y no tener posibilidad de alcanzar la tentación ofrecida.

Tarzán: Personaje de ficción creado por el novelista estadounidense Edgar Rice Burroughs (1875-1950) como episodios, para una revista en 1912. La serie alcanzó gran popularidad al punto que su autor la volcó en un libro *Tarzán de los monos* (véase Rey de los monos) con lo que dio nacimiento a una de las más notables secuencias editoriales de todos los tiempos, seguida por el cine y la televisión.

Tarantela: En el siglo XVI una extraña epidemia se desató en el Sur de Italia, provocando desórdenes nerviosos, uno de cuyos síntomas era una imparable compulsión al movimiento como si se estuviese bailando. La gente atribuyó la enfermedad a una araña grande y peluda, la tarántula, nombre derivado del puerto de Taranto, pueblo de Apulia, Italia, donde abundaban estos arácnidos (véase Aracne). Con el tiempo, esa danza o movimiento exagerado fue considerado antídoto para contrarrestar los males provocados por las arañas y, ahora llamada tarantela, se organizó y tomó forma arreglada.

Tattersall's: Palabra que en los países donde hay carreras de caballos, aunque no sean de habla inglesa, es sinónimo de purasangre de carreras. Richard Tattersall (1724-1795) fue el fundador de una firma de rematadores en 1766. Originariamente tenía sus oficinas en Londres, pero luego se mudó a Newmarket, Suffolk, Inglaterra. Su nombre se tornó sinónimo del lugar donde se realizaban los remates de productos. Luego se creó el *Tattersall's Committee*, el comité Tattersall no relacionado en lo absoluto —salvo por el nombre— con los rematadores.
Este comité es autoridad que resuelve conflictos relacionados con las apuestas en carreras de caballos. Tiene el poder de denunciar al Jockey Club a los defraudadores y aunque no esté directamente relacionado con las apuestas, no se permite la actuación de los denunciados hasta que se resuelve el tema.

Tatuaje: Se lo considera un arte de Oceanía, artesanía que realizan los pueblos de las islas del Pacífico sur y noroccidental. Se relaciona con los trabajos realizados con madera tallada y las máscaras rituales de colores brillantes y dramáticamente sensuales. Algunas de las figuras se supone que eran parte de una mitología que protegería a los pobladores de los tifones.
Su aplicación a la piel humana se hacía mediante agujas y colorantes.
La mayor parte del arte isleño fue destruida por los misioneros que lo calificaron de idólatra y pornográfico. La palabra tiene origen tahitiano, *tatau*, marca, y fue introducida en Europa por el capitán James Cook (1728-1779), explorador y oficial de la Marina inglesa que en el navío *Endeavor* recorrió el mundo y en particular Australia, Nueva Zelanda y la Polinesia. Cook fue muerto por los nativos de las islas Hawaii (véase Tabú).

Te Deum: Primeras palabras del himno latino que comienza *Te Deum laudamus*, Te alabamos, Señor. Tradicionalmente se han considerado sus autores a San

Ambrosio (340-397) obispo de Milán, doctor de la Iglesia, y San Agustín (354-430), doctor de la Iglesia obispo de Hippo (hoy Annaba, Argelia), hijo de Santa Mónica, porque lo habría improvisado San Ambrosio cuando bautizó a San Agustín en el año 386. Por eso a veces se lo llama *Himno Ambrosiano* y se le llamaba *Canticum Abrossi et Agustini.* Sin embargo, con el tiempo se adjudicó la autoría a Niceta, obispo de Remesiana.

TELÉGONO: Personaje que responde a una curiosa historia. Supuestamente, hijo de ULISES/ODISEO aunque no perteneciente a la historia de HOMERO, sino creado en fantasías posteriores y no siempre idénticas. Según esta versión distinta de la original, su madre había sido Circe o Calipso. Fue criado en una isla hasta que alcanzó edad viril y entonces marchó a Itaca para presentarse a su padre. Antes, ya que estaba, comenzó a apoderarse de algún ganado hasta que topó con el dueño de las reses a quien Telégono no reconoció como Ulises, su padre. Se enfrentaron y el joven mató a su padre con una lanza que tenía espinas de raya, pez marino de cuerpo aplastado, que tenía espinas venenosas. Cuando descubrió quién era su víctima, lloró amargamente, aunque más tarde se consoló casándose con la viuda de Ulises, PENÉLOPE. Supuestamente de este matrimonio habría nacido Ítalo, héroe epónimo (que da su nombre) de Italia.

TELÉMACO: Según los poemas homéricos, el verdadero y único hijo de ULISES y PENÉLOPE. Había nacido poco antes de empezar la GUERRA DE TROYA Hay varios relatos populares de sus aventuras, uno de los cuales cuenta que siendo muy niño aún, Ulises quiso evitar marchar a la guerra y se hacía pasar por loco. Ataba un asno y un buey al arado y sembraba sal. Un día, uno de sus enemigos arrojó a Telémaco delante del arado pero Ulises prontamente detuvo la marcha, demostrando que tan loco no estaba. Otra aventura lo muestra a Telémaco cayendo al mar siendo un niño, donde es rescatado por los delfines, razón por la cual Ulises siempre usó dibujos de delfines en sus escudos. En la ODISEA también se informa que creció en Itaca bajo los cuidados del gran amigo de Ulises, Mentor, cuyo nombre se ha convertido en sinónimo de maestro protector o consejero prudente. Cuando Ulises regresa a su hogar después de diez años, con la ayuda de Telémaco matan a todos los pesados pretendientes de Penélope.

TEMPLARIOS, CABALLEROS: En 1119 nueve caballeros franceses se unieron para proteger a los peregrinos en su viaje a Tierra Santa e hicieron votos monásticos. Recibieron el nombre de Templarios porque habían establecido su cuartel general en un edificio junto al Templo de Salomón en JERUSALÉN. Vestían un hábito blanco y largo con una cruz roja sobre la espalda. Su escudo mostraba dos caballeros montados en un solo caballo, porque el primer Maestro era tan pobre que debía compartir la cabalgadura con sus seguidores.

Los caballeros pronto adquirieron fama de buenos luchadores y ganaron fortuna y poder. Felipe IV de Francia sintió celos de ellos. Mandó detener al gran maestre de la orden, Jacobo de Molay, y a quienes le obedecían, sometiéndolos a un angustioso juicio y condenándolos a morir en la hoguera. El papa Clemente V suspendió la ejecución.

En Inglaterra, la orden tuvo su primera residencia en 1211 cerca de Holborn Bars y luego en un sitio al que llamaron *Temple.* En España, también fueron prohibidos y sus bienes pasaron a la Corona.

La torre que en París hospedaba a los templarios se convirtió en prisión y fue allí donde permanecieron encarcelados los miembros de la familia real francesa hasta su ejecución en 1792.

TENIS: Aparece como su origen la expresión francesa *tenir*, que se usaba para advertir al oponente el lanzamiento de una pelota. En inglés, aparece luego de las palabras *tenetz, teneys, tenes.* El tenis moderno fue desarrollado en 1873 por el inglés Walter C. Winfield a partir de las antiguas formas del entretenimiento. El primer "campeonato mundial" se disputó en Wimbledon, Inglaterra, en 1877. En Estados Unidos el juego ingresó en 1874 y el primer campeonato masculino se disputó en 1881 y el primero femenino en 1887. La Copa Davis comenzó en 1900. Desde 1968 se permitió el profesionalismo y la televisión lo convirtió en un espectáculo para millones.

TENOCHTITLÁN: Una pobres tribus nómades, guiadas por el poderoso y cruel dios Huitzilopotchtli, recibieron la profecía de que deberían levantar una ciudad allí donde un águila posada sobre una roca devoraba una serpiente. Un día ese espectáculo se presentó frente a sus cansadas existencias, en el medio de un lago. Habían terminado sus días de marcha incesante. Venían de vivir horas de angustia. La última en un encuentro con unos aztecas poderosos que les ofrecieron un peculiar homenaje dedicado a la hija del jefe del grupo, llamado Coxcox. Introducido en el templo oscuro, cuando sus ojos se acostumbraron a la luz, pudo ver con espanto que el sacerdote bailaba vestido con la piel de su hija, lo que significaba un homenaje muy especial pues habían introducido a la jovencita en el mundo de los dioses. Coxcox huyó con su gente para buscar un nuevo hogar.

Así nació Tenochtitlán, la ciudad en el centro del lago de la luna, la tierra prometida. En este lugar increíble, se levantaría la capital del imperio. Una ciudad rodeada de canales artificiales, obras hidráulicas, puentes y comunicaciones acuáticas. Parece increíble que se haya concretado una obra prodigiosa en el medio de los mayores inconvenientes. Un poema nahuatl, canta: "La ciudad en círculos de jade. Destella de luz, como plumas de quetzal. Barcas que pasean los señores y sobre ellos el aroma de las flores".

Los europeos que tenían relatos y experiencias de otras ciudades extraordinarias en China, Arabia o el Tibet, creyeron haber llegado ya no a otro continente o a otra cultura, sino a otro PLANETA.

En el Museo de Antropología de ciudad de México, hay un modelo del mercado de aquella ciudad prodigiosa de grandes acueductos, puentes y mansiones, al estilo de Venecia. Si se observa el modelo a escala y se leen los comentarios de cronistas contemporáneos, el mercado aparece como un centro diario de la más increíble sociedad de consumo: "...había joyas de oro, piedras preciosas y plumas multicolores, capas, taparrabos, faldas, zapatos, pieles de jaguar, de puma, de zorro y de ciervo. Maíz, alubias, semillas, cocos, pimientos, cebollas, mil clases de verduras, pavos, conejos, liebres, patos, frutas, boniatos, miel, sal, colores para teñir o escribir, vasijas de barro, jarros y platos de madera pintada, cuchillos, hachas, materiales para la construcción (maderas, vigas), leñas para el fuego, pipas, esteras, sillas. La densa muchedumbre ambulaba de un lado a otro, con orden y en silencio. Los guardias del mercado hacían lo suyo calladamente. Si se cometía un delito o se producía una controversia entre cliente y vendedor, los participantes eran llevados a un tribunal integrado por tres jueces que estaban sentados a un extremo del mercado, esperando actuar...".

Los historiadores no coinciden en la población y van desde 300.000 a 1.000.000 de habitantes, cinco veces la población de Londres en aquellos tiempos de conquista.

TENOR: Es un derivado de expresiones relacionadas con tener, mantener, conservar. La concepción musical del término tenor proviene del concepto relacionado con mantener la línea melódica. El tenor es una voz media entre contralto y barítono.

TEOTIHUACÁN: En el Valle de México, 40 km al nordeste de la ciudad capital, se levantó entre los años 200 a. de C. y 150 de la era cristiana un extraordinario complejo de templos y pirámides, cuyos exponentes más importantes eran la Pirámide del Sol, la Pirámide de la Luna y la Avenida de los Muertos, flanqueada por una serie de construcciones menores.

La Pirámide del Sol es escalonada y tiene 65 m de altura y 215 m de base. En la cúspide se levantaba un templo de 40 m cuadrados. Se calcula que hicieron falta un millón de metros cúbicos de material para terminar la obra.

Esta maravillosa ciudad, que se conserva relativamente bien, tenía zonas residenciales y barrios para comerciantes y artesanos.

También erigieron el Templo de QUETZALCOATL decorado con SERPIENTES con plumas, colmillos y orejas, quizá una mezcla de serpiente y jaguar, todo adornado con motivos marinos y conchas. Algunos creen descubrir en esas incrustaciones marinas el origen del pueblo de Teotihuacán, quizá procedentes de la costa del Golfo en Veracruz.

Teotihuacán es "el Lugar de los Dioses" y comenzó a desintegrarse en el 650 cuando tribus nómades invadieron y consumaron su ruina. Para otros investigadores, la región fue abandonada ritualmente una vez que sus tierras se agotaron por exceso de actividad y falta de riego.

Los artefactos, pinturas, decoraciones de Teotihuacán evidencian una refinada cultura de gran gusto y profundo sentido religioso. Sus influencias se hicieron notar.

A 80 km de Teotihuacán se levantó, en el actual Puebla, la Gran Pirámide de Cholula, dedicada a Quetzalcoatl, la mayor construcción antigua del Nuevo Mundo: su base alcanza los 500 m y su altura 63 m, aunque se supone que su altura original era mucho mayor.

TERREMOTO: La antigua mitología hindú sostenía que el mundo se apoyaba sobre la cabeza de un ELEFANTE llamado *Maha-pudma.* Cada vez que el elefante se refrescaba, agitaba la cabeza y esto producía los terremotos. Para los lamas era una RANA la que soportaba la carga y para otros mitos orientales, la TORTUGA. Para los griegos y los romanos (véase ETNA), los terremotos se deben a los movimientos provocados por la intranquilidad de los GIGANTES enterrados bajo las montañas.

El terremoto es un temblor de la superficie de la TIERRA que a veces tiene consecuencias devastadoras muy severas, que resulta de las ondas provocadas por los movimientos de masas en las profundidades de la Tierra, en particular cerca de las láminas tectónicas o donde se cruzan fallas o fracturas de los terrenos geológicos. Aún no se ha podido detectar con precisión y certeza la ocurrencia de terremotos, aunque pueden ser relativamente estimados. En los OCÉANOS, se denominan tsunamis.

El origen subterráneo de un terremoto es su foco. El punto en la superficie directamente sobre el foco es el epicentro. La magnitud e intensidad de los terremotos se determinan por el uso de escalas, por ejemplo, la Escala de Richter, que describe la cantidad de energía desarrollada en el foco del movimiento sísmico.

TESTAMENTO: Palabra cuyo remoto origen está en la expresión latina *testis,* testigo. A su vez, proviene del indoeuropeo *tris,* tres, indicando un tercero que no era parte del acuerdo. Otros analistas sostienen que *testis* se origina en *testicles,* testículos, condición relacionada con la virilidad del hombre, que era quien podía prestar testimonio. De allí, vendría *testament,* testamento, la voluntad expresada ante testigos. La utilización de la palabra Testamento para la BIBLIA, se origina en un error de traducción del griego *diatheke,* acuerdo, alianza, contrato, pero también voluntad, disposición. El contrato de Dios con los seres humanos se usó como testamento y no como alianza.

TETRAGRÁMATON: Del griego *tetra,* cuatro y *gramma,* letra, palabra de cuatro letras, el nombre judío de Dios JHVH (véase JEHOVÁ), que nadie debía pronunciar y se sustituyó por Adonai aunque en la Biblia se menciona como Señor. La probable pronunciación fue *Yavé* y luego se transformó en Jehová al combinarse las vocales de Adonai con las iniciales JHVH.

Pitágoras llamaba a Dios, *Tetrad o Tetracys*, las cuatro letras sagradas. En muchos idiomas, Dios es una tetragrámaton: latín, *Jove o Deus*; francés, *Dieu;* alemán, *Gott; español,* Dios; inglés, *Lord.*

TIAHUANACO: Antiguas ruinas al oeste de Bolivia, cerca del Lago Titicaca. Probablemente obra de los aymara, cuando el lugar era centro de un imperio preincaico. Las construcciones nunca terminadas datan del año 500 de nuestra era. Piedras de hasta 100 toneladas fueron traídas desde muchos kilómetros de distancia, ajustadas y unidas con una precisión notable. Uno de sus lugares destacados es un muro llamado Kalassaya, lugar de las piedras verticales.
Algunos científicos creen que haya sido una fortaleza y otros arriesgan la hipótesis de un observatorio celestial.

TIERRA: El PLANETA en el que vivimos, el tercero desde el Sol.
La Tierra se formó al mismo tiempo que el Sol, 4.600 millones de años atrás. Consiste de un núcleo de hierro y níquel, una cobertura del núcleo de metal líquido y la corteza exterior.
La superficie de la Tierra está en constante cambio por el movimiento continuo de las rocas que forman la masa tectónica. En los OCÉANOS y los continentes se produjo la evolución de la vida.
La tierra en sus orígenes tenía altísima temperatura que luego fue descendiendo. Los océanos aparecieron en las primeras etapas posteriores. La vida se presentó primero con la forma de algas unicelulares. Animales con esqueletos duros y conchas aparecieron 570 millones de años atrás. Ese período se llama Paleozoico, vida vieja, y concluye 225 millones de años atrás. Da paso a la Era Mesozoica, vida media, y la Era Cenozoica, vida moderna, desde hace 65 millones de años. Los dinosaurios aparecieron en la era Mesozoica y los seres humanos sólo aparecieron unos pocos millones de años atrás.
La Tierra se encuentra a 150 millones de km del Sol y está envuelta en una capa de oxígeno, hidrógeno y otros gases, llamada atmósfera. Las fuerzas gravitacionales han moldeado la Tierra hasta darle una forma casi esférica con un diámetro ecuatorial de 12.760 km y un diámetro polar de 12.720 km por el leve estiramiento que se ha producido en los polos. Los estudios geológicos indican que la Tierra está constituida por capas concéntricas de diferente tamaño, densidad y composición química.
- La Tierra tiene un solo satélite: la Luna.
- Diámetro de polo a polo a través del centro de la Tierra: 12.756 km.
- Circunferencia alrededor del ecuador: 40.070 km.
- Distancia media al Sol: 149.600.000 km.
- Temperatura promedio: 15°.
- La Tierra es el planeta de los océanos y el único conocido que tiene atmósfera que permite la vida.
- Área ocupada por agua: 361 millones de km cuadrados.
- Área ocupada por territorio: 149 millones de km cuadrados.

• Punto más alto: Monte Everest, Asia, 8.848 m.
• Río más largo: NILO, 6.695 km.
• Desierto más grande: Sahara, 9.100.000 km cuadrados.
• OCÉANO más grande: Pacífico, 166 millones de km cuadrados.
• El lugar más frío: Vostok, ANTÁRTIDA, 89 grados bajo cero en 1983.
• El lugar más caluroso: Al'Aziziyah, Libia, 58 grados en 1922.
• El lugar más húmedo: Monte Waialeale, Hawaii, 11.680 mm por año.
• El lugar más seco: Desierto de Atacama, Chile, 0,03 mm promedio anual .

La Geodesia, es la ciencia que trata de la forma y dimensión de la Tierra.
Geofagia, es la costumbre de comer tierra.
Geofísica, es el estudio de la estructura del globo terráqueo y los movimientos que sufre.
Geogenia, es el estudio del origen de la Tierra.
Geognosia, estudia las rocas.
Geografía, es el estudio de la Tierra a través de su suelo, clima, producciones, razas, lenguas, límites, accidentes geográficos, mares, océanos, forma del globo.
Geoide, es la forma de la Tierra.
Geología, es el estudio de las materias que la componen.
Geomancia, es la adivinación a través de la Tierra.
Geomorfología, es el estudio de las formas.
Geotermia, es el calor interno de la corteza terrestre.

TIKAL: En 1848, se descubrió, al norte de Guatemala, un impresionante conjunto de palacios de múltiples niveles, plazas, templos, en un hallazgo arqueológico de fundamental importancia para la historia de América: Tikal, la mayor y principal ciudad de los mayas, cuya cultura floreció entre el 100 a. de C y finales del siglo XVI. Al igual que otras ciudades, como Copán y Palenque, representaba una sociedad organizada y culta, donde la pintura, la escultura, las letras y la astronomía eran actividades centrales de su desarrollo. Su arquitectura fue prodigiosa. Cuando Tikal florecía, ocupaba alrededor de 65 km cuadrados y probablemente vivieran allí medio millón de personas. Había grandes edificios, algunos de tres pisos, con patios, escaleras y galerías.
El impresionante templo del Jaguar Gigante dominaba la plaza principal y tenía 43 m de altura. Su nombre es moderno y le fue asignado por el jaguar que adorna una de sus puertas. Las estelas, frescos y pinturas de todo tipo permiten reconstruir las ceremonias, las vestimentas ricas en colores y adornos de los más diversos diseños. Una de sus estatuas fundamentales es una máscara de 3 m de un dios adornado con aros.
Una de las esculturas, hecha en piedra de forma circular, es reconocida hoy como CALENDARIO redondo. Los mayas que eran brillantes matemáticos y astrónomos desarrollaron un sofisticado sistema de calendarios que además servían para predecir ECLIPSES de Sol y de Luna. Cuando llegaron los primeros espa-

ñoles, encontraron que los cálculos mayas estaban más cerca de la verdad solar que los elaborados en la culta Europa.
Muchos de los verdaderos alcances del desarrollo de estos pueblos quedaron sepultados por el temor, la superstición, la torpeza y el desatino de los conquistadores.

TITANES: En la mitología griega, nombre genérico dado a los seis hijos varones de Urano y Gea. Pertenecen a la primera generación divina y el más joven de ellos es Cronos, de donde saldrá la generación de los olímpicos. Tienen seis hermanas, la Titánides. Los varones son Cronos, Océano, Hiperión, Iapetus, Coeus y Creus y las Titánides, Tía, Rea, Temis, Mnemósine, Febe y Tetis.

TOMÁS, SANTO: El APÓSTOL, que en los Evangelios según San Juan (20:26), al escuchar a los otros discípulos decir: "Hemos visto al Señor resucitado", dudó diciendo: "Si no veo la marca de los clavos en sus manos, si no pongo el dedo en el lugar de los clavos y mi mano en su costado, no lo creeré".
Días más tarde, estando Tomás reunido con los otros discípulos, entró Jesús y le dijo: "Trae aquí tu dedo, aquí están mis manos. Acerca tu mano: mételа en mi costado. En adelante no seas incrédulo, sino hombre de fe". Tomás respondió: "Señor y Dios mío". Jesús le dijo: "Ahora crees, porque me has visto. Felices los que creen sin haber visto".
Más allá de los EVANGELIOS, existen historias apócrifas en torno a la figura de Tomás. Se cuenta que fue vendido como esclavo a un príncipe hindú y llevado a la India. Tomás logró finalmente bautizar al príncipe y a muchos otros pero fue finalmente martirizado en Milapore, cerca de Madrás, capital de Tamil, sudeste de la India sobre la Bahía de Bengala.
Otra leyenda relata que Gundaforus, rey de la India, dio a Tomás una enorme fortuna para que le construyera un palacio. En cambio, él utilizó todo el dinero para ayudar a los pobres, "creando entonces un palacio en el Cielo". Se lo considera el patrono de albañiles y arquitectos.
Otra historia cuenta que estando en una playa, observó cómo el rey y un grupo de hombres intentaban sacar del mar un enorme leño fracasando en el intento. Santo Tomás dijo que si le permitían extraer el leño de las aguas del mar para construir una iglesia, él podría hacerlo. El rey le permitió hacerlo y Tomás sólo necesitó un ovillo de hilo para arrastrar el madero.
Antiguamente su día era el 21 de diciembre. En la actualidad, se celebra el 3 de julio.

TOMÁS DE AQUINO, SANTO (1225-1274): Filósofo y teólogo italiano, llamado el Doctor Angélico por la pureza y excelencia de sus enseñanzas. Era el hijo menor del conde de Aquino, población entre Roma y Nápoles, y tomó los hábitos pese a la oposición de su familia. Fue pupilo de SAN ALBERTO MAGNO y a su vez, él enseñó en París, Roma, Bologna y Pisa.

Su exposición de los más recónditos problemas de la teología y la filosofía fue considerada producto de una inteligencia sobrehumana. Asimiló las doctrinas de Aristóteles con el cristianismo. Se lo llamó Doctor Angélico y doctor de la Iglesia. Desarrolló cinco pruebas de la existencia de Dios. Su *Summa Theologica* trata sobre la naturaleza de Dios, la moralidad y la obra de Jesús.
A diferencia de los platónicos, para quienes la verdad era cuestión de fe, Santo Tomás sostuvo que la fe y la razón constituyen dos reinos armoniosos; teología y ciencia no pueden contradecirse. Y consecuentemente no puede haber conflicto entre filosofía y teología. En su pensamiento, todo está dispuesto en orden ascendente hacia Dios, el único Ser autosuficiente.
Fue canonizado en 1323 y su día se celebra el 28 de enero.
En 1879, el papa León XIII determinó que sus enseñanzas fueran la base de la teología.
Se llama tomismo al conjunto sistemático de ideas desarrolladas por él y sus discípulos y son tomistas los seguidores de sus ideas.

TOMATE: Originario de América del Sur, también se cultivó en México y su nombre viene del azteca *tomatl*. Luego pasó a Europa, donde en 1554 los italianos lo llamaron *pomi d'oro*, manzana de oro, porque los primeros tomates eran los amarillos. Las plantas de tomates se veían en los jardines y eran consideradas una curiosidad y sólo en 1700 se los usó como alimento. En los Estados Unidos, además se los consideraba venenosos pese a que el primer cultivador de tomates fue Thomas Jefferson (1743-1826), tercer presidente de su país. Superado el prejuicio se tornaron enormemente populares.
El tomate es un fruto de la tomatera. Familiarmente se llamaba "tomate" o "papa" a un agujero en la media.

TOPÓNIMOS ESPAÑOLES: En España, tras la ocupación árabe, miles de palabras ingresaron y se afincaron en el idioma español: aceite, acelga, adobe, adoquín, alambique, alazán, albahaca, albóndiga, aljibe, alborozo, almanaque, alfil, alfiler, alférez, alcaparra, alcohol, almirante, arrabal, arrecife, arroz, asesino, azafrán, azotea, azul, azulejo, ELIXIR, jazmín, jirafa, naranja, satin, sofá, tarifa. La palabra azafata, incluso, aunque parece asignada a los medios de transporte, se origina en la joven que ayudaba a la dama principal con su ropa y joyas, las que alcanzaba en una canastilla llamada azafate. La propia palabra algarabía, que habitualmente se usa como alegría, gritería, estado de euforia, en su primera acepción quiere decir, nada más y nada menos que "lengua árabe". Y nuestro tradicional "ojalá" es la deformación de una expresión árabe que significa "si Alá lo quiere". Y el españolísimo "¡Olé!" habría tenido su origen en la palabra árabe *wallah*.
La toponimia es el estudio de los nombres propios de los lugares.
Y en los nombres de los lugares, tierras, ciudades y ríos, también se advierte la fortaleza con que arraigó el árabe:

- Alcalá, fortaleza.
- Alcázar, *al-qasar,* palacio.
- ALHAMBRA, *al-hamra,* la roja.
- Algeciras, *al-djazira,* la isla.
- Alicante, *al-akant.*
- Almería, *al-mariya,* la torre vigía.
- Calatayud, *Kalat Ayud.*
- Alcalá de Henares, *Al-Qal ah an Nahr,* llamada por los romanos *Complutum.*
- Guadalajara, *wad-hajar,* río de piedras.
- Gibraltar, *Djabal al-Tariq,* la montaña de Tariq, el primer bereber que desembarcó en España en 711. Beréber o bereber, procedente de Berbería, nombre que se daba a la región del norte de África que correspondía a los actuales Marruecos, Argelia, Túnez y que los árabes llamaban *Maghreb,* el poniente.
- Guadalquivir, *wad al-kebir,* gran agua (los romanos le llamaban Betis).
- Rambla, *ar-ramla,* arena al borde del río.
- Zaragoza, deformación árabe del latín *Caesar Augusta.*
- Guadalupe, unión del árabe y latín, *wad,* río y *lupus,* lobo: río del lobo.

La ocupación árabe concluyó en 1492, precisamente el año en que Cristóbal Colón vence al Mar Tenebroso y entrega América a Europa y Antonio de Nebrija (1444-1522), humanista y gramático español, publica la *Primera gramática castellana,* convirtiéndose en el verdadero artífice de la lengua castellana como el idioma de España.

TORTUGA: En la mitología hindú, la que sostiene al ELEFANTE que sostiene al mundo. Los romanos llamaban *testudo*, tortuga, a la coraza protectora que formaban los soldados uniendo todos sus escudos por encima de sus cabezas al atacar al enemigo. La imagen era muy similar al caparazón de una tortuga y a la que puede verse en algunos modernos estadios de fútbol cuando la policía cubre con sus escudos de acrílico a jueces o jugadores de los proyectiles "enemigos".

La tortuga es símbolo de serenidad, persistencia y paciencia. Su figura ha sido objeto de muchas historias, entre las que se destacan su carrera contra AQUILES y contra la liebre, donde por efecto de un sofisma, el lento animal resulta el ganador.

La tortuga es un reptil quelonio, del griego *kheloné,* tortuga, en latín, *tortuca.* Su pequeño cuerpo está protegido por un duro caparazón o carapacho. Es un animal muy lento y pesado. No tiene dientes y su boca de gruesos labios se asemeja el pico de los pájaros. Hay tortugas de mar, de agua dulce y terrestres. Algunas especies tienen carne comestible que suele ser apreciada en algunos lugares. Las tortugas más grandes son las marinas, que alcanzan hasta un metro de largo y pueden pesar hasta 300 kilos.

Un sinónimo es galápago, nombre que se da a la tortuga de mar. Las Islas Galápagos integran el Archipiélago de Colón, Ecuador.

Ilustración de Gustave Doré.

Toro Apis: Para los egipcios, la más perfecta representación de la divinidad con forma animal. Su máxima encarnación era el toro de Menfis, antigua capital de Egipto. Debía ser negro con marcas blancas. No se le permitía vivir más de 25 años y, en ese caso, se lo sacrificaba y embalsamaba en gran ceremonia. Cambises, rey de Persia, en el siglo VI a. de C. mató al toro de Menfis y fue castigado con la locura.

Tosca: Ópera en tres actos de Giacomo Puccini, basada en la obra de Victorien Sardou, *La Tosca.*
En el año 1800, Caravadossi, pintor y republicano, ha ayudado a Angelotti, cónsul de la desaparecida República Romana, a escapar de prisión. La cantante Floria Tosca, amante de Caravadossi, es interrogada por el malvado jefe de policía, barón Scarpia, mientras Caravadossi es torturado en la habitación contigua. Al oír sus gritos de dolor, Tosca revela la verdad y el escondite de Angelotti. Scarpia promete a Tosca realizar sólo una ejecución simulada de Caravadossi si Tosca se le entrega. Tosca accede, pero a continuación lo apuñala. Sin embargo, Scarpia le había mentido y la ejecución se lleva a cabo realmente. Tosca entonces se suicida arrojándose desde la muralla del castillo Sant'Angelo.

Tragedia: Etimológicamente, significa el canto del carnero. En griego *tragos,* carnero y *oidé,* canción. No se han encontrado razones claras del porqué de esta asociación, aunque Horacio en el siglo I a. de C. explicó que en las competencias corales, el ganador recibía como premio una cabra. A los subsiguientes analistas, les pareció una tesis flojita y desarrollaron la que indica que podría deberse a que en los antiguos dramas griegos, los coros se vestían como SÁTIROS, que representaban deidades terrenas similares a los carneros.

TRASMIGRACIÓN DE LAS ALMAS: Antigua creencia concerniente al tránsito de un alma a otro cuerpo o sustancia, usualmente humano o animal, también conocida como metemsipcosis. Para los budistas, Buda recorrió 550 nacimientos en diferentes formas. Para los egipcios el alma podía incorporarse a otro cuerpo con el propósito de regresar a la Tierra y hacer visitas temporarias.

TRAVIATA, LA: Ópera melodramática en tres actos de Giuseppe Verdi, basada en la obra de teatro *La dama de las camelias* de Alejandro Dumas, hijo.
Alfredo se enamora de Violetta, una cortesana parisina, sin saber que ella padece tuberculosis. Violetta corresponde a ese amor y van a vivir juntos al campo. El padre de Alfredo la visita para rogarle deje a su hijo antes de que el escándalo afecte a la familia y la boda de la hermana de Alfredo. Violetta renuncia a su verdadero amor y regresa a su protector anterior, el barón Douphol. Alfredo la encuentra en una fiesta, la insulta despechado y se bate a duelo con el barón. Cuando descubre la verdadera razón del comportamiento de Violetta regresa junto a su amada, pero la encuentra agonizante.

TRÉBOL: Planta de tres hojas. Según la tradición, fue usada por San Patricio, patrono de Irlanda, para explicar la Trinidad. El trébol es el emblema de Irlanda. Según Plinio el Viejo (23-79), naturalista romano, ninguna SERPIENTE jamás se acerca a un trébol y si se encuentra un trébol de cuatro hojas, hay que conservarlo como prenda de suerte y dicha futura.
De las muchas leyendas, la más antigua podría ser la que cuenta que al salir Eva del Paraíso se llevó consigo un trébol de cuatro hojas. Un trozo verde del EDÉN que si alguien encuentra en su propio jardín, supone garantía de buena fortuna. Otros amuletos pueden ser la herradura que según los irlandeses es signo de buena suerte, desde que un caballo estaba en el granero cuando nació Jesús. Para los rusos, los herreros son considerados magos por su manejo del fuego y del hierro y consecuentemente, las herraduras, emblemas de poder.

TRECE: Desde los romanos, el 13 ha sido considerado el número de la mala suerte. Ellos lo sindicaban como el signo de la muerte y la destrucción. En la mitología escandinava, LOKI, el espíritu del mal, hijo de gigantes y padre de una SERPIENTE, invitó trece comensales a una comida donde Balder, el dios de la luz, fue asesinado. La antigua creencia se confirmó en los países cristianos luego de la Última Cena en la que participaron Jesús y los doce APÓSTOLES.
En la Edad Media, se suponía que las asambleas de brujas siempre agrupaban trece miembros.

Tristán e Isolda: Amantes de las leyendas anglosajonas. Una de las versiones relata que Tristán va en busca de Isolda para llevarla de Irlanda a Inglaterra por orden de su tío, el rey Mark, con quien ella se casaría. Durante el viaje la pareja siente una grande y mutua atracción. Tanta que ella ordena a su criada, Brangäne, que les prepare un veneno, prefiriendo la muerte a la separación. Pero la mujer prepara un filtro que provoca amor eterno y los lleva a confesarse tal sentimiento.
Cuando el Rey se entera del episodio, destierra a Tristán. Cuando Tristán siente que su muerte se acerca, llama a Isolda, quien llega tarde y entonces también muere junto a su amado. Richard Wagner contó el drama en 1857.

Tritón: El hijo de Poseidón (Neptuno) representado como un pez con cabeza humana. Es un dios oceánico que provoca el rugido del mar con sus soplidos.

Trivial: Los antiguos educadores del medioevo reconocían siete artes LIBERALES. Las más livianas era tres, *trivium*: gramática, lógica y retórica. Las cuatro superiores, *cuadrivium*: aritmética, astronomía, geometría y música. Más tarde, el concepto trivial se extendió a algo no importante o lugar común.

Trochilus: Pequeño pájaro de los tiempos egipcios que, según los antiguos, se metía dentro de la boca del cocodrilo con total impunidad, para comer los restos de alimento que quedaban entre los dientes de la bestia, particularmente un gusano que molestaba horrores al cocodrilo, el que por eso dejaba que el pajarillo mondadientes se sirviera a gusto.

Trogloditas: Del griego *trogle,* caverna y *duein,* entrar. Nombre que los griegos daban a grupos no civilizados que vivían en cavernas o en hoyos en el suelo. Algunas crónicas mencionan trogloditas en Siria y Arabia y Plinio aseguraba que estos seres se alimentaban de SERPIENTES.

Troll: En el folklore escandinavo, los troll son personajes sobrenaturales. Originariamente GIGANTES, vivían en grandes PALACIOS y no eran muy proclives a los seres humanos. Luego adquirieron la talla de los humanos y posteriormente fueron haciéndose más y más pequeños (véase ENANOS). Viven en las montañas y tienen el poder de transformarse. Son símbolos de los poderes destructivos, aunque en los últimos tiempos ellos también ingresaron en los cuentos infantiles con menos poderes y más simpatía.

Trópico: Algo que regresa, por el concepto de que las líneas de latitud donde el Sol alcanza el punto en que "regresa", tras el cenit, son precisamente los trópicos de Cáncer y Capricornio.

TROVADORES: Poetas del sur de Francia entre los siglos XI y XIV cuyas obras se ofrecían por estos andariegos y aventureros que recorrían los caminos cantando o recitando historias. Su nombre proviene del antiguo provenzal, *trobar*, encontrar o inventar. Ellos usaban la lengua d'oc o provenzal, principalmente en temas de amor y caballería. Los *trouvères*, troveros, eran poetas de la corte en Francia entre los siglos XII y XIV, y sus temas giraban principalmente alrededor del amor. Su nombre se origina en el antiguo francés, *trover*, componer.

TROYA, LA GUERRA DE: Una de las más fascinantes historias de todos los tiempos, perteneciente a la mitología griega. Relata la guerra entre griegos y troyanos. Todo comenzó cuando Paris raptó a la bellísima Elena, esposa de Menelao, rey de Esparta. Bajo las órdenes de Agamenón, los griegos pusieron sitio a la ciudad de Troya. Durante nueve años los griegos mantuvieron el sitio imponiendo a Troya dramática y angustiosa situación.

La última parte de la guerra dio origen a la *ILÍADA* de HOMERO. Entre los griegos aparecen AQUILES, ODISEO y Néstor. Los dioses mitológicos se interesaron por estos acontecimientos y dividieron sus preferencias: Hera, Poseidón y Atenea por los griegos. Afrodita y Ares por los troyanos.

La historia toma un vuelo espectacular y relata, entre otras aventuras fabulosas, la victoria de Aquiles sobre la reina de las AMAZONAS y su muerte por el terrible talón vulnerable, a manos de Paris. Finalmente la ciudad fue capturada cuando los griegos usaron la estratagema de construir un gigantesco caballo hueco de madera y presentarlo a los troyanos como regalo, mientras simulaban su retiro del sitio. Pese a las advertencias de Casandra, que tenía el don de la profecía, los troyanos aceptaron el obsequio, abrieron las puertas de la ciudad y dejaron entrar al monumental caballo de Troya. Una vez dentro de la ciudad, el caballo hueco dejó salir de su interior a los soldados griegos que lograron así abrir los portones, y con todas sus fuerzas reunidas, destruir y saquear la ciudad. Sólo unos pocos troyanos lograron escapar hacia lo que es hoy Italia comandados por Eneas, cuyas andanzas son después relatadas por VIRGILIO en la *Eneida.*

Según los historiadores, es probable que la Guerra de Troya haya sido una guerra real disputada por los años 1200 a. de C. por el control del Estrecho de los Dardanelos que une el Mar Egeo y el Mármara en la actual Turquía.

TURANDOT: Ópera de Giacomo Puccini con una historia que puede rastrearse hasta los cuentos de Antoine Galland como parte de su traducción de *LAS MIL Y UNA NOCHES* realizada en 1704, aunque el libreto utilizado por Puccini esté basado en la obra del italiano Carlo Gozzi.

El principal personaje de la ópera es la princesa china Turandot, que jura vengarse de todos los hombres por agravios del pasado. Sin embargo, ofrece casarse con el noble que fuese capaz de resolver tres acertijos. Claro, si el galán no alcanzaba semejante empeño, moriría. Aunque luego el príncipe Calaf resolvería el planteo, ella rehúsa casarse en medio de un ataque de nervios reclamando a su padre que anule su propio decreto. Calaf ofrece plantear su propio enigma y si ella lo resuelve, él morirá. De lo contrario, ella será suya. La esclava Liu, personaje encantador de la trama, ruega a Turandot que no continúe con la prueba y confiesa saber la respuesta correcta. Cuando se la presiona para dar la solución, Liu se mata a los pies de Calaf.

Turandot le pide a Calaf que se marche, pero él en cambio le da el nombre esperado. En lugar de anunciarlo, ella sólo dice: "Su nombre es amor". Una de las arias más famosas que se interpreta en esta ópera es *Nessun dorma.*

El nombre de la princesa es de origen persa y significa hija de los turanians, habitantes del Turkestán.

TUTANKAMÓN, LA TUMBA DE: Uno de los más grandes monumentos arqueológicos descubierto el 16 de noviembre de 1922 cuando se llegó a la tumba del joven faraón Tutankamón, que no fue figura importante en su tiempo, entre 1333 y 1323 a. de C. Alcanzó el trono siendo muy joven y murió prematuramente, cuando tenía alrededor de 18 años. Sin embargo su monumento funerario es uno de los más ricos jamás encontrados, con paredes de oro con incrustaciones, pinturas, estatuas de oro, cabezas de criaturas semejantes a leones en madera dorada con ojos de cristal. Sobre la cara del faraón, se había colocado una máscara de oro que se supone guarda fiel parecido con el Rey. La mayoría de los fantásticos tesoros puede admirarse en el Museo de El Cairo y lo que sorprende no es solamente la riqueza de los materiales sino el exquisito gusto y refinamiento con que estaban terminados.

TUTANKAMÓN, LA MALDICIÓN DE: Leyenda que comenzó en 1923 a la muerte del egiptólogo lord Carnarvon, durante las excavaciones en la tumba de Tutankamón. El descubridor de la tumba, que estaba casi intacta, murió años después de neumonía, tras la picadura de un mosquito. Sir Arthur Conan Doyle, el creador de SHERLOCK HOLMES, insistió en que la muerte era consecuencia de elementos dejados en la tumba por los sacerdotes de los tiempos del Faraón. Casualmente, hubo un corte de luz en El Cairo cuando murió Carnarvon y, al mismo tiempo que su amo, murió su perro. Howard Carter, que trabajaba para Carnarvon, continuó la tarea y lo sobrevivió hasta 1939.

U: Esta letra se origina en la expresión fenicia *waw*, que también dio origen a las letras f, v, w, y. Los griegos la adaptaron como *upsilon* que los romanos habían tomado de los etruscos como v. Las letras u y v se confundieron en muchos idiomas.

Ulises: Forma romana del nombre Odiseo. Héroe mitológico griego y uno de los líderes de las fuerzas que atacaron la ciudad de Troya (véase Odiseo, Guerra de Troya).

Últimas Palabras: Oraciones supuestamenrte pronunciadas o adjudicadas a personajes famosos en sus últimos momentos de vida. Muchas de ellas parecen construcciones imaginadas por los deudos, como ha ocurrido a menudo en la historia. Conocer algunas de ellas no tiene desperdicio:

• **Anaxágoras** (500-428 a. de C.) (Filósofo griego que dirigía una escuela): "Que sea feriado para los chicos".

• **Arquímedes** (282-212 a. de C.): "Esperen a que termine con mi problema".

• **Francis Bacon** (1561-1626): "Mi nombre y memoria lego a los discursos caritativos de los hombres, a las naciones extranjeras y a la próxima era".

• **Ludwig van Beethoven** (1770-1827): "Ya escucharé en el cielo".

• **Julio César** (100-44 a. de C.): "*Et tu, Brutus?*", ¿Tú también, Bruto?"

• **Thomas Carlyle** (1795-1881): "Así que esto es la muerte... bien".

• **Cristóbal Colón** (1451-1506): "Señor, en Tus manos encomiendo mi espíritu".

• **Nicolás Copérnico** (1473-1543): "Ahora, Señor, deja libre a Tu siervo".

• **Johann von Goethe** (1749-1832): "Luz, más luz". Aunque otros suponen que dijo: "Me interesa", debido a la similitud de las expresiones alemanas "*merh Licht*" y "*mir liegt*", respectivamente. Goethe se llevó consigo lo que quiso decir.

- **Heinrich Heine** (1797-1856): "Dios me perdonará: es Su profesión".
- **Juana de Arco** (1412-1431): ¡Jesús! ¡Jesús! ¡Jesús! Bendito sea Dios".
- **François Maurice Mitterrand** (1916-1995): "No tengo miedo a la muerte. Me asusta no vivir más".
- **Vespasiano** (9-79): Se le adjudican no una, sino dos frases: "Un rey debe morir de pie" y "Supongo que ahora seré un dios".

ULURU: Considerado uno de los más grandes y hermosos monolitos (formado por una sola piedra) del mundo, ubicado a unos 4.000 km al sudoeste de Alice Springs, centro de Australia. La gigantesca roca fue descubierta en 1873 por el explorador William Gosse, quien le impuso el nombre de Ayers Rock, en homenaje al primer ministro australiano. Pero la roca ya se llamaba Uluru y era sagrada para los aborígenes desde tiempos ancestrales. El lugar era conocido como Tierra del Sueño o de los Sueños.
Cada año, cientos de personas visitan el lugar para contemplar uno de los espectáculos naturales más impresionantes: la enorme roca semeja una BALLENA de 350 m de altura y unos 8.000 m de circunferencia, se torna carmesí en el atardecer, plateada cuando se nubla y desde su parte más alta se alcanza una visión fantasmagórica de los alrededores, siendo la más misteriosa la del monte Olga a unos 30 km de distancia, donde los visitantes creen ver minaretes, cúpulas y monstruos.
Para los aborígenes, la roca es una escultura viva de la historia de una batalla entre las tribus kunia y liru. Las fuentes termales, en la parte sudeste de la roca, es la sangre convertida en agua de los agonizantes guerreros kunia. Las marcas hechas por las lanzas de los liru son cuevas en el flanco sur de la roca. Los huecos abiertos en las laderas son las bocas gritando y los dispersos robles del desierto en torno son los cuerpos de los guerreros liru.

UNA GOLONDRINA NO HACE VERANO: Se origina en un proverbio griego que decía que una golondrina no hace la primavera y que puede encontrarse en la obra *Ética* de Aristóteles.

UNÁNIME: Literalmente, de una sola mente, por lo tanto compartiendo la misma idea. Se formó con las expresiones latinas *unus*, uno y *animus*, mente, espíritu.

UNICORNIO: Del latín, *unos* uno y cornu, *cuerno.* Animal mítico representado por un ser con patas de ciervo, cola de león, cuerpo y cabeza de caballo y en su frente un cuerno de tres colores: blanco en la base, negro en el medio y rojo en la punta. Su cuerpo blanco, la cabeza totalmente roja y los ojos azules. Para cazar uno de estos coloridos fenómenos había que poner a su disposición una virgen porque sólo ellas podían verlos. Cuando el unicornio veía una vir-

La mirada (detalle), tapiz del año 1500.

gen, caía preso de tal desesperación que se arrojaba al suelo semidesmayado, trémulo y agitado, momento en el cual podía ser capturado por los cazadores.

Union Jack: La bandera del Reino Unido de Gran Bretaña e Irlanda del Norte. Comprende a Inglaterra, Gales, Escocia e Irlanda del Norte. La bandera tiene la peculiaridad de unir tres cruces: la Cruz de San Jorge de Inglaterra; la Cruz de San Andrés de Escocia y la Cruz de San Patricio de Irlanda.

Universo: Del latín, *universus,* completo, total. Su forma neutra *universum* se usó para indicar todo el mundo.

Un Pajarito me lo Dijo: Antigua expresión que significa que una persona a quien no se nombra, pero que es seguramente identificable, habría dado cierta información. Parece haberse originado en la Biblia, Eclesiastés (10:20): "Tú no murmures del rey, ni aun por pensamiento... porque las mismas aves del cielo llevarán tus pensamientos y los pájaros publicarán cuanto has dicho".

Uranio: En la antigua mitología griega Urano era el dios del cielo, primer monarca universal, padre de Cronos que luego lo mataría, regando con su sangre la Tierra, donde se levantarían las furias y el mar. Cuando en 1781 se descubrió el séptimo planeta desde el Sol, le fue otorgado su nombre. En 1789, el químico alemán Martin Klaproth usó el término uranio para denominar al metal que en estado puro se emplea principalmente en la producción de energía atómica. La cosmografía, del griego *kosmos,* mundo, y *graphein,* describir, es la descripción astronómica del Universo; también se le llama uranografía.
A los aerolitos también se los denomina uranolitos y la uranometría es la ciencia que se ocupa de las mediciones de las distancias celestiales.

Urbi Et Orbi: Del latín, de la ciudad (Roma) al mundo. Frase que se aplica al solemne momento de la bendición pública que el papa ofrece desde los balcones de la Basílica de San Pedro en ocasiones especiales.

Utnapishtim: Equivalente a Noé en Babilonia cuya historia es contada en la épica de Gilgamesh (véase Diluvio). Los antiguos hebreos habrían tomado la historia con grandes similitudes. El nombre se originó en el sumerio *utu*, sol y *napishtu*, alma, aunque ha sido siempre popularmente interpretado como "el que encontró la vida".

Utopía: Literalmente, significa "lugar que no existe". Del griego *ou,* no y *toos,* lugar: ningún lugar. Sir Thomas More (Santo Tomás Moro 1478-1535) le dio este nombre a una isla imaginaria en el Pacífico Sur en su romance político del mismo nombre. Con esa palabra tituló su libro, una concepción imaginaria de un gobierno ideal. Fue canciller de Enrique VIII, encarcelado y decapitado por

negarse a reconocer al Rey autoridad espiritual y firmar el Acta de Supremacía. Es un mártir de la Iglesia Católica y fue ungido Santo Tomás Moro.
En Utopía todo es perfecto: las leyes, la moral, la política; las antiguas leyes llenas de errores y las conductas pervertidas sólo se exhiben como contrastes.
La concepción utópica tiene antecedentes en *La República* de Platón (427-347 a. de C), *La ciudad de Dios,* de San Agustín (354-430), doctor de la Iglesia, obispo de Hippo (hoy Annaba, Argelia); las propuestas de François Rabelais (1490-1553), humanista francés, uno de los grandes genios de la literatura cómica (véase GARGANTÚA y PANTAGRUEL); Francis Bacon (1561-1626) filósofo, ensayista y estadista inglés y las ideas de Jean-Jacques Rousseau (1712-1778), filósofo y teórico político franco-suizo, una de las grandes figuras del Siglo de las Luces. Ellos hablaban de una primitiva edad dorada con seres humanos intrínsecamente buenos.
Los ROMANCES utópicos fueron una forma de literatura en el siglo XIX bajo la influencia de Samuel Butler (1835-1902), compositor, pintor y autor inglés autor de *Erewhon,* una sátira de las injusticias sociales y económicas de Inglaterra, y Edward Bellamy (1850-1898), autor norteamericano famoso por su *Mirando hacia atrás* y *2000-1887,* romances utópicos sobre el futuro Estado socialista y las satíricas novelas antiutópicas de Aldous Huxley (1894-1963) *Bravo Nuevo Mundo* un mundo de pesadilla en el siglo XXV y *1984* de George Orwell (Eric Arthur Blair 1903-1950), escritor inglés que describe un mundo totalitario y controlado por una red de espías electrónicos.
Otras obras sobre el mismo concepto fueron *Oceana* de James Harrington (1611-1677), filósofo inglés, y *Nuevo cristianismo,* de Claude Henry de Rouvroy conde de Saint-Simon (1760-1825), filósofo francés.
El periodista norteamericano Lincoln Steffens (1866-1936), en un artículo referido a la entonces reciente formación de la ahora desaparecida Unión Soviética, escribió definiendo la utopía: "He visto el futuro. Y funciona". Nunca supo por cuánto tiempo.

ÚVULA: Del latín, *uva.* Pequeño apéndice carnoso suspendido al fondo de la garganta o velo palatino, conocido como campanilla o galillo.

V: Tiene el mismo origen que u.

VACCEOS: Pueblo celtíbero de la antigua Iberia sometido a Roma en el 178 a. de C. Su centro geográfico era Segovia, al pie de la sierra de Guadarrama, al sudoeste de la actual Madrid. Allí se cuenta la historia de un acueducto, al que llamaban "puente", hecho por los romanos como parte de sus calzadas militares. Las viejas tradiciones relatan que el DIABLO lo había construido en una sola noche. O que, en realidad, había sido HÉRCULES, considerado el mismísimo diablo, sin cal ni arena. Un cronista de aquellos tiempos, sin mayores pruebas ni documentación alguna, pero mareado por el entusiasmo, escribió: "Era cosa admirable y extraña de ver. Hecho en un día. Sin argamasa. Corre por encima de una corriente de agua que surte a toda la ciudad. Tiene de largo una legua francesa y dobles arcos".
Como contrapartida, en Asturias, se asegura que el monasterio de Corias no necesitó ser construido, pues había sido traído completo, terminado y listo para usar, desde el propio cielo por una legión de ángeles. Y para que no quedasen dudas, este traslado celestial fue concretado a plena luz del día.

VACUNA: Literalmente, significa "de la vaca". La expresión fue usada por el físico británico Edward Jenner (1749-1823), cuando descubrió que la viruela de la vaca proveía inmunidad contra la viruela humana y echó las bases de la moderna ciencia de la inmunología.

VALENTÍN, SAN: Sacerdote romano que fue apresado por ayudar a los cristianos perseguidos. Estando en prisión pudo lograr que la hija ciega de su carcelero recuperara la vista. Sin embargo, fue sentenciado a muerte en el 270.

El 14 de febrero, que se celebra en muchos países como el Día de los Enamorados, responde a otro San Valentín, obispo de Terni, que fue martirizado unos años después. La fecha de la celebración no tiene, curiosamente, relación alguna con los santos. La costumbre de ofrecer regalos con forma de corazón viene de las antiguas lupercalias romanas. El Lupercal fue el sitio donde la loba amamantó a RÓMULO Y REMO. En latín, lobo, *lupus*, de allí lupercal. El 15 de febrero se celebra un festival anual, Lupercalia, en honor de Lupercus, llamado así porque protegía a los lobos. Otros creen que la costumbre nació porque en la temporada de apareamiento de los pájaros era costumbre hacerse regalos. William SHAKESPEARE en *Sueño de una noche de verano,* hace referencia al tema: "Buen día, amigos, ha pasado San Valentín. Quizás estos pájaros comiencen ahora su apareamiento".

VALHALLA: En la mitología escandinava, las regiones celestiales donde las valquirias llevaban las almas de los héroes muertos en combate para disfrutar la eternidad en alegrías y festejos.
Del antiguo noruego, *valr,* guerreros muertos, *höll*, sala. Aparentemente consistía en un enorme salón de 540 puertas donde los guerreros custodios practicaban sus artes en combates de entrenamiento por la mañana, refrescos y fiestas por la tarde y bebidas fuertes por la noche, servidos por las más bellas asistentes.

VALQUIRIAS: Eran las siete o doce mujeres de ODÍN, quienes, montadas en briosos corceles y blandiendo poderosas espadas, corrían hacia el centro de las batallas para elegir a los destinados a morir, los héroes celestiales, que serían transportados al VALHALLA.

VAMPIRO: Entre todos los monstruos de la Antigüedad, el vampiro ha gozado de larga y sostenida aunque repugnante fama, gracias a su éxito literario. Si bien su tema fue tratado muchas veces, todo indica que la difusión en este siglo alcanzó ribetes extraordinarios a partir de 1897 con la publicación de la novela gótica DRÁCULA del autor inglés Bram Stoker (1847-1912). Esta historia del conde Drácula vampiro se convirtió en representativa del género, especialmente como personaje de obras de teatro y docenas de filmes, el primero de los cuales se filmó en 1937 con Bela Lugosi como actor principal.
Los vampiros reales son mamíferos quirópteros (del griego *kheir,* mano, *oieron*, ala), carniceros nocturnos que se alimentan de frutos e insectos, y chupan la sangre de animales y humanos dormidos. Vampiresa es una vieja expresión para definir a un tipo de "mujer fatal".
Los vampiros de las leyendas son seres fabulosos, supuestamente fantasmas o espíritus de criminales que retornaban de sus tumbas hechos monstruos para alimentarse con la sangre de sus víctimas, las que a su vez, transfundidas, se tornaban vampiros. Es una superstición esencialmente eslava, aunque haya re-

corrido el mundo con su siniestro argumento. La leyenda de Drácula parece haberse originado en Vlad IV (1430-1476). El autor Bram Stoker habría creado su personaje mezclando las personalidades de este Vlad y el conde Báthori, que fue arrestado en 1650 por haber asesinado 600 muchachas. Báthori se bañaba en la sangre de sus víctimas para mantener su piel joven. *Dracul* en rumano significa diablo.

VÁNDALOS: Antiguas tribus germánicas que en los alrededores del año 170 emigraron desde el Báltico hacia las llanuras de Hungría. Avanzando hacia el oeste, cruzaron el Rhin en el 406 llegando a España y el norte de África. En el 455 saquearon Roma. Su nombre ha quedado como símbolo de destrucción y barbarie y en particular con ese nombre se define a quienes destruyen o ensucian monumentos o paseos públicos.

VATICANO: Palacio residencia del PAPA, así llamado porque está sobre el *Vaticanus Mons*, Monte Vaticano, que debe su nombre a la creencia en la antigua Roma de que en ese monte se refugiaban los *vaticinatores,* los vaticinadores o adivinos.
La Ciudad del Vaticano ocupa 2,6 km cuadrados y tiene aproximadamente 1.000 habitantes. En el Tratado de Letrán de 1929, fue reconocida como territorio separado donde ejerce su poder temporal el papa. Consiste del Palacio Papal, la Biblioteca, los archivos, el museo, la Plaza de San Pedro y los edificios en torno, más una estación de trenes.
En el Concilio Ecuménico de la Iglesia Católica convocado por Pio IX en 1869, se definió la INFALIBILIDAD papal limitada a cuando el papa habla *EX CATHEDRA*, desde su trono, sobre temas de moral y fe.
El Segundo Concilio Vaticano fue inaugurado por Juan XXIII en octubre de 1962 y clausurado por Pablo VI en diciembre de 1965. Se establecieron numerosos cambios en liturgia y gobierno de la Iglesia y se llamó a la unidad cristiana. Un tema de particular interés entonces fue la presencia de observadores de otras Iglesias, no católicas romanas.

VEDAS: Los cuatro libros sagrados de los brahmanes: el *Rigveda*, himnos; *Samaveda*, cánticos; *Yajurveda,* plegarias, y *Atharvaveda*, prácticas. La palabra veda significa conocimiento.

V DE LA VICTORIA: El 14 de enero de 1941, durante la Segunda Guerra Mundial, Victor de Lavaleye, miembro del gobierno belga en el exilio, propuso desde Londres, en una trasmisión radial dirigida a su país, que se usara la letra V de Victoria (igual en la mayoría de los idiomas europeos) para reemplazar las letras *RAF* (*Royal Air Force,* Real Fuerza Aérea) que identificaba a la aeronáutica inglesa y que la gente había comenzado a pintar en los muros de Bélgica como señal de repudio a las tropas alemanas de ocupación. La propuesta fue asumida inmediatamente por la población y desde ese momento la letra V del

Código Morse (...-) iniciaba todas las trasmisiones de la BBC (*British Broadcasting Corporation*) de Londres, seguida por los primeros compases de la *Quinta Sinfonía* de Beethoven que tienen la misma cadencia y ritmo, y resultaba toda una ironía siendo Beethoven alemán.
Más tarde, el primer ministro inglés Winston Churchill (1874-1965) la popularizó con el gesto de hacer la V con su dedo índice y mayor levantados. Después, ese gesto fue usado con muy diversas interpretaciones, dependiendo de que se hiciera con la mano izquierda o derecha, con las dos manos juntas, con la palma hacia adelante o hacia atrás o con una letra al medio de la V.

VEGETALES: En latín, *vegere*, ser activo. Proviene del indoeuropeo *vigil*, vigor. Luego se originó *vegetare*. La expresión se usó para indicar el crecimiento de las plantas comestibles. Luego, vegetar también definió a la personas inactivas porque los vegetales no se mueven de su lugar. Luego nació vegetariano para quien sólo consume vegetales o sustancias de origen vegetal.
Los vegetales son una forma de vida, opuesta a la animal, que produce sus propios tejidos usando la energía de la luz solar, el aire y el pigmento verde llamado clorofila. Este proceso se conoce como fotosíntesis. Los vegetales necesitan suministro de agua y de sales minerales, habitualmente presentes en el suelo. Algún poeta dijo que el reino vegetal nació por el sol que las plantas comían. Y el reino animal por las plantas que los animales comían. Y el reino humano gracias a los otros reinos y al sol.

VELLOCINO DE ORO: También el vellón o lana de oro. Cuando Jasón (rey de Yolcos que había sido educado por un centauro) reclamó de su tío Peleas el trono que le pertenecía, éste, que lo había desposeído, prometió que le entregaría el reino a cambio del vellocino de oro. Jasón reunió un grupo de notables héroes griegos y zarpó con ellos en la nave *ARGO* (por eso se los llamaría Argonautas). Después de vivir múltiples aventuras, con la ayuda de Medea, encontró el vellocino de oro. Recuperó entonces su reino. Se casó con Medea. Luego intentó separarse, pero ella montó en cólera y furiosa, experta como era en brujerías, primero mandó a la nueva pometida de Jasón una capa que se prendió fuego y mató a la muchacha. Medea entonces mató a sus propios dos hijos. Jasón sufrió de tal manera que terminó suicidándose. Eurípides (485-406 a. de C.) trató la historia en una de sus 92 obras, bajo el título *Medea.*

VENUS: Diosa romana de la belleza y la sensualidad, identificada con la griega Afrodita. La leyenda dice que nació de la espuma del mar (véase FRINÉ). Para otros, era hija de Júpiter y Dione. Vulcano fue su esposo, pero ella tuvo relaciones amorosas con Marte y otros dioses y semidioses. Con Mercurio tuvo a CUPIDO. También fue la madre de Eneas (véase CERBERO, LATINUS, RÓMULO Y REMO, VIRGILIO), por lo que se la considerada la fundadora de la raza de los romanos.
Su nombre le fue dado al segundo PLANETA desde el Sol.

La muy famosa estatua Venus de Milo fue descubierta por el almirante francés Dumont d'Urville en la isla griega de Milo o Melos. Data del siglo II a. de C. y es probablemente la pieza de arte antiguo en mejor estado de conservación. Se encuentra actualmente en el Museo del Louvre y es visitada por millones todos los años.

También solía llamársele Venus Venticordia (*vertere*, cambiar, *cordis*, corazón), porque ella era invocada para asistir a las mujeres cuando era necesario que cambiaran su corazón en busca de pureza y castidad.

Venus Victrix es la diosa de la victoria representada en numerosas monedas romanas.

VENUS Y EL GATO: Encantadora fábula de Esopo. Una gata se enamoró perdidamente de un elegante joven y rogó a Venus que la convirtiera en mujer. Venus aceptó y la transformó en bellísima dama. Cuando el joven la vio, sintió inmediata atracción y se enamoró de la damisela. Pronto se casaron. Venus decidió

Jasón se marcha a la captura del Vellón de Oro.
El Portolano de Battista Agnese, Italia (Vencia), 1546.

un día visitar a la pareja y queriendo confirmar que la transformación había sido perfecta, dejó un ratón en medio del cuarto donde descansaban. La mujer transformada, olvidando su nueva condición, saltó de la cama y persiguió al ratón con notable entusiasmo. Venus, desilusionada, regresó a la damisela a su original condición de gata. La moraleja es: "La naturaleza supera a la crianza". Lo que no termina de contar la fábula es cómo quedó el novio.

VERDAD DESNUDA: Una antigua historia cuenta que un día se estaban bañando la Verdad y la Falsedad. La Falsedad salió del agua y se vistió con las ropas de la Verdad. Cuando salió la Verdad, no dispuesta a tomar las ropas de la Falsedad, quedó simplemente desnuda. Desde entonces, la expresión indica la verdad sin barnices ni tapujos.

VERMUT: Los alemanes llamaban *wermut* a una planta de sabor amargo, el ajenjo. En el antiguo inglés, la expresión era *wormwood*. Así se llamaba a la planta usada para curar parásitos intestinales *worm*, gusano, *wood*, madera. En español se puede usar vermut o vermú, vino aderezado con sustancias amargas que se sirve como aperitivo. Por la hora habitual en que se tomaban esos tragos, también se llamó vermut a las funciones de teatro ofrecidas a la tarde.

VERNE, JULIO (1828-1905): Novelista francés, padre de la ciencia ficción. Era un hombre de gran cultura y matemático, por lo que sus aventuras, que imaginaban procesos, máquinas y sucesos extraordinarios, siempre tenían una sólida base intelectual y científica. Autor de *Viaje al centro de la Tierra, Veinte mil leguas de viaje submarino, La vuelta al mundo en 80 días.* Sus fantasías científicas le permitieron describir submarinos, globos, naves espaciales.
Su notable imaginación le permitió adelantarse en décadas a acontecimientos que terminarían siendo simples y comunes. Pero Verne, además de su genio, investigó un arsenal de antecedentes que van desde Roger Bacon (1214-1294) pasando por Leonardo da Vinci (1452-1519), quienes junto a otros científicos y soñadores diagramaron ideas voladoras y peculiares.
Incluso Julio Verne no pudo dejar de revisar los intentos de Robert Fulton (1765-1815), norteamericano, inventor, ingeniero, pintor y genio mecánico, quien antes del nacimiento de Verne, diseñó y construyó el primer buque de vapor comercialmente exitoso, el *Clermont* inspirado en el creador del concepto del navío impulsado a vapor, John Fitch (1743-1798), quien no tuvo suerte empresarial. Debe marcarse que Fulton en 1798 había propuesto a Napoleón un barco submarino para usarlo contra los británicos, al que bautizó *Nautilus.* Los planos se encuentran hoy en el Archivo Nacional de Francia. El submarino podía sumergirse hasta 75 metros y cargaba torpedos. Los franceses ofrecieron pagarle si hundía una nave británica. En 1801 se intentó, pero fracasó. La original máquina de vapor fue inventada por James Watt (1736-1819), inventor escocés y patentada en 1769. Watt fue el creador de la expresión "caballo de fuerza".

Otro antecedente pudo haber sido el clérigo inglés Francis Godwin, que publicó en 1638 *El hombre en la Luna,* donde su personaje principal volaba a la Luna en un carruaje tirado por gansos que, como era sabido en aquellos tiempos, emigraban periódicamente al satélite terrestre (véase VOLAR). Ningún mérito pierde la figura de Julio Verne porque, por encima de sus capacidades científicas, supo convertirse en un novelista ansioso, preocupado, ingenioso y aventurero que ha deleitado a muchas generaciones de lectores.

VERÓNICA: Según una antigua tradición, nombre de la mujer que entregó el paño que llevaba atado a la cabeza a JESÚS en Su camino al CALVARIO. Jesús se limpió la frente traspirada y lo devolvió a la mujer. Luego se descubrió que en la tela había quedado impreso el rostro de Jesús y fue llamado *vera icona*, verdadera imagen. La expresión se convirtió en Verónica como fue desde entonces conocida la bondadosa mujer que luego se consagró Santa Verónica. Su cofia se conserva como reliquia en la Basílica de San Pedro. Su día: 12 de julio. El pase de los toreros llamado "verónica" se hace cuando la capa pasa lentamente frente a la cabeza del toro lanzado y se dice que tiene similitud con aquel episodio por la serenidad del movimiento, aunque las circunstancias sean tan disímiles como diferentes en piedad y santidad.

VERSOS DE ORO: Versos griegos que contienen las reglas morales de Pitágoras (véase HECATOMBRE y NUEVE) supuestamente compuestos por sus seguidores. En ellos se exalta la obediencia a Dios, el pensamiento previo a la acción, la fortaleza espiritual, templanza, ejercicios y dieta. También sugieren hacer todas las noches, antes de dormir, una revisión de las acciones del día.

VERTEBRADOS: Animales con discos óseos individuales o cartílagos llamados vértebras, que forman la columna vertebral o espina dorsal. La principal división entre los vertebrados son los peces, las especies parcialmente adaptadas a la vida en tierra (anfibios) y los totalmente adaptados a la vida en tierra, como reptiles, pájaros, mamíferos, aunque algunos mamíferos también se han adaptado a una existencia acuática.

VESPUCIO, AMÉRICO (1454-1512): Navegante italiano que en 1499 navegó hacia las Indias Occidentales y descubrió la desembocadura del Amazonas. Luego surcó las costas de América del Sur y desarrolló un sistema para calcular la longitud que era de gran precisión para sus tiempos. La pertinacia y obstinación con que Cristóbal Colón sostuvo haber llegado a la India, desarrolló el fenómeno de que los habitantes de esas tierras fuesen llamados indios y toda la región Indias Occidentales, sin contar las leyes de Indias y otros similares. La audacia de Colón fue insistir en que podía navegarse el Mar Tenebroso, que el Atlántico tenía otra orilla alcanzable. Que el mar de las angustias no era tan terrible como lo pintaban. Como dice Germán Arciniegas (1900-1999), excel-

so escritor e historiador colombiano, Colón descubre el OCÉANO. Nunca supo que había descubierto un continente. Y su nombre logró el estatus de Nación en Colombia y fue derivado en "colonización".
Mientras que Américo Vespucio continuó navegando hacia el sur hasta reconocer ya no islas, sino tierra firme, continental. Sus dos primeros viajes los hizo bajo bandera española, la de los reyes de Castilla y León. Los últimos dos de sus cuatro periplos, bajo bandera portuguesa y en éstos recorre las costas de Brasil, Uruguay y la Argentina hasta la altura de la Patagonia. Comprobó que la magnitud continental superaba a Europa y que las gentes y paisajes nada tenían que ver con los relatos orientales de Marco Polo. Vespucio "descubrió" un continente. Pese a que muchos sostuvieron que Américo había robado el nombre impidiendo que se usara el de Colón, muchos historiadores sostienen que eran amigos y que entre ambos, sin haberlo acordado, modificaron todo lo conocido hasta entonces. El mundo se achicó, se redondeó y al mismo tiempo se agrandó, pues Europa finalmente tomaba conocimiento de un continente preexistente y luego contemplaría azorada a través de los ojos de Vasco Núñez de Balboa la existencia de otro océano del que, naturalmente, los españoles tomaron posesión y los poetas cantaron que la Humanidad había contemplado por primera vez aquellas aguas ilimitadas. Como si nunca hubiese existido o como si nunca los ojos de los primitivos habitantes de esas regiones se hubiesen deleitado con los colores marinos. O como si la Humanidad sólo tuviese determinados referentes.
En un monasterio en Saint Dié, Lorena, Francia, sacerdotes, pintores, dibujantes, geógrafos, trabajaban en el diseño de mapas, cuando llegó a sus manos un ejemplar de una carta de Vespucio donde anunciaba un nuevo continente. Los clérigos sintieron que sus plantas trepidaban, que algo extraordinario les estaba sucediendo. Se lanzaron exaltados no sólo a dibujar y trazar, sino a cantar loas y poemas ante la conmocionante nueva realidad. Y aunque Vespucio había sugerido nombrar aquellas tierras con el título de Nuevo Mundo (de hecho sus mapas llevaban la inscrpción *Novus Mundus*) los ansiosos cosmógrafos relacionaron Asia, Europa, África con América. Encajaba como anillo al dedo.
Más tarde, el astrónomo polaco Nicolás Copérnico (1473-1542) escribió la fundamental obra *Revolutionibus Orbium Coelestium* de la que Wolfgang Goethe (1749-1832) diría mucho más tarde: "Apenas fue reconocido nuestro mundo como esférico y encerrado en sí mismo, cuando tuvo que renunciar al enorme privilegio de ser el centro del Universo".
Con las afirmaciones de Vespucio, Copérnico logró una confirmación concreta de todas sus teorías. La ciencia ahora se apoyaba en tierras firmes. Vendría luego MAGALLANES a "redondear" las ideas incorporando el concepto de globo terráqueo y Elcano a demostrar que la Tierra giraba sobre sí misma.

VIAJEROS: San Cristóbal es el patrono de los viajeros, cuya fiesta se celebra el 25 de julio. Una hermosa leyenda cuenta que un hombre llamado Reprobus (con-

Planisferio de Waldseemüller, 1507.
Retrato imaginario de Américo Vespucio.

denado a penas eternas), probablemente un GIGANTE, decidió que habría de servir al más grande rey de la TIERRA. Peregrinó en su busca, hasta que un día descansando junto a un río, oyó la voz de un niño que le decía: "Ven, cárgame y hazme cruzar el río". Se levantó, tomó una caña y cargó al niño. A medida que se internaba en las aguas, sintió que el peso era cada vez mayor y casi insoportable. Dijo: "Niño, estamos en gran peligro. Pesas como si tuvieras al mundo encima". El niño le contestó: "No temas. Yo soy Jesús, el rey a quien querías servir y llevo sobre mis hombros los pecados del mundo". Jesús le llamó "Cristóbal", *Christopher,* que en griego es "el que lleva a Cristo".

VIENTOS: Según la antigua mitología clásica, los vientos estaban bajo el control de Eolo, el señor de todos los vientos, que los mantenía encerrados en el Monte Haemus en Tracia. Los vientos se llamaban:

- Bóreas o Aquilón, viento norte, que residía en Tracia, la región más fría de Grecia.
- Céfiro o Favonio, viento del oeste, del poniente, de soplo suave y benéfico para la naturaleza.
- Noto o Austro, viento caliente y tormentoso del sur.
- Euro, viento del este, que vuela con los caballos de la Aurora y por donde pasa siembra flores. Tras él viene el Sol.

Una leyenda cuenta que Eolo entregó a ODISEO/ULISES una gran bolsa atada con una cinta plateada, donde había reunido todos los vientos desfavorables, de manera de facilitar su navegación sin tempestades. La tripulación, sin embargo, abrió la bolsa creyendo que contenía un tesoro y los vientos escaparon. Inmediatamente se levantó una fuerte tormenta que sacó la embarcación de su curso y la devolvió a la isla de Eolo.

VIKINGOS: Merodeadores marinos escandinavos, comerciantes y colonizadores, que se extendieron por casi toda Europa y regiones del Atlántico norte entre los siglos IX y XI. La notable expansión vikinga pudo haber sido provocada por el rápido crecimiento de su población y la consiguiente reducción de buenas tierras para el cultivo, así como por el deseo de obtener nuevas fuentes de recursos. Fue su avanzada tecnología marina lo que les permitió cruzar los mares del norte de Europa en una época en que los marinos temían aventurarse muy lejos de las costas. En muchos sentidos estaban más avanzados que otros pueblos europeos, particularmente en su metalurgia. Aunque al principio aparecían, en sus muy temidos largos barcos, como asaltantes despiadados, más tarde otros grupos se asentaron pacíficamente. Los suecos, conocidos como los *Varangios,* fundaron el primer estado ruso en Novgorod y comerciaron, vía el Volga, en Bizancio y Persia. Los daneses conquistaron gran parte del norte de Inglaterra oriental. Los noruegos crearon reinos al norte de Inglaterra e Irlanda, fundando Dublin (840) y otras ciudades. También colonizaron Islandia y establecieron colonias en Groenlandia.

Un asentamiento que duró muy poco, VINLAND, fue establecido en AMÉRICA del Norte por Leif Ericsson en 1003. A principios del siglo X, se consolidó Escandinavia con la formación de reinos más grandes y poderosos, y la expansión vikinga declinó. Luego se renovó de manera distinta con la conquista de Inglaterra por el rey Sweyn de Dinamarca en 1013 y la conquista normanda de 1066.

VILLANO: Del latín, *villanus*, trabajador de la granja, de la villa. Originariamente se llamaba así a los hombres de la villa, servidores de los señores feudales (véase FEUDALISMO). Debían sus servicios a un lord o señor. Podían ser transferidos o vendidos. Desde aquellos tiempos, el sentido de superioridad de los patrones convirtió a la palabra en despectiva, sinónimo de mala persona y perverso, lo que no sólo representa una cruel mentira sino una grosera infidelidad histórica (véase PAGANO). La expresión "Juego de manos, juego de villanos" refería a que no era de hidalgos o caballeros andar a los trompazos.

VINLAND: Tierra del vino, *wineland.* Así fue llamada esta porción de territorio de Norte América cuando fue visitada por el VIKINGO Leif Ericsson alrededor del año 1000 de nuestra era. Su locación precisa es incierta, pero se la supone alrededor de Newfoundland entre Labrador y Virginia. Esta historia amada por los nórdicos demostraría que América habría sido visitada 492 años antes de que Colón arribara a estas tierras que naturalmente ya estaban "descubiertas" incluso mucho antes que Ericsson. Para algunos estudiosos la palabra tendría más relación con llanuras o campos de pastura porque resulta difícil asociarla con viñedos en aquellos tiempos tan remotos y lugares tan distantes.
Sin embargo, según la saga nórdica, *Flateyjarbok*: "Cuando llegaba la primavera, ellos se aprestaban y partían y Leif Ericsson llamó a estas tierras por sus frutos, Vinland".
En 1957, el descubrimiento de un mapa del nordeste norteamericano se anunció como el hallazgo cartográfico más importante del siglo. Aparentemente dibujado alrededor del 1440, precedía los viajes de Colón de 1492 y de Juan Caboto de 1497, demostrando concluyentemente la realidad de las exploraciones VIKINGAS. El mapa fue donado a la Universidad de Yale por un generoso anónimo en 1965. En 1974, la Universidad anunció que todo era un fraude. El pigmento de la tinta usada contenía restos de óxido de titanio, que fue usado por primera vez en 1920. El mapa de Vinland pasó a la historia como una curiosa engañifa de la que nunca se supo quién y por qué.

VINO: La cepa más conocida, *vitis vinifera,* se cultiva en el Cercano Este desde 4000 a. de C. y quizá aun antes. Los egipcios hacen referencia a las uvas para producir vino desde el 2500 a. de C. Las muchas menciones en el Antiguo Testamento también corroboran la antigüedad de la bebida. Los griegos en sus muchas colonias desarrollaron el comercio del vino desde el Mar Negro a España. Los romanos trasladaron cepas desde los valles del Rhin, Mosela y Danubio. Tras los viajes de Colón, la vitivinicultura fue llevada a América.

En 1860, Louis Pasteur contribuyó a la estabilidad de la industria vinícola demostrando que el calor prevenía la actividad microbial en los vinos.

VIOLÍN: Todo indicaría que su nombre puede rastrearse hasta *Vitula,* la diosa romana de la alegría.

VIRACOCHA: En todas las leyendas de los pueblos andinos, se menciona a una extraordinaria figura: *Viracocha,* espuma del mar. Se lo describía alto, de tez clara, largas barbas blancas, maestro de ciencias y magias. Había aparecido en tiempos de confusión y caos, tras un terrible diluvio y dramática oscuridad, pues las tinieblas habían oscurecido la luz solar. Viracocha llegó para ordenar el mundo. Este dios sol recibió muchos otros nombres, tales como Huaracocha, Con Tici, KON-TIKI, Taapac, Tupaca. Se le adjudicaban milagros y curaciones notables. Los peruanos primitivos lo memoran como el que llevó a sus tierras el arte de curar, la escritura después olvidada, la ingeniería, la arquitectura y la construcción de caminos que en tiempos de los INCAS alcanzó proporciones extraordinarias llegando hasta Córdoba, Argentina, donde la ciudad de Cosquín rememora con su nombre a Cusco (*Coscoina,* parecida a Cusco) (véase MACHU PICCHU). La leyenda relata que Viracocha un día se marchó internándose en el mar. Durante los primeros pasos de los conquistadores por esas regiones, la presencia de Pizarro para algunos rememoraba a Viracocha, como los mexicanos con Hernán Cortés, por su tez pálida, sus barbas blancas y su aparición por el mar.

VIRGEN MARÍA: En El Evangelio según San Mateo (1:18): "El nacimiento de Jesucristo fue así: estando desposada María su madre, con José, antes de que convivieran se encontró encinta por virtud del Espíritu Santo. José, su marido, siendo justo y no queriendo denunciarla resolvió dejarla ocultamente".
En aquellos tiempos, era costumbre que la mujer permaneciera con sus padres durante un año después de los esponsales. Sólo el marido podía despedir a la mujer en repudio. José está seguro de la virtud de su esposa, pero se encuentra con un hecho inexplicable y decide mandarla en secreto a la casa de sus padres para no exponerla al deshonor.
Continúa el relato de San Mateo: "Estaba José pensando, cuando se le apareció un ángel del Señor que le dijo: José, hijo de David, no temas recibir contigo a María, tu mujer, pues su concepción es del Espíritu Santo. Dará a luz un hijo y tú le pondrás Jesús, porque Él salvará a su pueblo de sus pecados".
En el Evangelio según San Lucas: "Gabriel fue enviado por Dios a una ciudad de Galilea, llamada Nazaret, a una virgen desposada con un varón llamado José de la casa de David. El nombre de la virgen era María. Entonces, le dijo: Salve, llena de gracia, el Señor es contigo. Deja de temer, María, porque has encontrado gracia ante Dios. Concebirás y darás a luz un hijo, al que pondrás por nombre Jesús. Será grande y llamado Hijo del Altísimo".

En el Evangelio según San Juan, que era el más joven de todos los Apóstoles, incluso que Jesús, no hay mención alguna de María pues el relato comienza con Jesús adulto.
Lo mismo ocurre en el Evangelio según San Marcos.
El dogma de la Iglesia Católica establece que María, la madre de Jesús, hija de San Joaquín y Santa Ana, es única entre todos los seres humanos y la única persona concebida sin el pecado original y jamás inclinada al pecado. Fue declarada oficialmente la Madre de Dios en el Concilio de Efeso en el 431.
A los estudios relativos a la Virgen María se los titula Mariología. Marial se llama a los libros de oración con honores a la Virgen. Marianismo es el culto o devoción a Su figura. Mariano es todo lo relativo a la Virgen. Marianista es el religioso perteneciente a la Compañía de María fundada por el padre Chaminade. La Asunción de la Virgen se celebra el 15 de agosto y la Inmaculada Concepción, el 8 de diciembre.

VÍRGENES VESTALES: Jóvenes vírgenes que protegían el fuego sagrado traído por Eneas desde Troya y preservado por el Estado en un santuario en el Foro Romano. Se las elegía entre mujeres de 6 a 10 años y servían bajo disciplina muy estricta hasta los 30, cuando eran entonces libres para casarse, aunque muy pocas elegían ese camino. Si perdían la virginidad mientas prestaban servicios, eran enterradas vivas.

VIRGILIO: Publius Virgilius Maro (70-19 a. de C.) El más grande poeta de la antigua Roma nacido cerca de Mantua y por eso llamado el Cisne de Mantua. Maestro de la épica y la poesía. Su principal obra fue la *Eneida,* las aventuras de Eneas hijo de VENUS, que logró escapar luego de la Guerra de TROYA rumbo a Cartago e Italia, donde sus descendientes fundaron Roma.
En la Edad Media, Virgilio era representado como mago y proclive a los encantamientos y de allí que Dante Alighieri en su *Divina comedia* hizo de Virgilio la personificación de la sabiduría humana y su guía a través de los infiernos.
Hay decenas de leyendas sobre la vida de Virgilio. Una de ellas cuenta que logró encerrar al diablo en una botella y no lo liberó hasta que aprendió todas sus artimañas, lo que de alguna manera lo emparenta con el genio de *LAS MIL Y UNA NOCHES* aprisionado en una lámpara mágica.

VITAMINA: La palabra fue creada por el bioquímico alemán Casimir Funk (1884-1967), cuando en 1912 formó el término uniendo *vita,* vida, y *amine,* porque creyó que las vitaminas contenían aminoácidos. Aunque luego se descubrió que no era así, el nombre se mantuvo.

VODKA: Etimológicamente, "agüita". El término fue tomado del ruso donde *vodka* es un diminutivo de *voda,* agua. Esta forma eufemística de denominar bebidas alcohólicas de alta graduación también se advierte en *eau de vie* y *whisky*, ambas significando también agua, derivadas del latín *aqua vitae*. En irlandés, whisky viene de *uisce beatha*, agua de vida.

VOLAR: Los seres humanos mucho antes de imaginar vehículos rodantes pensaron en volar. Porque otros seres lo hacían. Ya que, al principio, no les era posible romper los atavismos que los ataban a la Tierra, imaginaron dioses o personajes subalternos capaces de volar o saltar enormes distancias. En todos los mitos, fantasías y religiones, abundan las historias de hombres, mujeres, animales o dioses que volaban. En Babilonia se conoció la historia de Etana, un pastor que volaba sobre el lomo de un águila. El príncipe chino Ki Kung-shi tenía un carro volador. Un rey persa, un trono volante. Los egipcios disponían de dioses con esas facultades y los asirios un dios peculiar con alas de águila. Belerofonte (véase EQUIDNA y QUIMERA) montó a PEGASO, el caballo alado. Mercurio tenía alas en los pies y era el mensajero de los dioses. DÉDALO y su hijo Ícaro lograron volar con alas de cera. ALADINO disfrutó de la alfombra mágica. Plutarco escribió acerca de vuelos a la Luna, creyendo que era una Tierra más pequeña.

Y lo mismo hizo Lucian de Samosata en el 160 de nuestra era. Alrededor de 1250, Roger Bacon (1214-1294), un franciscano inglés, científico y filósofo, diseñó un aparato con alas movidas por impulso humano y un globo capaz de elevarse por la fuerza del fuego. Leonardo da Vinci (1452-1519), el genial pintor, escultor, arquitecto, músico, ingeniero y científico italiano, nacido en Vinci, Toscana, quizá el máximo exponente del Renacimiento, el rico movimiento intelectual y artístico que marcó el fin de la Edad Media y el comienzo de la Era Moderna, quiso imitar a los pájaros con sus diseños y quizá, antes que nadie, intuyó la "automovilidad".

VÓLEIBOL: Deporte que se practica entre dos equipos de 6 jugadores cada uno y que fue diseñado como juego bajo techo para hombres de negocios y profesionales que consideraban al básquetbol demasiado exigente físicamente y muy vigoroso. El vóleibol fue creado por William G. Morgan, director de la Asociacion Cristiana de Jóvenes (*Young Men's Christian Assosciation-YMCA*) en 1895 en Holyoke, Massachusetts. Él lo llamó originariamente *mintonette*, hasta que un profesor del Springfield College le sugirió *volleyball*. En inglés, *volley* tiene varias acepciones y una de ellas sugirió el nombre: vuelo de objetos dirigidos, como flechas y balas; descargas simultáneas de armas; asestar golpes a un objeto antes de que toque el suelo. El propio Morgan escribió las reglas y el juego rápidamente se extendió entre jóvenes de ambos sexos por colegios, clubes deportivos, fuerzas armadas y otras organizaciones.

VOLUND: Herrero sobrenatural de la mitología escandinava, conocido en Alemania como *Wieland* y en inglés como *Wayland Smith*. Era el señor de los ENANOS y se hace mención a su historia en el poema épico BEOWULF. Aprendiz del gran herrero Mimir. El rey Nidung cortó los tendones de sus pies para retenerlo siempre a su lado, pero Volund logró escapar en un manto de plumas que antes había sido probado por su hermano Egil. La leyenda tiene mucho en común con la historia de DÉDALO y su hijo Ícaro volando hacia arriba del laberinto con alas de cera. La tradición contaba que cuando viajaba ataba su caballo en la entrada de la posada, se retiraba a descansar y a la mañana su cabalgadura tenía todas las herraduras nuevas.

VULCANO: Para los griegos, Hefestos. Hijo de ZEUS, dios del fuego y la metalurgia. Sus talleres y forjas estaban bajo el MONTE ETNA y otros volcanes, donde lo asistían los Cíclopes, gigantes de un solo ojo (véase POLIFEMO), para fabricar los rayos de Zeus. Cuando fue llevado al cielo, entró en desgracia y consecuentemente cayó al vacío durante nueve días, pero fue salvado por el pueblo de estrellarse aunque se le rompió una pierna, de donde proviene su renquera. Venus era su esposa, pero como ella tuvo muchos otros amores, Vulcano tuvo el triste privilegio de ser considerado el patrono de los maridos engañados (véase CORNUDO).

W

W: No se trata de una letra, sino de la ligadura de dos u/v. Tanto en español (doble v) como en inglés (*double u*), se advierte claramente su origen.

William Tell: Legendario patriota suizo del siglo XIV. La historia cuenta que Tell rehusó saludar a Gessler, el despótico gobernador de su cantón. En venganza, Gessler ordenó que Tell disparara una flecha a una manzana colocada sobre la cabeza del hijo de William. Éste aceptó y partió la fruta en dos de un flechazo. Pero luego dijo que si hubiese matado a su hijo, la segunda flecha la habría disparado al corazón de Gessler.

Tell fue encarcelado. Luego escapó y finalmente mató al déspota. Se dice que la muerte de Gessler encendió la chispa del levantamiento de los suizos contra los ocupantes austríacos, resultando en la unificación y constitución de Suiza como nación.

Algunos han pretendido negar la veracidad de la historia e incluso recuerdan leyendas similares. En el norte de Inglaterra se conoció un arquero legendario y proscripto, *Clym of Cloug,* Clemente del Acantilado, quien junto a Adam Bell y William de Cloudeslie, fueron tan famosos como Robin Hood y Little John en Midlands. Supuestamente vivieron antes de los tiempos de Robin y actuaron en el bosque de Englewood.

Otro personaje similar es *Tom Shon Catti*, un galés cuyo verdadero nombre era Thomas Jones, de quien se cuentan muchas aventuras galantes y heroicas.

Otro personaje mitológico relacionado con el arco y la flecha fue el equivalente a Vulcano/Júpiter, dios del fuego y la metalurgia, que en las leyendas nórdicas era gran arquero y protagonista en la Saga de Thidrik, una historia idéntica a la de William Tell.

La primera historia escrita sobre William Tell apareció en una balada del siglo XV y sirvió posteriormente como base del famoso drama *Wilhelm Tell* de 1804 del autor alemán Friedrich von Schiller. Joaquín Rossini (1792-1868), compositor italiano autor de las óperas *El barbero de Sevilla, Otelo, La Cenicienta,* compuso en 1829 una ópera dedicada a Tell.

X: Se origina en la letra griega *chi.* Es el número 10 romano. En álgebra y matemáticas representa el factor desconocido. La razón sería que los árabes que introdujeron el álgebra en Europa usaban la palabra *shei*, en matemáticas, para lo desconocido y fue transcripta como *xei.*

XANADÚ: La residencia de verano de Kublai Khan (véase GENGIS KAN), 290 km al norte de la antigua Pekín (Beijing). La palabra es una corrupción de *Sangdu*, capital imperial.

XANTOS: Caballo mencionado en la ILÍADA que no sólo podía volar más rápido que el viento, sino que además hablaba. Era el caballo del héroe AQUILES, que también tenía otro corcel hermano de éste, Balios. Después de que Aquiles vengara a Patroclo, Xantos giró la cabeza en reproche y le dijo a Aquiles que también él estaría pronto en la cuenta de los muertos, no por falta alguna de su caballo, sino por el decreto inexorable del destino.

XEROX: En griego, *xeros* significa seco. En 1940 se formó la palabra xerografía para indicar un procedimiento de reproducción que no necesitaba líquido para el revelado, siendo por lo tanto un procedimiento seco. Esta palabra dio origen en 1952 a la compañía Harold de Rochester, New York, que luego se convirtió en Xerox Corporation.

XERXES: Forma griega de la palabra *Khshayarsha,* que significaba el gran rey Xerxes, rey de Persia (510-465 a. de C.), hijo de Darío I. Invadió Grecia y construyó un puente sobre los Dardanelos que fue barrido por las olas. Xerxes enfureció de tal forma que "castigó" al mar con 300 latigazos y lo encadenó a las rocas. Esta historia absurda, propia de los que creen que sus poderes son infinitos y se atreven a luchar contra la naturaleza o a rechazar la realidad, encuentra otra vertiente un poco más sensata. Parece ser que después del primer intento, Xerxes unió 300 botes con cadenas creando así un puente o pontón sobre el que sus tropas pudieran superar el inconveniente del mar.

Y

Y: Es una deformación del griego *upsilon.* Su origen aparece claro en el español: i griega.

YAHOO: En el libro de Jonathan Swift, *Los viajes de GULLIVER,* los yahoos son una tribu de seres brutalizados con aspecto humano y propensiones viciosas. Están dominados por los houyhnhnms, los caballos con razonamiento humano. En inglés se suele usar la palabra para designar a seres torpes, brutales y degradados. Swift construyó la palabra haciendo una mezcla con dos exclamaciones de disgusto en el idioma inglés: *yah!... ugh!*

YANQUI: Aparentemente su uso comenzó como sobrenombre para los holandeses. *Janke* es un diminutivo del nombre holandés *Jan.* Se usó primero para simbolizar a los habitantes de Nueva Inglaterra, donde la mayoría era de origen holandés. A partir del siglo XVIII se extendió a todos los del norte y finalmente, a todos los estadounidenses, usado especialmente por quienes no eran anglohablantes. No existen claras evidencias de su real origen, aunque algunos creen que deriva de la forma despreciativa *Jan Kees* o *John Cheese* con que los holandeses señalaban a los colonos ingleses de Connecticut que se establecieron en Nueva Amsterdam, luego Nueva York.

YGGDRASIL: El árbol del mundo de la mitología escandinava. Con sus raíces y ramas unía al cielo, la tierra y el infierno. Era un fresno, pero siempre verde y en su base estaba la fuente de las virtudes excelsas. En el árbol que exudaba miel, descansaban un águila, una ardilla y cuatro ciervos. Era el árbol del tiempo, el espacio, la vida y el conocimiento. Se dice que ODÍN, el dios supremo, se colgó de sus ramas para aprender los secretos de la vida. Junto a sus raíces viven las tres hermanas Norns: pasado, presente y futuro.

YMIR: De la mitología escandinava, padre de todos los GIGANTES, que fue amamantado por cuatro corrientes provocadas por la vaca *Audhumla*. Cuando murió Ymir, su sangre inundó la tierra formando luego los lagos y mares. Sus huesos se convirtieron en montañas y tierra. De sus restos nació una raza de ENANOS.

Z: Última letra del alfabeto. Se origina en la séptima del fenicio. Los griegos la llamaron *zeta.* Los romanos la adaptaron, pero como su uso era poco frecuente en la pronunciación latina, la relegaron al último lugar del alfabeto.

Zadok: Personaje del Antiguo Testamento, sacerdote que junto a Natán el profeta, tuvieron decisiva actuación en asegurar el trono para Salomón a la muerte de David. El nombre Zadok es familiar a los amantes de la música, por el himno de Georg Frederic Handel (1685-1759), maestro del barroco, titulado *Zadok el sacerdote,* que fue compuesto para la coronación de Jorge II en la Abadía de Westminster en 1717.

Zángano: Macho de la colmena que no realiza ninguna labor y vive del trabajo de las abejas. La palabra es sinónimo de vividor, vago, parásito, inútil.

Zen: Corriente budista japonesa que cree que la última verdad es más grande que las palabras y, por lo tanto, imposible de encontrar en los escritos sagrados. Por ello debe ser buscada en la luz interior de los seres humanos y en la propia suprema autoeducación.

Zenit o Cenit: Del árabe, *samt arrás*, literalmente "sendero sobre la cabeza". Esa expresión se abrió camino al español como forma metafórica de indicar el punto en el cielo directamente sobre la cabeza.

Zeus: Máximo dios de la mitología griega. Para los romanos, Júpiter. Zeus era el que enviaba los rayos, los truenos, las lluvias y los VIENTOS. Se lo llamaba el

protector y padre de los humanos y los dioses. Su vida amorosa fue compleja y surtida. Ora con diosas ora con humanas. Asumía las más diversas formas para conquistar a sus amadas. Así pudo ser, entre otras configuraciones, un pájaro CUCLILLO, un CISNE, un toro. Obtuvo su poder arrojando a los titanes del Monte Olimpo. Se lo representaba ostentando un cetro y un rayo y le estaban consagrados el ÁGUILA y el roble. Su más famosa estatua la esculpió Fidias (véase MIRÓN) en oro y marfil.
Su nombre quizá provenga de la palabra griega *zen*, vida, o del sánscrito *dyaus* lo que luego en latín sería *deus*.

ZIGURAT: Templos de los tiempos de los sumerios, babilonios y asirios, construidos a fines del tercer milenio a. de C. y hasta el siglo VI de esta era. Eran formas piramidales que supuestamente dieron origen a la Torre de BABEL, tuvieron su máxima expresión en el gran Santuario de Marduk en Babilonia en el 550 a. de C. Sin embargo, los hubo mucho más antiguos como el zigurat de Ur del 2100 a. de C., que era una notable y elaborada forma arquitectónica que se elevaba por medio de rampas hasta alcanzar su mayor altura en la plataforma del templo.

ZÍNGARO: GITANO. Este nombre deriva del griego *tsigamos,* nombre de los pueblos orientales que probablemente haya significado "no tocar" o "intocables", *atsigganos*: *a, no, thiganno,* tocar.

ZODÍACO: Del griego, que pertenece a los animales. *Zoion*, animal. También se lo definía como *zoe,* vida, y *diakos,* rueda: la rueda de la vida.
El Zodíaco desde muy antiguo es una zona circular dividida en 12 partes iguales de oeste a este, cada una de 30 grados y representadas por un símbolo. Ya en tiempos de Hiparco, siglo II a. de C., se hablaba de estos signos y se los asociaba con las doce constelaciones hasta entonces conocidas.
Al cabo de algunos años, los signos no ocupan la misma posición en el cielo, no contienen las mismas estrellas o constelaciones. Se encontrarían en la misma posición una vez cada 26.000 años, que era lo que se llamaba el año platónico (véase CALENDARIO).
Los seis signos del norte son: Aries, el carnero. Tauro, el toro. Géminis, los mellizos. Cáncer, el cangrejo. Leo, el león. Virgo, la virgen.
Los signos del sur son: Libra, la balanza. Escorpio, el escorpión. Sagitario, el arquero. Capricornio, la cabra. Acuario, el aguatero. Piscis, los peces.

ZOMBIE: Dios pitón (ofidio que puede medir hasta 8 metros de largo) de algunas tribus africanas. Su veneración alcanzó las Indias Occidentales llevada por los esclavos y todavía hoy sobrevive en ciertas ceremonias en Haití y el sur de los Estados Unidos.
La palabra también se aplica a supuestos muertos vivos o muertos que regre-

san a la vida o personas en estado cataléptico que semejan muertos atrapados en ceremonias vudú. Por extensión se aplica despectivamente a personas muy distraídas o que proceden sin tener mucha conciencia de lo que hacen.

Zoo: El griego, *zoion*, significaba animal. De allí nació zoología. Luego se usó como lugar de exhibición de animales salvajes.

Zodíaco. Miniatura del siglo IX.

Zorro: Espadachín, aventurero, héroe encapuchado y protector del pueblo de la vieja California. Fue creado por Johnston McCulley. Su primera aparición fue en 1919 en un cuento publicado en una revista bajo el título "La maldición de Capistrano". Alcanzó rápida popularidad con su Z marcada en la piel o ropa de sus enemigos y pronto llegó al cine siendo protagonizado por Douglas Fairbanks y Tyrone Power. Luego, la televisión y nuevamente al cine con los últimos recursos de la técnica.
En español, zorro es el macho de la zorra. Pero también se usa para designar un látigo de tiras de paño o piel que sirve para sacudir el polvo. Figurativamente, persona taimada o astuta. Un zorrocloco es un hombre lento pero preciso en el obrar y también demostración de afecto y cariño. Un zorronglón es alguien que protesta mucho.

Zurdo: En el antiguo inglés, *winestra* significaba literalmente amigo, amistoso. En el sueco, *van*, amigo. Esta expresión eufemística procuraba aplicar las fuerzas negativas que siempre se asignaron a la parte izquierda del cuerpo. En el latín, *sinister*, significaba izquierda. En francés, *gauche;* en alemán, *linkish* o en italiano, *mancino*, siempre incluyen una carga negativa.
Algunos autores dicen que en los orígenes de la humanidad, los seres humanos nacían ambidextros. Pero como a los niños sus madres invariablemente los cargaban sobre el costado izquierdo para instintivamente arrullarlos con el latido de su corazón, todas las tareas hogareñas se realizaban con la derecha. Especialmente en tiempos primitivos donde un niño recién nacido era permanente y habitual, el uso de la izquierda quedó desechado y cuando alguien pretendía usar la mano no habitual, era rechazado, considerado irregular.
En tiempos de las batallas cuerpo a cuerpo, los luchadores protegían su corazón con los escudos y liberaban así su mano derecha para empuñar arma o garrote.
Los antiguos cocheros se sentaban a la derecha del carruaje para poder usar el látigo con la mano derecha y llevar las riendas con la izquierda. Cuando llegó el automóvil y los reemplazó, todo se puso del lado derecho: radio, cambio, luces, freno de mano. Los ingleses, apegados a las tradiciones, mantuvieron el volante a la derecha y lo mismo ocurre en Australia, Nueva Zelanda, África del Sur y Japón.
En la Argentina se manejó como en Inglaterra hasta mediados de los 40. Y los trenes, diseñados por los ingleses, aún circulan por la izquierda.
La única ventaja que hoy tienen los zurdos es pagar el peaje.
Las madres siguieron cargando a sus hijos con el brazo izquierdo hasta nuestros días.
Durante siglos los zurdos debieron soportar todo tipo de dificultades a partir de las connotaciones de su nombre. En los colegios de tiempos modernos, se los castigaba si pretendían escribir con la izquierda y muchas familias ataban ese brazo al cuerpo para impedir el uso. El mundo se fue haciendo definitivamente diestro.

Los zurdos ya no son molestados pero deben hacer el doble de esfuerzos para adaptarse, lo que en definitiva les permite el uso hábil de ambas manos o pies.
En la elección de 1992, en los Estados Unidos, los tres candidatos fueron zurdos: George Bush, Ross Perot y Bill Clinton, pero la cuidadosa historia del país registra a otros presidentes; James Garfield, Harry S. Truman, Gerald Ford.
Entre los personajes más famosos que fueron zurdos: Juana de Arco, Alejandro Magno, Carlomagno, Lewis Carroll, Charlie Chaplin, Jimmy Connors, Leonardo Da Vinci, Robert De Niro, Bob Dylan, Benjamin Franklin, Greta Garbo, Judy Garland, Whoopi Goldberg, Cary Grant, Jimi Hendrix, Ben Hogan, Paul Klee, Diego Maradona, Marcel Marceau, Harpo Marx, Miguel Ángel, Paul McCartney, Marilyn Monroe, Napoleón, Martina Navratilova, Horatio Nelson, Pelé, Cole Porter, Pablo Picasso, Norman Schwarzkopf, la reina Victoria, Guillermo Vilas, Atahualpa Yupanqui...
En la Biblia se habla siempre mal de la izquierda y sin embargo, en un solo pasaje se les da una actuación destacada a los benjaminitas, los integrantes de la tribu de Benjamín en Jueces (20:29) que eran 25.000 hombres armados, de los cuales 700 eran ambidextros, o sea, usaban también la mano izquierda. Éstos eran particularmente eficientes pues se dice de ellos que eran capaces de arrojar la piedra de su honda contra un cabello, sin errar el tiro.

JOSEPH CAMPBELL

Los mitos en el tiempo

Los mitos en el tiempo recoge trece interesantes disertaciones de *Joseph Campbell* para una serie de la televisión pública norteamericana.

Desde los orígenes del mito en el más remoto pasado neolítico a los mitos indígenas norteamericanos, los del Antiguo Egipto, el Budismo, el Yoga Kundalini, el Libro tibetano de los muertos, las misteriosas religiones de la antigua Grecia, las leyendas del rey Arturo, de Tristán e Isolda y del Santo Grial, el maestro *Campbell* explica, con el estilo cálido y accesible que lo distingue y apoyándose en elocuentes imágenes, cómo los mitos van operando en el curso del tiempo para reconciliar a los seres humanos con los misterios insondables de la vida.

DAVID EWING DUNCAN

Historia del calendario

El esfuerzo épico de la humanidad para medir el tiempo

Desde la primera fecha registrada, en el año 4236 antes de Cristo, la gente ha intentado organizar la vida según los movimientos del Sol, la Luna y las estrellas, y generalmente lo ha hecho mal.

La singular historia de la medición del tiempo abarca del más remoto calendario prehistórico al actual "efecto 2000".

Nuestro calendario actual es anterior a la invención del telescopio, al reloj mecánico y al concepto del cero.

Frente al tercer milenio, cuando nuestro reloj personal parece acelerarse y el tiempo se vuelve cada vez más precioso, este libro fascinante nos explica los secretos de ese milagro llamado calendario.